KB233344

일본어 교육사

(하)

저자 조 문 희

제이앤씨
Publishing Company

대학에서 일본어를 전공하고 졸업하면서 2급 정교사 자격증을 취득하였다. 그리고 창덕여고에서 일본어 교육을 시작한 것이 1979년이므로 일본어 교육과 같이한 시간이 30년을 넘고 있다. 돌이켜보면 너무나도 일본어 교육을 사랑한 시간들이었다. 4째 줄을 쓰려고 하는 동안에 벌써 눈물이 핑 도는 것을 보아도 무지무지 사랑했나보다. 아마도 짝사랑이었을 것이다.

학부에서는 야마모토 유조(山本有三)론을 썼으므로 문학이 전공이었다고 할 수 있고, 석사에서는 한일 영웅신화 비교를 했으므로 민속학이 전공이었으며, 교육을 하다 보니 가르치는 것에 대한 부족함을 느껴서 일본어 교육을 전공하여 유학을 하였으며, 귀국 후에는 일본어 교육에 종사하면서 교육관계논문을 주로 발표하였고 그렇게 하여 일본어 교육사를 집필하게 되었다. 이것은 필연적인 것이었다고 나는 생각한다.

딸이 자주 말하듯이 나는 거의 일 중독자다. 한 가지 일이 끝나면 또 다음 일을 찾고 그 일이 끝나면 또 다른 테마를 찾는다. 그동안 ACTFL공인 일본어와 한국어 OPI 시험관 자격을 취득한 것이나, 대마도 종가문서 해독을 위한 교육을 받은 것들은 일중독의 일환이라고 할 수 있다. 지금도 일본어 교육사 집필이 끝나면 무엇을 할까를 고민하고 있는 것을 봐도 틀림없이 일중독인데, 그럼에도 불구하고 여유롭게 전 세계를 여행하고 있는 친구들을 보면 그렇게 보내는 시간들도 의미가 있겠다는 부러운 마음이 들기도 한다.

나는 서강인이다. 서강대학교는 나에게 많은 것을 주었다. 나에게 다양한 연구를 하게 해 주었으며 눈치 보지 않고 하나님을 사랑할 수도 있었으며 경제적인 안정을 주었다. 또한 착하고 성실한 학생들과의 만남과 훌륭한 도서관과 깨끗한 교실들 그리고 그 교실들을 깨끗하게 해주시는 분들과의 만남도 귀하였다. 아르페관에서 내려다 보이는 서강의 전경과 노고산의 꿩과 수업을 할 수 없을 정도로 시끄러운 농구장의 축제 소리도 나는 사랑하였다.

감사할 사람이 많다. 엄마의 학사일정과 언제나 겹쳐서 입학식 졸업식에 한 번도 참석하지 못했어도 잘 자라준 딸에게 우선 미안한 마음과 감사의 마음을 전하고, 내가 쓴 글은 언제나 읽어 주고 교정을 봐주고 하는 잘생긴 남편에게도 감사한다. 일본어의 아름다움을 가르쳐 주신 고 이봉복 선생님과 그리고 일본어 교육사로 박사학위를 할 수 있게 해 주신 이덕봉 선생님께도 감사드린다. 끝으로 출판을 맡아주신 제이앤씨 출판사의 편집 관계자 여러분께 감사드린다.

이 책을 받으실 분은 딱 한 분 그 분이시다.

2010년 12월
반포의 스위트홈에서 조문희

5. 교육과정기의 일본어 교육

교육과정기는 첫 교육과정이 발표된 1955년 8월 1일부터 2007년 개정교육과정이 발표되어 있고, 제7차 교육과정이 시행되고 있는 현재까지의 시기를 중심으로 하는 기간을 말한다.

교육과정기에는 1973년부터 시작된 고등학교의 일본어 교육을 중심으로 제7차 교육과정기에 처음으로 시직된 중학교의 일본어 교육, 그리고 1961년에 시작된 대학교의 일본어 교육을 포함한다. 따라서 교육과정기의 일본어 교육은 각급 학교별로 기술한다.

교육과정기의 일본어 교육에 대한 선행연구는 이미 몇 차례에 걸쳐 조사가 되어 있으므로 그 논저들을 중심으로 기술하려고 한다.

1988년 '한국일본학회'는 제20집 특집으로 '한국에서의 일본연구 - 회고와 전망'을 주제로 4분야로 나누어서 연구 현황을 싣고 있다. 일본어학분야를 담당한 이봉희(1988)[1]는 '연대별'과 '분야별'로 서술하고 있는데, 이봉희의 조사에 따르면 최초의 논문으로 1955년 이숭녕의 '한·일 양국의 어휘비교시고 -糞尿어를 중심으로하여'를 들고 있는데, 양국어의 분뇨관계 어휘가 동일 기원의 발달임을 지적한 논저이다. 분야별로는 음성·음운, 어휘, 문자·표기, 문법·숙어, 문장·문체론,

---

1) 이봉희(1988) 「한국에 있어서의 일본어학」『일본학보』제20집, 한국일본학회, pp.3~31. 일본어학의 현황이외에 문학, 일본 민속, 일본학에 대한 분석은 다음과 같다. 황석숭(1988) 「한국에서의 일문학연구의 회고와 성과」『일본학보』제20집, 한국일본학회, pp.33~61. 최길성(1988) 「일본 민속연구의 회고와 전망」『일본학보』제20집, 한국일본학회, pp.63~81. 김용숙(1988) 「한국에서의 일본교육연구의 회고와 전망」『일본학보』제20집, 한국일본학회, pp.83~98.

비교·대조, 일본어 교육 순으로 서술하고 있다. 일본어 교육 분야의 논문으로는 김규창(1975), 김종학(1976, 1978), 김영우(1977), 이봉희(1984, 1985, 1986), 김숙자(1983), 정인숙(1983) 등을 들었고, 부록으로 일어학관계 논문목록이 첨부되어 있다.

이한섭(1989a, 1989b, 1990, 1991, 1992, 1998, 2000)[2]은, (1989a)에서 황성규와의 공동 업적으로 1945년부터 1988년 5월까지 한국인이 발표한 일어일문학 관계 연구문헌을 조사하여 펴낸 단행본이다. 게재 방법은 우선, 단행본과 논문으로 나누고 이것을 다시 어학분야와 문학분야로 나누고 이들을 다시 연구분야별로 분류하고 있다. (1989b)부터 (1992)까지는 상기 단행본에 대한 후속 자료로, 1988년 5월부터 1992년 5월 사이에 발표된 문헌이나 빠진 문헌을 조사한 것이며, 게재 방법도 (1989)와 같은 방법을 취하고 있다. (1998)은 1945년부터 1997년까지 한국에서 발행된 일본어학 관계의 저서 및 역서, 논문을 실은 단행본이다. 수록 문헌은 공적 교육기관 및 연구소의 출판물, 학회지, 학과의 학술 잡지에 실린 문헌을 대상으로 하고 있다. 게재 방법은 3부로 나누어 1부는 '저서 및 역서', 2부는 '논문', 3부는 학위 논문을 싣고 있으며, 하위 분류로 분야별 분류를 하였는데, "일반, 일본어사, 음성·음운, 문자·표기, 어휘·용어, 문법, 문장·담화·문체, 방언, 일본어 교

---

2) 황성규·이한섭(1989a)『한국일어일문학연구문헌서지』시사일본어사. 이한섭(1989b)「한국일어일문학관계연구문헌목록(1988.5~1989.5)」『일본학보』제23집, 학국일본학회, pp.139~156. 이한섭(1990)「한국일어일문학관계연구문헌목록(1989.5~1990.5)」『일본학보』제25집, 한국일본학회, pp.315~336. 이한섭(1991)「한국일어일문학관계연구문헌목록(1990.6~1991.5)」『일본학보』제27집, 한국일본학회, pp.397~422. 이한섭(1992)「한국일어일문학관계연구문헌목록」『일본학보(1991.6~1992.5)』제29집, 한국일본학회, pp.389~426. 이한섭(1998)『한국 일본어학관계연구문헌 일람』고려대학교 출판부. 이한섭(2000)『한국 일본문학관계연구문헌 일람』고려대학교 출판부.

육, 언어생활, 기타"의 순으로 게재하였다. 그 중 일본어 교육분야의 단행본으로 23책을 들었고, 2부의 '논문'과 '학위 논문'의 '일본어 교육'분야는 다시 하위 분류하여 "일반, 일본어 교육사, 일본어 교육기관, 언어이론, 교육과정·교수요목, 교수법·교수이론, 교재·교구, 언어 사항별 교육, 언어 기능별 교육, 학습단계, 수업모형·수업론, 평가, 오용, 기타"로 분류하고 있다.

이한섭(1998)이 일본어학관계 문헌목록이라면, 이한섭(2000)은 일본문학관계연구 문헌목록이다. 1945년부터 1999년 6월까지 한국에서 발행된 일본문학관계의 저서 및 역서, 논문을 싣고 있는 단행본이다. 수록문헌의 대상은 이한섭(1998)과 같으며, 게재 방법은 저서 및 역서, 논문, 학위논문으로 분류하였다.

한국일본학회(1993)[3]는 창립 20주년 기념으로 기관지 제30집에 '한국의 일본연구 어디까지 왔는가'라는 특집호를 내고 있다. 분야별로 일본정치, 일본군사, 일본경제·경영학, 일본공법연구, 일본언론, 일본방송, 일본어학, 일본문학, 일본역사, 일본민속, 일본사상, 일본교육, 종합토론(사회 이덕봉)으로 나누어 한국에서의 일본연구 현황을 분석하고 있다. 일본어학 분야를 담당한 이한섭(1993)[4]은 연구문헌을 분석한 각종 통계를 가지고 연구의 외형적인 추이를 고찰하였다. 이한섭의 선행연구인 (1989)에서 (1992)까지의 목록을 바탕으로 DBASE IIIPLUS 프로그램을 사용하여 분석 처리하였다. 이 분석에는 새로운 문헌이 추

---

3) 한국일본학회(1993)「한국의 일본연구 어디까지 왔는가」『일본학보』제30집, 한국일본학회, pp.5~235. 분야별로 한상일, 김순현, 이종훈, 구병삭, 오진환, 오명환, 이한섭, 정형, 이원순, 최길성, 홍현길, 김용숙이 각각 발표 집필하고 있다.
4) 이한섭(1993)「한국의 일본어학연구 어디까지 왔나」『일본학보』제30집, 한국일본학회, pp.109~125.

가되었는데, 일본어학회에서 펴낸『フロシビー版 일본어연구문헌목록 잡지편』을 컴퓨터로 검색하였고, 1985년부터 1991년의 일본국립국어연구소편『國語年鑑』을 조사하여 추가하고 있다.

　이강민(2000a, 2000b)[5]은 1994년부터 1996년까지, 그리고 1997년부터 1998년까지 사이에 이루어진 한국의 일본어 연구의 주된 흐름을 전국 규모의 전문학술지를 대상으로 조사 발표하였다. 전국 규모의 전문학술지란,『일본학보(한국일본학회)』『일어일문학연구(한국일어일문학회)』『일어일문학(대한일어일문학회)』『일본어문학(한국일본어문학회)』『일본문화학보(한국일본문화학회)』를 말한다. 분야별로는 음성·음운, 문법, 어휘, 일본어사, 일본어 교육, 사회언어학, 기타의 7개 분류를 하였다. '일본어 교육'항목에서는 (2000a)에서 12편[6], (2000b)에서 24편[7]을 다루고 있으며, 이강민은 결론으로 연구논문의 양적 팽창이 다양화와 반드시 정비례하는 것은 아니며, 연구 결과를 바탕으로 한 한국적인 특징과 결부시키는 문제를 과제로 삼고 있다.

　이상으로 연구문헌을 분석하거나 목록화한 선행연구에 대하여 서술하였는데, 연구자에게 있어서 연구문헌 목록은 필수불가결한 것이다. 이러한 문헌들을 조사하여 목록화하거나 분석제시한 선행연구가들의

---

5) 이강민(2000a)「한국에 있어서의 일본어 연구(1994~1996)」『한양일본학』 제8집, pp. 85~110. 이강민(2000b)「한국에 있어서의 일본어 연구(1997~ 1998)」『일본학보』제45집, 한국일본학회, pp.147~162.

6) 12편이란, 이광수·박장경(1995), 허인순(1995), 조남성(1996), 민광준· 정지연(1996), 김숙자(1996), 김한식(1996), 한영옥(1995), 김미영(1996), 奥山洋子(1996), 조문희(1995), 민광준(1996), 한중선(1994)를 말한다.

7) 24편이란, 이명희(1997, 1998), 이형재(1998), 조남성(1997a, 1997b, 1998a, 1998b, 1998c, 1998d), 천수성(1997), 송만익(1997), 임헌찬(1998), 한선희 (1997), 민성홍(1998), 정혜경(1998), 민광준(1997), 中山亞紀子(1997), 櫻 井惠子·조문희(1997), 조문희(1997), 이혜영(1997), 佐藤友則

노고는 높이 평가받아야 할 것으로 사료된다.

5.1. 고등학교

교육과정은 그 시대의 교육이론과 국가, 사회, 시대적 요구에 따른 교육정책을 반영하고 있으며, 이는 교육의 범위를 제시하고 교육의 질을 향상시키기 위해서 존재한다. 정부에서 부령이나 고시로 새로운 교육과성을 발표하면 교육과정에 제시된 목표와 내용 및 교수방법에 따라 교수요목이 만들어지며, 이 교수요목은 교과서로 나타난다. 구체적인 교육과정의 시대구분은 연도에서 약간의 차이를 보이는데 이것은 고시년, 출판년, 최초 사용년, 완전시행년 중 어느 것을 중심으로 시대구분 하였는지에 따라 나타나는 차이이다.[8] 본고에서는 교육과정 고시년을 시작으로 하고, 다음 교육과정 고시년 전까지를 기간으로 분류하였으며 <표98>과 같다.

본 장에서 말하는 교육과정이란 '교육부 장관이 법률(초, 중등교육법)에 의거하여 고시한 국가 수준의 교육과정'을 의미한다.[9] '교육과정'

---

8) 예를 들어 이덕봉 『일본어 교육의 이론과 방법』에서는 교수 요목기 (1946-1954), 제2차(1963-1974), 제3차(1974-1981), 제4차(1982-1987), 제5차(1988-1995), 제6차(1996-2001), 제7차(2002-)로 되어 있다. pp.36 ~39참조.

9) 학생들에게 교육프로그램을 제공하는 기관이라면 어떤 형태로든 교육과정을 도입한다. 정찬기오(1998)는 교육과정을 범주면에서 살펴보고, 체재수준(예, 중·고등학교 교육과정), 교과수준(고등학교 1학년 사회과 교과과정), 학교/기관수준(진주시 ○○초등학교 교육과정) 교육과정이 있으며, 그 외에도 승무원 교육과정, 부동산 중개인 교육과정, 회계사 교육과정 등을 지칭할 때도 사용된다고 하였다. 이렇게 다양하게 사용되고 있는 교육과정의 의미 중에서 본 고는 체재 수준의 교육과정의 의미로 사용하였다. 이외에도 교육에 접하고 있는 사람들이 사용하고 있는 말 중에 교육과정,

이라는 용어가 처음으로 사용된 것은 1954년 4월 20일 문교부령 제 35호에서 '교육과정 시간배당 기준령'에서였다. 우리나라는 정부 수립 후 여덟 차례의 국가 수준 교육과정 작성 경험을 가지고 있다.

<표98> 교육과정 거시적 구조의 변천

교육 과정	1차 (1955.8 ~1963.2)	2차 (1963.2 ~1974.12)	3차 (1974.12~ 1981.12)	4차 (1981.12 ~1988.3)	5차 (1988.3 ~1992.10)	6차 (1992.10 ~1997.12)	7차 (1997.12 ~2007.7)	2007년 개정 (2007.2~)
고 시 년	1955.8.1 문교부령 제45호 (일본어 없음)	·1963.2.15 문교부령제121호 ·1969.9.4 문교부령제251호 ·1973.2.14 문교부령제310호 ·1973.8.31 문교부령제325호	·1974.12.31 문교부령 제350호 ·1976.2.23 문교부령제379호 실업고교 ·1977.2.28 문교부령제404호 ·1979.3.1 문교부고시제 424호	·1981.12.31 문교부고시 제442호 (적용년1984년)	·1988.3.31 문교부고시 제88-7호	·1992.10.30 교육부고시 제1992-19호	·1997.12.30 교육부고시 제1997-15호	·2007.2.28 교육인적자원 부고시 제2007-79호
	I. 목 표 II. 영 역 III.각학년의 지도 목표 IV.지도방법	1. 지도 목표 2 지도 내용 (1)언어 기능 (2)언어 재료 3. 지도상의 유의점	<일반 목표> 1. 목표 2 내용 가.언어 기능 나.언어 재료 3. 지도상의 유의점	? 가. 교과목표 나. 학년목표 및 내용 1) 목 표 2) 내 용 다. 지도 및 평가상의 유의점 1) 지 도 2) 평 가	? 가. 목표 나. 내용 1)언어 기능 2)언어 재료 다. 지도 및 평가상의 유의점 1) 지 도 2) 평 가	1. 성격 2 목표 3. 내용 가.언어 기능 나.의사소통기능 다.언어 재료 4 방법 가.교수학습계획 나.교수학습방법 다.지도상의유의점 5 평 가 가.평가 지침 나.평가 목표 다.평가 방법 라.평가결과처리 및 활용	1. 성격 2 목표 3 내용 가. 의사소통 활동 나. 언어 재료 4 교수학습방법 5평가 가.평가 지침 나.평가 내용 다.평가 방법	1. 성격 2 목표 3 내용 가. 언어적내용 (1)언어기능 (2)언어재료 나. 문화적내용 4. 교수·학습 방법 가.일반지침 나.언어기능 다.언어재료 라.문화 5평가 가.평가 지침 나.평가 방법

커리큘럼, 코스 디자인, 교수 요목, 실러버스, 교안 등의 용어들이 있다. 교육과정의 변천을 살펴보려고 하는 본 고의 성격상, 본 고에서 사용되지 않는 용어의 정의는 언급하지 않으며 후고로 남겨 둔다.

<표99> 국가수준 교육과정 기준의 변천

기별	공 포 (고 시)	근　　　거	교 육 과 정	특　　　징
1차	1954. 4. 20 1955. 8. 1 〃 〃	문교부령 제35호 문교부령 제44호 문교부령 제45호 문교부령 제46호	시간배당 기준령 국민학교 교과과정 중학교 교과과정 고등학교 교과과정	◦교과중심 교육과정
2차	1963. 2. 15 1969. 9. 4 1973. 2. 14 1973. 8. 31	문교부령 제121호 문교부령 제251호 문교부령 제310호 문교부령 제325호	고등학교 교육과정 1차 개정령 2차 개정령 3차 개정령	◦경험중심 교육과정 ·에스파니아어 추가 ·일본어 추가 ·국사과 추가
3차	1973. 2. 14 1974. 12. 31 1979. 3. 1	문교부령 제310호 문교부령 제350호 문교부고시 제424호	국민학교 교육과정 고등학교 교육과정 고등학교 교육과정	◦학문중심 교육과정
4차	1981. 12. 31 〃 〃	문교부고시 제442호 〃 〃	국민학교 교육과정 중학교 교육과정 고등학교 교육과정	◦국민정신 교육 강조 ◦학습량·수준 축소 조정 ◦국민학교 1, 2학년 교과 통합 운영
5차	1987. 3. 31 1987. 6. 30 1988. 3. 31	문교부 고시 제87-7호 문교부 고시 제97-9호 문교부 고시 제88-7호	중학교 교육과정 국민학교 교육과정 고등학교 교육과정	◦과학고·예술고 제정 ◦국민학교 통합교육과정 제정 ◦정보산업 신설 ◦경제교육 강조 ◦지역성 강조
6차	1992. 6. 30 1992. 9. 30 1992. 10. 30 1995. 11. 1	교육부 고시 제1992-11호 교육부 고시 제1992-16호 교육부 고시 제1992-19호 교육부 고시 제1995-7호	중학교 교육과정 국민학교 교육과정 고등학교 교육과정 국민학교 교육과정	◦편성·운영체제 개선 ·국가, 지역, 학교의 역할 분담 ·컴퓨터, 환경, 러시아어, 진로·직업 　신설 ·외국어에 관한 전문교과 신설 ·초등영어 교과 신설
7차	1997. 12. 30	교육부 고시 제1997-15호	초·중등학교 교육과정	◦학생중심 교육과정 ·국민공통기본교육과정의 구성 ·고등학교 선택 중심 교육과정 구성 ·수준별 교육과정 도입 ·재량활동의 신설 및 확대 ·목표(능력) 중심의 교육내용 설정 ·지역 및 학교의 자율·재량 확대
2007 년 개정	2007. 2. 28	교육인적자원부고시 제2007-79호		

5.1.1. 제1차 교육과정기(1955.8~1963.2)

5.1.1.1. 시대적 배경

제1차 교육과정기는 교육법의 제정과 학제가 정립되는 시기이다. 1949년 12월 31일 교육법이 공포되고, 1950년 6월 2일에 문교부령 제9호로 '교수요목 제정 심의회 규정'이 공포되었으나, 6·25전쟁으로 인하여 중단되고, 부산으로 이동한 문교부는 1951년 3월 문교부령 제16호로 '교과과정 연구위원회 규정'을 공포하여 2개의 기구가 각론과 총론으로 분담하여 연구를 하였다. 1953년 3월 11일 제1차 교육과정 제정 합동위원회가 열렸으며, 1953년 7월 27일 휴전협정 조인과 함께 문교부가 1953년 8월 10일 서울로 복귀하였다. 1954년 4월 제4대 문교부 장관이 된 이선근은 반공 민주교육 추진, 교육의 질적향상, 생활문화 간소화를 주요시책으로 하여 교육제도를 정비하였으며, 4월 20일 문교부령 제35호로 국민학교, 중학교, 고등학교, 사범학교의 '교육과정 시간 배당 기준령'을 제정 공포하고, 1955년 8월 1일에는 문교부령 제44, 45, 46호로 각급학교 교과과정을 제정 공포하였다. 제1차 교육과정은 1963년 2월 15일 문교부령 제121호로 새로운 교육과정이 발표될 때까지 계속되는 기간이다.

제1차 교육과정기에는 외국어에 일본어 과목이 없으므로 제1차 교육과정기의 키워드만을 설명하고자 한다. 문교부령 제35호와 문교부령 제44호~46호에서 우리는 두 가지 용어를 발견하게 되는데, 그것은 [교육과정]과 [교과과정]이다. 이 시기는 교육과정 연구에서 교과과정이 중점적으로 연구된 시기여서 교과과정기라고도 할 수 있으나, '교육과정'이라는 용어가 처음으로 쓰여졌고 교육과정의 한 분야로 교과과정이 중심이 되었다는 것으로 해석하여 최근에는 이 시기를 제1차 교육과정 시행기로 구분하는 것이 통례로 되어 있다.

1955년 8월 1일에 공포된 제1차 교육과정에는 중학교, 고등학교, 사범학교에 외국어 과목이 있었다. 중학교는 영어, 고등학교는 영어·독일어·불란서어·중국어 중에서 하나 또는 둘을 선택하게 되어 있었으며, 사범학교는 역시 영어·독일어·불란서어·중국어 중에서 택1을 하게 되어 있었다.

5.1.2. 제2차 교육과정기(1963.2~1974.12)

5.1.2.1. 시대적 배경

제1차 교육과정은 6·25사변과 휴전 성립 직후에 걸쳐 제정되었고, 그 후 상당한 시일이 경과되었다. 그 동안 문화는 발달되고 국내외 정세는 급격히 바뀌어 가고 사회 생활의 양상은 크게 변하였으며, 4·19, 5·16이라는 시대적 격변기를 맞아 비로소 이에 적응하기 위한 대대적인 교육과정 개편이 수행되었다. 1차 교육과정은 제정 당시의 비정상적인 사회 상태와 여러 가지 애로나 제약으로 충분한 내용 설정을 하지 못하였고 자주적이고 구체적인 한국 고유의 교육 목표도 설정하지 못하였다. 또한 교육 과정 운영에 있어서도 단편적인 지식 주입에 편중한 나머지 인격 도야에 소홀하였고, 학습활동도 당시에 표방했던 경험주의와는 달리 실생활과의 유리가 심하여 교육 개혁을 요구하는 소리가 높았다. 시대는 점점 자주적이고 능률적인 새 인간상 정립을 위하여 합리적 사고가 강조되고 생산성, 유용성이 높이 평가되는 시대로 접어들어 있었다. 문교부는 이러한 실정에 따라 1958년부터 교육과정 개정에 대한 기초 조사를 하여 자료 수집에 힘쓰던 중, 5·16혁명을 계기로 하여 새로운 교육 과정으로 전면적 개편을 보게 되었다. 이것이 1963년 2월 15일 문교부령 제121호의 제정 공포로 시작된 제2차 교육과정이며, 민족자주교육이 추진된 시기이다.

외국어 교과가 들어 있는 고등학교 교육 과정은 선택 교과로 영어 I을 18단위, 영어 II, 독일어, 프랑스어, 중국어 중에서 1~2과목을 선택하여 30단위를 가르치도록 하였다. 그 후 세 차례에 걸쳐 부분 개정을 하였는데 1차 부분 개정은 1969년 9월 4일 문교부령 제251호의 공포로 에스파니아어가 추가되었다.[10] 이 1차 부분 개정 당시에도 아직 일본어는 빠져있었으나, 1973년 2월 14일(문교부령 제310호)[11]의 제2차 부분개정시에 일본어가 신설되었다.[12] 즉, 고등학교의 일본어 교육은 다른 외국어 교육이 이미 시행되고 있는 상태에서 가장 늦게 제2차 교육과정기의 마지막 해에 실시되었던 것이다.

<표100> 제2차 교육과정 공포와 개정령의 외국어 교과

공포일	문교부령 호	외국어 교과명
1963. 2. 15	문교부령 제121호	영어Ⅱ, 독일어, 프랑스어, 중국어
1969. 9. 4	문교부령 제251호	영어Ⅱ, 독일어, 프랑스어, 중국어, 에스파니이이 추가
1973. 2. 14	문교부령 제310호	영어Ⅱ, 독일어, 프랑스어, 중국어, 에스파니아어, 일본어 추가

1973년에 일본어가 신설된 과정을 살펴보면, 한해 전인 1972년 7월 5일 박정희 대통령은 월간경제동향보고회의에서 일본어를 독어·불어

---

10) 배영사 편(1970)『중·고등학교 교육과정 주석』pp.260~262의 '교과 과목 단위 시간 배당 기준표'에 에스파니아어가 들어가 있고(인문 과정, 자연 과정), pp.510~512에 에스파니아어 교과의 각론이 있다.
11) (별첨2)참조
12) 고등학교에서 일본어 교육이 시작된 시기에 대하여는 많은 오기들이 보인다. 예를 들어, 황성규(1985)에서는 "우리나라 고등학교에서 일본어가 제2외국어로 채택되어 첫 검인정교과서가 발행된 것은 1975년도" p.92. 서익환(1989)에서는 "우리나라 고등학교에서 일본어가 제2외국어로 채택되어 최초의 검인정교과서가 발행되었던 것이 1975년이다" p.103. 권해주외(1989)는 "우리나라 고등학교에서 일본어 교육을 시작하게 된 것은 1973년 2월 4일 문교부령 제310호에 의거 1975년도부터 독어·불어 등과 같이 제2외국어로 교과과정에 개설하게 되었고" p.6. 등이 있으며, 상기 권해주 논문처럼 "1973년 2월 4일"표기는 양원석외(1987) p.6. 안병곤(1986) p.33 이 있다. 또한, 한국일본어 교육학회(1996)에서는 "우리나라에서 일본어를 제2외국어로서 고등학교 교육과정에 편성하여 가르치기 시작한 것은 제3차 교육과정의 중반기인 1973년부터이다." p.21. 김영애(1996), "우리나라의 고등학교에서 일본어 교육을 시작하게 된 것은 1974년 2월 4일 문교부령 제310호에 의해 그 이듬해인 1975년부터 독어, 불어 등과 같이 제2외국어로 교과과정에서 다루도록 되었다"p.1. 는 등의 기록들이다.

와 마찬가지로 고등학교교과과정에서 제2외국어로 넣어, 배우고 싶은 사람에게 가르치라고 지시했다.[13] 7월 5일자 서울신문에는 "박정희 대통령은 『일본은 우리나라와 여러면에서 비슷한 점이 많고 서적이나 경제·기술분야에서 배워야 할 점이 많다』, 『일본어를 배우더라도 정신을 바로 차리고 주체성 있는 활달한 대국민의 도량을 가져야만 한다』면서 『지금까지 우리나라는 과거 일본과의 관계 때문에 일본어를 배우는 것을 기피해 온 옹졸한 생각을 가지고는 국가발전을 꾀할 수 없다』고 말했다."고 싣고 있다. 문교부는 이에 적극 반응하여 다음날 6일, 지금까지 막아오던 일본어 강습소 15개소를 정식 인가해 주고, 고등학교에서 일어를 가르치기로 하였으며, 또한 이와 함께 대학에서도 일어를 선택과목으로 이수시키고 대학의 일어과 신설을 점차 확대하고 대학입시와 대학원 입시에도 일어를 시험과목으로 추가하고 교직교과목에도 일어과를 신설하는 등 일련의 일어교육확대방안을 검토하고 있다고 발표하였다.[14] 이날 沈炯裕문교부차관은 『문교부로서도 일본어 교육의 필요성을 절감, 그동안 신중히 시행방안을 연구해 왔다』고 밝히고 『고교에서 일본어를 가르칠 경우 수업시간은 1주 2, 3시간 정도, 교과서는 검·인정으로 발간하게 될 것』[15]이라고 말하고 있다. 또한 문교부는 내년부터 고교에서 일어를 제2외국어로 가르칠 수 있도록 교육과정 및 교과서 편찬 작업에 곧 착수키로 했는데 현재 고등학교 제2외국어는 독어 불어 중국어 스페인어 등 4개국어로서 일어가 추가됨에 따라 5개어로 늘어나며 학교 실정 또는 학생희망에 따라 이 5개 외국어 중 1개

---

13) 서울신문 1972년 7월 5일자 1면, 한국일보 1972년 7월 6일자 7면, 조선일보 1972년 7월 6일자 7면 참조
14) 동아일보 1972년 7월 6일자 7면 참조
15) 서울신문 1972년 7월 6일자 3면 참조

를 선택할 수 있게 하였다. 이러한 과정을 거쳐 1973년 2월 14일 문교부령 310호[16]로 일본어 교육에 관련된 교육과정이 발표되었으나, 일본어 교육을 담당할 교사나 교과서는 문교부령 제310호 발표 이전에 이미 준비되고 있는 상태였다. 그 당시에는 대학의 일본어학과 출신자들에게 교사자격을 주지 않았기 때문에 정식 교사자격을 가진 일본어 교사가 없었으므로 교육부는 1972년 안으로 일본어 과목 중등교원자격 검정고시를 실시해서 당장 필요한 교사를 확보키로 했으며 1973년부터는 대학의 일본어 학과에 교직과목을 추가케 할 방침이라고 발표하였다.[17] 일반적으로 2차 교육과정을 **생활 중심 교육과정**이라고 한다.

5.1.2.2. 교육 목표

현대적 교육의 형태는 국가 관리 하에 운영되고 있고, 민주주의적 사회제도의 원칙에 따라 제도적으로 교육의 기회 균등을 보장[18]하고, 교육과정에서 동질성을 유지하며, 모든 학습자에게 학습 성취의 평준화를 추구하고, 개방된 경쟁을 통하여 인재를 등용하며, 교과를 가르치는 교사의 자질도 표준화되어야 한다는 원칙에 근거를 두어 교육 목표

---

16) 한국교육생산성연구사에서 발행하는『교육 연구』에 "문교부, 일본어 교육과정 공포(부령 310호 1973년 2월 14일)"이라는 제목으로 일본어 최초의 교육과정을 발표하였다. 기사에 따르면, '문교부는 지난 2월 14일 문교부령 제310호로 교육과정령중 개정령을 공포하고 일본어 교육과정의 지도목표와 내용을 발표했다. 인문계 고교 및 실업계 전문학교 등 전국 135개교에서 시행될 일본어 교육은 주당 1~2시간씩 가르치게 되며 3월말경 배부될 교과서는 2500어 내외로 실업계 전문기술용어 3~500어를 추가하여 가르치고 한자는 일본 상용한자 1,850자 범위에서 사용함을 원칙으로 했다.'는 머릿기사와 함께 일본어 교육과정을 싣고 있다.『교육 연구』제6권 제4호, pp.144~145.
17) 서울신문 1972년 7월 6일자 3면 참조
18) 이홍우 외(1981)『교육학 개론』교육과학사, p.60.

를 설정하게 된다.

Rivers(1981)는 외국어 교육의 목적을 지력 개발, 교양 증진, 언어 기능의 이해, 독해력 배양, 표현 기회 제공, 외국 문물의 이해, 의사소통 능력의 개발이라고 하였으며, Clark(1987)은 외국어 교육의 목표를 4가지로 분류하였는데, 의사 소통 목적, 사회·문화적 목적, 학습 방법의 학습 목적, 언어 문화적 각성[19] 등이다.

<표101> Clark(1987)의 외국어 교육의 목표

Goal Type		Example
Communicative 의사 소통 목적	–	establish and maintain interpersonal relations, and through this to exchange information, ideas, opinions, attitudes, and feelings, and to get things done 상호작용 관계를 설정, 유지하고 이를 통해 정보와 생각, 의견, 태도, 느낌을 교환하여 의사소통이 이루어지게 한다.
Socio-cultural 사회·문화적 목적	–	have some understanding of the everyday life patterns of their contemporary age group in the target language speech community; this will cover their life at home, at school and at leisure 목표 언어를 사용하는 사회의 동시대인의 일상 생활 유형에 대하여 이해한다.
Learning-how-to-learn 학습 방법의 학습 목적	–	to negotiate and plan their work over a certain time, span, and learn how to set themselves realistic objectives and how to devise the means to attain them 일정한 기간 동안 학습자가 할 일을 계획한다. 그리고 그들 자신이 실제적인 목표와 그것을 얻기 위한 방법을 찾을 수 있도록 한다.
Language and cultural awareness 언어 문화적 각성	–	to have some understanding of the systematic nature of language and the way it works 언어의 구조와 그 언어가 어떤 작용을 하는가를 이해한다.

19) Clark, J.(1987) 『Curriculum renewal in school foreign language learning』 Oxford University Press. pp.227~32. Nunan(1989) 『Designing Tasks for the Communicative Classroom』p.49에서 재인용.

이러한 목표들은 광범위하고 교육 사조의 흐름에 맞지 않는 경우가 있으므로 요구 조사에 근거하여 보다 구체적인 목표를 정책적으로 결정하게 된다.

최초의 일본어 교육과정의 교육 목표는 처음 발표시(1973년 2월 14일)[20]의 내용과 『인문계 고등학교 교육과정』별책3(1974년 5월 23일)[21]의 내용이 차이를 보인다. 처음 발표시에는 '일본어 교육과정 지도목표'라는 제목으로 4개 항목이 발표되었으나(이하 초안이라 함), 문교부의 교육과정 인쇄물에서는 '지도 목표'라는 제목으로 3개 항목으로 발표(이하 확정안이라 함)되었다.

1. 日本語 教育課程 指導目標(초안)

(1)현대 일본어의 발음과 기본 어법을 익히게 하여, 일상 생활에서 사용하는 쉬운 말과 글을 이해하는 능력과 아울러 간단한 발표력을 기른다.

(2)장차 실업 생활에서 일본어를 유익하게 활용하여, 우리 나라의 경제 발전에 이바지할 수 있는 어학적 소양을 기른다.

(3)일본의 문화, 경제 등에 대한 이해를 증진시켜, 국제적 협조심을 기르는 동시에, 우리 스스로에 대한 자각을 다지게 한다.

(4)폭 넓은 전문적 지식을 갖추기 위해 자진하여 일본어로 된 자료 및 문헌 등을 연구하는 태도를 기른다.

1. 지도 목표(확정안)

가. 현대 일본어의 발음과 기본 어법을 익히게 하여 일상 생활에서

---

20) 『교육 연구』제6권 제4호, pp.144~145.
21) 문교부(1974) 『인문계 고등학교 교육과정』[별책 3], p.254.

사용하는 쉬운 말과 글을 이해하는 능력과 아울러 간단한 발표력을 기른다.

　나. 일본어를 통하여 우리 고유의 전통과 문화를 소개하고 올바른 의사 전달을 할 수 있는 기초 능력을 기른다.

　다. 일본의 문화, 경제 등에 대한 이해를 증진시켜 국제적 협조심을 기르는 동시에 우리 스스로에 대한 자각을 다지게 한다.

　2개의 목표를 비교해 보면, (1)과 (3) 항목은 [가], [다]로 그대로 남아 있고, (2)(4)항목이 없어지고 [나]항목이 새로 추가되었다. (2)(4)항목이란, '실업 생활에서 활용하여 경제발전에 이바지할 수 있는 어학적 소양'과, '전문적 지식을 갖추기 위한 자료 및 문헌 연구 태도를 기름'을 말하는데, 일본어 교육을 시작하는 분위기가 박정희 대통령의 지시문[22]에서도 알 수 있듯이, 경제 발전에 도움을 주기 위하여 일본어를 배워야 한다는 의견의 반영으로 보이며, 어려운 상황에서 일본어 교육을 시작한다는 점에 있어서 이해 능력과 폭넓은 전문적 지식을 갖추도록 하였다. 당시 일본어 교육을 시작하는 것에 대하여 많은 우려의 소리가 신문의 사설, 논평 등을 통하여 나타나고 있다. 작가 이병주는 『일어 세대』의 입장에서 "원컨대 학술용과 사업용에 알맞도록 일어의 활용이 그 절도를 지켜주었으면 좋겠다. … 그러나 일본인 이상으로 잘하는 일본말이 되지 않도록 아첨하기 위한 일본어가 되지 않도록 배우는

---

22) 『일본은 우리나라와 여러면에서 비슷한 점이 많고 서적이나 경제·기술 분야에서 배워야 할 점이 많다』『일본어를 배우더라도 정신을 바로 차리고 주체성 있는 활달한 대국민의 도량을 가져야만 한다』『지금까지 우리나라는 과거 일본과의 관계 때문에 일본어를 배우는 것을 기피해 온 옹졸한 생각을 가지고는 국가발전을 꾀할 수 없다』등. 서울신문 1972.7.5.수.1면 참조

사람의 마음먹이가 있어야 할 줄 믿는다.”[23] 라든가, 『일어교육의 정신적 자세』라는 사설에서 “저들에게 뒤떨어진 경제나 과학 문화를 하루 속히 창달시키기 위해서도 그리고 오늘의 경제적 부흥과 문화발전을 이룩한 일본과 일본인을 알고, 끝내는 저들을 능가하기 위해서도 일어는 배울 필요가 있다는 보다 진취적인 태도가 이에는 필요하다고 생각한다. 모름지기 박대통령이 일어교육을 지시한 참된 의의도 여기에 있다고 보고 이점 앞으로 일어교육을 실시함에 있어 문교당국은 다른 외국어와는 또 다른 각별한 유의가 있기를 당부하고자 한다.”[24]는 등의 경제와의 관련으로 목표를 삼도록 당부하고 있으며, 따라서 회화 능력보다는 이해능력에 중점이 두어지고 있는 것을 알 수 있다. 그러나, 고등학교에서 주당 1~2시간을 배워서 이런 정도의 일본어 능력을 목표로 하기란 어려웠을 것이라 판단되며, 이 초기의 교육 목표를 다른 외국어 과목의 목표에 맞추어 대폭 수정하여, (1)쉬운 말과 글의 이해, 간단한 발표력을 기름 (2)우리 문화를 소개하기 위한 의사 전달 기초능력을 기름 (3)일본이해를 통한 국제적 협조심과 자각을 다짐으로 정리되었다고 본다. 즉, 현대일본어의 간단한 표현능력과 이해능력, 그리고 일본문화 이해로 집약되었다. 이러한 목표의 변화는 아래에서 언급하는 어휘와 소재의 커다란 변화를 수반하게 된다.

5.1.2.3. 지도 내용

국민으로부터 교육제도와 조직·운영을 위임받은 국가는 교육 목적과 목표를 제시하게 되고, 그 교육목표를 달성하는데 필요한 교육 내용을 제시한다. 보통 지도 내용은 ‘언어 기능’과 ‘언어 재료’로 발표되는

---

23) 1972년 7월 10일 5면
24) 『동아일보』 1972년 7월 7일 2면 사설

데, 처음 만들어진 일본어과 교육과정의 '언어 기능'은 초안과 확정안이 거의 변화없이 '듣기와 말하기'가 13항목, '읽기'가 8항목, '쓰기'가 11항목, 총 32항목이었다. '언어 재료'는 어휘, 소재, 문형, 문법 사항의 4가지 항목으로 되어 있다. 언어 재료는 초안과 확정안이 많은 차이를 보이는데, 우선 어휘는 초안에서 2,500어 내외였던 것이 2,000어 내외로 줄었고,

<초안>

사용의 빈도가 높은 일상 상용어 가운데서 2,500어 내외를 점차로 반복 사용하도록 하며, 그밖에 전문적 기술용어로서 300~500어 정도를 추가 사용할 수 있다.
한자는 당용 한자(1,850자)범위 안에서 사용함을 원칙으로 하되, 고유명사에 한해서는 예외로 한다.

<확정안>

기본 어휘 2,000어 내외를 점차로 반복 이수하도록 하며, 그밖에 전문적, 기술적 용어 등을 포함하여 200어 이내를 추가 사용할 수 있다.
한자는 당용한자 범위 안에서 그 일부를 사용함을 원칙으로 하되 고유명사에 한해서는 예외로 한다.

전문적 기술용어 또한 300~500어에서 200어 이내를 추가 사용할 수 있으며, 한자는 '당용 한자 범위 안에서'는 같으나 확정안에서는 '범위안에서 일부를 사용함을 원칙'으로 하고 있다.[25] 어휘가 전체적으로 줄었는데 이것은 교육 목표의 축소에 따른 변화라고 할 수 있을 것이다.

초안과 확정안 사이에서 가장 큰 변화를 보이는 것은 '소재' 항목이다.

<초안>소재는 필수적인 어학 기초 자료 이외에 일본의 사회, 문화, 경제 등을 다룬 자료를 포함하되, 실업 전문 교육의 계별 특수성을 고려하여 실업 및 과학 기술에 관한 내용을 아울러 지도한다.

<확정안>소재는 될 수 있는 대로 우리나라의 생활 내용에서 많이 선정하도록 한다.

위의 글로 알 수 있는 것은 초안에서는 필수적인 어학 기초 자료 이외에 일본의 사회, 문화, 경제 등을 다룬 자료를 포함하되, 실업 및 과학 기술에 관한 내용을 아울러 지도하도록 하였으나, 확정안에서는 될 수 있는 대로 우리나라의 생활 내용에서 선정하도록 되어 있다. 이는 목표 항목에서 '실업 생활에서 활용하여 경제발전에 이바지할 수 있는 어학적 소양'과, '전문적 지식을 갖추기 위한 자료 및 문헌 연구 태도를 기름'에 대한 소재의 반영으로 보이며, 이 2개의 항목이 목표에서 삭제됨과 함께 소재 항목에서도 관련 내용이 삭제되고, 대신에 우리나라의 생활 내용에서 소재를 선택하도록 하고 있는 것이다. 그러나 소재의 기

---

25) 『동아일보』3월 16일자 문교부 말을 인용한 기사에서는 인문계 고교는 3년 동안 기본어휘 2000어 가량과 전문기술용어 200어 이내를, 실업고교는 기본어휘 1700어 가량과 전문기술용어 300어 이내를 각각 이수토록 하고 한자는 일본의 상용(常用)한자범위 안에서 그 일부를 사용하되 고유명사에 한해서는 예외로 하도록 했다. 2월 14일 자 문교부령310호의 내용과 약간 차이를 보이고 있다. 우선 어휘가 2000어로 줄었고, 전문기술용어 수도 다르며, 당용한자가 상용한자로 되어 있다.

본 방향이 대폭 수정된 것과는 달리 소재의 세부 항목은 16개 소재 중 ⑧⑨⑯번이 소폭 수정되었다. ⑧번에서는 '문화와 전통'이 첨가되었고, ⑨번은 '일본 또는 다른 나라의 문화'가 '일본인의 생활 및 일본의 문화'로 수정되었고, ⑯번에서는 ⑪번 항목과 중복이 되는 '실업 생활'을 삭제하였다.

<표102> 제2차 교육과정 초안과 확정안 '내용' 비교

초안	확정안
①간단한 인사교환을 할 수 있는 내용 ②구체적인 실물과 그림을 놓고 간단한 문답을 할 수 있는 내용 ③수업을 중심으로 한 학교 생활에 관한 내용 ④가족 및 가정 생활에 관한 내용 ⑤가까운 생활 주변에 관한 내용 ⑥자기 또는 제3자를 간단히 소개할 수 있는 내용 ⑦신체, 계절, 일기, 행사 또는 기타 생활 주변의 일에 관하여 문답할 수 있는 내용	①간단한 인사교환을 할 수 있는 내용 ②구체적인 실물과 그림을 놓고 간단한 문답을 할 수 있는 내용 ③수업을 중심으로 한 학교 생활에 관한 내용 ④가족 및 가정 생활에 관한 내용 ⑤가까운 생활 주변에 관한 내용 ⑥자기 또는 제3자를 간단히 소개할 수 있는 내용 ⑦신체, 계절, 일기, 행사 또는 기타 생활 주변의 일에 관하여 문답할 수 있는 내용
⑧우리나라의 사회, 역사, 인물 등에 관한 내용 ⑨일본 또는 다른 나라의 문화, 사회, 경제 등 국제 이해에 도움이 되는 내용	⑧우리나라의 문화와 전통 및 사회, 역사, 인물 등에 관한 내용 ⑨일본인의 생활 및 일본의 문화, 사회, 경제 등에 관한 내용과 기타 국제 이해에 도움이 되는 내용
⑩현대인의 취미, 오락 및 과학 기술의 발전 등 현대에 관한 내용 ⑪실업 생활에 관한 간단한 내용 ⑫쉬운 문예 작품 ⑬간단한 편지를 읽고 쓸 수 있는 내용 ⑭국내의 여행 및 관광에 관한 내용 ⑮우리나라의 경제 발전에 관한 내용과 새마을 운동의 모습	⑩현대인의 취미, 오락 및 과학 기술의 발전 등 현대에 관한 내용 ⑪실업 생활에 관한 간단한 내용 ⑫쉬운 문예 작품 ⑬간단한 편지를 읽고 쓸 수 있는 내용 ⑭국내의 여행 및 관광에 관한 내용 ⑮우리나라의 경제 발전에 관한 내용 및 새마을 운동의 모습
⑯기타 사회 생활 또는 실업 생활에서 자주 언급되는 소재	⑯기타 사회 생활에서 자주 언급되는 소재

문형은, 기본 문형을 조직적으로 가르치게 하였다. 기본 문형이란 '언어 요소 중에서 가장 굴대가 되는 문형'으로 보았다. 우선, 기본적으

로 일상 회화에 필요한 간단한 문형을 먼저 가르치고, 그 기초에서 출발하여 발전적인 문형을 단계적으로 가르치도록 하고 있다. 여기서 문형의 단계란, 단문 기초문형·중문의 반복학습, 복문과 응용문형인 혼문 학습, 훈련을 위한 희망 문형, 듣고 말하기 훈련을 위한 의문 문형과 응대 문형 순으로 가르치도록 하였다.

문법 사항은, '일본어의 이해력과 표현력을 뒷받침하는 한도에서, 기본적인 사항을 문장에 따라 귀납적으로 지도한다.'고 하고, 11개의 항목으로 동사의 활용, 형용사와 형용동사의 활용, 명사와 대명사, 조사의 용법, 조동사의 용법과 활용, 부사, 연체사, 접속사, 감동사, 경어의 용법, 음편을 지도사항에 포함시키고 있다.

문형과 문법사항은 초안과 확정안이 동일하다.

5.1.2.4. 교수·학습 방법

교수방법이란 설정된 교육목표를 달성하기 위하여 일련의 학습경험을 조직적으로 구성하는 것으로 즉, 학습자에게 학습경험을 위한 학습자극을 제공하는 절차를 의미한다.[26]

교수·학습방법은 '지도상의 유의점'으로 보여주고 있는데, 초안에서는 7개항목, 확정안에서는 6개항목으로 발표되었다. 표에서 보는 바와 같이 (7)번 항목을 삭제한 것 이외에는 초안과 확정안이 동일하다. 삭제된 내용은 '실업전문 교육의 특수성과 전문성을 고려하여 계별 실업 내용에 관한 설명문, 시사문, 서한문 등을 아울러 지도하되 어떠한 부문에만 치우치지 않도록 전체적인 균형을 고려' 하여야 한다는 내용

---

26) 신동로(1994)『교육과정과 교수방법(개정판)』교육과학사, p.133.

으로 역시 목표의 삭제와 관련된 항목이다.

<표103> 제2차 교육과정 '방법'에 대한 초안 확정안 비교

초 안	확 정 안
(1)항상 듣기와 말하기 훈련을 중시하면서 점진적으로 읽고 쓰는 능력을 개발하도록 수업을 전개하여야 한다.	가. 항상 듣기와 말하기 훈련을 중시하면서 점진적으로 읽고 쓰는 능력을 계발하도록 수업을 전개하여야 한다.
(2)문법 설명 및 번역 위주의 강의식 수업방법은 피하여야 한다.	나. 문법 설명 및 번역 위주의 강의식 수업방법은 피하여야 한다.
(3)발음 지도에 있어서는 일본의 특유의 청음 탁음의 구별과 억양 등을 정확히 하도록 유의한다.	다. 발음 지도에 있어서는 일본의 특유의 청음 탁음의 구별과 억양 등을 정확히 하도록 유의한다.
(4)정확한 발음과 듣기의 지도를 위하여 시청각 자료를 될 수 있는 대로 많이 이용하도록 한다.	라. 정확한 발음과 듣기의 지도를 위하여 시청각 자료를 될 수 있는 대로 많이 이용하도록 한다.
(5)학습 지도에 있어서는 새로운 단어나 지식의 암기 이해 보다 이미 습득한 언어 자료에 의한 반복 수련과 응용에 중점을 두어야 한다.	마. 학습 지도에 있어서는 새로운 단어나 지식의 암기, 이해 보다 이미 습득한 언어 자료에 의한 반복 수련과 응용에 중점을 두어야 한다.
(6)일본어 사전의 사용 방법을 지도하여 학생이 자습할 수 있는 기틀을 마련해 주어야 한다.	바. 일본어 사전의 사용 방법을 지도하여 학생이 자습할 수 있는 기틀을 마련해 주어야 한다.
(7)실업전문 교육의 특수성과 전문성을 고려하여 계별 실업 내용에 관한 설명문, 시사문, 서한문 등을 아울러 지도하되 어떠한 부문에만 치우치지 않도록 전체적인 균형을 고려하여야 한다.	

듣기와 말하기 훈련을 중시하고 읽고 쓰는 능력을 점진적으로 계발하며, 문법 설명·번역위주의 강의식 수업방식은 피하고, 청탁음 구별과 억양을 정확히 지도하고, 듣기 지도를 위하여 시청각 자료를 많이 이용할 것과, 새로운 단어나 지식 암기 이해보다는 기습득 언어자료의 반복연습과 응용에 중점을 둘 것, 사전 사용법을 지도하여 자학자습이 가능하게 할 것 등을 유의하도록 하고 있다.

5.1.2.5. 교과서

고등학교 최초의 일본어 교과서는 일본어연구회 편 『日本語讀本 (上)』이다. 이 교과서는 1973년 3월 5일에 출판되었다. 일본어 교육과정 발표 후 교육부는 일본어 교과서에 대하여 "고교의 일본어 교과서는 우선 단 권으로 편찬하고 앞으로는 검·인정교과서를 사용키로 했다."[27] 고 하였다. 이 단 권의 교과서는 일본어연구회에 의뢰하여 만들어지고 있는데, 그 최초의 고등학교 일본어 교과서가 『日本語讀本(上)』이며, 고등교과서주식회사에서 출판하였다. 이 교과서는 1973년 3월 학기부터 사용되고 있다. 하권은 1975년 1월에 출판되었다. 교과서는 종서(縱書)로 만들어졌고, 저자 및 과수 쪽수 체재 등은 <표104>와 같으며, 상권은 1,720어 하권은 2,433어로 만들어졌다. 평균 35과 265쪽 2,076어로서 교육과정의 기본 어휘 2,000어 내외의 범위를 지키고 있다.

<표104> 제2차 교육과정 교과서 출판 현황

2차 교과서	저 자	상하	과수	쪽수(본문/부록)	단원 구성
고등 교과서 주식 회사	(상)이윤경, 이봉복, 박성원, 전기정, 정재인, 민성홍 (일본어연구회)	상	39	268(133/135)	본문, 연습
	(하)김우열, 최창식, 문승연 (일본어 교육연구회)	하	31	261(200/61)	본문, 연습문제

교육과정의 '지도상의 유의점'에서는, 문법 설명·번역위주의 강의식 수업방식은 피하도록 명시되어 있으나, 교과서는 상권이 본문(독해문)과 [연습]으로, 하권이 본문과 [연습문제]로 되어 있어, 실제 수업에서는 본문과 연습문제의 독해가 주가 되는 강의식 수업방식을 피할 수 없게 되었다. 즉, 구조 실러버스가 중심이 되는 교과서였다. 상권의 [연습]의 내용을 살펴보면, 1과는 연습이 없고 2과 부터 연습이 있으며, 2과 부터 8과 까지는 문형 연습이 있고, 9과 부터 39과 까지는 학습 문형의 예문으로 구성되어 있다.

---

27) 한국일보 1972년 7월 7일자 6면 참조

아래에 제2차 교육과정 교과서의 참고를 위하여 1과 2과를 예로 들고 『일본어 독본』 상·하권의 총목차를 표로 정리하였다.

<표105> 제2차 교육과정 교과서예(1975년 『일본어독본 (上)』)

第一課 わが国	第二課 これは本です	〔練習〕
わたくし わが国（くに） 国民（こくみん） 大韓民国（たいかんみんこく） 民主共和国（みんしゅきょうわこく）	これは 本です。 これは えんぴつです。 あれは まんねんひつですか。 はい、そうです。 あれも まんねんひつですか。 いいえ、まんねんひつでは ありません。 あれは ボールペンです。 それは 何ですか。 これは 紙です。	一 これ／それ／あれ　は／も　ほん／えんぴつ／かみ／ざっし／ノート／つくえ／いす／はこ　です。／ですか。 は　何　ですか。
-19-	-21-	
わが国は 　大韓民国です。 大韓民国は 　民主主義です。 わたくしは 　大韓民国の 国民です。	あれは 何ですか。 あれは ざっしです。 それも ざっしですか。 いいえ、そうでは ありません。 ノートです。 これは つくえです。 それは いすですか。 いいえ、これは いすじゃ ありません。 これは はこです。	二 これ／それ／あれ　は　ほん／えんぴつ／かみ／ざっし／ノート／つくえ／いす／はこ　では（じゃ）ありません。 -23- 三 はい、　そうです。 これ／それ／あれ　は　ほん／かみ／ざっし　です。 四 いいえ、　そうでは（じゃ）ありません。 これ／それ／あれ　は　ほん／かみ／ざっし　では（じゃ）ありません。
-20-	-22-	-24-

<제2차 교육과정기 교과서 『일본어독본』(상), (하)
일본어연구회/일본어교육연구회>

	일본어독본(상)	일본어독본(하)
제1과	わが国	統一への願い
제2과	これは　本です	星の世界
제3과	あなたは　学生です	フンブとノルブ
제4과	わたしたちの　先生	金メダルに勝るもの
제5과	白い　紙	科学と人間
제6과	寒い　日	わが祖国

제7과	ぼうしと　かばん	趣味について考える
제8과	わたしの　つくえ	水産の話
제9과	むくげの　花	環境と公害
제10과	絵はがき	昭陽江ダムをたずねて
제11과	かわいい　子ども	いくつといくら
제12과	日課	釜関フェリ
제13과	日曜日	かな文字
제14과	家族	大洋を乗りこえて
제15과	カレンダー	生産のしくみ
제16과	新しい　町	光化門
제17과	韓国の　季節	樹(詩)
제18과	日記	李退渓先生
제19과	南山の　上から	生け花
제20과	早起き	本屋で
제21과	冬の　夜	ことわざ
제22과	お手伝い	湖南・南海高速道路を走る
제23과	買い物	他山の石
제24과	母の言葉	わが国の造船工業
제25과	電話	四溟大師の英知
제26과	秋夕	わが農業の近代化
제27과	スケート	慶州のアルバム
제28과	あいさつ	質素な生活
제29과	月と　雲	わが国の民主政治
제30과	かぜ	木の根
제31과	ハングル	ミレーの晩鐘
제32과	緑の山造り	
제33과	建設の響き	
제34과	日本	
제35과	韓国の古代文化と日本	
제36과	李舜臣将軍	
제37과	太極旗	
제38과	セマウル運動	
제39과	一九八〇年代のビジョン	
부록	동사, 형용사, 형용동사, 조동사 활용표 교육한자 색인, 낱말 풀이	조사(격조사, 접속조사, 부조사, 종조사), 낱말풀이

이 교과서는 제3차 교육과정이 1974년 12월에 발표되었음에도 불구하고 3차 교과서가 1979년에나 완성을 보게 되어 제3차 교육과정 공포 후에도 상당히 오랜 기간 동안 사용되었다.

수업 일수는 연간 39주를 기준으로 하되 외국어 교과 단위 시간 배당은 30단위였다. 1단위는 50분을 단위 시간으로 하여 한 학기(18주 기준) 동안 18단위 시간을 이수함을 말하는 것으로, 당시의 인문계 과정을 예로 들어 총 단위를 살펴보면, 공통으로 이수하여야할 단위수가 116단위이며, 선택으로 이수하여야할 단위수는 98단위여서, 총 214단위를 이수하여야 하는데, 그중 일본어는 30단위를 이수하게 되어 있었던 것이다.[28]

70년대에 만들어지고 오랜 기간 사용된 교과서임에도 불구하고 초판을 찾기가 힘든데, 73년 발행 상권과 74년 발행 상·하권, 77년 발행 상·하권, 78년 발행 상·하권이 서울대 도서관에 소장되어 있으며, 79년 발행 상·하권이 경상대 도서관에 있다.

---

28) 1969년 9월 4일 문교부령 제251호로 전면 개정된 제2차 교육과정에 의거함. 문교부(1974. 5)『인문계고등학교 교육과정』별책3, pp.12~20.

5.1.3. 제3차 교육과정기(1974.12~1981.12)

5.1.3.1. 시대적 배경

1974년 12월 31일 문교부령 제350호로 고시된 제3차 교육과정은, 생활중심 교육과정을 지양하고 지식 및 정보의 폭발적인 팽창에 효과적으로 대응하기 위한 학문 중심 교육 과정과 우리의 교육이 지향해야 할 좌표로서 제시된 국민교육헌장(1968년 12월 5일 발표)을 기초로 하여 변화를 모색하였다. 1970년대는 한반도를 둘러싼 미·소의 평화공존으로 다원화의 진전과 전반적인 구조변혁을 가져오게 되었다. 농촌의 생활수준을 끌어올리기 위한 전국적인 생활개선 운동인 새마을 운동이 1970년 11월부터 전개되어 자조·자립·협동정신이 강조되는 한편, 제3차 경제개발 5개년 계획의 중점 사업이 되었다. 1971년 7월 1일 박정희 대통령이 7대 대통령으로 취임하자, 12월 6일 국가비상사태가 선언되고 문교부는 이에 따라 국가 안보교육을 강화하는 일환으로 군사교육 제도의 강화, 교련교사 재교육, 안보특강, 대학생 특수훈련 등 전시교육체제를 강화하여 국민을 긴장시켰다. 1972년 10월의 유신헌법과 함께 제4공화국이 시작되었으며, 대학가는 유신반대 시위가 극심하여 군경투입과 함께 휴교령이 빈번히 내려졌다. 이러한 시대적 배경 하에 1974년 12월 31일에 문교부령 제350호로 제3차 고등학교 교육과정이 공포되어 국적 있는 교육을 표방하였다. 제3차 교육과정은 시행되고 있는 과정에서 체제 정비를 하여 1979년 3월 1일 문교부 고시 제424호로 다시 공포되었다. 교육과정 전체의 체제 통일과 자구 수정, 맞춤법 통일 등이 정비되었을 뿐 내용의 변화는 없었다. 다만 '문교부령'이 '문교부 고시'로 교육과정의 법적 성격이 바뀌고 있다. 1, 2, 3차 교육과정의 법적 성격이 '문교부령'이었던 것이 앞으로 발표되는 모든 교육과정 즉, 4, 5, 6, 7차의 모든 교육과정이 '교육부 고시'로 발표되고 있다. 문교부령이 문교부 고시로 바뀐 것은 교육과정을 개정할 때마다 법제처의 심의를 거쳐야하는 번거로움을 없애기 위함이었으며, 고시 문서는 법령이 정하는 바에 따라 일정한 사항을 알리는 문서로서, 개정, 폐지되지 않는 한 그 효력이 계속되는 법적 효력을 지닌 문서이다.

　제3차 인문계 고등학교 교육과정의 교과목은 필수 및 필수 선택 교과목과 과정별 선택 교과목으로 나뉘어지는데, 외국어 교과목은 과정별 선택 교과목이었다. '과정별'이라는 것은 인문, 자연, 직업 과정을 말하는 것으로, 일본어를 선택할 수 있는 과정은 인문과정과 자연과정이었으며, 독일어 · 프랑스어 · 중국어 · 에스파니아어 · 일본어 중 택1하며, 10~12단위[29]였다. 외국어 단위 배당 기준은 1979년 개정 제3차 교육과정에서도 같은 단위 수를 유지하고 있다.

<표106> 제3차 외국어 단위 배당 기준

교과	과목	단위수	필수 및 필수 선택 교과목 단위 수	과정별 선택 교과목 단위 수		
				인문	자연	직업
외국어	영어 I	10~12	10~12			
	영어 II	10~12		10~12	10~12	
	독일어	10~12				
	프랑스어	10~12				
	중국어	10~12		택1 10~12	택1 10~12	
	에스파니아어	10~12				
	일본어	10~12				

　외국어과 교육과정의 제시는 우선, 외국어과 전체의 일반 목표가 있고, 그 다음 각론으로 각 교과의 교육과정이 있으며, 각 교과의 교육과

---

29) 제3차 교육과정하의 1단위라 함은 50분을 1단위시간으로 하여 매주 1단위시간씩 1학기 동안(18주 기준) 이수하는 수업량을 말한다.

정은 영어Ⅰ, 영어Ⅱ, 독일어·프랑스어·중국어·에스파니아어·일본어 순으로 되어 있다. 각 교과는 목표, 내용, 지도상의 유의점 순으로 제시되고 있다.

이하, 1974년의 제3차 교육과정(이하 3차)과 1979년의 개정 제3차 교육과정(이하 개정 3차)을 대조 비교해 가면서 목표, 내용, 교수학습 방법 등을 기술한다.

5.1.3.2. 교육 목표

외국어과 일반 목표와 비교해 볼 때 일본어과 목표는 아래 표에서 보는 바와 같이 기본적인 골격을 유지하면서 '외국어'를 '일본어'로 혹은 '표준적인 현대 일본어'로 바꾸거나, 종합적인 어학기능을 기초적인 기능으로 바꾸어서 제시하고 있다.

<표107> 제3차 교육과정 목표

외국어과 일반 목표	일본어과 목표
1)외국어의 기본 어법을 습득시켜 듣기, 읽기, 말하기, 쓰기의 종합적인 어학 기능을 기른다.	가. 표준적인 현대 일본어의 기본 어법을 익히게 하여, 듣기, 읽기, 말하기, 쓰기의 기초적인 기능을 기른다.
2)외국어의 학습을 통하여 외국과 외국인에 대한 이해를 증진시켜 국제적 협조심을 기르고, 사물에 대한 견식을 넓혀 우리 스스로의 발전을 도모하도록 한다.	나. 일본인의 생활과 그 나라의 문화, 경제 등에 대한 이해를 증진시켜, 국제적 협조심과 안목을 기르고, 우리 스스로의 발전에 도움이 되도록 한다.
3)외국어를 통하여 우리 나라의 문화와 현황에 대한 개략적인 소개를 할 수 있는 기초적 능력을 기른다.	다. 일본어를 통하여 우리 나라의 문화와 현황에 대한 개략적인 소개를 할 수 있는 기초적 능력을 기른다.

이것은 일본어 뿐 만 아니라 독일어, 프랑스어를 포함한 다른 외국어도 같은 식으로 교육 목표를 제시하였다. 이는,

①언어기능의 이해

②일본이해와 국제적 협조를 길러 우리 발전에 도움이 되도록 함

③우리 문화를 소개할 수 있는 기초 능력을 배양함

으로 요약된다. Clark(1987)의 외국어 교육의 목표 중, 의사 소통 목적, 사회·문화적 목적, 문화적 각성에 속하는 항목들이다.

1979년의 개정에서도 위의 교육 목표는 수정 없이 그대로 유지되었다.

5.1.3.3. 내용

일본어과 제3차 교육과정은 다른 외국어와는 '내용'에 있어 상이한 체제로 구성이 되어 있었다. 의사소통에 필요한 기능들이 '언어 기능'이란 항목으로 함께 제시되었고 동시에 '언어 기능'학습에 필요한 자료들 즉 어휘, 소재, 문형, 문법 사항이 '언어 재료'로 제시되었다. 특히 학습시 가르쳐야 할 문법 사항이 매우 상세히 진술되었다. 3차와 개정 3차는 '내용' 항목이 대동소이하다. 다만, 3차에서는 언어 기능, 언어 재료 순으로 제시했던 것을, 개정 3차에서는 언어 재료, 언어 기능 순으로 제시하고 있다. 또한, 제시 순서를 나타내는 기호가 숫자는 한글로, 한글은 숫자로 바꾸어서 적고 있으며, 특히, 개정 3차 교육과정은 몇 줄 건너 오자가 눈에 띨 정도로 오자가 많았다.

<표108> 제3차 교육과정 '내용 체계' 항목 예

제3차 교육과정	개정 3차 교육과정

2. 내용
 	
가. 언어 기능
  (1)듣기와 말하기
   (가)일본어의 음운 체계를 익히기
     :
  (2)읽기
	나. 내용
	
	1)언어 재료
	  가)어휘
	  나)소재
	   (1)간단한 인사교환을 할 수 있는 내용
	     :

<table>
<tr><td>
:
나. 언어 재료
 (1)어휘
 (2)소재
  (가)간단한 인사 교환을 할 수 있는 내용
:
 (3)문형
:
</td><td>
다)문형
:
2)언어 기능
 가)듣기와 말하기
  (1)일본어의 음운 체계를 익히기
:
 나)읽기
:
</td></tr>
</table>

'언어 기능'은 듣기 말하기, 읽기, 쓰기 순으로 제시되었고, '언어 재료' 중 '어휘'는 기본어휘 3,000어 내외, 전문·기술 용어 200어를 추가할 수 있으며, 당용한자 범위에서 사용하도록 하고 있다.

'소재'는 될 수 있는 대로 우리나라의 생활 내용에서 많이 선정하도록 하였다.

'문형'은 기본 문형을 조직적으로 가르치되, 일상 회화에 필요한 간단한 문형을 먼저 가르치고 발전적인 문형을 단계적으로 가르치되, 세부 항목으로 ①단문에서 중문으로, ②단문, 중문의 반복 학습 후 복문과 응용 문형인 혼문을 가르치며, ③직접적인 방법으로 훈련, ④듣고 말하기를 훈련의 기초 기능으로 의문, 응대문형을 가르치도록 하였다.

<표109> 제3차 교육과정, 외국어 '내용' 항목 비교

영어 I, II, 독일어, 프랑스어, 에스파니아어	일본어	중국어
2.내용 가. 읽기 (1)언어 재료 (2)지도 사항 나. 쓰기 (1)언어 재료 (2)지도 사항 다. 듣기와 말하기 (1)언어 재료 (2)지도 사항	2. 내용 가. 언어 기능 (1)듣기와 말하기 (2)읽기 (3)쓰기 나. 언어 재료 (1)어휘 (2)소재 (3)문형 (4)문법 사항	2.내용 가. 말하기, 듣기 (1)발음 (2)기본 문형 (3)형식 나. 읽기 (1)문장의 형식과 내용 (2)문법 (3)형식 다. 쓰기 라. 제재 선정의 기준

　7개 외국어 과목의 '내용'항목은 위 <표109>에서 보는 바와 같이 일본어와 중국어를 제외하고 같은 순서로 글을 진행하고 있다. 즉, 영어 Ⅰ·Ⅱ·독일어·프랑스어·에스파니아어는 읽기, 쓰기, 듣기와 말하기 순으로 언어 기능을 나열하고, 그 하위 항목으로 언어 재료와 지도 사항을 제시하고 있다. 언어 기능의 순서로 당시의 교수법이 ALM을 중심으로 하는 구조주의 교수법이 기본 교수법이었음에도 불구하고, 읽기와 쓰기가 먼저 오고 듣기와 말하기를 뒤에 배치하고 있다. 중국어는 말하기와 듣기를 앞에 배열하고 읽기와 쓰기를 뒤에 제시하고는 있으나 일본어와 다른 점은, 일본어는 듣기와 말하기 순인데 비해 중국어는 말하기 듣기 순으로 되어 있다는 것이다. 또한 일본어는 타 언어의 '내용'항목에 비하여 '언어 기능'과 '언어 재료'를 구분하여 언어 기능 아래에 4기능을 하위 분류하고, 언어 재료 아래에 어휘, 소재 문형 문법을 하위 분류하고 있는 점에 주목할 필요가 있다. 특히 언어 기능의 순서로 듣기를 먼저하고 말하기를 뒤에 제시하는 것이 ALM 모형의 특징이라고 할 수 있는데 일본어는 당시의 구조주의 수업 모형의 이론을 충실히 지켜 교육과정을 제시하고 있는 것이다. 이 제시 모델은 4차, 5차, 6차 교육과정을 통하여 일본어를 포함한 다른 외국어 교과의 제시 모델이 되고 있다.

　'문법 사항'은 일본어의 이해력과 표현력을 뒷받침하는 한도 내에서 기본적인 사항을 문장에 따라 귀납적[30]으로 지도하도록 하였다. 또한 문법의 지도 사항으로 10품사(동사, 형용사, 형용동사, 명사·대명사, 조사, 조동사, 부사, 연체사, 접속사, 감동사)를 들고 있고, 경어의 용법과 음편도 함께 제시하였다.

---

30) 개정 3차 교육과정에서는 '귀납적으로'라는 부분을 삭제하고 '문장에 따라 지도한다.'고 되어 있다.

5.1.3.4. 교수·학습 방법

제3차 교육과정의 '지도상의 유의점'은 6항목으로 되어 있다. 이것이
개정 3차에서는 5항목으로 줄면서 '다·바'항목을 하나로 합쳐서 제시
하였다.

<표110> 제3차 교육과정의 '지도상의 유의점' 비교

제목 <그림10> 제3차 교육과정의 '지도상의 유의점' 비교

3차	개정 3차
다. 문법은 이해력과 표현력을 뒷받침하는 한도 내에서 기본적인 사항을 문장에 따라 귀납적으로 지도한다. 바. 사전의 사용 방법을 지도하여 학생이 자습할 수 있는 기틀을 마련해 주도록 한다.	○사전의 사용 방법을 지도하여 학생이 스스로 학습할 수 있는 기틀을 마련해 주는 한편, 문법은 표현력과 이해력을 뒷받침하는 한도 내에서 기본적인 사항을 문장에 따라 지도한다.

문법에 관한 항목과 사전 사용 방법 지도에 관한 내용을 하나로 합
쳐서 제시한 것이다. 아래 <표110>은 1974년에 발표된 제3차 교육과
정의 지도상의 유의점과 1979년에 개정된 제3차 교육과정의 지도상의
유의점 비교표이다.

<표110> 제3차 교육과정과 개정 제3차 교육과정 '지도상의 유의점'비교

3차(1974년)	개정 3차(1979년)
가. 내용의 제시에 있어서는 특히 문장의 길이와 복잡성 등을 고려하여 쉬운 것에서 어려운 것으로, 구체적인 것에서 추상적인 것으로의 순서를 지켜야 한다.	○가. 내용의 제시에 있어서는 특히 문장의 길이와 복잡성 등을 고려하여 쉬운 것에서 어려운 것으로, 구체적인 것에서 추상적인 것으로의 순서를 지켜야 한다.
나. 초기 단계에서는 구두 훈련을 통한 언어 학습을 중시하며, 불가피한 경우를 제외하고는 문법 용어의 도입을 피하여야 한다.	○초기 단계에서는 구두 훈련을 통한 언어 학습을 중시하며, 불가피한 경우를 제외하고는 문법 용어의 도입을 피하도록 한다.
다. 문법은 이해력과 표현력을 뒷받침하는 한도 내에서 기본적인 사항을 문장에 따라 귀납적으로 지도한다.	○정확한 발음의 듣기의 지도를 위하여 시청각 자료를 적절히 이용하도록 한다.

라. 정확한 발음과 듣기의 지도를 위하여 시청각 자료를 적절히 이용하도록 한다. 마. 지도에 있어서는 이미 습득한 언어 재료에 의한 반복 수련과 응용에 중점을 두어야 한다. 바. 사전의 사용 방법을 지도하여 학생이 자습할 수 있는 기틀을 마련해 주도록 한다.	○이미 습득한 언어 재료에 의한 반복 수련과 응용에 중점을 둔다. ○사전의 사용 방법을 지도하여 학생이 스스로 학습할 수 있는 기틀을 마련해 주는 한편, 문법은 표현력과 이해력을 뒷받침하는 한도 내에서 기본적인 사항을 문장에 따라 지도한다.

쉬운 것에서 어려운 것으로, 구체적인 것에서 추상적인 것 순으로 가르치되, 문법은 기본적인 사항을 문장에 따라 귀납적으로 지도하고 용어 도입을 피하며, 구두 훈련을 중시하며, 시청각 자료의 이용, 반복 수련과 응용, 사전 사용법을 지도하여 자학의 기틀을 마련해 준다는 내용으로 요약된다. 이것은 청각 구두 교수법(ALM)을 기반으로 하는 구조주의 모형의 특징을 모두 가지고 있다. 즉,

　①문장의 길이와 복잡성으로 문장의 난이도를 결정하여 쉬운 것에서 어려운 것으로

　②음성언어가 문자언어보다 우선하며

　③목표어의 학습을 귀납적으로 교수하며

　④시청각 자료를 이용한 반복 훈련 중심

등을 특징으로 하는 ALM중심 구조주의 수업모형을 그대로 반영한 교육과정이다. '내용'항목에서도 언급한 것과 같이 일본어과 제3차 교육과정은 이론에 충실한 교육과정이었다.

5.1.3.5. 평가

제3차 교육과정에서도 제2차 교육과정과 마찬가지로 평가 항목에 대한 언급이 없다. 평가에 대해 교육과정상의 특별한 지침이 없었다는 것은 그만큼 현장 교사에게 맡겨진 부분이 크다는 것을 알 수 있다.

다만, 경상북도교육위원회 연구원에서는 1984년 도내 전체 고등학교 198개교 가운데 일본어 채택고교 57개교를 대상으로 일본어교사 60명에게 각 학교당 일본어 평가 문항을 50문항씩 작성[31]하여 제출하게 한 자료가 있어 이것을 중심으로 3차 교과서에 대한 평가 현황을 살펴보고자 한다. 1984년은 제4차 교육과정 5종 교과서가 처음으로 사용된 해로서, 1학년은 4차 교과서를 2·3학년은 그대로 3차 교과서를 쓰고 있는 상황이었다. 따라서 평가 문항작성시에도 3·4차 교과서가 모두 대상이 되었으며 일본어교사들이 작성해서 제출한 2,850문항 중, 3차 교과서에서 출제된 문제는 1,004문항이었다. 곽대기(1985)는 상기자료 1,004문항을 외국어 학습평가법에 의하여 분석하였는데, 결론으로 일본어의 발음부분에 가장 큰 중점을 두고 있으며, 다음으로 동사에 관한 사항에 비중을 두고 있는데, 동사가 주로 사용되고 있는 단원은 생활일본어를 중심으로 구성된 내용이어서 필자는 이것으로 보아 일본어교사들이 생활일본어에 대한 관심이 적지 않음을 지적하고 있다. 한편, 일본어 학습의 직접적인 목표인 4기능 능력은 서로 밀접한 관련을 맺고 있어 학습시는 물론이고 평가시에도 이같은 점이 충분히 인식되어야 함에도 불구하고 현실은 그렇지 못하였다고 결론지었다.[32] 아래 <표 111>은 각과별 출제 문항수이다.

---

31) 경상북도교육위원회연구원(1984.3.30)「평가문항작성」, (1984.7.27)「평가문항자료정리」라는 두가지 지침에 따라 이루어졌다.
32) 곽대기(1985)「고등학교 일어과 평가문제에 나타난 출제 경향 분석」『일어교육』제1집, 대한일어교육학회, p.40.

<표111> 3차 교과서 과별 출제문항수(경상북도교육위원회연구원)[33]

단 원	문항수	단 원	문항수
발음연습	80	19. 一週間	29
1. わたしの うち	8	20. 人の からだ	34
2. おとうさんと おかあさん	5	21. 時間	28
3. これは つくえです	8	22. 休みの 日	31
4. これは わたしの ものです	10	23. 活用のある ことば(Ⅰ)	42
5. いろがみ	18	24. ぼくの 一日	31
6. ひろい へや	22	25. 変則的に 変わる ことば	40
7. 私は がくせいです	14	26. ぶたの えんそく	23
8. ここは 私の 学校です	9	27. 動詞の 音便	41
9. ここに しんぶんが あります	13	28. 食べもの	21
10. えきの 前	12	29. 韓国の 果物の 名産地	31
11. 先生と 生徒	13	30. 活用の ある ことば(Ⅱ)	36
12. としょかん	17	31. 韓国の きせつ(Ⅰ)	21
13. りんごとなし	17	32. 韓国の きせつ(Ⅱ)	25
14. しょうてんがい	23	33. 活用の ある ことば(Ⅲ)	38
15. ふうとうと きって	12	34. 山ばと	45
16. 買い物	28	35. 平和統一への大道	28
17. カレンダー	27	36. 訪問	74
18. セマウル運動	15	37. かいこ	35

　　[발음연습]에서 80문항으로 가장 많이 출제되었고, 36과에서 74문항이 출제되었다. [발음연습]은 あき、あさ、いえ、いぬ、かお……식으로 단어를 나열하여 ひらがな、カタカナ는 물론, 청탁음, 요음, 장음, 촉음, 발음 등, 본 단원 시작 전의 연습부분으로 구성되어 있어서, 분석을 한 곽대기의 결론에서 '발음부분에 가장 큰 중점을 두고 있다'는 결론과 일치하며, 36과는 다른 과의 본문과는 달리 유일하게 대화체로 만들어진 과로 곽대기가 결론에서 언급한 생활일본어를 소재로 한 단원이다. 위의 과별 출제문항수와는 별도로 전체 문항을 대상으로 외국어학습 평가법에 의한 분류를 한 것이 아래 <표112>이다. 문법·어휘·독해·번역 문제가 92%를 차지하고 있으며, 듣기·말하기·쓰기·문화 항목의 평가가 결여되고 있다. 3차 교육과정의 일본어 교육 목

---

33) 곽대기(1985), 전게서, p.33.

표인 '듣기·읽기·말하기·쓰기의 기초적인 기능 습득, 일본 문화 이해, 우리문화 소개'와 견주어 볼 때, 주로 읽기 및 정확성 평가가 중심이 되고 있어, 교육 목표의 성취 여부에 대한 평가와는 거리가 있는 것이 분명하다.

<표112> 외국어학습 평가법에 의한 문항수[34]

순위	항 목	내 용	문항수	%	비고
1	문법지식	어형·구문 및 관용어·구독법	438	44	
2	어휘지식	단어의 의미	216	21	
3	독해능력	읽고 그 내용을 이해할 수 있는 능력	143	14	
4	번역능력	일본어 ⇌ 한국어 서로 옮길 수 있는 능력	127	13	
5	발음능력	정확히 발음할 수 있는 능력	80	8	
6	청취능력	귀로 듣고 이해할 수 있는 능력	·	·	
7	구두작문과 회화능력	입으로 말할 수 있는 능력	·	·	
8	필기작문능력	사상이나 견해를 글로 표현할 수 있는 능력	·	·	
9	일본문화지식	일본 문화에 관한 지식			
계	9항목		1004	100	

더구나 상기 평가 문항이 작성된 시기는 이미 4차 교과서가 배부된 시점(1984년)이다. 따라서 교육목표는 '일본어 사용능력에 대한 강화'가 더욱 강화된 제4차 교육과정으로 이미 제시되어 있었으나, 그럼에도 불구하고 교사들의 일본어 교육에 대한 생각은 제2차 교육과정의 GTM식 평가를 계속하고 있는 것이다. 교육과정이 바뀌면 바뀐 교육과정에 대하여 교사들에게 설명하고 이해시키는 연수가 대대적으로 이루어져야 한다는 것을 강조하고 싶은 부분이다.

5.1.3.6. 교과서

제3차 교육과정기에는 Ⅰ종도서[35]의 범위를 대폭 확대하고 교과서

---

34) 곽대기(1985), 전게서, p.36.
35) 교육부가 저작권을 가진 도서. 1종도서는 교육부가 편찬하되, 연구 기관

개발에 전문연구 기관 또는 대학의 우수 인력을 동원하여 질 좋은 교재를 만들어 보겠다는 의지를 보였다. 1977년 공고 당시 일본어는 II종도서[36] 대상이었으나 1978년 검정 공고 실시 당시에 일본어 과목은 검정 신청은 있었으나 합격본의 대상이 없어, 다른 제2외국어 과목이 II종도서로 편찬된 데 반해, 일본어는 I종도서로 편찬되었다. 이때 일본어는 2책의 신청이 있었음에도 불구하고 합격본을 내지 않았다. 이것은 교과서의 기본 요건을 갖추어야 검정에 합격할 수 있다는 것을 보여준 것이다. 교사용지도서도 함께 발행되었고, 3000어정도를 사용하도록 하였다. II종도서의 검정에 실패한 일본어 3차 교과서는 결국, 한국일어일문학회에 의뢰하여 1종도서로 발행되었던 것이다. 상권 948어 하권 682어가 표제어로 나와 있는데, 하권은 상권과 중복되는 단어는 제외하고 있다. 평균 32과 180쪽으로 되어 있으며, 저자, 상·하권의 과수, 쪽수 등은 아래 <표113>과 같다.

또는 대학 등에 위탁하여 편찬한다. 즉 연구진, 집필진을 구성, 이들이 상호 관련을 통하여 하나의 특정한 교과용 도서를 이룩한다. 따라서 1종도서를 연구 개발형이라고도 한다.

36) 교육부 장관의 검정을 받은 도서. 2종 도서의 대상은 1종 도서 및 인정 도서 이외의 것을 말한다. 2종 도서는 검정 실시를 앞두고 교육부 장관이 적어도 최초 사용 학년도 개시 1년전에 신청자격, 검정할 교과서와 지도서, 신청 예정자 등록, 심사본의 제출 부수, 검정 수수료 및 납부 방법, 검정 신청 기간, 과목당 합격 예정 종수, 기타 사항을 공고한다. 이 도서는 1차 및 2차 심사를 검정하는데, 평점제에 의한 기본 심사와 적합성 검색에 의한 후속 심사로 합격 여부를 결정한다. 우선 1차 심사는 교육부 장관이 위촉한 과목별 5인의 심사 위원이 평점제로 심사하고, 2차는 역시 교육부 장관이 위촉한 3인의 심사 위원이 가쇄본에 의해 1차 심사 결과 보완 지시가 있은 사항에 대한 이행 여부, 그리고 체재 등의 적합성 여부를 심의한다. 2종 도서의 검정 합격 유효 기간은 최초 사용 학년도부터 5년간이다.

<표113> 제3차 교육과정 교과서 발행 현황

3차 교과서	저재(한국일어일문학회)	상하	과수	쪽수 (본문/부록)	단원 구성
1종도서 문교부 2581-1	(연구진)박희태, 원영호, 최영숙 (집필진)허초, 민성홍, 전기정 대한교과서(주)	상	37	171(133/38)	본문,말하기연습,연습문제
		하	27	189(118/71)	본문,言葉のきまり,慣用語句,練習問題

또한, 아래에서 제시한 <표114>의 교과서 예로 알 수 있는 것처럼, 1과, 2과는 읽기문과 연습문제로 구성되어 있고, 3과부터는 본문과 문형연습인 [말하기 연습], 그리고 [연습문제]로 구성되어 있다.

<표114> 제3차 교육과정 교과서 예(1979년 『일본어 (上)』한국일어일문학회)

5쪽 1. わたしの うち わたしの もの わたしの つくえ わたしの いす あなたの かばん あなたの まんねんひつ あなたの ボールペン おとうとの えんぴつ いもうとの ノート おにいさんの ほん おねえさんの とけい おとうさんの ざっし おかあさんの ハンドバッグ おじさんの ぼうし おばあさんの ゆびわ	6쪽 [연습 문제] 一. 다음을 일본어로 옮기시오. 1. 학생의 책 2. 누님의 잡지 3. 선생님의 신문 4. 할머니의 반지 5. 아저씨의 시계 6. 아버지의 테이블 7. 할아버지의 성냥 8. 형님의 유니포옴 9. 어머니의 스커어트 10.아주머니의 핸드백 二. 다음을 우리말로 옮기시오. 1. せんぱいの ほん 2. ほんやの ざっし 3. おじさんの でんわ 4. おとうさんの ぼうし 5. せんむの オートバイ 6. いもうとの きんぎょ 7. おとうとの グライダー 8. せんせいの ボールペン 9. おにいさんの しんぶん 10. おねえさんの ネックレス

14쪽	15쪽	16쪽

4. これは わたしの ものです
 	
これは 私(わたし)の つくえです。
それも 私の いすです。
あれも 私の ほんです。
 	
これは 私の おとうとの つくえです。
それは 先生(せんせい)の チョークで、あれは あなたの まんねんひつです。
 	
これは あなたの かさですか。
はい、それは 私の かさです。
あれも あなたの ぼうしですか。
いいえ、あれは わたしの ぼうしでは ありません。先生の ぼうしです。
 	
あなたの てぶくろは どれですか。
わたしの てぶくろは あれです。
これも あなたの ユニホームですか。
はい、わたしの ユニホームです。
	[말하기 연습]
	
	1.あなたの オートバイは どれですか。
	  私の オートバイは これです。
	
	2.これも あなたの おとうさんの テレビですか。
	  いいえ、それは 先生の テレビです。
	
	3.あなたの おじいさんの つえは どれですか。
	  これです。
	
	4.これは あなたの おねえさんの ハンドバッグですか。
	  いいえ、そうじゃ ありません。それは 先生の ハンドバッグです。
	
	5.がくせいの ざっしと ほんは どれですか。
	  がくせいの ざっしと ほんは あれです。
	
	6.これも あなたの おじさんの かばんですか。
	  いいえ、そうじゃ ありません。
	
	7.それも せんせいの てぶくろですか。
	  いいえ、これは わたしの てぶくろです。
		[연습 문제]
		
		一. 문형 연습
		
		1.これは ［私 / あなた / おとうさん］の ［エプロン / ウイスキー / マッチ］です。
		
		2.それも ［あなた / せんせい / おばさん］の ［マッチ / チョーク / ハンドバッグ］ですか。
		
		3.いいえ、それは ［私 / あなた / せんせい］の ［マッチ / ネックレス / ウイスキー］では(じゃ) ありません。
		
		二. 다음을 일본어로 옮기시오.
		
		1. 이것도 당신의 모자입니까?
		아니오, 그것은 저의 모자가 아닙니다. 그것은 선생님의 모자입니다.
		2. 이것은 선생님의 책이고, 그것은 아버지의 신문입니다.
		3. 할아버지의 지팡이는 이것이고, 할머니의 안경은 저것입니다.
		4. 이것은 선생님의 만년필입니까?
		아니오, 그것은 선생님의 만년필이 아닙니다. 그것은 학생의 만년필입니다.

<제3차 교육과정기 교과서 『일본어』(상), (하) 한국일어일문학회>

과	일본어(상)	일본어(하)
1	わたしの　うち	春
2	おとうさんと　おかあさん	たき
3	これは　つくえです	日本語のべんきょう
4	これは　わたしの　ものです	おとなりのうち
5	いろがみ	世宗大王
6	ひろい　へや	あいさつ
7	私は　がくせいです	ぼくとシロ
8	ここは　私の　学校です	下相談
9	ここに　しんぶんが　あります	ゆうごはん
10	えきの　前	自分を見つめる
11	先生と　生徒	つばめとフンブ
12	としょかん	栄養素

13	りんごと　なし	動物の冬ごもり
14	しょうてんがい	電話
15	ふうとうと　きって	雨ニモマケズ
16	買い物	上達の道
17	カレンダー	手紙
18	セマウル運動	韓国の古代文化と日本
19	一週間	つゆどき
20	人のからだ	時計
21	時間	さけのさとがえり
22	休みの　日	日本の風習
23	活用の　ある　ことば	ソウル
24	ぼくの　一日	泣いた赤おに
25	変則的に　変わる　ことば	かにの親子
26	ぶたの　えんそく	言い慣わされた言葉
27	動詞の　音便	我が国の経済発展
28	食べもの	
29	韓国の　果物の　名産地	
30	活用の　ある　ことば	
31	韓国の　きせつ	
32	韓国の　きせつ	
33	活用の　ある　ことば	
34	山ばと	
35	平和統一への　大道	
36	訪問	
37	かいこ	
부록	家族の呼称、漢字、助数詞、時刻と時間、月日、期日、時、曜日、ローマ字の表、教育漢字音訓表、重要語句と単語	敬語の種類、常用漢字と教育漢字の一覧表、重要語句と単語

교과서 체재를 2차 교과서와 비교할 때,

1. [말하기 연습]이 새로 첨가된 것과,

2. 연습의 내용이 많이 달라진 것을 들 수 있다.

　[말하기 연습]의 내용을 보면, 장면설정은 되어 있지 않고 묻고 대답하는 형식의 말하기 연습이다. 연속된 내용의 회화가 아니므로 실제수업

에서 말하기 수업이 될 가능성은 적으며 독해수업이 될 가능성이 높다.

2차 교과서의 [연습]은 학습문형의 예문을 나열하고 있는데 비하여, 3차 교과서의 [연습문제]는 문형연습이 주가 되며, 우리말을 일본어로 바꾸는 작문이나 일본어를 우리말로 번역하거나, 한자 읽기 등 다양하다. 문형연습이 늘었다는 측면에서 보면 3차 교육과정에서 제시한 ALM중심 구조주의 모형에 접근한 것처럼 보이나, 독해문이 중심이 되고 있고 회화문에는 장면제시가 없으며 문형연습도 ALM의 연습 방식인 대치연습, 확장연습, 반응연습, 변형연습 등이 아닌 설명용 연습인 점과 번역연습이 많은 것으로 보아 아직은 문법역독식(GTM)이 중심이 될 수밖에 없는 교과서라고 할 수 있다.

3차 교육과정 교과서를 분석한 황성규(1985)는 3차 교과서의 편집구성면에 대해서 몇가지를 지적하고 있는데, 첫째, 문교부 교육과정의 지도상의 유의점에서는 선행과와 연관지어서 연계성을 유지하면서 지도하도록 되어있으나 3차 교과서는 이 과의 연계적인 배정에 문제가 있으며 재고되어야 한다고 하였고, 둘째, 어휘의 난이도에 맞추어 과를 구성하여야 하며 문교부의 교육과정에서 밝힌 바와 같이 학습자의 주변생활(가정)에서 시작하여 학교생활, 사회생활을 거쳐 국가와 더 나아가서는 외국으로 확대하고 구체적 사실표현에서 추상적 표현으로 전개되어야 하는데, 어휘의 배정이 이에 미치지 못하고 있으며, 셋째, 문법교육은 문법자체의 교육이 아니라 사용빈도와 활용도를 고려하여 지도하여야 하는데 3차 교과서에서는 3개 과를 할애하여 문법을 설명하고 있는 점을 문제점으로 들고 있다.[37)]

---

37) 황성규(1985)「한국현행고등학교 일본어교과서의 어휘분석」『일본연구』 제3집, pp.156~158. 다만, 황성규는 3차 교과서를 4차 교육과정의 [별첨] 기본어휘와 비교하고 있다. 표제어를 계산한 본고와는 어휘수가 많이 다름을 부언해 둔다. pp.91~160.

3차 교과서는 어휘면에서 2차 교과서에 비하여 어휘수가 거의 절반 정도로 줄었으며, 교육과정에서 3,000어 정도를 사용할 수 있게 한 것과는 큰 차이를 보이고 있다. 이것은 단위 수가 2차의 30단위에 비하여 3차에서는 10~12단위로 줄어든 것에서 그 이유의 하나를 찾을 수 있을 것 같다.

5.1.4. 제4차 교육과정기(1981.12~1988.3)

5.1.4.1. 시대적 배경

1979년 10월 26일 박정희 대통령이 암살되고, 1980년 5월 18일 계엄 포고령 제10호가 발령되었으며, 1980년 9월 1일 통일주체국민회의에서 전두환이 제11대 대통령으로 취임하였다. 이듬해인 1981년 3월 3일 전두환이 다시 제12대 대통령으로 취임하였다. 7월 13일 문교부는 해외 문호 확대 조치에 따라 중·고교 영어교육을 생활 영어 위주로 전환할 방침임을 밝혔다. 이에 따라 7월 18일에 '외국어 교육 개선 연구 위원회'가 구성되었다. 10월 13일에는 1982학년도부터 특활시간에 국민학교 영어 교육이 공식화되었다. 11월 20일에는 내용을 쉽게 하고 학습량을 줄이는 것 등을 중심으로 하는 유·초·중·고교 교육과정 개편안이 마련되어 12월 31일에 교육부고시 제442호로 제4차 교육과정이 공포되어 국민 정신교육이 강화되었다.

제5공화국의 출범을 전후하여 유신체제의 몰락과 함께 당시의 정치·사회적 특수상황과 급격하게 변화하는 후기 산업사회의 전망은, 이에 부응할 수 있는 교육적 개혁, 특히 적합성이 있는 새 교육과정의 개발이 절실히 요청되었던 것이다. 제4차 교육과정은 이러한 시대적 배경을 중심으로 1981년 12월 31일 문교부 고시 제442호로 고시되었는데, 문교부에서 교육과정을 개발하지 않고 한국교육개발원에 위탁하여 기초 연구와 총론, 각론, 시안을 개발하도록 한 연구 개발형의 성격을 가지고 있다. 한국교육개발원에 각급 학교 교육과정안 개발에 관한 연구과제가 위촉된 것은 1980년 9월 12일이었다. 이러한 정책의 변화는 중·고등학교 교과서 개발 정책에도 영향을 미쳐서 1종 교과서의 범위를 축소하고 2종 교과서의 대상을 확대시켰다. 획일적인 교과서 제도에서 다종다양한 교과서를 학교현장에 제공하려는 의도를 가지고 있으며, 정부의 기본 정책 방향이라고도 볼 수 있는 자율화 시책에도 부합하는 것이었다. 외국어는 생활 외국어의 내실 강화로 새로운 변화를 모색하였다.

제4차 교육과정의 기본방향은 국민정신 교육의 체계화, 전인교육의 충실, 과학기술 교육의 강화로 압축된다.[38]

국민정신 교육은 역사의식과 공동체 의식이 투철한 자주적 한국인을 육성하는 것을 뜻한다. 전인교육은 자율적으로 사고하고 국가·사회적 맥락 속에서 책임 있게 행동하며 자아를 실현하는데 필요한 지·덕·체 또는 지·정·의의 제반 요소를 겸비한 조화로운 인간을 기르는 데 기본 목적이 있다. 과학기술 교육은 고도산업사회를 지향하는데 있어 그 기반이 되는 과학기술 분야의 발전을 위한 기초 과학교육의 강화와 기술의 생활화를 꾀하려는 것이다. 이 세 영역의 기본 입장들은 학교 교육에서 각각 독립적으로 추구되어야 할 면도 있지만, 그와 동시에 상호보완적인 관계도 가지고 있다.

제4차 외국어과 교육과정은 5개의 외국어가 같은 구성으로 되어 있다. 아래에서 보는 바와 같이 큰 항목으로 목표, 내용, 지도 및 평가상의 유의점으로 3개 분류하고, 내용을 다시 2분류, 지도 및 평가상의 유의점을 2분류하였다.

가. 목표
나. 내용
　1)언어 기능
　가)듣기와 말하기　4개 항목

---

38) 문교부(1982) 『연수자료 고등학교 새 교육과정 개요』문교부, p.9.

     나)읽기   3개 항목
     다)쓰기   6개 항목
  2)언어 재료
     가)소재   2개 항목
     나)발음   1개 항목
     다)어휘   1개 항목
     라)문형·문법   1개 항목
  다. 지도 및 평가상의 유의점
   1)지도   6개 항목
   2)평가   5개 항목

　모든 외국어는 분류 항목이 같을 뿐 만 아니라, 항목의 내용도 같다.
예를 들어, 목표의 문화 항목을 보면,

　독일인의 생활 및 문화에 관하여 폭넓게 이해한다.
　프랑스인의 생활 및 문화에 관하여 폭넓게 이해한다.
　에스파니아인의 생활 및 문화에 관하여 폭넓게 이해한다.
　중국인의 생활 및 문화에 관하여 폭넓게 이해한다.
　일본인의 생활 및 문화에 관하여 폭넓게 이해한다.

와 같이 언어 만 다를 뿐 같은 내용으로 되어 있으며, '발음' 항목을
하나 더 예를 들어 보면,

　현대 독일어의 표준 발음으로 한다.
　현대 프랑스어의 표준 발음으로 한다.

현대 에스파니아어의 표준 발음으로 한다.

현대 중국어의 표준 발음으로 한다.

현대 일본어의 표준 발음으로 한다.

식으로 되어 있어 교육과정 전체가 같은 내용으로 되어 있는 것이다. 다만,

기본어휘와 필수어휘는,

독일어는,

◦ [별표 1]의 기본 어휘를 포함하여 사용 빈도가 높은 1,200 내외의 어휘를 선정하여 사용한다.

◦ [별표 1] **어 휘 표** 이 표에 제시된 752개의 어휘는 이수해야 한다.

프랑스어는,

◦ [별표 1]의 기본 어휘를 포함하여 사용 빈도가 높은 1,200 내외의 어휘를 선정하여 사용한다.

◦ [별표 1] **어 휘 표** 이 표에 제시된 742개의 어휘는 이수해야 한다.

에스파니아어는,

◦ [별표 1]의 기본 어휘를 포함하여 사용 빈도가 높은 1,200 내외의 어휘를 선정하여 사용한다.

◦ [별표 1] **어 휘 표** 이 표에 제시된 736개의 어휘는 이수해야 한다.

중국어는,

◦ [별표 1]의 기본 어휘를 포함하여 사용 빈도가 높은 2,000 내외의

어휘를 선정하여 사용한다.

◦ [별표 1] **어 휘 표** 이 표에 제시된 749개의 어휘는 이수해야 한다.

일본어는,

◦ [별표 1]의 기본 어휘를 포함하여 사용 빈도가 높은 2,200 내외의 어휘를 선정하여 사용한다.

◦ [별표 1] **어 휘 표** 이 표에 제시된 754개의 어휘는 이수해야 한다.

라고 되어 있어, 서양어 계열인 독, 프, 에스파이아어는 기본어휘 1,200 어를, 동양어 계열인 중국어, 일본어는 2,000/2,200어를 선정하고 있으며 필수어휘는 모든 언어에 대하여 750내외를 규정하고 있다. 기본어휘가 1,200어 일 때의 필수어휘 750어가 갖는 의미와 기본어휘가 2,200 어 일 때 필수어휘 750어가 갖는 의미는 다르다고 생각한다. 이것은 어휘항목에서 언급한다.

5.1.4.2. 교육 목표

일본어 교육과정의 목표는 2차, 3차의 목표에 비하여 내용이 단순화되었다. 4차 일본어 교육과정에서 가장 두드러진 점은 '일본어 사용 능력 기르기'로 의사소통기능이 교육 목표의 전면에 나오게 되었다. 일반 목표를 앞에 두고, 이를 다시 언어 기능면과 교양면으로 세분하여 기술하고 있다. 언어 기능면에서는 언어구사능력을 기를 것과, 교양면에서는 일본인의 생활 문화 이해로 집약된다.

<표115> 제4차 교육과정 '목표' 항목

일본어 사용 능력을 기르고, 일본인의 문화를 이해시킴으로써 우리 문화 발전에 기여하게 한다.
1) 일상 생활과 일반적인 화제에 관한 비교적 쉬운 말을 듣고, 말하고, 읽고, 쓰는 능력을 기른다.
2) 일본인의 생활 및 문화에 관하여 폭넓게 이해한다.

오래 전부터 우리나라의 외국어 교육은 여러 해 동안 외국어를 배워도 외국인괴 제대로 대화 한마디 나눌 수 있는 회화 능력을 갖추지 못한다는 비판을 받아 왔고, 외국어과 교과 목표가 종합적인 언어구사 능력 신장에 두어 왔음에도 불구하고, 구태의연한 문법 위주의 비능률적인 설명식 교육으로 국가 사회적 욕구를 충족시키지 못하고 있었다. 일본어 사용 능력을 기르는 의사소통기능 강조는 바로 이러한 것을 배경으로 하고 있다.

제4차 인문계 고등학교 교육과정의 교과목은 보통교과와 전문교과로 나뉘어지는데, 외국어 교과목은 보통 교과에 속하였다. 보통교과에는 다시 공통필수 과목과 선택 과목이 있어서 일본어는 선택 과목이었다. 인문계 고등학교에는 3개의 과정이 있어서, 인문사회 과정, 자연 과정, 직업 과정으로 나뉘어지고 과정별로 단위 배당 기준이 달랐다. 독일어·프랑스어·중국어·에스파니아어·일본어 중 택1하며, 인문사회 과정, 자연 과정은 10~12단위[39], 직업 과정은 6~10단위가 배당되었다.

---

39) 제4차 교육과정하의 1단위라 함은 50분을 1단위시간으로 하여 매주 1단위 시간씩 1학기 동안(17주 기준) 이수하는 수업량을 말한다.

<표116> 제4차 외국어 단위 배당 기준

교과	과목	보통 교과				전문 교과
		공통 필수	일반계 고교 선택			실업계 및 기타계열 고교의 필수 및 선택, 일반계 고교 직업 과정 선택
			인문사회과정	자연과정	직업과정	
외국어	영어(Ⅰ,Ⅱ)	6~8	14~16	14~16	6~16	
	독일어					농업에 관한 교과
	프랑스어					공업에 관한 교과 상업에 관한 교과
	에스파니아어		택1 10~12	택1 10~12	택1 6~10	수산·해운에 관한 교과
	중국어					가사 실업에 관한 교과
	일본어					기타 계열에 관한 교과

3차 교육과정과 비교할 때, 단위 배당 기준이 달라진 점은 3가지이다.

①교과의 분류 방법
②직업 과정이 외국어를 선택할 수 있게 된 점
③1단위의 1학기 수업량

우선, 교과의 분류 방법을 보면, 3차에서는 '필수 및 필수 선택 교과목'과 '선택 교과목'으로 상위 분류하고 인문·자연·직업 과정을 하위 분류하였는데, 4차에서는 '보통 교과'와 '전문 교과'로 상위분류하고, 보통 교과 내에서 공통 필수와 선택으로 중간 분류한 다음, 인문사회·자연·직업 과정을 하위 분류하고 있다. 총 이수하여야 할 단위수는 3차는 204~222단위, 4차는 204~216단위로 상한치가 6단위 정도 줄었고, 그 중 3차의 필수 및 필수 선택 교과목의 단위수는 140~160단위인데 반하여, 4차의 공통 필수 교과목의 단위수는 88~102단위로 52~58단위 정도가 줄어들었다. 이것으로 알 수 있는 것은 필수 과목의 단위를 줄이고 선택 과목 단위를 늘렸다고 하는 것이다.[40] 또한, '인문 과정'이 '인문사회 과정'으로 바뀌고 있다.

4차 교육과정에서는 3차와는 달리 직업 과정도 외국어를 선택할 수 있게 되었다. 인문사회 과정이나 자연 과정이 10~12단위인데 비하여 6~10단위로 단위수는 적으나 새로이 외국어를 선택할 수 있게 되었고 다섯 개의 외국어 과목 중 택1할 수 있게 되었다.

1단위 시간이 3자에서는 50분 1학기 18주이었으나, 4차에서는 1주가 줄어서 50분 1학기 17주가 되었다. 즉, 수업량이 1주 줄어들게 된 것이다. 이상 제4차 교육과정의 편제에 대하여 3차와 비교하면서 언급하였다.

---

40) 3차는 문교부(1974. 5)『인문계고등학교 교육과정』별책3, p.9에 따름. 4차는 문교부(1982)『연수자료 고등학교 새 교육과정 개요』문교부, pp.24~25에 따름.

5.1.4.3. 내용

교육의 목표가 의사 소통에 있다고 보는 교육과정 설계에는 흔히 비례적 모형이 주로 사용된다. 예를 들어 '언어 기능'의 '듣기와 말하기'를 보면 "발음을 익힌다 → 쉬운 말의 내용을 듣고 이해한다 → 인사말 등 간단한 대화를 나눈다 → 잘 아는 소재에 관하여 말한다"가 보여주는 것처럼, 처음에는 발음부터 쉬운 말의 듣고 이해하기 그리고 간단한 대화, 잘 아는 소재에 대해 말하기 식으로 단계가 올라가면서 의사 소통 기능의 이해와 비중을 많이 두어 내용 체계를 구성하여 의사 소통 능력을 배양하는데 역점을 둔다. 이것은 J.Yalden(1987, 1983)[41]의 다음의 모형으로 설명된다.

<그림11> J.Yalden의 의사소통능력 모형

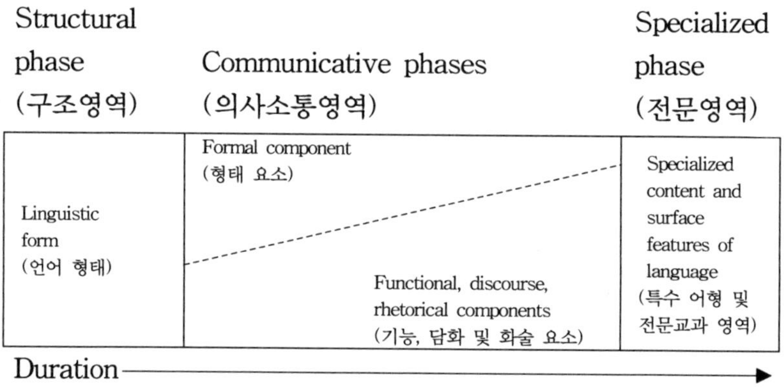

Structural phase (구조영역)	Communicative phases (의사소통영역)	Specialized phase (전문영역)
Linguistic form (언어 형태)	Formal component (형태 요소) Functional, discourse, rhetorical components (기능, 담화 및 화술 요소)	Specialized content and surface features of language (특수 어형 및 전문교과 영역)

Duration ⟶

---

41) Yalden, Janice(1987) 『Principles of course design for language teaching』Cambridge University Press, p.96.

Yalden, Janice(1983) 『The communicative syllabus : evolution, design, and implementation / 1st ed』Pergamon pp.121~124.

비례적 모형은 초기 단계에 기본적인 새로운 어휘와 구문 등을 중심으로 하는 언어 형태를 익히도록 하면서 단계가 올라 갈수록 언어 능력만이 아니라 기능, 담화 및 화술적 요소 등의 의사 소통 기능의 이해와 적용에도 비율을 높여 가면서 내용 체계를 구성한다. 다시 말하면, 초기에는 언어 형태를 중심으로 하는 구조 영역을 교수하고, 점차 형태 요소를 줄이고 기능, 담화, 화술 요소를 중심으로 하는 의사 소통 영역을 늘리면서 가장 긴 시간 비율을 사용하여 교수하는 모형인 것이다. 따라서 의사 소통 능력을 배양하는 데 역점을 둔 모형이라 할 수 있다.

4차 교육과정은 언어 기능을 듣기와 말하기, 읽기, 쓰기 순으로 제시하고 있다.

<표117> 제4차 교육과정 '내용'항목

언어 기능	언어 재료
가) 듣기와 말하기 (1) 발음을 익힌다. (2) 쉬운 말의 내용을 듣고 이해한다. (3) 인사말 등 간단한 대화를 나눈다. (4) 잘 아는 소재에 관하여 말한다. 나) 읽 기 (1) 글을 소리내어 읽는다. (2) 카나 문자와 교육 한자의 음독과 훈독을 식별하여 읽는다. (3) 글의 대의를 파악한다. 다) 쓰 기 (1) 카나 문자와 교육 한자를 익혀 쓴다. (2) 간단한 말을 받아 쓴다. (3) 구두로 익힌 쉬운 말을 글로 쓴다. (4) 제한된 문형 및 어휘를 이용하여 간단한 글을 짓는다. (5) 간단한 우리말을 일본어로 옮긴다. (6) 학생 주변에 관한 것을 글로 쓴다.	가) 소 재 (1) 일본인의 생활과 우리 일상 생활 및 문화 전반에 관한 것을 선택하되, 올바른 가치관 형성에 도움이 되는 것으로 한다. ° 학교 생활에 관한 것 ° 일상 가정 생활에 관한 것 ° 기타 사회 생활 주변에 관한 것 (2) 글의 형식은 대화체, 서술체 등 다양하게 선정하되, 내용 구성에 있어서는 다음 사항에 유의한다. ° 학생들의 흥미, 필요, 지적 수준 등을 고려하여, 학습 동기를 유발할 수 있는 것 ° 내용이 정확하고 실용적인 것 나) 발 음 ° 현대 일본어의 표준 발음으로 한다. 다) 어 휘 ° [별표 1]의 기본 어휘를 포함하여 사용 빈도가 높은 2,200 내외의 어휘를 선정하여 사용한다. 라) 문형 · 문법 ° 문형 · 문법 사항은 사용 빈도와 활용도를 고려하여 기초적인 것으로 한다.

'언어 재료'는 소재, 발음, 어휘, 문형·문법 순으로 제시하였다. 소재는 학교 생활, 가정 생활, 사회 생활을 중심으로 일본인의 생활과 우리 일상 생활에서 선택하게 하였으며, 발음 항목은 처음으로 추가되었고 현대 일본어의 표준 발음을, 어휘는 사용 빈도가 높은 2,200어를 선정하여 가르치되, [별표1]로 제시한 754개의 기본어휘를 포함하도록 하였다.

상기 기본어휘 선정에 대하여 양원(1982)[42]은 '필수 기본 어휘 선정의 원칙'을 다음과 같이 언급하고 있다.

(1)학습자가 능동적으로 활용할 수 있고, 수동적으로 이해할 수 있는 어휘를 최대한 선택함.
(2)특수한 전문 용어나 일시적 또는 역사적 문학적 어휘는 피하였음.
(3)지방적 특수성을 나타내는 어휘는 피하고 표준어 어휘를 선택함.
(4)대상이 고등학교 학생인 점을 감안하여 학습자의 학교, 가정, 사회생활에서 빈도가 높은 어휘를 선택함.
(5)당해 외국어의 조어법의 기본 규칙을 배워서 어휘력을 확장하도록 기초가 되어지는 어휘를 선택함.
(6)당해 외국어의 기본적 형태를 이루고 있는 어휘 선택함.
(7)우리 문화와 당해 외국 문화의 기초적 상황에 관계되는 어휘를 선택함.

이러한 원칙에 의하여 일본어의 경우 754개어가 선정된 것이다. 754개의 기본어휘는 기능어 71개, 내용어 683개로 이루어져 있다.

---

42) 문교부(1982)『연수자료 고등학교 새 교육과정 개요』문교부, p.169.

위에서 서양어 계열인 독, 프, 에스파니아어는 기본어휘 1,200어를, 동양어 계열인 중국어, 일본어는 2,000/2,200어를 선정하고 있으며 필수어휘는 모든 언어에 대하여 750내외를 규정하고 있다고 언급하였다. 기본어휘 중에 필수어휘가 차지하는 비율을 %로 환산해 보면, 독일어는 62.7%가 되고, 일본어는 34.3%가 된다.

<표118> 제4차 교육과정 제2외국어 과목 기본어휘 비교

	독일어	프랑스어	에스파니아어	중국어	일본어
기본어휘	1,200어	1,200어	1,200어	2,000어	2,200어
필수어휘	752어(62.7%)	742어(61.8%)	736어(61.3%)	749어(37.5%)	754어(34.3%)

기본어휘가 1,200어 일 때의 필수어휘 750어가 갖는 의미와 기본어휘가 2,200어 일 때 필수어휘 750어가 갖는 의미는 어떻게 다를까? 다시 말하면 기본어휘가 1,200어 필수어휘가 750어 일 때 만들어지는 교과서와 기본어휘가 2,200어 필수어휘가 750어 일 때 만들어지는 교과서는 어휘면에서 상당히 다르게 나타날 것이 예상된다. 예를 들어, 5개의 출판사가 교과서 제작에 참여한다고 하였을 때, 독일어 교과서는 어휘의 공통도가 상당히 높을 것이며, 반면에 일본어는 공통도가 상당히 낮게 나타날 것이다. 독일어는 필수어휘의 비율이 높기 때문에 교과서마다 필수어휘를 기본으로 하여 사용하고 나머지 37.3%의 기본어휘에서 어휘선택을 할 가능성이 높고, 일본어는 34.3%의 필수어휘를 우선 선택하고 나머지 65.7%의 기본어휘 중에서 어휘를 채택할 것이므로 공통으로 사용하는 어휘가 적어질 것이기 때문이다. 실제로 제4차 교육과정 5종 교과서의 어휘를 분석한 안병곤(1986)은, 5종 교과서의 총 어휘수와 공통도를 아래 <표119>, <표120>과 같이 조사발표하면서,

<표119> 제4차 교육과정 5종 교과서 총어휘수

교과서	교학사	금성출판사	시사영어사	한림출판사	지학사
총어휘수	1,847개	2,434개	2,250개	2,250개	2,076개

<표120> 제4차 교육과정 5종 교과서 어휘 공통도[43]

교과서	5종공통	4종공통	3종공통	2종공통	1종공통	연어휘수
공통도	12.8%(648)	8.4%(422)	9.7%(491)	16.8%(848)	52.3%(2640)	5,046개

"이들 5종류의 교과서들이 수용하고 있는 어휘들이 서로 공통적으로 갖고 있는 율이 너무 낮음으로 인하여 5종류 교과서의 연어수가 5,129개에 이르고 있어 요즈음과 같은 입시중심의 일본어 교육을 전제로 할 때, 연어휘수가 갖는 학습량이 우리나라 고등학교 일본어 교육전반에 미치는 영향은 심각하다"고 지적[44]하고, 그 원인으로 "교육과정에서 제시한 2,200개 내외의 어휘수는 독어, 불어 등과 같은 타 제2외국어가 「1,200」개 내외의 어휘를 제시하고 있는 데 비해 지나치게 많을 뿐만 아니라, 제1외국어인 영어의 경우가 중학교부터 배운 것임에도 불구하고 영어 I 에서 「1,700」개, 영어 II 에서 「3,000」개 내외를 제시하고 있음을 보더라도 일본어의 「2,200」개라는 어휘수는 재검토되어야 할 것이다."[45]라고 언급하고 있다. 또한, 일본어 교육과정 해설을 쓴 박희태(1989)도, "각 교과서의 반영률을 보면 5종 교과서중 한 두 교과서를

---

43) 안병곤(1986)에서는 5종 공통어휘를 648개로 잡고 있으나 권해주(1987)에서는 830개로 분석하였다. 이것은 안병곤은 표제어를 중심으로 분석하였고 권해주는 전 교과내용을 분석대상으로 하였기 때문이다. 안병곤(1986), 전게서, p.39. 권해주(1987)「현행 고등학교 일본어교과서 어휘의 빈도 및 분포에 관한 연구」경상대학교 교육대학원 석사학위논문
44) 안병곤(1986), pp.38~39.
45) 안병곤(1986), p.43.

제외하고는 많은 양의 기본어휘를 반영 못 시키고 있으며, 그리고 교육과정에서 제시하고 있는 전 어휘수 2,200내외에는 근접하였다 하더라도, 각 교과서의 총 어휘에 있어서 서로 공통적으로 갖고 있는 어휘의 비율은 지나치게 낮았었다.”[46]고 하였다.

문형·문법은 사용 빈도와 활용도를 고려하여 기초적인 것으로 하였다. 3차 교육과정에서는 문형과 문법 사항을 따로 분리하여, 특히 문법 항목의 품사별 설명으로 긴 분량을 차지하고 있으나, 4차에서는 문법이나 문형 어느 것도 제시하지 않았다. 이것은 4차의 목표가 언어 사용 능력을 기르는 것인 만큼, 문법이나 문형을 따로 제시하지 않음으로써 의사소통 능력 부분을 강조하고 있는 것으로 보인다.

5.1.4.4. 교수·학습 방법

‘지도 및 평가상의 유의점’으로 지도상의 유의점을 제시하였다.

가) 초기 단계에서는 구두 훈련을 통한 언어 학습에 중점을 두고, 가급적 문법 용어의 도입을 피한다.
나) 학습한 내용을 활용할 수 있는 단계에까지 반복하여 익히도록 한다.
다) 어휘와 글을 자연스러운 문맥 속에서 제시하여 익히도록 한다.
라) 문법 위주의 수업 방법을 피한다.
마) 직독, 직해의 습관을 기르도록 한다.
바) 각종 시청각 자료 및 기구를 충분히 사용하여 학습 효과를 높이도록 한다.

---

46) 박희태(1989) 「일본어 교육과정 해설」『외국어과 교육과정 해설』문교부, p.370.

구두 훈련 중점, 반복 학습, 문맥에서 어휘와 글 학습, 직독 직해, 시청각 교구 이용 등을 내용으로 하고 있다. 언뜻 보기에는 구두 훈련 중심, 반복 학습, 시청각 이용 등의 지도가 3차와 4차가 같은 것 같으나, 이것을 자세히 비교해보면 상당히 다른 것을 발견하게 된다.

<표121> 제3차, 제4차 교육과정 '지도' 항목 비교표

내 용	제3차 '지도' 항목	제4차 '지도' 항목
구두 훈련	구두 훈련을 통한 언어학습을 중시함	구두 훈련을 통한 언어학습에 중점을 둠
반복 학습	이미 습득한 언어 재료의 반복 학습	활용할 수 있는 단계까지 반복 학습
시청각 이용	정확한 발음의 듣기 지도를 위하여	학습효과를 높이기 위하여

즉, 상기 <표121>에서 보는 바와 같이, 구두 훈련은 3차의 중시한다와 4차의 중점을 둔다가 비중면에서 달라지고 있고, 단순한 기 습득 언어 재료의 반복이 아니라, 활용 할 수 있는 단계까지 반복 학습하도록 지도하며, 시청각 이용면에서도, 단순히 발음 지도를 위하여 사용하는 것이 아니라 학습의 효과를 높이기 위하여 시청각 자료 및 기구를 이용하도록 하고 있는 것이다. 이것은 언어 사용 능력 신장을 위한 지도법 강화라고 보여 진다. 구두 훈련, 반복 학습, 시청각 이용 등의 키워드 만으로 보더라도 ALM(청화식) 교수법이 적용되었음을 알 수 있다. 어휘와 글을 자연스러운 문맥속에서 제시하여 익히도록 하는 것은 인지적 접근법(Cognitive Approach)에서 자주 사용되는 수업방식이다.

5.1.4.5. 평가

제4차 교육과정에서는 지금까지 없었던 '평가'항목이 신설되었다. 평가 항목은 지도 항목과 함께 '지도 및 평가상의 유의점'으로 제시되었다. 내용은 아래와 같다.

가) 언어 기능의 네 영역을 고루 평가하도록 한다.

나) 언어 기능의 각 영역을 효과적으로 평가할 수 있는 형식과 방법을 사용한다.

다) 평가 방법은 학생의 학습 동기를 유발시킬 수 있도록 구성하여 실시한다.

라) 지엽적이고 예외적인 것을 피하고, 기본적인 사항과 기초적인 능력을 평가한다.

마) 평가 결과를 바탕으로 다음 단계의 지도가 적절히 이루어지도록 한다.

4차 교육과정에 관여한 양원(1982)[47]은 4차 교육과정 개요 설명에서, '평가상의 유의점'으로 3가지를 제시하고,

가)외국어 교육의 동기 부여에서 평가가 지니는 영향력이 지대함으로 평가상의 유의점을 신설한다.

나)평가란, 의도된 지도계획에 따라서 학습 과정 중에서 기대한 목표에 도달하고 예견한 성과의 가치를 측정하는 데 의미가 있으므로 지도 방법의 개선의 의미에서도 형성 평가를 적절히 실시한다 하는 것이 요구된다.

다)생활 외국어의 습득은 네 가지 기능을 고루 평가하는 데서 기대되며 교사는 학생의 동기와 성취도를 고려하여 네 가지 기능이 평가되도록 하는 것이 요구된다.

---

47) 문교부(1982)『연수자료 고등학교 새 교육과정 개요』문교부, p.170.

　동기 부여 및 지도 방법의 개선을 위한 평가 항목 신설을 이유로 들면서 4기능의 고른 평가를 요구하고 있다.

　그러면, 4차 교육과정기의 실제 평가는 어떠하였을까? 다음의 분석 결과로 짐작을 해보고자 한다. 윤강구(1986)는 1985년도 경상남도 학력고사를 중심으로 일어과 평가문항을 분석하고 결론으로 다음과 같이 언급하고 있다.

　1)각 영역의 분석에서 학력고사의 출제비율은 문법영역, 어휘영역에서 높은 비중의 출제를 보이고 있다.

　2)영역별 분석 결과를 보면 다음과 같다.

　　(1)발음영역에서 한자읽기를 제외하면 취급되어져야 할 발음영역의 요소 가운데 유·무성음의 대립·발음·촉음의 음가, 액센트, 인토네이션에 관한 문제가 거의 취급되고 있지 않다.

　　(2)문법영역에서 전체적으로 지나치게 많이 출제되어 문법역독식(Grmmar-Translation Method)을 조성할 수 있다.

　　(3)어휘영역에서 표현을 위한 어휘인 부사가 지나치게 출제되어 초보 학습자의 말하기 교육의 방해가 되므로 어휘의 기능적인 측면의 출제가 강조되어야 한다.

　　(4)독해영역에서는 자료문의 길이를 길게하여 속독을 통한 직독·직해를 하게 하여 독해에 대한 정확한 능력을 측정해야 하겠다.

　　(5)작문영역은 주로 인지(Recognnition)에 의한 것 때문이라 양과 질에서 빈약하며 발화(Production)를 위한 간접적인 테스트 방식이 더 보강되어야 한다.

　3)지도목표에 의해서 분석해 본 결과 듣기와 말하기의 평가가 실시되고 있지 않으며, 외국문화의 이해에 대한 것도 보이고 있지 않다.

4)한자문항에 대한 분석에서는 어휘구성 요소인 한자가 한자읽기로 만이 출제되고 있다. 한국어와 의미가 다른 말이나 한국인이 이해하기 힘든 단어들이 테스트되어야 하겠다.

5)학력고사의 출제를 영역별 고른 출제가 이루어져서 일어과 교육을 정상적인 방향으로 유도해야 할 것이다.[48]

문법영역과 어휘영역의 출제비중이 높으며 한자는 주로 읽기가 출제되고 있고, 듣기와 말하기 평가가 실시되고 있지 않으며, 문화이해에 관한 평가도 보이지 않는다는 것으로 요약될 것이다. 윤강구(1986)의 다음 <표122>에서도 확인된다.[49]

<표122> 제4차 교육과정하의 학력고사 평가문항 분석

항 목	1회		2회		3회		4회		문항	비율(%)
발음(한자읽기)	4(4)	20	1(1)	5	2(2)	10	2(2)	10	9	11.3
어휘(한자쓰기)	10(2)	50	4	20	6(1)	30	9(1)	45	29	36.3
문형, 문법	4	20	12	60	7	35	5	25	28	35
작문	1	5	2	10	2	10	3	15	8	10
독해(생활일어)	1	5	1	5	3(1)	15	1	5	6	7.5
외국문화 이해										
듣기와 말하기										
합 계	20		20		20		20		80	

한자읽기, 어휘, 문형·문법의 평가가 80%를 넘고 있으며, 4차 교육과정의 평가항목에서 유의점으로 지적하고 있는 4기능의 고른 평가에는 미치지 못한 것으로 보인다.

---

48) 윤강구(1986)「일어과 평가 문항 분석 -85년도 경상남도 학력고사를 중심으로」『일어교육』제2집, p.29.
49) 윤강구(1986), 전게서, p.25.

　　듣기 평가를 중심으로 일본어 듣기 말하기 능력 신장을 조사하고 교
수학습자료의 개발을 보고한 논문이 있다. 김두문(1988)[50]은 어휘빈도
조사에 따른 최다빈도 순위 어휘표(2,400어)를 만들어 이를 바탕으로
현장학습(LL실에서의 적용)을 실시함과 함께, 듣기·말하기 평가기준
을 설정하여 교내 방송에 의한 청해력 테스트를 실시한 결과, 학생들의
듣기·말하기 능력이 향상되었으며, 새 교수학습 자료의 개발 및 적용
결과는 문교부의 일본어 교육 목표와 교육과정과 부합된다고 보고하고
있다. 그는 또한 듣기·말하기 능력의 신장도에 대한 학생들의 의견을
조사하였는데 그 결과를 아래 <표123>으로 보인다.

<표123> 제4차 교육과정하의 듣기, 말하기 능력의 신장도 평가[51]

대　상	내　용	반　응		
		인원수	'85. 12 비율(%)	'86. 12 비율(%)
2학년 (1,2반) 111명	1. 아주 잘하게 되었다.	5	0.04	2.70
	2. 잘하게 되었다.	32	28.83	54.95
	3. 그저 그렇다.	60	54.05	40.56
	4. 못하는 편이다.	12	10.81	1.80
	5. 아주 못하는 편이다.	2	0.01	0

　　위 <표123>에서 보는 바와 같이 85년도의 조사에서는 '그저 그렇다'
가 54.05%이던 것이, 86년도 조사에서는 '잘하게 되었다'가 54.95%로
나타나고 있으며 전체적으로 향상을 보이고 있다.

---

50) 김두문(1988) 「일본어 듣기, 말하기능력 신장을 위한 새교수-학습자료 개
　　발 -어휘빈도조사 및 듣기평가를 중심으로」『일어교육』제4집, p.13.
51) 김두문(1987) 「일본어 새교수-학습자료의 개발을 통한 고교생의 듣기, 말
　　하기 능력 신장」『일어일문학연구』제10집, 한국일어일문학회, p.50.

5.1.4.6. 교과서

제4차 일본어 교육과정은 언어 기능과 교양적인 면을 통합한 일반 목표와 이를 다시 세분하여 진술한 언어기능 관련 항목 그리고, 교양 관련 항목으로 이루어졌으며, 내용에 있어서는 우선 크게 언어 기능과 언어 재료로 구분되어진 후 언어 기능은 언어 기능습득 순서에 따른 듣기와 말하기, 읽기, 쓰기의 순으로 그리고 언어 재료는 소재, 발음, 어휘, 문형, 문법의 순으로 제시되었다. 평가 난을 신설하여 학습평가의 이론적 준기를 마련하였나. 또한 생활 주변에서 사용 빈도가 높은 어휘를 필수 어휘(754개)로 제시하여 생활 외국어 학습이 효율적으로 이루어지도록 하였으며, 2,200어 정도를 사용하도록 하였다.

(1)검정교과서

상기와 같은 교육과정 내용에 따라 제4차 교과서는 5종 상, 하 10권과 교사용지도서가 만들어졌다. 출판사, 저자, 과수, 쪽수, 단원 구성을 조사한 것이 <표124>이며, 목차를 <표125>로 제시하였고, 평균 25과 150쪽으로 만들어졌다.

<표124> 제4차 교육과정하의 5종 교과서 현황

4차 교과서	저자	상하	과수	쪽수 (본문/부록)	단원 구성
교학	이봉희, 이영구	상	20	138(123/15)	基本文型、본문、練習問題
		하	25	156(124/32)	基本文型、본문、練習問題
금성	박희태, 유제도	상	32	154(136/18)	본문、言葉のきまり、練習、問題
		하	30	148(120/28)	본문、対話、言葉のきまり、問題
시사영	김우열, 박양근, 김봉택	상	25	139(115/24)	본문、문형、회화、연습문제、(수련문제 5과마다)
		하	20	151(106/45)	본문、문형、회화、연습문제、(수련문제 5과마다)
지학	김효자	상	23	154(122/32)	본문、基本文型練習、(ことばの広場)、練習問題
		하	19	157(128/29)	본문、新しい漢字の読み方、言葉のきまり、言葉の使い方れんしゅう、練習問題、(応用練習)
한림	김학곤 田中節子	상	28	150(126/24)	본문、회화문、文型、練習問題
		하	23	152(118/34)	본문、회화문、言葉の使い方、練習問題

<표125> 제4차 교육과정 5종 교과서 목차

시사영	한림	금성	교학	지학
1.これはほんです 2.わたしは金です 3.ここはきょうしつです 4.ここにしんぶんがあります 5.これはこどものくつです 6.テーブルの上に花があります 7.このみちは広いです 8.りんごはいくつありますか 9.ひとついくらですか 10.きょうはなん日ですか 11.なん時に起きますか 12.いい天気でしたか 13.くだものが好きです 14.バスの停留所 15.韓国の四季 16.本を読んでいます 17.待ってください 18.いっしょに行きましょう 19.日本語ができます 20.無窮花 21.木が植えてあります 22.ソウル タワー 23.済州道 24.雨が降りそうです 25.誕生日に呼ばれました	1.あなたとわたし 2.わたしのうち 3.これはなんですか 4.ぼくは金昌浩です 5.これはしろいはなです 6.ここにまんねんひつがあります 7.先生はどこにいますか 8.図書室の中 9.ノートをください 10.きょうはなん日ですか 11.五月十四日はなん曜日ですか 12.どこへ行きますか 13.韓国の四季 14.ぼくはハイキングに行きました 15.わたしはスポーツが好きです 16.東京は京都より大きいです 17.南山公園 18.わたしは六時に起きます 19.日本から来た友だち 20.日本語をもっと勉強するつもりです 21.紙に書いてください 22.ぼくはテニス部の部員です 23.美愛さんの手紙 24.家へ帰ったほうがいいですよ 25.まだはじめてはいけません 26.済州道へ行ったことがありますか 27.つつじアパートと書いてあります 28.日本の行事	1.これは本です 2.わたしは高校生です 3.これはあなたのかばんです 4.ここに時計があります 5.庭に子供たちがいます 6.白い箱は大きくはありません 7.ノートは一冊いくらですか 8.毎日、何時に学校へ来ますか 9.朝、何時ごろご飯を食べますか 10.きのうはいい天気でしたか 11.あなたは海が好きですか 12.どこから来るバスですか 13.アメリカへ何をしに行きますか 14.公園は静かでしたか 15.番号と名前を書いてください 16.まだ雨が降っていますか 17.地図が張ってあります 18.「アンニョンハセヨ」と言います 19.将来、科学者になりたいです 20.日本には木でつくった家が多い 21.あなたは日本語がよくできますか 22.慶州へ旅行したことがありますか 23.成珠君が帰国したそうだ 24.二人は兄弟のようです 25.おなかいっぱい食べてもいいですか 26.熱が出たので学校を休みました 27.中君がこわかったかもしれない 28.姉にシャツをもらいました 29.無理にさせようとしてもしませんよ 30.母にしかられました 31.雨に降られました 32.あの記事を読まれましたか	1.これはほんです 2.ここは教室です 3.わたしは韓国人です 4.日本語の本です 5.南大門は有名です 6.部屋の中に何がありますか 7.子供たちは何人いますか 8.あなたは何を食べますか 9.十時に起きます 10.ノートは一さついくらですか 11.あなたは昨日どこへ行きましたか 12.慶州ゆきのきっぷを買いました 13.今日は何日ですか 14.昨日は映画を見ました 15.電話のベルがなっています 16.顔を洗ってごはんを食べます 17.日本語の試験があります 18.日記 19.この道 20.ソウルへはいつ来ましたか	1.これははなです 2.わたしは学生です 3.わたしのへや 4.赤いきんぎょ 5.学校へ行きます 6.かぞえてみましょう 7.中村さんの家族 8.図書館へ行きました 9.町の中で 10.買い物 11.ピクニックの相談 12.詩 篇 13.忘れもの 14.かぜ 15.招待 16.日本の四季 17.日本語ができます 18.道具 19.訪問 20.数を足す話 21.たんじょうびのおいわい 22.わたしは海を飛んでゆく鳥だ 23.小さなねじ

각 출판사의 상·하권의 어휘는, 교학 1,847어, 금성 2,434어, 시사영 2,250어, 지학 2,076어, 한림 2,250어로 사용되고 있는데[52], 이를 평균

---

52) 안병곤(1986) 「현행 고등학교 일본어교과서 어휘분석」(『일어교육』제2집) p.38 참조. 안병곤은 결론에서 5종교과서의 연어수가 5,129개라고 말하고 이것은 입시위주의 교육을 전제로 할 때 학습량은 막대할 것이라고 지적

하면 2,171어가 되어 교육과정에서 요구하는 2,200어 내에서 만들어진 것을 알 수 있다. 4차 5종 교과서의 전반적인 분석은 양원석외(1987)에서 자세하다. 양원석은 4차 교과서의 필수어휘 754개의 교과서 수용도를 조사하고, 각 교과서에서 언급하지 않은 문교부 기본어휘를 제시[53] 하고 있는데 제시되지 않은 어휘를 아래에 보였다.

<표126> 제4차 교육과정 5종 교과서에 반영되지 않은 기본어휘(교과서별)

(교학) あく(明)、あじ、あたためる、あらわれる、いきおい、いきる、いっさい、いっち、いのる、うごく、おこす、おこる、おちゃ、おも(に)、かって、かてい、かわ、かんけい、きょうぎ、け、けいざい、げっきゅう、けっして、げんいん、けんちく、こうぎょう、こうじょう、こうつう、こくみん、こんど、さき、さす、さっぱり、じこ、〜しだい(に)、しばらく、しめす、しゃかい、しょうぎょう、すがた、すきだ、すべて、すべる、せんもん、そうじ、たたかう、ちょっと、つづく、でんしゃ、とおす、とし、とじる、なつかしい、ならぶ、にがい、にがつ、にげる、ね、のこす、ひどい、ひやす、ぶつかる、へる、ほうほう、ほがらか(だ)、まじる、まつ、まるい、まんなか、めずらしい、ゆうびん(71개)
(금성) いち、すっぱい、すでに、でんしゃ、にげる、はく、まちがう、わかれる (8개)
(시사영) あきらか、あく、あく(明)、あさい、あじ、あせ、あたためる、あつい、あつかう、あてる、あな、あぶら、あまい、あやしい、あやまる、あらう、あらそう、あらためる、ありがたい、あんぜん、いけん、いし、いっさい、いっち、いんさつ、うく、うすい、うたがう、うで、うまれる、うむ、うら、うるさい、うんてん、えき、えんりょ、おかしい、おこる、おしい、おじぎ、おそい、おそれる、おだやか、おちゃ、おとす、おも(に)、おんがく、かがく、かぎ、がくもん、かくれる、かず、かたい、かつ、かって、かぶる、がまん、かみ、かむ、かるい、かわ、かんじょう、かんぜんだ、がんばる、きえる、きかい、ぎじゅつ、きず、きそく、きたい、きぼう、きめる、きゅうに、きる、きろく、くさ、くさい、くさる、くだもの、くび、くるしい、け、けいざい、げっきゅう、ける、けんせつ、けんちく、こい、こうこく、こうつう、こえる、こまかい、こわい、こわす、ざいりょう、さけぶ、さっぱり、さら、しお、じこ、〜しだい(に)、したがう、したく、じけん、しまる、しめす、じゃま、しゅうしょう、しゅっぱつ、しょうぎょう、しんじる、ず、すっぱい、すな、すべて、すべる、すわる、せっかく、せんもん、たいせつ(だ)、たたかう、だめ(だ)、たよる、ちず、つうじる、つかむ、つき、つごう、つとめる、つまらない、つらい、てきとう、てつどう、でんしゃ、とおい、とく、とくに、とどける、とりあつかう、ない、なぐる、なげる、なやむ、におい、にがい、にげる、にもつ、ぬく、ね、のこす、のばす、のびる、は(葉)、は(歯)、はく、はこぶ、はな、ひかく、ひく、ひくい、ひま(だ)、ひろう、ふえる、ふかい、ふくむ、ぶつかる、ふね、ふるい、ふろ、ぶんがく、へる、ぼうえき、ほうそう、ほね、まける、まじめ(だ)、まじる、まちがう、まめ、まるい、みぎ、みとめる、むすぶ、むすめ(さん)、やける、やさしい、ゆうびん、ゆび、よい、わける、わたる (192개)

하였다. 양원석 외(1987) 「일어교재개발을 위한 자료조사」(『일어교육』제3집) p.31에서는 다른 제2외국어에 비하여 지도어휘수가 과다함을 지적하고 있다.

53) 안병곤(1986), 전게서, pp.39〜41. 양원석외(1987), pp.27〜28.

(지학) あく、あく(明)、あぶら、あらそう、いち、いのる、うごかす、うつす、かいしゃ、かわ、かんじょう、きねん、きょういく、けいざい、こうぎょう、こうこく、こうつう、こめ、ざいりょう、しかし、しょうぎょう、しらべる、そと、たりる、ちり、つき、でんき、ない、ながす、ひくい、へる、ぼうえき、まめ、ゆうびん (34개)
(한림) あきらか、あく、あさい、あじ、あせ、あたためる、あつかう、あぶら、あやしい、あらそう、あらためる、ありがたい、いきおい、いち、いっさい、いっち、いっぱん(に)、いのる、いもうと、いんさつ、うかぶ、うく、うごかす、うそ、うたがう、うで、うら、うる、うんどうじょう、えらい、えらぶ、おかしい、おしい、おじぎ、おそろしい、おだやか、おとす、およぐ、かず、かた、かつ、かって、かなしい、かなり、がまん、かわ、かんしゃ、かんぜんだ、きず、きそ、きそく、きたい、きぼう、きまる、きょうぎ、きろく、ぎんこう、くさい、くさる、くび、くふう、くも、くらす、くわしい、け、けさ、げっきゅう、けっして、ける、こい、こうぎょう、こうふく、ごぜん、こむ、こんや、ざいりょう、さっぱり、さびしい、ざんねん、しお、じき、じけん、しま、しょうぎょう、しんじる、ず、すすむ、すっぱい、すでに、すな、すわる、せいしつ、せんもん、たたかう、たまる、だまる、たよる、らず、ちる、つかむ、つき、つらい、てつどう、でんしゃ、とじる、とり、とりあつかう、ない、ながめる、なく、なみだ、なやむ、ならぶ、におい、にがい、ぬく、ぬれる、のこす、のびる、は、はく、はげしい、はずかしい、はっけん、ひかく、ひだり、ひやす、ひる、ひろい、ふくむ、ふせぐ、ふとい、ふむ、ぶんがく、べつ(に)、へる(経)、ぼうえき、ほうそう、ほがらか(だ)、ほね、まかせる、まける、まじめ(だ)、まじる、まるい、むかう、むすぶ、むすめ(さん)、むね、やわらかい、ゆうびん、ゆっくり、ゆび、よごれる、わかる、わける (158개)

  교과서별로 보면 교학이 71어, 금성 8어, 시사영어사 192어, 한림 158어, 지학 34어가 교과서에 각각 반영되지 않았다. 상기 내용을 바탕으로 4차 기본어휘 반영률을 <표127>로 정리하면 아래와 같다.

<표127> 제4차 교육과정 5종 교과서의 기본어휘 반영률

교과서	교학	금성	시사영	지학	한림	평균반영률
기본어휘반영률	683/71개 (90.6%)	746/8개 (98.9%)	562/192개 (74.5%)	720/34개 (95.5%)	596/158개 (79.0%)	661.4/92.6개 (87.7%)

  위 <표127>에서 보는 바와 같이, 금성교과서의 경우 99%를 반영하고 있고 90%이상 반영한 출판사가 3곳이며, 평균 87.7%의 높은 반영률을 보이고 있다. 그럼에도 불구하고 교과서를 분석한 필자들은 "각 교과서의 문교부 기본어휘의 반영률이 대체로 좋지 못한 것은 큰 문제점일 것이다. 문교부 선정의 기본어휘에도 선정 자체에 문제가 있을 수

도 있겠으나 엄선된 것으로 가정할 때, 교과서의 문교부 기본어휘 반영에 대한 대책이 있어야 할 것이다."[54]라고 하면서, 기본어휘의 더 많은 수용을 요구하고 있다.

시사영어사와 한림출판사의 4차 교과서가 기본어휘 반영률이 낮은 것은 교과서 실러버스가 회화 항목을 채택한 것에 기인한다. 아래에서 언급하겠지만, 교학, 금성, 지학은 각 단원에 '회화'항목이 없고 시사, 한림 교과서에는 회화 항목이 있다. 회화를 포함하게 되면 회화에 필요한 상황이 설정되게 되고 상황에 필요한 어휘를 사용하게 되므로 기본어휘 안에 상황에 필요한 어휘가 없을 경우에는 할 수 없이 기본어휘 이외의 어휘를 사용할 수밖에 없기 때문이다.

한자는 교육한자 996자 중 상권에서는 평균 40.5%가 반영되었고, 상하권을 통틀어서는 71.3%가 반영되었으며, 상용한자는 1,945자중 상권에서는 22.2%가 반영되었고, 상하권에서는 44.1%가 반영되고 있다.

또한, 신출어휘는 각과마다 평균 40~50어를 제출하고 있는데, 이에 대하여 양원석외(1987)는 신출어휘가 각과마다 40~50어가 나오는 것은 신출어휘간의 거리가 너무 좁아지게 될 뿐 만 아니라, 어휘빈도수가 너무 낮아지게 되어 정상적인 외국어 학습이 어렵게 되며, 각 과가 내용상 서로 전혀 연결되지 않는 문제점도 예상할 수 있다고 지적하고 있다. 과다한 신출어휘는 자연히 모든 신출어휘를 본문 속에 제출하지 못하고 각 과의 복습 및 심화과정으로 설정되어 있는 연습문제에 까지 제출하여야 하는 문제점을 갖게 되어, 연습문제는 그것을 다루어 봄으로써 단원의 내용을 정리하고 심화발전시킬 수 있도록 하여야 하는데, 본문이나 문형제시에서 다루지 않은 신출어휘가 과다히 제출되므로써

---

54) 안병곤(1986), 전게서, p.43.

연습문제 본래의 목적달성을 어렵게 하고 있다고 하였다.[55)

각론으로 각 교과서 단원의 구성체재를 중심으로 출판사 순으로 간단히 설명한다.

교학사의 4차 교과서는 전체 20과를 4개의 단원으로 나누어 아래 예에서 보는 바와 같이 각 단원의 시작에 [학습목표]를 제시하고, 각 단원에 속하는 각 과의 학습 문형을 중심으로 각각의 학습목표를 간단히 설명하였다.

4개의 단원이란, 명사문과 형용사문, 동사문, 문의 과거형, 정리를 말하는데,

<표128> 제4차 교육과정 교과서 '교학사' 단원예

Ⅰ. 명사문과 형용사문
<학습 목표> 　대명사의 개념을 이해하며 명사문(명사가 술어가 되는 문)과 형용사문(형용사가 술어가 되는 문)을 익히도록 한다. 　일본어는 외국어이기 때문에 발음 연습은 중요하나, 우리 말과 음운 체계가 달라서, 특히 틀리기 쉬운 낱말만을 연습 문제에 수록하였으므로 로마자로 된 발음 표시를 보며, 계속 연습해야 한다.
1. これは 本です 　사물을 가리키는 지시대명사의 개념을 익히며, 가장 기본적인 명사문의 여러 가지 형태를 배우게 된다. 2. ここは 教室です 　장소를 가리키는 지시대명사를 중심으로 한 명사문을 익히게 된다. 　　　　　　　　　　　　　　　:

하나의 단원 아래에 4~6과 씩을 배치하고 각 과는 [기본문형] [본문] [연습문제]로 구성되어 있다. 4차의 다른 교과서가 [본문]부터 시작되는 것과는 달리, 각 과의 기본이 되는 문형을 [기본문형]에 제시하고,

___

55) 양원석외(1987) 「일본어교재개발을 위한 자료조사 -현행고등학교 일본어 교과서 분석을 통하여」『일어교육』제3집, pp.46~47.

다음에 [본문]을 배치하였으며 [연습문제]를 통하여 일본어의 구성 이치를 이해하도록 하면서 점차 문형을 확대 훈련 해 나가고 있다. [연습문제]는 はつおん、いいかえ、わくうめ、あいさつのことば、まるうめ、일역 등의 대입·완성·응답·반복·대입 드릴을 이용한 문형 연습이 주가 되고 있다.

금성출판사의 4차 교과서는 [본문] [ことばのきまり] [연습] [문제]로 구성되어 있다. [본문]에 대하여 저자 서문에는 "기초적인 듣기, 말하기에 역점을 두기 위해 대화문 위주로 엮었다"고 되어 있으나, 여기서 대화문이란, 상황이나 대화자가 설정된 대화문이 아니라 아래에서 보는 바와 같이,

これは 何ですか。
　－ それは 本です。
それは 何ですか。
　－ これは ボールペンです。

질문과 답으로 구성되어 있는 독해문을 말하고 있다. [ことばのきまり]는 학습문형이나 학습사항을 용례나 도해를 통해 설명하고 있으며, 4차의 다른 교과서가 모두 연습문제를 하나로 다루고 있는 것에 대하여 금성은 [연습]과 [문제]를 따로 구성하였으며, [연습]에서는 주로 문형 연습을, [문제]에서는 (　　)넣기, 일역 등의 문제식 구성을 하고 있다.

시사영어사의 4차 교과서는 각과가 [본문] [문형] [회화] [연습문제]로 구성되어 있으며 매5과 마다 [수련문제]가 있다. [본문]은 문형을 중심으로 장면이나 대화자의 지시 없이 문형을 나열하였다. [문형]은 학

습문형의 예를 나열하고 있다. [회화]는 대부분 학습문형을 이용한 회화이다. 대화자를 A, B로 표시하고 있다. [연습문제]는 まるうめ、いいかえ、といとこたえ등으로 되어 있다. 삽화는 본문이나 빈 여백에 들어 있는데 본문의 삽화는 대부분 내용과 일치하나 빈 여백에 들어간 삽화는 내용과 관계없는 공간 채우기 삽화이다.

　지학사의 4차 교과서는 각 단원이 [본문] [기본문형연습] [연습문제]로 구성되고 있다. [본문]은 장면이나 대화자의 지정이 없는 독해문으로 되어 있고, [기본분형연습]은 다른 교과서와 마찬가지로 학습문형의 용례를 나열하였다. [연습문제]는 주로, 변형 드릴, 응답 드릴, 완성 드릴로 되어 있으며, 처음으로 삽화를 연습문제에 사용하고 있다. 즉, 지금까지의 삽화는 장면 설명용이나 여백 채우기용으로 사용되었으나 처음으로 문형 연습용 삽화를 도입하였다.

<그림12> 제4차 교육과정 교과서 '지학사' 삽화예

<보기>　A: これは何ですか。
　　　　B: それはつくえです。

한림출판사의 4차 교과서는 각과가 [본문] [회화] [문형] [연습문제]로 구성되어 있다. 읽기문인 [본문]과 대화자의 언급 없는 회화, 학습문형의 예를 들고 있는 [문형]과, 줄긋기, いいかえ、ならべかえ、채우기, といとこたえ、일역, 조사 넣기, 두 문장을 하나로 만들기, 긍정과 부정으로 답하기, 어미변화로 되어 있는 [연습문제]가 있다.

이상, 4차 교과서의 각론으로 교과서의 각과 구성에 대하여 설명하였는데, 이것을 표로 정리하여 보니, 아래 <표129>에서 보는 바와 같이 4차 5종 교과서는 회화 항목을 포함하고 있는 교과서와 포함하고 있지 않은 교과서로 나눌 수 있었다.

<표129> 제4차 교육과정 5종 교과서 회화 항목 현황

	교학	금성	시사영	지학	한림
본문	○	○	○	○	○
회화	×	×	○	×	○
문형(예)	○	○	○	○	○
연습문제	○	○(연습/문제)	○	○(연습용삽화)	○

여기에서 시사영어사와 한림의 회화의 내용을 살펴볼 필요가 있는데, 두 교과서의 8과 [회화]부분을 아래에 예로 들고 설명한다.

우선 눈에 띠는 두 교과서의 차이점이라고 하면 시사는 대화자를 A, B로 표시하였다는 점이고, 금성은 언뜻 보기에 독해문처럼 보이는 형태상의 차이점을 들 수 있을 것이다. 이것은 4차 5종 교과서의 본문이 자주 갖는 형식이다. 질문하고 대답하는 회화 형식이기는 하나 대화자의 성별이나 연령, 장면 등이 확실하지 않은 대화문이 있었는데 2개의 교과서를 예로 들어 비교하여 보면 다음과 같다.

<시사영어사 8과 りんごは いくつ ありますか 『일본어』상 p.38>

[회화]

ご家族は

A : ご家族は なん人ですか。
B : 五人 家族です。
A : ごきょうだいは なん人ですか。
B : あにが 一人、いもうとが 二人 います。
　　ところで、あなたは なん人 ごきょうだいですか。
A : あねが 二人、おとうとが 一人、みんなで 四人 きょうだいです。

<금성출판사 8과 図書室の中 『일본어』상 p.34>

[家族]

ご家族は なん人ですか。
五人です。
では、ご兄弟は なん人ですか。
兄が 一人、姉が 二人で、四人 兄弟です。
うちに どうぶつは いませんか。
います。犬が 一匹と インコが 二羽 います。

지금까지 4차 5종 교과서를 각론으로 설명한 바, 공통점은

　1. 문형의 단계적 도입과 반복연습이 중심이 된다.

　2. 본문(독해문)을 갖고 있다.

　3. 대입·완성·응답·반복·변형드릴을 중심으로 하는 연습문제가 있다.

는 것이고, 회화문의 유·무에 따라 분류를 하면 시사와 금성은 회화문을 가지고 있고, 교학 지학 한림은 독해문 중심으로 되어 있다고 정리할 수 있겠다.

(2)인정 도서

제4차에서 특기할 만한 것은 일본어의 인정 도서 출판이다. 인정 도서는 서울특별시, 직할시 및 도 교육장을 관할 구역 내 학교의 교과목에 관한 교과서 또는 지도서가 없거나 교과서 또는 지도서를 사용하기 곤란한 때와, 교과서 또는 지도서를 보충할 필요가 있을 때에는 교육부 장관에게 인정 도서의 승인을 신청, 그 승인을 얻은 도서이다.[56] 인정 도서에 대한 인정 기준은 2종 도서 검정 기준을 준용하며, 심사 방법 및 인정 결정도 그에 준한다. 보완적 측면이 강하여 선택 교과의 교과서로 활용되고 있으며, 지역적 특성을 살릴 수 있다는 장점이 있다. 4차 교과서의 일본어 인정도서는 아래<표130>에서 보는 바와 같이『일본어 1』이 없고,『일본어 2』『일본어 3』만이 출판되었다.[57] 2학년 때부터 일본어를 배우게 되는 방송통신고등학교의 특성상, 2학년 때 배우는 교과서를『일본어 2』, 3학년에 배우는 교과서를『일본어 3』이라고 이름 붙인 결과이다.

---

56) '교과용 도서에 관한 규정'에 따른다. 이 규정은 1977년 8월 22일 대통령령 제8660호로 제정 공포되고, 1978년 2월 9일 대통령령 제8849호로 개정되었다. "교과용 도서"라 함은 교과서·지도서 및 인정 도서를 말하고, 교과서라 함은 학교에서 교육을 위하여 사용되는 주된 교재를 말하며, 교육부가 저작권을 가진 도서(1종 도서)와 교육부 장관의 검정을 받은 도서로 구분한다. 문교법전편찬회(1978.6.10)「교과용 도서에 관한 규정」pp.800 ~806참조

57) 저자의 답변에 따르면 방송고에서는 2학년 3학년이 일본어를 배우는데『일본어2』나『일본어3』은 교과서의 출판 순서가 아니라 2학년이 배우는 교과서, 3학년이 배우는 교과서라는 의미라고 한다. 결국,『일본어1』은 보이지 않는다.

<표130> 제4차 교육과정 인정도서 출판 현황

4차 교과서	저자	상 하	과 수	쪽수 (본문/부록)	단원 구성
인정도서 방통고용 한국교육개 발원 고려서적	(연구진)김기천, 조석호,박인종 (집필진)김효자, 원영호,정일영,이 영위	일 본 어	23	238 (209/29)	방송수업(단원의 개관, 본문), 자학자습 (어휘풀이, 한자풀이, 본문해석, 문형연 습, 보충학습, 확인학습), 방송수업(회 화), 자학자습(어휘 익힘), 자학자습, 방 송수업(학습정리)
	(연구진)전태중, 김영만,박인종 (집필진)원영호, 이덕봉,정일영,이 영위	일 본 어	20	214 (180/34)	방송수업(학습목표, 본문), 자습, 방송 (어휘풀이, 한자풀이, 문형연습), 사습 (번역, 연습문제), 자습,방송(회화), 자습 (어휘익힘, 보충자료, 학습정리)

4차 인정도서의 저자, 권수, 과수, 쪽수, 단원 구성은 <표130>에서 보는 바와 같다. 평균 22과 226쪽으로 만들어지고 있는데, 검정교과서가 평균 25과 150쪽으로 만들어진 것에 비하면 단원수는 적으면서 쪽수는 1.5배 더 많은 교과서라는 특징이 있다. 이것은 인정도서가 방송교재라는 데에서 그 이유를 찾을 수 있을 것이다. 면대면 수업과는 달리 방송수업은 학습자 혼자서 이해하여야 하는 부분이 크고 그러기 위해서는 이해를 돕기 위한 설명이 자세히 교과서에 포함되어야 한다. 따라서 자세한 설명을 포함하여 자학자습, 보충자료까지 교과서화 하게 되면 자연히 교과서의 분량이 늘어나게 되는 것이다.

(3)채택 현황

이상 제4차 교육과정의 검정 도서와 인정도서에 대하여 검토하였다. 그러면 고등학교에서는 출판된 교과서를 어떻게 채택하고 있을까? 제4차 교육과정 5종 교과서의 채택 현황을 짐작할 수 있는 자료가 있다. 한국일어일문학회에서 1985년에 조사한 전국일본어 교육기관 실태조사중, 고등학교의 조사 내용 중에 현재 사용하고 있는 교재명이 실려 있다. 제4차 교육과정 5종교과서는 1984년 1학기부터 사용되기 시작하였기 때문에 아래 <표131>에서도 알 수 있는 것처럼 전체 고등학교가 모두 4차 교과서를 사용한 것이 아니라, 제3차 교육과정 1종 교과서를 아직 사용하고 있는 고등학교도 있으므로 전체 실태를 볼 수 있는 것은 아니나, 대강 4차 교과서 사용 첫해의 채택 현황은 짐작 가능하리라고 생각한다. 설문에 응답한 학교는 360여개교였으나 합계가 577인 것은 1학년은 4차 교과서를, 2·3학년은 3차 교과서를 사용하고 있는 고등학교가 있었기 때문이다.

<표131> 제4차 교육과정 5종 교과서 출판사별 채택 현황(1985년)[58]

교과서명	교학	금성	시사영	지학	한림	3차 1종	계
채택고교수	50	90(140)	56(196)	57(253)	12(265)	312	577
채택률	18.9	34.0	21.1	22.5	4.5		

　　금성교과서의 채택이 가장 많고, 한림출판사가 가장 적은 것 이외에는 거의 비슷한 채택률을 보이고 있다.

---

58) 한국일어일문학회(1985)『일본어 교육 및 연구실태조사 1985년』한국일어일문학회

5.1.5. 제5차 교육과정(1988.3～1992.10)

5.1.5.1. 시대적 배경

1987년 6월 항쟁과 헌법 개정 등을 거치면서 민주화의 추진과 정치·사회의 변화를 거치면서 1988년에는 노태우 정부가 들어섰고, 1988년 3월 31일에는 '문교부 고시 제88-7호'로 제5차 교육과정이 고시되었다.

제4차 교육과정의 제2외국어 교육과정은 비교적 잘 짜여져 있다는 평이있으나, 추상적이며 또한 문법적 교수요목에 대한 의존도가 높아 학생들의 실용적인 의사소통 능력양성에 중점을 둔 새로운 교육과정 개발이 요구되었다. 이에 따라 관련인사들은 교육과정을 분석하고, Wilga M Rivers, 미국 보건 교육 후생성, 서독 노르트라인 베스트팔렌 주 중학교, 프랑스 중학교의 외국어 교육(교과)의 목표를 이론적 배경으로, 외국어 교육의 목적을 크게 4기능과 외국문화의 이해라는 두 영역에 두고 있다고 분석하고, 의사소통능력의 비중을 높이기 위해 구 교육과정의 일반 목표를 삭제하고 이를 3개 항목으로 재구성하였다. 언어 기능간의 상관성을 나타내기 위해 구두어에 속하는 듣기, 말하기 기능을 1개 항목으로, 문자어에 속하는 읽기 쓰기를 1개항목으로, 나머지 1개 항목은 문화라는 추상적인 표현을 그 나라 국민의 생활양식과 사고 방식이라는 구체적인 표현으로 제시하였다. 개발의 범주는 전면적인 개정보다는 부분적인 개정에 국한한다는 방침으로 제5차 교육과정 개정 작업이 추진되었으며 분석 연구 결과를 토대로 미비점 보완에 들어갔다. 그 결과 이제까지 행해져 왔던 실제상황과 무관한 문법 중심의 학습을 지양하고 진정한 언어 사용을 반영하는 의사소통능력의 향상을 이루기 위한 구성으로 개발되어 문장에서 담화로, 정확성에서 유창성으로, 4개 언어 기능을 통합적 접근방법으로 다루게 되었다.

제4차 교육과정과 마찬가지로 제5차 교육과정도 모든 외국어가 같은 구성, 같은 내용으로 이루어져 있다.

가. 목표   3개 항목
나. 내용
 1)언어 기능
  (1)듣기와 말하기   7개 항목
  (2)읽기   5개 항목
  (3)쓰기   6개 항목
 2)언어 재료
  (1)소재   2개 항목
  (2)발음   1개 항목
  (3)문자   1개 항목
  (4)어휘   3개 항목
  (5)문형·문법   1개 항목
다. 지도 및 평가상의 유의점
 1)지도   10개 항목
 2)평가   10개 항목

다만, '소재'항목의 하위 내용과 '지도 및 평가상의 유의점'의 내용이 크게 증가하였다. 어휘는 독, 프, 에, 중국어가 <표132>에서 보는 바와 같이, 사용가능어휘에 있어서 200어 씩 줄어든 반면에 일본어는 400어 가 줄었고, 기본어휘는 독, 프, 에스파니아어는 줄어든 반면, 중국어 일본어는 증가하였다. 중국어의 경우 11어가 늘어난 것에 비하여 일본어는 92어가 늘었다.

<표132> 제4차, 제5차 교육과정의 어휘 비교 (상/하)

	독일어	프랑스어	에스파니아어	중국어	일본어
사용가능어휘	1,200/1,000어	1,200/1,000어	1,200/1,000어	2,000/1,800어	2,200/1,800어
기본어휘	752/675어	742/663어	736/675어	749/760어	754/846어

　일본어를 중심으로 보면, 사용가능어휘수를 줄이고 기본어휘수를 늘려 반드시 반영되어야 하는 어휘를 늘렸음을 알 수 있다.

　또한, 제4차 교육과정에서는 [별표]로 필수어휘를 예시하였으나, 제5차 교육과정에서는 어휘 예시와 함께 문법구조 예시문을 제시하고 있는데, 일본어의 경우는 조사와 조동사를 중심으로 하는 문형을 제시하고 있다.

5.1.5.2. 교육 목표

외국어과 일반목표는 의사소통능력을 기르는 것과 외국문화 이해로 집약된다. 이것을 각과 목표는 외국어과 일반목표를 세분하여 의사소통능력 항목을 두 개로 나누어 기술하고, 3번 항목에 당해 언어권의 문화를 이해시키도록 하고 있다. 5개 외국어가 모두 아래에서 보는 바와 같이 3개 항목으로 되어 있으며, 언어가 다를 뿐 각과 목표는 일치를 보이고 있다. 즉, 일상 생활 및 일반적인 화제에 관한 듣기·말하기, 일상생활 및 일반적인 소재에 관한 읽기·쓰기이다. 가장 많이 나오는 키워드는 '이해'이다.

<표133> 제5차 교육과정 외국어과 '목표' 항목

각과	목표
외국어과	외국어로 의사 소통을 할 수 있는 능력을 기르고, 외국 문화를 이해함으로써 우리 문화 발전에 이바지하게 한다. 1)일상 생활과 일반적인 소재에 관한 외국어를 이해하고, 이를 사용할 수 있게 한다. 2)외국 문화를 폭넓게 이해하여 국제적인 안목을 넓히게 한다.
일본어	1)일상 생활 및 주변의 일반적인 화제에 관한 쉬운 말을 들어 이해하고, 간단한 대화를 나눌 수 있게 한다. 2)일상 생활 및 주변의 일반적인 소재에 관한 쉬운 글을 읽어 이해하고 쓸 수 있게 한다. 3)일본인의 생활 양식과 사고 방식을 폭넓게 이해시킨다.
중국어	1)일상 생활 및 주변의 일반적인 화제에 관한 쉬운 말을 들어 이해하고, 간단한 대화를 나눌 수 있게 한다. 2)일상 생활 및 주변의 일반적인 소재에 관한 쉬운 말을 들어(글을 읽어) 이해하고 쓸 수 있게 한다. 3)중국인의 생활과 중국 문화를 폭넓게 이해시킨다.
독일어	1)일상 생활 및 주변의 일반적인 화제에 관한 쉬운 말을 들어 이해하고, 간단한 대화를 나눌 수 있게 한다. 2)일상 생활 및 주변의 일반적인 소재에 관한 쉬운 글을 읽어 이해하고 쓸 수 있게 한다. 3)독일어 상용 국민의 생활 양식과 사고 방식을 폭넓게 이해시킨다.
프랑스어	1)일상 생활 및 주변의 일반적인 화제에 관한 쉬운 말을 들어 이해하고, 간단한 대화를 나눌 수 있게 한다. 2)일상 생활 및 주변의 일반적인 소재에 관한 쉬운 글을 읽어 이해하고 쓸 수 있게 한다. 3)프랑스어 상용 국민의 생활 양식과 사고 방식을 폭넓게 이해시킨다.

에스파냐어	1)일상 생활 및 주변의 일반적인 화제에 관한 쉬운 말을 들어 이해하고, 간단한 대화를 나눌 수 있게 한다. 2)일상 생활 및 주변의 일반적인 소재에 관한 쉬운 글을 읽어 이해하고 쓸 수 있게 한다. 3)에스파냐어 상용 국민의 생활 양식과 사고 방식을 폭넓게 이해시킨다.

박희태(1989)는 일본어 교육과정 해설에서 일본어 목표설정의 기본 입장에 대하여 학습목적을 교양에 두고 있다.

목표 설정에 있어 먼저 학습·목적을 어디다 둘 것인가를 생각하지 않으면 아니 되는데, 우리나라 사람이 제2외국어로서 일본어를 학습하는 목적이라고 한다면 크게 「실용」과 「교양」으로 나눌 수 있다고 본다.

그러나 일반 고등학교에서 제2외국어 교육으로 이루어지는 일본어 학습의 목적은 실용보다는 교양을 위한 학습이 되어야 한다고 나는 생각한다. 그것은 선택 필수로서의 일본어 학습이 실용을 예상해서 보다는 국제적 시야를 넓히기 위한 일환으로서 일본을 알기 위한 것이기 때문이다.

일본어과 교육목표를 의사소통 능력을 기르는 실용면과, 일본문화 이해라는 교양면으로 나눌 때, 일본 문화 이해 쪽에 비중을 두고 있는 것이다. 이러한 의도는 '언어재료'항목에서도 반영이 되고 있다.

단위 배당 기준은 4차 때는 10~12(인문사회, 자연)시간, 6~10(직업)시간을 융통성 있게 이수할 수 있었으나, 5차에서는 10, 10, 6단위를 원칙으로 하였다.

<표134> 제5차 교육과정 외국어과 단위 배당 기준

교과	과목	보통 교과				전문교과
		공통 필수	일반계 고교 선택			
			인문사회과정	자연과정	직업과정	직업 과정
외국어	영어(Ⅰ,Ⅱ)	8	12	12	8	
	독일어		택1 10	택1 10	택1 6	· 농업에 관한 교과 · 공업에 관한 교과 · 상업에 관한 교과 · 수산 · 해운에 관한 교과 · 가사 실업에 관한 교과
	프랑스어					
	에스파니아어					
	중국어					
	일본어					

　실제로 5차 교육과정하에서 고등학교의 이수단위수를 분석한 한국 일본어 교육학회(1996)의 조사에 의하면 <표135>에서 보는 바와 같이 인문계열은 10단위, 비인문계열은 6단위를 가장 많이 채택하고 있다. 12단위를 채택하고 있는 학교도 5개교나 된다.

<표135> 제5차 교육과정 계열별 단위 채택 현황

이수 단위	인문	상업	공업	실업	산업	종합	농림	수산	농업	계
4			2				1			3
6	1	4	1	2	1	1		1	1	12
8	3						2			5
10	13									13
12	3						2			5

　학습기간은 이수단위수와 비례하여, 1년 3개교, 2년 12개교, 3년 23 개교로 3년이 가장 많았으며, 졸업시까지 진도 현황은 단위수와 관련

지어 조사해 본 결과 교사 및 사정에 따라 다소의 차이는 있으나 상권을 다 배우는 데는 6~8단위, 상·하 두권을 다 배우는 데는 10~12단위가 필요한 것으로 나타났다.[59]

<표136> 제5차 교육과정하의 단위수 및 상하권 진도

단위수		진도 (총과수 / 진도)									
4	상권	24/17	25/8	?/11							
	하권	·	·	·							
6	상권	完	完	25/18	?/22	完	完	25/16	?/16	25/20	25/20
	하권	25/2	·	·	·	18/10	18/4	·	·	·	·
		무응답 (2)									
8	상권	完	24/7	完	完	무응답 (1)					
	하권	20/3	·	20/5	·						
10	상권	完	完	完	完	完	完	完	完	23/21	完
	하권	·	·	?/10	?/1	?/10	?/10	完	20/10	·	
	상권	完	完	무응 답(1)							
	하권	完	完								
12	상권	完	完	完	完	完					
	하권	·	·	完	·	完					

(단, 完 다 배움 ·배우지 못함 ? 총과수가 몇과인지 모름)

---

59) 한국일본어 교육학회(1996), pp.25~26.

5.1.5.3. 내용

제5차 교육과정의 '내용'은 다음 <표137>에서 보는 바와 같이 언어 기능과 언어 재료로 나뉘어 기술되었다. 언어 기능은 4기능을 중심으로 기술되었고, 언어 재료는 소재, 발음, 문자, 어휘, 문형·문법으로 5개 항목이다.

<표137> 제5차 교육과정의 '내용' 항목

언어 기능	언어 재료
(1) 듣기와 말하기 ① 말소리를 식별하고 정확하게 발음하기 ② 쉬운 내용의 말을 듣고 이해하기 ③ 구두로 문형 연습하기 ④ 실물이나 그림을 보고 간단히 말하기 ⑤ 학습한 내용을 중심으로 간단히 말하기 ⑥ 일상적인 화제에 관하여 간단히 말하기 ⑦ 주변의 일반적인 소재에 관한 이야기를 듣고 요약해서 말하기 (2) 읽 기 ① 가나 문자와 상용 한자 범위 내의 한자를 바르게 읽기 ② 문장을 정확하게 읽기 ③ 글의 내용을 이해하면서 읽기 ④ 쉬운 글의 대의 및 요지를 파악하기 ⑤ 읽은 글의 내용을 요약하고 결론 내리기 (3) 쓰 기 ① 가나 문자와 상용 한자 및 정서법 익히기 ② 간단한 말을 듣고 정확하게 받아쓰기 ③ 문형 연습을 통하여 문장을 만들어 쓰기 ④ 간단한 우리말을 일본어로 옮겨쓰기 ⑤ 일상적인 소재에 관한 생각이나 느낌이나 쉬운 글을 표현하기 ⑥ 학습한 내용을 요약해서 쓰기	(1) 소 재 ① 소재는 일상 생활과 일반적인 화제 중에서 선택하되, 언어의 4기능 학습 및 올바른 가치관 형성에 도움이 되는 것으로 한다. ○ 개인, 가정, 학교, 사회 생활에 관한 것 ○ 취미, 오락, 운동 등 여가 선용에 관한 것 ○ 예절, 풍속, 지리, 역사, 예술 등 문화 이해에 도움이 되는 것 ② 글의 내용에 있어서는 다음 사항에 유의한다. ○ 학생들의 흥미, 필요, 지적 수준 등을 고려하여 학습 동기를 유발할 수 있는 것으로 한다. ○ 정확하고 실용적인 것으로 하되, 특정 분야에 편중됨이 없도록 한다. (2) 발 음 ○ 현대 일본어의 표준 발음으로 한다. (3) 문 자 문자는 히라가나, 가타카나, 한자를 사용하되, 한자는 일본의 상용 한자 범위 내로 한다. (4) 어 휘 ○ [별표 1]의 기본 어휘를 포함하여 사용 빈도가 높은 1800 내외의 단어를 선정하여 사용한다. ○ 단어는 사용 빈도와 활용도를 고려하여 선정한다. ○ 기본 어휘표에 제시되지 않은 조사, 조동사는 이해의 범위를 넘지 않도록 한다. (5) 문형·문법 문형·문법 사항은 사용 빈도와 활용도를 고려하여 기초적인 것으로 한다.

이하 언어 기능과 언어 재료에 대하여 제4차 교육과정과 제5차 교육과정을 비교하면서 설명하고자 한다.

언어 기능은 '듣기 말하기' '읽기' '쓰기'로 3항목 분류를 한 것은 4차 교육과정과 같으나, <표138>에서 보는 바와 같이 4차 교육과정의 언어 기능을 그대로 답습하면서 세부 항목을 늘려 기술하고 있다. '듣기와 말하기'에서는 4차의 '간단한 대화를 나눈다'라는 부분이 5차에서는 자세히 기술되고 있는데, 주로 간단히 대화를 하되 '무엇을' '어떻게' 에 대하여 실명하고 있다. 즉, 구두로 문형 연습하기, 실물이나 그림을 보고 간단히 말하기, 학습한 내용을 중심으로 간단히 대화하기, 일상적인 화제에 관하여 간단히 대화하기가 그것이다.

<표138> 제4차, 제5차 교육과정의 '언어 기능' 비교

	제4차	제5차
들기와 말하기	(1)발음을 익힌다.	(1)말소리를 식별하고 정확하게 발음하기
	(2)쉬운 말의 내용을 듣고 이해한다.	(2)쉬운 내용의 말을 듣고 이해하기
	(3)인사말 등 간단한 대화를 나눈다.	(3)구두로 문형 연습하기 (4)실물이나 그림을 보고 간단히 말하기 (5)학습한 내용을 중심으로 간단히 대화하기 (6)일상적인 화제에 관하여 간단히 대화하기
	(4)잘 아는 소재에 관하여 말한다.	(7)주변의 일반적인 소재에 관한 이야기를 듣고 요약해서 말하기
읽기	(1)글을 소리내어 읽는다.	
	(2)카나 문자와 교육 한자의 음독과 훈독을 식별하여 읽는다.	(1)가나 문자와 상용 한자 범위 내의 한자를 바르게 읽기 (2)문장을 정확하게 읽기 (3)글의 내용을 이해하면서 읽기
	(3)글의 대의를 파악한다.	(4)쉬운 글의 대의 및 요지를 파악하기 (5)읽은 글의 내용을 요약하고 결론 내리기
쓰기	(1)카나 문자와 교육 한자를 익혀 쓴다.	(1)가나 문자와 상용 한자 및 정서법 익히기
	(2)간단한 말을 받아 쓴다.	(2)간단한 말을 듣고 정확하게 받아쓰기
	(3)구두로 익힌 쉬운 말을 글로 쓴다.	
	(4)제한된 문형 및 어휘를 이용하여 간단한 글을 짓는다.	(3)문형 연습을 통하여 문장을 만들어 쓰기
	(5)간단한 우리말을 일본어로 옮긴다.	(4)간단한 우리말을 일본어로 옮겨쓰기
	(6)학생 주변에 관한 것을 글로 쓴다.	(5)일상적인 소재에 관한 생각이나 느낌을 쉬운 글로 표현하기
		(6)학습한 내용을 요약해서 쓰기

'읽기'는 3개 항목이 5개 항목이 되면서 4차의 추상적인 내용이 상당히 구체적인 내용으로 바뀌고 있는데, 예를 들어 '글을 소리내어 읽기'가 삭제되고 '교육한자의 음·훈독 식별 읽기'는 상용 한자 범위 내의

한자를 바르게 읽기로 바뀌었으며, '문장을 정확하게 읽기'와 '글의 내용을 이해하면서 읽기'가 추가되었다. 4차의 '글의 대의 파악' 이외에 '읽은 내용의 요약과 결론 내리기'가 첨가되었다.

'쓰기'는 교육 한자 쓰기가 상용 한자 쓰기로 바뀌었고, '구두로 익힌 쉬운 말을 글로 쓰기'가 삭제된 것 이외에는 거의 4·5차가 비슷하며, 읽기와 마찬가지로 내용 요약 쓰기가 첨가되었다.

'언어 새료'는 소재, 발음, 어휘, 문형·문법 4개 항목으로 기술했던 것을, 소재, 발음, 문자, 어휘, 문형·문법 5개 항목으로 기술하고 있는데, 문자 항목이 추가되었다.

<표139> 제4차, 제5차 교육과정의 '언어 재료' 비교

4차 언어 재료	5차 언어 재료
가) 소 재 (1) 일본인의 생활과 우리 일상 생활 및 문화 전반에 관한 것을 선택하되, 올바른 가치관 형성에 도움이 되는 것으로 한다. ◦ 학교 생활에 관한 것 ◦ 일상 가정 생활에 관한 것 ◦ 기타 사회 생활 주변에 관한 것 (2) 글의 형식은 대화체, 서술체 등 다양하게 선정하되, 내용 구성에 있어서는 다음 사항에 유의한다. ◦ 학생들의 흥미, 필요, 지적 수준 등을 고려하여, 학습 동기를 유발할 수 있는 것 ◦ 내용이 정확하고 실용적인 것 나) 발 음 ◦ 현대 일본어의 표준 발음으로 한다. 다) 어 휘 ◦ [별표 1]의 기본 어휘를 포함하여 사용 빈도가 높은 2,200 내외의 어휘를 선정하여 사용한다. 라) 문형·문법 ◦ 문형·문법 사항은 사용 빈도와 활용도를 고려하여 기초적인 것으로 한다.	(1) 소 재 ① 소재는 일상 생활과 일반적인 화제 중에서 선택하되, 언어의 4기능 학습 및 올바른 가치관 형성에 도움이 되는 것으로 한다. ○ 개인, 가정, 학교, 사회 생활에 관한 것 ○ 취미, 오락, 운동 등 여가 선용에 관한 것 ○ 예절, 풍속, 지리, 역사, 예술 등 문화 이해에 도움이 되는 것 ② 글의 내용에 있어서는 다음 사항에 유의한다. ○ 학생들의 흥미, 필요, 지적 수준 등을 고려하여 학습 동기를 유발할 수 있는 것으로 한다. ○ 정확하고 실용적인 것으로 하되, 특정 분야에 편중됨이 없도록 한다. (2) 발 음 ○ 현대 일본어의 표준 발음으로 한다. (3) 문 자 문자는 히라가나, 가타카나, 한자를 사용하되, 한자는 일본의 상용 한자 범위 내로 한다. (4) 어 휘 ○ [별표 1]의 기본 어휘를 포함하여 사용 빈도가 높은 1800 내외의 단어를 선정하여 사용한다.

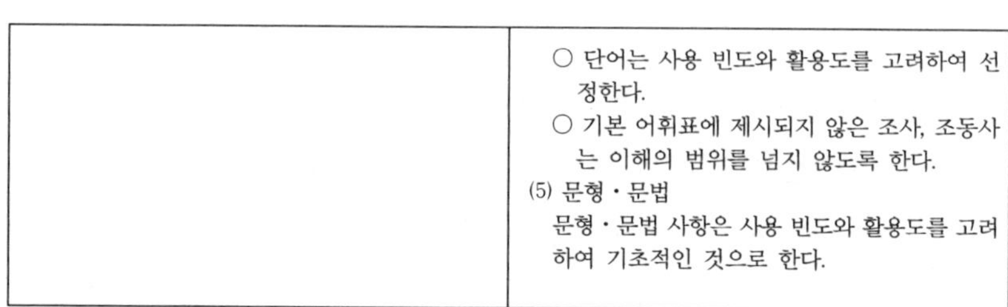

	○ 단어는 사용 빈도와 활용도를 고려하여 선정한다. ○ 기본 어휘표에 제시되지 않은 조사, 조동사는 이해의 범위를 넘지 않도록 한다. (5) 문형·문법 문형·문법 사항은 사용 빈도와 활용도를 고려하여 기초적인 것으로 한다.

'소재'는 언어의 4기능 학습에 도움이 되는 것이 보충되면서, 세부항목으로 학교생활, 가정생활, 사회 생활에 관한 것에, 여가 선용에 관한 것, 문화 이해에 도움이 되는 것을 추가하였다.

'발음'은 현대 일본어의 표준 발음이며, 새로 추가된 '문자'항목은 히라가나, 가타카나, 한자를 사용하되 한자는 일본의 상용 한자 범위 내로 한다는 내용이고, '어휘'는 기본 어휘가 2,200어에서 1,800어로 줄었고, [별표1]의 필수기본어휘는 754개에서 846어로 늘고 있다. '문형·문법'은 그대로 이다.

5.1.5.4. 교수·학습 방법

'지도'항목이 제4차 교육과정에서는 6개 항목이었고, 5차 교육과정은 10개 항목으로 제시되고 있어, 제4차 교육과정의 내용보다 4개 항목 증가하였다.

1) 지 도

(1) 언어의 4기능을 상호 유기적으로 지도하여 각 기능의 상호 보완
    될 수 있게 한다.

(2) 단어와 구문은 자연스러운 문맥과 상황 속에서 제시하도록 한다.

(3) 의사 소통 중심의 연습을 많이 시켜 학습한 내용을 충분히 활용할

수 있도록 지도한다.

⑷ 문법 설명 위주의 수업 방식은 피하도록 하되, 문장 구성과 뜻을 이해시키는 데 필요한 경우에는 용례를 통해서 지도한다.

⑸ 말하기 연습시 초기 단계에서는 의사 전달에 중점을 두며, 점진적으로 정확도를 높여 가도록 한다.

⑹ 직독 직해의 습관을 기르도록 한다.

⑺ 작문 지도는 통제 작문 중심으로 한다.

⑻ 긱종 시청각 기사재를 충분히 활용하여 학습 효과를 높이도록 한다.

⑼ 학습자의 필요와 능력에 알맞은 개별 학습 및 분단 학습의 기회를 가지게 하여, 학습 활동에 적극적으로 참여하도록 유도한다.

⑽ 일본 문화를 이해시킴으로써 다른 문화에 대한 이해심과 국제적인 협조심을 높인다.

상기 10개 항목 중, ⑵⑷⑹⑻ 4개 항목은 4차의 내용과 같으며, ⑴⑶ 2개 항목은 내용이 바뀌었고, ⑸⑺⑼⑽ 4개 항목이 새로 추가되었다. 4차 교육과정과 일치하는 내용을 정리하면,
· 단어와 구문의 문맥상 제시
· 문법설명 위주의 수업은 피할 것
· 직독 직해의 습관 기르기(읽기)
· 각종 시청각 기자재 활용으로 학습 효과 높이기(듣기)
이고, 다른 내용으로 바뀐 것은,
· 구두 훈련을 통한 언어학습 → 4기능의 상호 유기적 지도
· 반복학습을 통한 활용지도 → 의사소통 중심 연습을 통한 활용지도
로 바뀌었으며,
· 초기 단계는 의사 전달 중점지도, 점진적으로 정확도 높이기(말

하기)

· 작문 지도는 통제작문 중심(쓰기)

· 개별학습 및 분단 학습, 적극적 참여 유도

· 일본 문화 이해를 통한 다른 문화에 대한 이해심과 협조심 높임이 추가되었다. 추가된 내용과 바뀐 내용을 중심으로 지도법에 대하여 정리해 보면, 읽기와 듣기를 중심으로 하는 이해 기능에, 말하기와 쓰기 지도 기능이 추가되었으며, 구두 훈련·반복 학습을 중심으로 하는 제4차 교육과정의 청화식 교수법에서, 4기능의 상호 유기적 지도·의사소통 중심 연습·초반의 유창성 연습에서 점진적으로 정확도 연습, 개별학습 및 분단학습 지도 등의 키워드로 제5차 교육과정에서는 의사소통 중심 교수법이 반영되고 있음을 알 수 있다. 그러나, 목표 항목에서 언급하였듯이, 교육과정에서는 의사소통 능력 중심의 실용에 비중을 두고 있으나, 교육과정 해설에서는 교양에 중심을 두어야 한다고 말하고 있어, 실제 지도에서 의사소통 중심 교수법이 어느 정도 반영되었는지는 의문의 여지가 있다.

추가된 항목 중에 '일본문화 이해 지도'가 있는데, 제4차 교육과정에서는 목표에만 문화 이해가 있고, 지도 항목에는 문화이해 지도가 없었으나, 제5차 교육과정에서는 목표 항목에 있는 일본문화 이해를 지도하도록, 지도 항목에 추가되었다.

5.1.5.5. 평가

제4차 교육과정에 비하여 제5차 교육과정에서는 평가 항목이 5개 항목에서 10개 항목으로 2배 증가하였다. 아래의 평가 내용 중 (1)(2)(3)(9)(10)은 제4차 교육과정의 평가 항목과 동일하고, (4)(5)(6)(7)(8)이 추가되었다.

2) 평 가

⑴ 언어 기능의 4영역을 고루 평가하도록 한다.

⑵ 각 언어 기능을 효과적으로 평가할 수 있는 형식과 방법을 사용하
도록 한다.

⑶ 지엽적이고 예외적인 것을 피하고 기본적이고 중요한 사항을 평
가한다.

⑷ 평가 목표에 따라 부분 평가와 전체 평가를 적절하게 실시한다.

⑸ 듣기 평가에시는 밀소리의 식별 빛 의미의 파악 등에 대한 능력을
평가한다.

⑹ 말하기 평가에서는 발음, 어휘, 구문 등의 정확도에 대하여 평가
한다.

⑺ 읽기 평가에서는 바르게 낭독하고, 글의 줄거리, 요지 등을 파악
하는 능력을 평가하는 데에 비중을 둔다.

⑻ 쓰기 평가에서는 정확한 단어와 구문을 사용하여, 전달하고자 하
는 내용을 바르게 표현할 수 있는 능력을 평가한다.

⑼ 평가는 학생의 학습 의욕이 올바르게 촉진될 수 있도록 한다.

⑽ 평가 결과를 바탕으로 다음 단계의 지도가 적절히 이루어지도록
한다.

새로 추가된 항목은,

· 목표에 따른 부분 평가와 전체 평가

· 4기능 평가(듣기 평가, 말하기 평가, 읽기 평가, 쓰기 평가) 내용
이다. 즉, 듣기 평가는 말소리 식별 및 의미 파악 평가를, 말하기 평가
는 발음, 어휘, 구문 등의 정확도 평가, 읽기 평가는 바른 낭독, 줄거리
요지 파악 능력 평가, 쓰기 평가는 정확한 단어 및 구문을 사용한 바른

전달 내용 평가를 중심 내용으로 하고 있다.

5차 교육과정기의 평가에 대하여는 한국일본어 교육학회(1996)의 조사분석이 있다. 전국의 200개 고등학교에 설문지를 발송하여 38개교로부터 회수가 있었고, 설문지와 함께 95년도 1학기 1·2·3학년 중간·기말 평가문제지도 함께 수집(35개교) 정리하여 분석한 논문이다. 이 논문에서 평가 부분만을 발췌하여 정리해 보면, "현재의 단편적, 지엽적 문법 지식 중심의 평가 방법에서 탈피하여 일본어 능력을 종합적으로 평가할 수 있는 문항이 개발되어야 한다"[60]고 결론 내리고 있는 것으로 보아 분석 결과 문법 지식 중심의 단편적, 지엽적 평가였던 것으로 판단된다. 시험의 주관식과 객관식의 비율은 <표140>에서 보는 바와 같이 30대 70이 19개교로 가장 많았다.

<표140> 제5차 교육과정의 평가 문항의 주·객관식 비율

주관식:객관식	20:80	30:70	40:60	50:50	60:40	70:30	80:20	0:100
학교수	2	19	5	6	1	1	3	1

시험문제에 대한 힌트를 주는지의 여부에 대하여는 26개교가 힌트를 준다고 답하였으며, 힌트 수준은 30%선이 가장 많아서 26개교 중 9개교였으며 80%도 5개교나 되었다.

<표141> 제5차 교육과정 평가의 힌트 수준

힌트 수준	20%	30%	40%	50%	60%	70%	80%	90%
학교수	2	9	2	4	2	1	5	1

---

60) 한국일본어 교육학회(1996) 「고등학교 일본어 교육현황 조사 분석」『일어교육』제12집, p.35. 이하 평가 설문의 인용은 같은 책 pp.31~33 참조.

실제로 많은 학교가 시험 전에 힌트를 준다는 것을 알 수 있는 자료가 우연히 입수되었다. 본인이 제5차 교육과정 교과서를 중고 서적을 취급하는 가게에서 입수하였는데 총 8종 16권의 교과서 안에는 시험에 관한 힌트들이 모두 적혀 있었다. 그 중에 몇 개를 아래에 예로 들어 보았다.

김봉택외(1990/1993)『일본어 상』천재교육, 머리말 앞 빈쪽
시험 객관식 14문제, 주관식 6문제, 합계 20문제
음독 仲直(なかなお)り、調子(ちょうし)、弟(おとうと)、野(の)
1.春(　　　　　　　）なるとあたたかいです。
2.りんご(　　　　　　）食べたいです。
3.はる－なつ－(　　　　　）－ふゆ
4.けが人も いる<u>そうです</u>。(전문)
5.きのう友達(　　　　　）会いました。
6.①書ける ②話せる ③飲める ④食べる ⑤知れる
7.おととしは? (재작년)
8.①見る ②起きる ③<u>知る</u> ④おちる ⑤きる(着る)
9.①<u>おきて</u> ②見りて ③飲みて ④行きて ⑤言いて
10.①しろいはな ②しろいです ③しろくない ④しろいしな ⑤しろいかでない
11.①<u>しずかだでる</u> ②しずかでない ③しずかな所 ④しずかにする ⑤しずかだった
12."그다지 보고 싶지 않습니다" あまり見たく ないです(ありません)。

<주관식>

1.일본의 국기, 연호　　　(平成)

2.3월3일　　　　　　　　(여자 아이의 날, ひなまつり)

3.일본의 수도　　　　　　(東京)

4.제일 높은 산　　　　　　(富士山)

5.일본의 문자　　　　　　(仮名 ひらがな、カタカナ)

6.한일 국교정상화　　　　(1965년)

이현기외(1990)『일본어 상』진명출판사, p.33 4과

1. 단어 2

2. 연결하기 4

3. 한자→일어 5

4. います、あります의 구별/います、あります의 부정 6 - 주관식

5. 해석 8

6. 발음 2

7. 빈 칸 채우기 2 - 주관식

8. 단어 뜻 쓰기 2 - 주관식

9. 한국어를 일어로 2 - 주관식

4, 7, 8, 9는 주관식

p.47

기말시험

1. 과거형 2문제- 주관식

2. 조사 6

3. 시간 2

4. 한자읽기 1

   5. 한사람 ………… 열사람 1

   6. 해석(단어) 5 -주관식

   7. 본문해석 7

   8. 그림 5

   9. 권유, 청유형으로 3 - 주관식

   10. 빈칸채우기 1

이상과 같이 교과서에 필기되어 있는 힌트들은 5차 교육과정기의 평가의 힌트의 정도를 알 수 있는 자료들이며, 대부분의 학교가 힌트를 주는 것을 알 수 있다. 그러나, 채점은 상당히 엄한 편이어서, 주관식 시험을 채점할 때 한자 읽기에서 탁음이나 장음이 빠졌을 때 정답으로 인정하는지 여부에 대하여는 '인정하지 않는다'가 31개교, 작문에서 철자가 틀렸을 때 '인정하지 않는다'가 28개교로 채점은 비교적 엄하게 적용하고 있었다. 아래에 평가지의 예를 든다.

<표142> 제5차 교육과정 '평가지'예

응시학년 및 시기	학교명	계열	이수단위	주당시수	학습기간
1학년 1학기 중간고사	·	실업고	6	1학년 2 2학년 1	2년

1.다음중 일본어가 아닌 것은?

　①한글　②ひらがな　③カタカナ　④한자

2.다음 번호중 탁음인 것은?

　①ぺ　②ぶ　③ぎょ　④き

3.다음 번호중 탁음 だくおん 인 것은?

　①み　②び　③きゃ　④ぼ

4.다음 번호중 撥音 はつおん 인 것은?

　①ん　②さ　③ぱ　④ぎゅ

5.촉음이 들어 있지 않은 번호는?

　①まっか　②いっさつ　③ほんや　④きって

6.음절(박) 길이가 다른 번호는?

　①しゃっきん　②しゅっぱつ　③ちょっこう　④おきゃく

7.한자와 뜻이 바르게 연결된 것의 번호는?

　①本 - 책　②鉛筆 - 잡지　③新聞 - 연필　④雑誌 - 신문

8.한자와 읽기가 맞게 연결된 것의 번호는?

　①学用品 - がくようひん　②紙 - ほん

　③文型 - もんだい　④問題 - ふんげい

9.단어와 뜻이 바르게 연결된 번호는?

　①ボールペン - 볼펜　②ノート - 지우개

　③けしゴム - 자　④インク - 공책

※다음을 읽고 물음에 답하시오.(10-15)

> これは えんぴつですか。
> 　- (①)、それは えんぴつです。
> あれも ノートですか。
> 　- (②)、あれはノートではありません。
> 本です。
> これは 新聞ですか。
> 　- はい、そうです。(ア)
> それも 新聞ですか。
> 　- いいえ、そうでは ありません。(イ)
> これは 雑誌です。
> これは (③)ですか。
> 　- それは つくえです。
> かばんは (④)ですか。

10.(①)속에 들어갈 알맞은 번호는?

　①これ　②それ　③はい　④いいえ

11.(②)속에 들어갈 알맞은 번호는?

　①はい　②これ　③それ　④いいえ

12.(③)속에 들어갈 알맞은 번호는?

　①あれ　②これ　③それ　④なん

13.(④)속에 들어갈 알맞은 번호는?

　①これ　②それ　③どれ　④あれ

14.밑줄친 (ア)를 우리말로 옮기시오.

　(　　　　　　　　　　　)

15.밑줄친 (イ)를 우리말로 옮기시오.

　(　　　　　　　　　　　)

※＿＿＿＿ 에 알맞은 ひらがな 를 넣으시오.

16.それは 新聞ですか。

　- はい、これは 新聞＿＿＿＿。

17.これは 新聞＿＿＿＿、雑誌ですか。

　- 雑誌です。

※＿＿＿＿ 알맞은 말을 넣어 문장을 완성하시오.
일본어로 쓸 것. (18~19)

18.これは ＿＿＿＿＿＿＿＿＿＿。

　이것은 무엇입니까?

19.新聞は ＿＿＿＿＿＿＿＿＿＿。

　(　　　　　　　　　　　)

20.낮인사를 일본어로 쓰시오.

　(　　　　　　　　　　　)

5.1.5.6. 교과서

제5차 교육과정에서는 8종 16책의 검정 도서와 8종의 교사용지도서, 1종 2책의 인정 도서가 만들어졌다.

(1)검정 도서

제5차 교육과정의 교과서를 만든 출판사, 저자, 상하권의 과수, 쪽수, 단원 구성은 <표143>과 같으며, 8종 교과서는 평균 19과, 148쪽으로 만들어지고 있어, 2차 35과 265쪽, 3차 32과 180쪽, 4차 25과 150쪽이라는 평균으로 볼 때, 교과서 분량이 점점 줄어들고 있다. 아래 교과서들이 실제로 채택되어 사용된 결과를 설문조사한 연구 결과에 따르면 설문에 응답한 38개교 중 하권을 완전히 배운 학교는 5개교 밖에 되지 않았다. 대부분 상권을 중심으로 수업이 진행됨을 알 수 있는 조사이다.[61]

<표143> 제5차 교육과정 8종교과서 출판 현황

5차 교과서	저자	상하	과수	쪽수 (본문/부록)	단원 구성
금성A	박희태, 유제도	상	22	142(123/19)	본문、ことばのきまり、練習、問題
		하	20	142(117/25)	본문、対話、言葉のきまり、練習、問題
금성B	이인영, 이종만	상	21	142(119/23)	본문、ことばの学習、문형연습、연습문제
		하	22	142(109/33)	본문、対話、言葉の使い方、練習問題
동아	오경자, 신영언	상	24	153(124/29)	본문、문형、회화、연습문제、(종합문제 6과마다)
		하	20	157(122/35)	본문、文型、会話、練習問題、(綜合問題 5과마다)
박영사	김우열, 정치훈	상	25	143(119/24)	본문、文型、練習、会話、問題
		하	20	140(97/43)	본문、文例、会話、問題
보진제	손대준, 권만혁	상	23	137(118/19)	본문、(言葉のまとめ)、基本文型、練習、(종합연습문제)
		하	21	152(106/46)	본문、会話、基本文型、練習、(綜合練習問題)

---

61) 한국일본어 교육학회(1996), p.26.

지학	김효자	상	23	156(116/40)	본문、(はなしてみましょう、ことばの広場)、文型練習、練習問題
		하	18	147(122/25)	본문、言葉のきまり、新しい漢字の読み方、言葉の使い方練習、練習問題
진명	이현기, 사쿠마 가쓰히코	상	25	157(146/11)	본문、学習事項と関連語句、確認、発音、練習
		하	25	157(147/10)	본문、学習事項と関連語句、確認、練習
천재	김봉택, 양순혜	상	22	150(126/24)	본문、参考、文型、練習問題、(まとめの学習、総合問題、会話、敬語)
		하	18	151(130/21)	본문、文型、練習問題、(まとめの学習、総合問題、会話)

<표143>을 중심으로 각과의 체재를 살펴보면, 상권은 3가지 종류로 나뉘어진다.

1. 본문(독해문), 회화문, 문형연습, 연습문제로 구성된 교과서
   동아, 박영사, 보진재, 지학사, 천재교육
2. 본문(독해문), 학습사항·규칙 설명, 문형연습, 연습문제
   금성A, 금성B
3. 회화문, 학습사항 설명, 연습문제로 구성된 교과서
   진명

(금성A)　본문、ことばのきまり、練習、問題

(금성B)　본문、ことばの学習、문형연습、연습문제

(동아)　　본문、문형、회화、연습문제、(종합문제 6과마다)

(박영사)　본문、文型、練習、会話、問題

(보진재)　본문、(言葉のまとめ)、基本文型、練習、(종합연습문제)

(지학)　　본문、(はなしてみましょう、ことばの広場)、文型練習、練習問題

（진명）　　본문、学習事項と関連語句、確認、発音、練習
（천재）　　본문、参考、文型、練習問題、（まとめの学習、総合問
　　　　　　題、会話、敬語）

　　제5차 일본어 교육 과정의 해설을 한 박희태(1988)는 "일반 고등학
교에서 제2외국어 교육으로 이루어지는 일본어 학습의 목적은 실용보
다는 교양을 위한 학습이 되어야 한다고 나는 생각한다. 그것은 선택
필수로서의 일본어 학습이 실용을 예상해서 보다는 국제적 시야를 넓
히기 위한 일환으로서 일본을 알기 위한 것이기 때문이다."[62]라고 하
였다는 것을 목표 항목에서 언급하였다. 또한 언어교육에 있어서 어휘
교육의 중요함을 강조하고, 4차 교과서의 어휘분석에서 나타난 문제점
인 기본어휘의 반영률이 낮은 점, 4차 5종 교과서의 공통 어휘의 비율
이 낮은 점등을 지적하고, 5차 교과서에서는 제시된 기본어휘 846어의
교과서 반영률을 높일 것을 주장하였으며, 전체 어휘수도 1,800어 내외
(10% 가감)를 사용하는 것이 바람직하다고 주장하였다.
　　그러면 실제 반영률은 어떠하였을까? 다음 <표144>는 5차 교과서
의 어휘 사용표이다.[63]

---

62) 문교부(1988.3.31고시)『고등학교 외국어과 교육 과정 해설』문교부 고시
　　제88-7호 (독일어, 프랑스어, 에스파냐어, 중국어, 일본어). p.348.
63) 서익환(1989)「고등학교 일본어 검인정8종교과서의 어휘분석」(『일어교육』
　　제5집) p.109참조.

<표144> 제5차 교육과정 8종교과서 어휘 사용표

	금성A	금성B	동아	박영사	보진재	지학	진명	천재	평균
상·하	1,919	1,845	1,794	1,981	1,896	1,813	1,654	1,864	1,846

8종 교과서가 평균 1,846어를 사용하고 있는 것으로 보아 수적으로 교육과정을 그대로 반영하고 있음을 알 수 있다. 공통도는 8종 공통이 총 4,581어중 828어로 18.1%였으며, 1종 공통이 2,146어로 46.8%로 나타났다.

<표145> 제5차 교육과정 8종 교과서 어휘 공통도

	8종공통	7종공통	6종공통	5종공통	4종공통	3종공통	2종공통	1종공통	누계
상·하	828	114	98	147	209	344	695	2,146	4,581
공통도	18.1%	2.5%	2.1%	3.2%	4.6%	7.5%	15.2%	46.8%	100%

아래 <표146>은 5차 8종교과서 각 단원의 구성에 대하여 조사한 표이다. 단원의 내용, 체재, 표제어 등을 중심으로 분류를 해보면, 6가지 항목으로 교과서가 만들어지고 있다. 6가지란 본문, 회화, 문형, 학습사항 설명, 발음, 연습문제를 말하는데 본문은 독해가 중심이 되는 읽기문을 말하고, 회화는 대화자나 상황설정이 있는 대화문을 말하는데, <표146>에서 보는 바와 같이

<표146> 제5차 교육과정 8종교과서 각 단원의 구성[64]

	금성A	금성B	동아	박영사	보진재	지학	진명	천재
본문	△	△	○	○	○	○	○ 12,16/13, 15,21	○
회화			○	○ (7과부터)	○ (1,2,3,4,5)	○ (2,4,8,11,15,17)		△(3과)
문형(연습)	△	○	○	○	○	○	○	○
学習事項, 참고, 확인	○	○	△	△	△	△	○	○
발음	○	×	×	×	×	○(1~7)	○	○
연습문제	○ ○	○	○ 종합 문제	○ ○ 종합문제	○ (연습) 종합 연습문제	○	○ (練習)	○ 종합 문제

△표가 되어 있는 금성A, 금성B 교과서는 본문과 회화문의 구분이 확실하지 않은 표식이다. 다시 말하면 본문과 회화의 표제어의 구분이 없으면서, 본문이 대화자의 지정 없이 질문과 대답 형식을 취하고 있는 교과서이다. 반대로 진명은 본문이 대화자의 지정이 있는 회화문으로 되어 있다.

예를 들어 보면, 박희태외 1인이 저술한 교과서는 본문이 아래와 같이 되어 있다.

---

64) 보진재는 발음에 대해, p.34. [종합연습문제]에서 1곳 취급하고 있으므로 제외함

    1. 밑줄 친 곳의 발음이 서로 같지 않은 것은?
       ① これ<u>は</u> つくえです   ② ほん<u>では</u> ありません
       ③ こちら<u>は</u> きたです   ④ 三<u>は</u>こも あります

<표147> 제5차 교육과정 금성A 교과서 단원예

박희태외<금성A 교과서 1과> pp.12~13.

　　　　1
1. これは本です
これは 何ですか。
─それは ノートです。
それは 何ですか。
─これは 本です。
あれは 何ですか。
─あれは 机です。
　　　　2
これは ボールペンですか。
─はい、それは ボールペンです。
これも ボールペンですか。
─はい、それも ボールペンです。
あれも ボールペンですか。
─いいえ、あれは ボールペンではありません。鉛筆です。
いすは どれですか。
─いすは これです。

　박희태 저는 장면이나 상황 설정 없이 질문과 대답식의 회화문으로 본문이 구성되어 있는 반면에, 이현기외 저 진명출판사의 교과서는 모든 본문이 '김포 국제 공항 도착 로비에서'식으로 글로 장면을 설명하거나, 삽화를 사용하여 어떠한 상황의 대화인가를 분명히 하고 있으며, 대화자의 이름을 확실히 하고 있다. 진명의 5차 교과서는 아래 예에서 보는 바와 같이 고등학교 교과서 역사상 처음으로 교과서에 주인공을 등장시켰다.

<표148> 제5차 교육과정 진명 교과서 단원예

이현기외<진명 교과서 1과> pp.20~21.

第1課 はじめまして

<김포 국제 공항 도착 로비에서>
金敏基 ： 松田さん。秀姫です。
秀　姫 ： 秀姫です。 はじめまして。 どうぞ よろしく。
松　田 ： はじめまして。
幸　子 ： 幸子です。 どうぞ よろしく。
　　　　　　＊　＊　＊　＊　＊
松　田 ： 高校生ですか。
秀　姫 ： はい、高校1年生です。

저자는 머리말에서,

"학생이 일본어를 조금이라도 더 즐겁게 공부할 수 있도록 특히 중점을 둔 것은, 고등 학생의 일상 생활에서 흔히 전개되는 상황을 활용하여, 생생한 일상어로서의 일본어를 소개한 것이다. 17페이지의 그림은 이 교과서의 상·하권 50과에 걸쳐 본문에 등장하는 사람들이다. 주인공은 오른쪽 위에 있는 수희(秀姫)이며, 고등학교 1학년이다. 여기에는 등장하지 않지만, 제 19과부터는, 수희의 급우인 이창호(李昌浩)군, 김교훈(金教勳)군도 등장한다. 수희 밑에 나와 있는 수철(秀哲)은 수희의 오빠로 고등학교 3학년이다. 이 사람들은 여러분과 같은 또래로서 본문에 등장하는 주요 인물들인데, 이들은 회사 일로 일본에서 출장 온 마쓰다(松田)씨 딸이며 대학 1학년생인 유키코(幸子)와 친구가 되어, 여기저기 구경도 하고, 이야기를 나누기도 한다. 여러분도 수희랑 창호, 교훈이의 입장이 되어서 다같이 이야기의 전개에 관심을 가지고 공부해 주기 바란다."[65]

고 적으면서 일본어를 조금이라도 더 즐겁게 공부할 수 있도록 중점을 두었다고 하면서 주인공을 소개하고 있다. 다만, 12과 16과는 일기문이고, 13과 15과 21과는 편지문으로 문장체로 되어 있으나 이러한 경우에도 본문과 전혀 관계없는 문장체가 아니라, 주인공의 이야기들이다. 또한 본 교과서는 많은 삽화를 싣고 있는데, 이것에 대하여도,

"여러분은 어릴 때부터 텔레비전이나 만화를 즐겨 보아온 세대이다. 교과서의 그림은 모두 「수희와 유키코의 이야기」와 관계가 있다. 실제 회화에서 우리들은 말 이외에 장면이나 인간의 동작, 표정을 통해서도 다른 사람의 말을 이해하면서 의사소통을 해왔다. 그러므로 그림을 삽입시키는 주요 목적은 단지 일본어를 한국어로 번역하고 이해하는 것이 목적이 아니라, 그림을 보면서, 「이런 장면에서는, 이런 말을 할 것이다」라고 추측하면서 회화문을 이해하는데 그 의의가 있다는 것을 알아주기 바란다."[66]

고 하면서 텔레비전이나 만화를 보아온 세대에 대한 배려와 함께 삽화를 보면서 장면을 추측하면서 공부해 줄 것을 권하고 있다. 주인공을 등장시켜 본문을 스토리화한 구성은 앞으로 개정되는 제6차 교육과정 교과서의 모델이 된다. 어느 시기에나 앞서가는 교과서가 제작된다. 진명의 5차 교과서가 나머지 7종과는 달리 다른 구성을 하고 있는 데에는 저자 이현기 외에 공동 저자인 佐久間勝彦(さくまかつひこ)의 도움으로 보고 싶다. 현재 일본의 일본어 교육계의 양대 산맥인 사쿠마는 동경학예대학 교육학부를 졸업하고 캘리포니아 대학 버클리교 객원 강사

---

65) 이현기(1990) 『일본어 상』진명출판사, p.1.
66) 이현기(1990), 전게서, p.2.

를 지낸 후 문부성 재외 연구원으로 한국에 거주하면서 본 교과서 집필을 하였다고 한다. 본인의 말로는 일본어 교육시장이 가장 큰 한국의 일본어 교육에 조금이라도 도움이 되도록 커다란 포부를 가지고 만들었다고 한다. 그러나 당시의 한국의 상황이 초판에서는 일본인 저자의 이름을 교과서에 싣지 못할 정도로 문교부의 규제가 있었고, 실제로 초판에는 사쿠마의 이름 없이 이현기 단독 저자로 나와 있고, 나중에야 사쿠마의 이름을 넣을 수 있었다.

지금까지 <표146>의 본문과 회화에 대하여 설명하였는데, 정리하면 본문이 독해문인지 대화체인지에 따라 금성A, 금성B처럼 독해문형 본문과 진명처럼 대화체형 본문으로 나뉘어 진다. 나머지 동아·박영사·보진재·지학·천재는 독해문형과 대화체형 두가지를 모두 표제로 갖고 있는데, 다만, 동아는 전 단원을 통하여 본문과 회화가 있고, 박영사는 7과부터 대화체형 회화가 있으며, 보진재는 1·2·3·4·5과까지, 지학은 2·4·8·11·15·17과에 회화가 있고, 천재교육은 세과에 만 있다. 4차에 비하여 대화체형 회화문이 늘어났음을 알 수 있으나 각 교과서마다 천차만별이어서 일률적으로 말할 수는 없으며, 다만 의사소통능력을 목표로 하고 있는 교육과정의 반영을 위하여 노력했음은 알 수 있다.

5차 8종교과서는 모두 <표146>에서 보는 바와 같이 문형을 중심으로 예문을 제시하거나 학습문형을 설명하거나 참고 사항을 확인하거나 하는 형태로 문형을 제시하고 있다. 다시 말하면 구조 실러버스로 구성되어 있다.

발음연습은 금성A·지학·진명·천재에서 다루고 있다.

금성A는 각과 [연습] 1번에 '밑줄 친 부분에 주의하여, 발음해 보시오'라고 하고 단어를 6개씩 추출하여 50음도 순으로 1과에서는 あ행의

글자가 들어 있는 단어를 연습하고 17과에서 촉음 연습까지 끝나면 18과부터 어두 청탁음 연습, 그리고 마지막 22과에서 모음의 무성화까지 발음 연습을 하도록 하고 있다.

　　⑴しけん　　⑵すき　　⑶がくせい

　　⑷ちから　　⑸きしゃ　　⑹まんねんひつ

　지학은 1과부터 7과까지 [発音の練習]라는 표제어를 두고 인토네이션, は의 발음, 장단음, 청탁음, 박자, ん발음, 촉음 연습을 수록하였다.

　진명은 9과를 제외하고 표제어로 [발음]이 있으며 총 25과 중 13과에 '자기이름을 넣어서 말해 보시오'를 제외하고 나머지 23과는 '소리내어 읽어 봅시다'라는 항목을 두고 ん발음, 장단음, 청탁음, 촉음, 요음, 인토네이션 등을 연습하고 있다.

　천재는 1과부터 6과까지는 [발음]이라는 표제어를 두고, 주로 무성화 연습 장단음 탁음 요음 등을 연습하고 있으며, 7과부터는 [발음]이라는 표제어가 없어지고 [まとめの学習]라는 표제어 속에서 장음, ん, つ발음을 연습하고 있다.

　5차 8종교과서에는 모두 연습문제가 있다. 표제어는 [연습문제] [연습] [문제]로 되어 있으며, 금성A · 박영사는 [연습]과 [문제]로 구분하였고, 금성B · 동아 · 지학 · 천재는 [연습문제]를 표제어로, 보진재 · 진명은 [연습][練習]을 표제어로 하였다.

　금성A는 [연습]은 발음과 문형연습을, [문제]에서는 모든 과에 일본어역이 있으며, 한자의 よみがな, 단어의 한자 쓰기, 조사 넣기, (　)넣기, 줄긋기, 경어로 바꾸기 등의 문제형식을 취하고 있다. 4차 박희태와 체재가 같고 각과의 배열도 같으나, 다만 4차에 비하여 문형을 정리하여 과수를 줄였으며 [연습]에 발음을 첨가하였다.

　금성B는 [연습문제]에서 정확성을 연습하는 문형연습을 중심으로

구성되었다. 문형연습의 여러 연습 방법인 장면드릴, 응답드릴, 변형드릴, 완성드릴, 결합드릴, 대입드릴을 중심으로, 한자읽기, 한자쓰기, 일본어역, つかいわけ사용법을 요구하는 문제로 구성되어 있다.

동아는 4장 24과로 이루어졌고, 각 장의 끝에는 [종합문제]가 있으며, 각과마다 표제어 [연습문제]안에 완성드릴, 장면드릴, 응답드릴, 변형드릴, 결합드릴, 일본어역, 한자쓰기와 같은 문제가 있다. 권말에는 'むすんでひらいて'라는 노래를 악보와 함께 두었다.

박영시는 25과로 구성되어 있고, 각과 말미에 [연습]과 [문제]가 있으며, 5과마다 [종합문제]를 두었다. [연습]에서는 대입드릴, 응답드릴, 변형드릴, 완성드릴을 중심으로 하는 문제를 주로 말하기로 연습하고, [문제]에서는 완성드릴, 변형드릴, 오류수정, 반대어 쓰기, 숫자읽기, 결합드릴, 사용법(使い分)을 중심으로 읽고 쓰기가 중심이 되는 문제형식을 취하고 있다. 즉, 문제의 형식은 [연습]이나 [문제]나 비슷하나 말하기 연습으로 하는지, 쓰기나 읽기로 하는지의 차이를 두고 있다. [연습]이나 [문제]에 こそあど구별 문제와 あります、います문형과 함께 위치 명사를 보고 쓰는 문제를 제외하고는 연습문제에 거의 삽화를 사용하고 있지 않다.

보진재는 4개 단원 23과로 구성되어 있고, 각 단원의 끝에는 [종합연습문제]가 있으며, 각 과에는 [れんしゅう/練習]가 있다. [れんしゅう/練習]는 완성드릴, 응답드릴, 변형드릴, 대입드릴, 일본어역, 말하기와 쓰기가 중심이 되는 드릴로 구성되어 있고, [종합연습문제]는 정·오문제를 중심으로 하는 문제를 3개소에서 다루고 있다. 전체적으로 연습문제에 삽화를 많이 이용하고 있다.

지학은 각 과 말미에 [연습문제]를 두고, 일본어역, 대입드릴, 응답드릴, 완성드릴, 변형드릴, 표기, 한국어역, 외우기, 결합드릴, 한자읽기,

한자쓰기, 반대말, 사용법(使い分), 장면드릴을 중심으로 연습문제를 구성하고 있다. 다른 교과서의 연습문제에 비하여 응답드릴과 사용법(使い分) 문제가 많으며 문형연습이 적다.

진명은 각 과 끝에 [연습]을 두고, 장면드릴, 완성드릴, 응답드릴, 인포메이션 갭을 이용한 과제 p.47 135, 소회화 드릴 p.69, 인터뷰법, 변형 장면드릴, 응답드릴, 월일읽기, 결합드릴을 중심으로 말하기와 생각해서 말하기 연습을 하고 있다. 다른 교과서가 삽화를 단순 구조 드릴용으로 사용하고 있는데 반해, 진명은 주로 장면설정용 삽화로 의미드릴에 사용하고 있다. 인포메이션 갭이나, 인터뷰법을 이용한 연습이 많으며, 그야말로 현재 사용해도 부족함이 없는 의사소통능력 신장을 목표로 하는 교과서로 판단된다.

천재는 22과 3단원으로 구성되어 있고, 각 단원의 말미에 [종합문제]를 두었으며 각과에는 [연습문제]가 있다. [연습문제]는 완성드릴, 응답드릴, 결합드릴, 변형드릴, 일본어역을 중심으로 하는 문제이며, [종합문제]는 완성드릴, 응답드릴, 한자읽기, 한자쓰기, 일본어역, カタカナ쓰기, 결합드릴, 변형드릴의 문제로 구성되었다. 연습문제는 거의 완성·응답·결합·변형 드릴을 기본으로 하고 있어 단순 구조 드릴의 연습임을 알 수 있다.

각론으로 위에서 언급하지 않은 내용에 대하여 몇가지를 추가 설명하고자 한다.

5차 김효자는 4차와 5차 교육과정의 교과서를 같은 출판사에서 썼는데 두 교과서를 비교하면서 언급하고자 한다. 김효자의 5차 교과서는 상당부분 4차 교과서의 내용을 그대로 가져오고 있다. 예를들어 1→3, 2→2, 3→4, 4→5, 5→6, 6→7, 8→11, 9→17, 10→13, 17→22, 20→21, 23→23과가 문형이 같거나 분문이 그대로이거나, 연습문제가 비슷한

부분이 많다. 특히 연습문제를 많이 그대로 가져오고 있다. 그뿐만 아니라 마지막에 'さくら'라는 악보를 첨부한 노래를 싣고 있는 것도 4차, 5차 교과서가 같아서 언뜻 보면 4차 교과서를 그대로 답습하고 있는 것처럼 보인다. 그러나 자세히 보면 실제로는 상당부분이 바뀌고 있다. 첫째, 회화문의 양이 늘었다. 우선, 'はなしてみましょう'항목을 새로 넣어서 2, 4, 8, 11, 15, 17과에 회화문을 보충하였으며, 독해문이 주를 이루던 4차 교과서와는 달리 3, 7, 10, 12, 13, 14, 22과에 대화자 지정없는 회화문으로 본문이 이루어져 있고, 5과 20과는 대화자를 지정하여 회화문으로 본문을 작성하고 있다. 목표에서 언급했던 것처럼 언뜻 보기에 별로 변한 것이 없어 보이나 실제로는 회화 지도를 강조하고 있는 일본어 교육의 목표와 마찬가지로 회화를 연습할 수 있는 양을 늘리고 있다. 뿐 만 아니라 질적인 면에서도 4차는 묻고 답하는 단답식의 회화였다면, 5차는 하나의 단락(상황)을 갖는 회화로 구성되고 있다. 둘째, 발음연습이 첨가되었다. 셋째, 연습문제가 다양해 졌다. 우선, 본문을 읽고 질문에 일본어로 답하는 문제라던가, 처음으로 삽화를 이용한 연습문제를 4차 교과서에서 시도했던 것처럼 5차에서도 단순 문형연습이 줄고 하나의 흐름(상황)이 있는 실용회화 연습이 많아졌다. 예를 들어 길묻기나 전화걸 때의 순서 등의 문장을 주고 상황에 맞는 순서 배열을 하라던가, 아래와 같은 문장의 使い分를 하는 연습문제 등이 있다.

○お待ちください/待ちなさい/待って/お待ちどうさま
○えいがを見に行きましょうか/電気をつけましょうか/先生のお宅へ
　いっしょに行きませんか/さあ、そんなことははやくわすれましょう

김우열도 4차 교과서와 5차 교과서를 만들고 있는데 4차 교과서는 시사영어사에서, 5차 교과서는 박영사에서 만들었다. 그러나 출판사가 다름에도 불구하고 목차를 보면 모두 25과로 만들어졌고 5과마다 종합 문제(수련문제)가 있으며, 각과가 본문, 문형, 연습, 회화, 문제로 구성 되어 있는 점, 머리말이 거의 대동소이한 점, 부록에 들어가 있는 동사, 형용사, 형용동사, 조동사 활용표가 같은 점 등이 4차 교과서와 5차 교 과서가 비슷한 점으로 지적될 수 있을 것이다. 그러나 가장 큰 차이점 은 4차 교과서와는 달리 5차 교과서에서는 ① ② ③ 등을 사용하여 장 면을 구분하고 있다는 점이다. 또한 대화형식의 회화문을 나타내 보이 기 위하여 -표를 사용하거나 대화자명을 넣는 방법으로 본문을 다르게 작성하고 있는 점 등이 차이점으로 지적될 수 있을 것이다.

(2)인정 도서

4차와 마찬가지로 5차 교육과정에도 인정도서가 2권 발행되었다. 검 정 도서와는 달리 체재가 자학자습, 어휘풀이, 한자풀이, 본문해석, 보 충학습, 확인학습, 학습정리 등으로 구성되어 있다. 이에 대하여 저자 는 머리말에서 다음과 같이 말하고 있다.

고등학교 일본어 교육 목표는, 첫째, 장차 일본어로 의사소통을 할 수 있도록, 듣고, 말하고, 읽고, 쓰는 기초능력을 기르는 것이며 둘째는, 일본어 학습에 대한 적극적인 관심과 일본의 문화 일반에 대하여 폭넓 은 이해를 갖도록 하는 일이다. 그러나, 방송통신 고등학교에서는 학습 방법과 학습시간의 제한으로 인하여 단속적인 학습이 될 수밖에 없는 점을 감안하여, 최대한의 효과적인 학습이 되도록, 해석과 상세한 설명 을 곁들여서 자학자습을 돕고자 하였다. [67]

---

67) 한국교육개발원(1991)『일본어 상』삼화출판사, p.1.

학습방법과 학습시간의 제한으로 자학자습을 돕고자 해석과 상세한 설명을 곁들였다고 적고 있다. 저자와 상하권의 과수, 쪽수, 단원 구성은 아래 <표149>와 같이, 과수 평균 17과, 쪽수 198쪽으로 되어 있어, 평균 22과 226쪽으로 만들어진 제4차 교육과정의 인정도서와 비교할 때 과수 쪽수 모두 줄었다.

<표149> 제5차 교육과정 '인정도서' 출판 현황

5차 교과서	저자	상하	과수	쪽수 (본문/부록)	단원 구성
인정도서 방통고용, 한국교육개발원,삼화출판사	(연구진)김영만,전태중 (집필진)김효자,배덕희, 신영언,정일영	상	18	205(191/14)	방송수업(단원의 개관, 본문), 자학자습(어휘풀이, 한자풀이, 본문해석, 문형연습, 보충학습, 확인학습), 방송수업(회화), 자학자습(어휘 익힘), 자학자습, 방송수업(학습정리)
	(연구진)김서영,김영만, 한명희 (집필진)김영만,배덕희, 신영언,정일영	하	16	190(179/11)	

아래 <표150>은 제4차 인정도서와 제5차 인정도서를 비교한 표이다. 위에서 말했던 것처럼 과수, 쪽수, 어휘가 모두 줄었다는 것을 알 수 있고, 이렇게 4차에 비하여 5차 교과서의 분량이 줄어든 현상은 검정 도서와도 일치하는 것이다.[68]

---

[68] 검정교과서는 2차 35과 265쪽, 3차 32과 180쪽, 4차 25과 150쪽, 5차 19과 148쪽으로 만들어져 점점 과수 쪽수 모두 줄어들고 있다. 즉 교과서 분량이 줄고 있는 것이다.

<표150> 제4차, 제5차 교육과정 '인정도서' 비교

과정 분량	제4차 인정도서		제5차 인정도서	
	일본어 2	일본어 3	일본어 상	일본어 하
과수	23	20	18(-5)	16(-4)
쪽수	238	214	205(-33)	190(-24)
어휘	506	757	392(-114)	709(-48)

이상으로, 제5차 교육과정 하에서 발행된 검인정 교과서에 대하여 살펴보았거니와 제5차 8종교과서에 대해서는 다음과 같은 결론을 얻을 수 있었다.

○문형연습에서 삽화이용이 보편화되었다.

○연습은 주로 반복·대입·변형·결합·확장·완성·응답드릴인 것으로 보아 5차 교과서는 구조 실러버스와 상황 실러버스가 반영되었다.

○다만, 진명 5차 교과서는 구조·상황·과제 실러버스가 반영되고 있다.

○본문은 독해문으로 구성된 것과 대화체로 구성된 것 두가지를 모두 포함한 것 등으로 구분된다.

○발음에 대해서는 5차 8종 교과서 중 4권에서 언급하고 있다.

○모든 교과서가 연습문제를 갖고 있다.

○4차 5종 교과서에 비해, 문형연습이 많이 늘었다.

○분량이 줄었다.

(3)채택 현황

이상과 같이 만들어진 교과서에 대하여 전국의 고등학교에서는 어느 교과서를 어느 정도 채택하였을까? 한국일어일문학회에서 1993년부터 1994년까지 조사한 일본어 교육기관조사[69] 중에서 고등학교에서 채택해서 사용하고 있는 교과서에 대하여 통계를 내 보았다. 결과는 아래 <표151>에서 보는 바와 같이 금성 A교과서가 161개교에서 채택되어 18.3%로 가장 높았고, 뒤를 이어 동아, 금성B, 지학, 진명, 박영사, 전재, 보진재 순으로 조사되었다. 제5차 교육과정 8종 교과서는 1995년이 사용 만료 시한이었으므로 1994년에 조사된 아래 자료는 완전한 채택률을 알 수 있는 자료이다.

<표151> 제5차 교육과정 8종교과서 출판사별 채택 현황

교과서명	금성A	금성B	동아	박영사	보진재	지학	진명	천재	합계
채택 고교수	161	122	146	89	61	115	113	75	882
채택률	18.3%	13.8%	16.6%	10.1%	6.9%	13.0%	12.8%	8.5%	100%

조사 설문에 답한 고등학교는 878개교였으나, 채택 교과서수는 882개교라는 결과를 보이고 있는데 이것은 학년별로 다른 교과서를 채택하고 있는 고등학교가 있었기 때문이며, 여기서는 자세히 언급하지 않으나 특이한 것은 지역별로 사용 교과서가 편중되어 있다는 점도 알 수 있었다.

---

69) 한국일어일문학회(1994)『한국의 일본어 교육실태 –일본어 교육기관조사 1993~1994년』용지인쇄에서 고등학교 부분을 대상으로 조사하였다.

5.1.6. 제6차 교육과정(1992.10 ~ 1997.12)

5.1.6.1. 시대적 배경

제6차 교육과정은 제5차 교육과정의 철저한 분석에서 시작되었다. 우선 6차 교육과정에서 추구하는 인간상을 '건강한 사람, 자주적인 사람, 창의적인 사람, 도덕적인 사람'으로 잡았는데, 이러한 인간상을 추구하기에는 5차 교육과정은 부적합한 점이 많았다.

첫째, 교육과정 결정에 있어서 지나치게 중앙 집중적이다.

o 교육과정의 구체적, 세부적 사항 일체를 중앙에서 획일적으로 결정하여 제시하는 중앙 집중형의 교육과정이었다.

o 시·도 교육청 및 각 학교에는 교육과정에 관한 선택, 결정의 재량이 거의 없으며, 국가수준교육이 바로 시·도의 지침, 학교교육과정의 기능까지 도맡아 발휘하였다.

둘째, 교육과정의 구조가 경직되고 획일적이었다.

o 학생의 적성, 능력, 진로에 적합한 이수과정과 교과목의 선택이 어렵고, 전국 어느 학교에서나 동일한 과정, 동일한 교과목을 운영하였다.

o 지역의 특성, 학교의 실정, 학생의 요구 등을 교육과정에 반영하기가 어렵고, 각 지역별로 교원, 학부모, 관계 전문가가 교육 내용의 선정과 편성에 참여하기가 어려웠다.

셋째, 교육과정의 내용 중에서 시대적, 학문적, 개인적 측면에서 부적합한 점이 많았다.

o 시대적, 사회적 변동, 학문의 발달, 학생의 변화에 따른 교육내용의 개선이 적절히 이루어지지 못하여 실제생활 및 문화와 유리된 내용이 많았다.

넷째, 교육과정의 목표 달성에 있어서 비효율성이 드러났다.

o 교육과정이 교과의 지식 체계 제시에 그쳐, 교수·학습 방법에 관한 구체적인 지침이 미흡하였다.

o 교육목표-내용-방법-평가의 일관성 있는 실천과 점검의 질 괄리 체제가 미흡하였다.

다섯째, 교육과정 편성·운영의 폐쇄성, 경직성이 문제였다.

o 시·도 교육과정 편성·운영지침과 학교 교육과정이 전체적으로 미비하였다.

o 현장 교원의 교육과정에 대한 관심과 연구가 부족하고, 교육이 교과서 중심으로 이루어져 의도된 교육과 실현된 교육 사이에 괴리가 컸다.[70]

따라서, 새롭게 추구하고자 하는 인간상과 5차 교육과정 평가 결과 등을 토대로 하여 다음과 같은 점에 중점을 두어 교육과정을 개정하였다.

㈎교육과정 결정의 분권화 : 중앙 집권형 교육과정을 지방 분권형 교육과정으로 전환하여, 시·도 교육청과 학교의 자율 재량권을 확대하였다.

㈏교육과정 구조의 다양화 : 다양한 이수 과정과 교과목을 개설하고, 필수과목을 축소하는 한편, 선택과목을 확대하여 교육내용의 획일성을 해소하였다.

㈐교육과정 내용의 적정화 : 학습량과 수준을 조정하고, 교과목 체계의 개선으로 교육내용의 적합성을 높이고 학습부담을 줄였다.

---

70) 교육부(1995)『고등학교 외국어과 교육과정 해설(Ⅱ)』대한교과서, pp.9~10.

㈜교육과정 운영의 효율화 : 학생의 적성, 능력, 진로를 고려하고, 학습과 생활의 기초능력을 신장하며, 평가 방법을 개선하여 교육과정이 효율적으로 운영될 수 있도록 하였다. 지금까지는 교육과정이 이루어지는 전 과정을 통하여, 교육부에서 시·도 교육청으로 시·도 교육청에서 학교로 주어지는 식이었으나, 6차 교육과정은 이런 틀을 벗어나 학교의 교육을 조성하기 위하여 시·도 교육청이 있고, 더 먼 거리에 전체적인 종합과 지원을 맡은 교육부가 존립한다고 하는 흐름의 상호관계를 유지하는 구조를 보여주려고 노력하였다.

6차 교육과정은 1992년 10월 30일 교육부 고시 제1992-19호로 고시되었다. 6차 교육과정 해설 외국어과 '총론'에는 "이번 제6차 교육과정에서는 교육과정의 의미를 교육부가 법률에 의거하여 고시하는 국가수준의 교육과정(기준)과 시·도 수준에서 교육과정에 의거하여 제시하는 교육과정 편성·운영 지침, 그리고 국가 수준 교육과정과 시·도 교육과정 편성·운영 지침에 의거하여 실제로 교육에 투입될 수 있도록 조정, 편성된 학교 수준의 교육과정을 모두 포함하는 범위로 하고 있다. 또 여기에 부가적으로 학교 수준 교육과정에 의거하여 실제 교실 수업에서 실천될 수 있도록 교사가 계획해 놓은 구체적 교수·학습 계획(연간, 월간, 주간)이 교육과정의 범주에 포함된다는 것을 이해하여야 한다."[71]고 지적하고 있다.

6차 개정의 핵심은 필수교과를 최대한 줄여 학생들의 선택 폭을 늘리고, 학생들의 학습부담도 가능한 한 줄이려 했다는 점이다. 고등학생이 3년간 이수해야 하는 총 188단위 가운데 교육부는 32%인 60단위만 지정하고 54%인 102단위는 지방교육청이, 14%인 26단위는 단위학교

---

71) 교육부(1995), 전게서, pp.5~6.

가 결정하게 하였다. 이에 따라 각 학교는 교육부가 지정하는 9개 필수 공통교과(60단위)만 의무적으로 채택하고, 나머지는 84개 선택과목 가운데 지역과 학교의 특색에 맞는 다양한 과목을 골라 개설할 수 있게 되었다. 외국어는 주당 이수 단위수를 인문계는 10단위에서 12단위, 실업계는 6단위에서 8단위로 늘리고, 러시아어를 새롭게 선택과목에 추가하였다.

<표152> 제6차 교육과성 외국어 단위 배당 기준(보통교과)[72]

교과	공통필수과목	과정별 필수 과목	과정별 선택 과목
외국어	공통 영어(8)	영어 I (8), 영어 II (8), 영어 독해(6), 영어 회화(6), 실무 영어(6) 독일어 I (6), 독일어 II (6), 프랑스어 I (6), 프랑스어 II (6), 에스파냐어 I (6), 에스파냐어 II (6), 중국어 I (6), 중국어 II (6), 일본어 I (6), 일본어 II (6), 러시아어 I (6), 러시아어 II (6)	

단위수는 늘어났으나, 실제로는 위 <표152>에서 보는 바와 같이, 일본어가 들어가 있는 과정별 필수 과목 중에는 영어 관계과목이 5과목 포함되어 있고, 과목 선택권을 시·도 교육청의 자율에 맡김에 따라 영어관계 과목을 시·도 교육청에서 선택할 경우, 외국어 과목은 자연 위축됨을 면치 못하게 되어 있었다.

일본어과 교육과정은 '교사 위주가 아닌 학생 중심의 교육, 목표보다는 과정을 중시하는 교육, 정확성보다는 유창성을 중시하는 교육, 학생의 자율 학습을 중시하는 교육'에 개정의 중점이 두어졌다. 결국 학생

---

72) (　　　)안의 숫자는 단위 수이며, 1단위는 매주 50분 수업을 기준으로 하여 1학기(17주)동안 이수하는 수업량을 말한다.

중심, 유창성 중시 일본어 교육이 6차 교육과정의 특징이라 하겠다. 또한, 교육 과정의 성격 항목을 추가하여 국가 수준 교육과정의 성격을 명료화하였다. 특히 6차에서는 전문교과 교육과정이 발표되어 외국어 계열 고등학교와 가사·실업계열 고등학교에 일본어 전문교과가 들어가게 되었다. 그 외에 체재상의 특징으로는 첫째, 수준에 따라 일본어 Ⅰ, 일본어Ⅱ로 나누어 기술한 점과, 둘째, 4기능을 이해 기능과 표현기능으로 묶어서 기술하고 있고, 셋째, '의사소통기능 예시문'[73]을 제시하고 있으며, 넷째, '평가'가 독립항목이 되었다는 것을 들 수 있을 것이다.

5.1.6.2. 교육 목표

6차 교육과정은 제2외국어 6과목(독일어, 프랑스어, 에스파냐어, 중국어, 일본어, 러시아어)이 언어권별로 거의 같은 골격으로 목표를 기술하고 있는데, 그것은 아래의 3개 항목이며, ○○부분에 언어만 넣으면 되는 식으로 기술된 것이다.

[○○어 Ⅰ]
가. 일상 생활과 관련된 쉬운 말과 글을 이해할 수 있게 한다.
나. 일상적인 화제와 관련된 내용을 간단하게 표현할 수 있게 한다.
다. ○○○의 일상 생활과 관습을 이해하게 한다.
[○○어 Ⅱ]
가. 일반적인 화제와 관련된 말과 글을 이해할 수 있게 한다.
나. 일반적인 화제와 관련된 내용을 표현할 수 있게 한다.

---

73) 교육과정별로 2, 3, 4차에 문법 예시, 5차에 문형 예시, 6차에 의사소통기능 예시문으로 발전하고 있다.

다. ○○○의 생활과 문화를 이해하고 올바른 가치관을 가지게 한다.

즉, 언어권을 나타내는 ○○에 외국어 명을 넣고, '다'의 ○○○에는, 그 언어권 국민을 지칭 말을 넣으면 되는 것이다. 다만, 언어권의 국민을 지칭하는 '다'의 ○○○은 약간씩 다르게 기술되었는데, 그것은 3가지로 요약된다. 독일어, 에스파냐어, 러시아어는 "[○○]어 상용 국민의 생활과 문화"로, 프랑스어와 일본어는 "○○인의 생활과 문화"로, 중국어는 "중국어를 일상어로 사용하는 사람들의 생활과 문화"로 특색 있게 기술하였다.

<표153> 제6차 교육과정 외국어과 '목표' 기술예

언어권	독일어, 에스파냐어, 러시아어	프랑스어, 일본어	중국어
목표	○○어 상용 국민의 생활과 문화	○○인의 생활과 문화	중국어를 일상어로 사용하는 사람들의 생활과 문화

이와 같은 목표 기술 방식에 맞추어 일본어는 다음과 같이 기술되었다.

[일본어 Ⅰ]
가. 일상 생활과 관련된 쉬운 말과 글을 이해할 수 있게 한다.
나. 일상적인 화제와 관련된 내용을 간단하게 표현할 수 있게 한다.
다. 일본인의 일상 생활과 관습을 이해하게 한다.

[일본어 Ⅱ]
가. 일반적인 화제와 관련된 글을 이해할 수 있게 한다.

나. 일반적인 화제와 관련된 내용을 표현할 수 있게 한다.

다. 일본인의 생활과 문화를 이해하고 올바른 가치관 형성에 도움이 되게 한다.

다만, 일본어가 다른 언어권의 목표 기술 내용과 다른 곳이 두가지인데, 하나는, '다'항목이 언어권별 공통 기술방식과는 달리, '올바른 가치관을 가지게 한다'가 일본어에서는 '올바른 가치관 형성에 도움이 되게 한다'로 기술된 점이다. 이렇게 '다'부분이 다르게 기술된 언어는 일본어와 러시아어인데, 러시아어는 '우리 문화를 러시아에 소개할 수 있는 기초 능력을 기르게 한다'라고 기술되어, 처음 러시아어를 제2외국어로 가르치게 되는 자세를 보여주고 있다. 이것은 일본어가 제2차 교육과정 말기에 제2외국어로 추가되었을 때를 기억하게 하는 부분이다. 두 번째는 일본어Ⅱ의 '가'항목에서 다른 언어권은 '말과 글을 이해'하도록 되어 있는데, 일본어는 '글의 이해'로 되어 있다는 점이다. 이것이 인쇄 상의 오자인지 의도된 기술인지는 모르나, 만약, 의도된 기술이라면 일본어Ⅱ성격을 독해 강조로 기술하기 위한 의도로 해석할 수 있을 것이다.

일본어Ⅰ의 소재는 일상 생활과 '일상적인 화제'로 인간의 언어 생활에 기본이 되는 표현들을 배우고 일상적인 대화를 통해서 그들의 일상 생활과 관습을 이해하게 되며, 일본어Ⅱ는 추상적인 내용을 포함하는 '일반적인 화제'를 다루게 되어, '올바른 가치관 형성'에 도움이 되게 하고 또 외국 문화를 비판적으로 볼 수 있는 안목을 기르게 되는 것이다.

앞에서 4기능을 이해 기능과 표현 기능으로 묶어서 기술한 점에 대하여 언급하였는데, '가'는 이해 기능의 목표이고, '나'는 표현 기능 목표에 대한 기술이다. 즉, 일본어의 말과 글을 이해하고 표현할 수 있게 한다는 것이다. 정의적 목표를 약화시키고 언어 기능적 목표인 의사 소통 능력 신장이 강화되었다.

5.1.6.3. 내용

6차 교육과정의 '내용' 선정 기본 입장은 의사소통을 극대화할 수 있는 내용이었으며, 이것을 위하여 의사소통기능과 의미중심의 교수요목(Functional-Notional Syllabus)에 의거하여 내용이 선정되었고, 이 의사소통기능 극대화 모형을 언어 기능, 의사 소통 기능, 언어 재료를 중심으로 그린 그림이 아래 <그림13>[74]이다.

<그림13> 의사 소통 중심 교육 과정의 내용 구성 방향

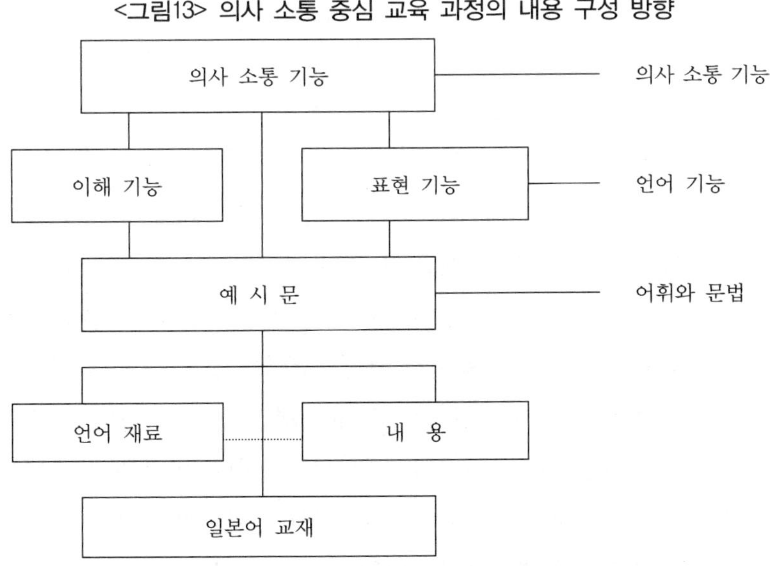

내용 체계를 기술할 때, 제5차 교육과정까지는 언어 기능과 언어 재

---

74) 교육부(1995)『고등학교 외국어과 교육 과정 해설(Ⅱ)』p.297.

료를 상위 분류하고 언어 기능 아래에 듣기 말하기 읽기 쓰기를, 언어 재료 아래에 소재, 발음, 문자, 어휘, 문형·문법을 하위 분류하는 형식이었는데, 제6차 교육과정에서는 <표154>에서 보는 바와 같이 기술 방법이 많이 달라진 것을 알 수 있다.

<표154> 제5차, 제6차 교육과정 '내용 체계' 비교

5차 내용 체계	6차 내용 체계
가. 언어 기능 　(1) 듣기와 말하기 　(2) 읽기 　(3) 쓰기 나. 언어 재료 　(1) 소 재 　(2) 발 음 　(3) 문 자 　(4) 어 휘 　(5) 문형·문법	가. 언어 기능 　(1) 이해 기능(듣기와 읽기) 　(2) 표현 기능(말하기와 쓰기) 나. 의사 소통 기능 다. 언어 재료 　(1) 소 재 　(2) 발 음 　(3) 문 자 　(4) 어 휘

　달라진 점은 크게 두 가지인데, 하나는 '언어 기능' 하위 분류의 기술 방법이고, 다른 하나는 '언어 재료'의 하위 분류였던 문형·문법을 독립시켜 '의사 소통 기능'으로 상위 분류한 것이다. 4기능을 2분류하여 이해 기능과 표현 기능으로 묶어서 기술하였다는 것은 위에서 언급하였고, 하위 분류였던 문형·문법을 의사 소통 기능으로 상위 분류한 것은 언뜻 보기에는 문형·문법의 강화처럼 보이나, 이것은 일본어과 교육 목적인 의사 소통 능력 신장을 극대화하기 위하여 다루지 않기를 권하는 문법 사항을 확대하고 기능 중심의 실러버스로 내용을 선정하여, GTM이나 ALM방식의 수업을 탈피하고 학생들의 수업부담을 경감시키고자하는 의도였다. 6차 교육과정에서는 '언어 기능'과 '의사 소통 기능'을 분리해서 기술하고 있으나 언어 기능과 의사 소통 기능은

불가분의 관계에 있으므로 실제로는 분리하여 진술하기 어렵다. 그러나 그럼에도 불구하고 우리나라에서는 1955년 첫 교육과정에서부터 적용한 교수 요목이 문법 중심이었기 때문에 언어 기능을 삭제하고 의사 소통 기능만 제시할 경우 교육적 혼란을 우려하여 언어 기능을 의사 소통 기능과 별도로 진술하는 차선책을 채택하게 되었다[75]는 기록이 있고, 또한 이러한 진술 체계 적용의 또 다른 이유는 언어 기능은 이해 기능과 표현 기능으로 분류하기가 용이하지만 의사소통 기능으로만 항목을 제시할 경우 하위 항목이 너무 많고 모든 기능을 포괄하기가 어렵다는 점이다. 이렇게 절충안으로 내용 체계를 기술하였다는 것은 제6차 교육과정이 완전한 기능 중심의 교수 요목이 아니라 기능중심 교수 요목과 구조중심 교수 요목이 절충된 교수 요목이라고 볼 수 있다.

'언어 기능'에서는 언어 학습 활동을 제시하였고, '의사 소통 기능'에서는 의사 소통 기능 항목과 예시문을 [별표1]로 10항목 37개[76] 소분류하고 있으며, 어휘와 문법으로 구성되어 있다고 언급하였다. 이덕봉(1996)은 예시문의 특징으로 문법적 내용이 포함 되었지만 문법 용어가 전혀 사용되지 않고 있다는 점을 들면서, 외국어 학습에 있어서 문법을 가르치는 것은 중요하지만, 문법 지도를 위한 문법이 되어서는 안 되며 의사 소통을 통해 자연스럽게 깨닫게 되는 문법 지도가 되어야 함을 나타낸 것이라고 하였다.[77] 아래에 예시문을 제시한다.

---

75) 제6차 교육과정 외국어과 개발연구위원회(1992) 『제6차 고등학교 외국어과 교육과정 개발연구』한국교원대학교, p.136.
76) 의사소통 기능의 소항목에 대하여는 37개와 36개로 두가지 언급이 있다. 이덕봉(1997), p.40에는 37개 항목으로 되어 있고, 조성범(1996) 「고등학교 일본어 교과서의 의사소통 기능 반영실태 조사」『일본학보』제37집, p.141에서는 36항목을 다루고 있다.
77) 이덕봉(1996) 「제6차 교육과정에서 본 현행 일본어 교과서의 체재」『일본학보』제37집, p.53.

<개인의 생각>

◦ 가능성　　　あなたは運転ができますか。/ 雨が降りそうです。

◦ 소망과 의지　カメラがほしいです。/　私もぜひ行きたいです。/　もっとがんばります。

◦ 확 신　　　　あしたはきっと会えるでしょう。/　急げば間に合うと思います。

◦ 추 측　　　　吉田さんは来ないかも知れません。/　彼も行くだろうと思います。/ つかれているようですね。

<개인의 느낌>

◦ 희로애락　　　お会いできてうれしいです。/　きのうの映画はとてもおもしろかったです。

◦ 감각적 느낌　これはおいしいですね。/ とてもいいにおいです。

◦ 좋거나 싫음　夏はあつくてきらいです。/　私は山にのぼるのが好きです。

◦ 정서적 느낌　ひとりでさびしかったでしょう。/　道が暗くてこわかったです。

<친교 활동>

◦ 인 사　　　　お元気ですか。では、失礼します。

◦ 초 대　　　　あしたあそびにいらっしゃいませんか。/　あなたもぜひ来て下さい。

◦ 약 속　　　　今度の日曜日はどうですか。/ あしたの午後三時に郵便局の前で会いましょう。

◦ 칭찬이나 격려　金さんは本当に歌が上手ですね。/ がんばって下さい。

◦ 말의 중단이나 끝맺음　すみません。ちょっと待って下さい。/ では、これで失礼します。

<일상적 대인 관계>

◦ 소 개　　　　はじめまして、ユンヒです。／ どうぞよろしく。

◦ 전 화　　　　もしもし、山田先生いらっしゃいますか。／ もしもし、
　　　　　　　　山本ですが李さんお願いします。

◦ 감 사　　　　ありがとうございます。／ いろいろお世話になりまし
　　　　　　　　た。

◦ 사과나 변명　遅くなってすみません。／ 試験があったので行けません
　　　　　　　　でした。

<권유와 의뢰>

◦ 부탁과 요청　金さんの住所を教えていただけませんか。／ 私に行かせ
　　　　　　　　てください。

◦ 승낙과 거절　はい、いいですよ。／けっこうです。／ それはちょっと困
　　　　　　　　ります

<지시와 명령>

◦ 주의나 경고　遅れないようにして下さい。／この水は飲まないで下さ
　　　　　　　　い。

◦ 허 용　　　　鉛筆で書いてもいいですか。／もう帰ってもいいです。

◦ 충 고　　　　人に迷惑をかけてはいけませんよ。／薬を飲んだほうがい
　　　　　　　　いですよ。

◦ 제안과 설득　先生に相談してみたらどうですか。／もう遅いから帰った
　　　　　　　　ほうがいいんじゃありませんか。

◦ 의 무　　　　約束は守らなければなりません。／もう一度行かなければ
　　　　　　　　いけません。

<정보 교환>

◦ 사실 확인　　きょうは木曜日ですね。／ 朴さんが先生にしかられたと
　　　　　　　　いうのは本当ですか。

◦ 설 명　　　うちから学校まで歩いて30分です。／ 今度の旅行には山本
　　　　　　　さんも行くらしいです。
◦ 경 험　　　あなたは日本に行ったことがありますか。／ いいえ、 私
　　　　　　　はまだ日本に行ったことがありません。
◦ 비 교　　　バスと地下鉄とどちらが便利ですか。／ 地下鉄のほうが
　　　　　　　便利です。

<의견 교환>

◦ 의사 표시　　その問題は難しすぎると思います。／ お名前を教えても
　　　　　　　らいたいんですが。
◦ 동의나 반대　それでいいと思います。／ そうですね。

<문제 해결>

◦ 물건 사기　　これはいくらですか。／ もう少し大きいのはありません
　　　　　　　か。
◦ 안 내　　　駅へ行くにはどうしたらいいでしょうか。／ 3番バスに乗
　　　　　　　れば駅へ行けます。
◦ 보 고　　　とても静かでいい所でした。／ 先生はもうお帰りになっ
　　　　　　　たそうです。

<창조적 활동>

◦ 가 설　　　もしだれもいなかったらどうしましょう。／ 安ければ、
　　　　　　　私も買います。
◦ 상 상　　　あの子はいくつぐらいでしょう。
◦ 편지쓰기　　お元気でいらっしゃいますか。／ では、お体に気をつけ
　　　　　　　てください。

다루지 않기를 권하는 문법 사항은 べし、まい、ず 등과 같은 '고어적인 표현'과 歌わせられる와 같은 '사역+피동형 표현'이다.

의사 소통 기능 예시문을 제시하는 것에 대하여 일반적으로 다음과 같은 장단점이 지적된다. 우선, 장점으로는,

(1)의사소통 기능과 언어 기능에 대한 이해력을 길러 제2외국어로 의사소통을 할 수 있는 능력을 효율적으로 신장할 수 있다.

(2)상황에 따른 말이나 글의 의미의 변화를 이해할 수 있으므로 의사소통 능력의 배양에 도움이 된다.

(3)교재 제작이나 수업 진행시 언어 형태와 관용(usage) 등에 얽매이지 않고 상황을 다양하게 제시할 수 있다.

(4)합당한 의사소통 기능과 구조를 제시하여 난해한 문법 용어를 학생들이 암기할 필요가 없다.

(5)학습자의 요구를 반영할 수 있어 소재가 다양하고 흥미있게 된다.

(6)의사소통 중심의 문법을 귀납적으로 이해할 수 있다.

(7)교사들이 수업 중에 다양한 교수 방법을 적용할 수 있다.

(8)유창성에 근거한 타당한 평가를 할 수 있다.

단점으로는,

(1)교사들의 언어 구조에 대한 약간의 혼란이 우려된다.

(2)교사들의 이해 부족과 능력의 한계로 저작 의도가 반영이 안 될 우려가 있다.

(3)전통적인 문법 교육을 선호하거나 문법 교육을 중시해온 교사들이 의사소통 기능을 중시하는 교재에 적용하는 데 약간의 어려움이 예상된다.[78]

---

78) 제6차 교육과정 외국어과 개발연구위원회(1992)『고등학교 외국어과 교

는 것이 그것인데, 의사 소통 기능 예시문에 대하여 이덕봉(1997)은 "기능 분류의 기준이 중복되는 부분이 있고, 언어별 특성을 전혀 고려하지 않은 관계로 언어에 따라서는 기능의 분류가 현실적이지 못하는 등의 문제가 있다."[79]고 지적하고 있다.

'언어 재료'는 일상 생활 중심의 의사 소통 능력을 신장하는 수업이 이루어질 수 있도록 의사 소통의 동기유발 및 실용적 측면을 강조하고 있다.

<표155> 제6차 교육과정 '언어 재료'항목

언어 재료(일본어 I)	언어 재료(일본어 II)
(1) 소 재 (가) 일상 생활에 관한 소재를 위주로 선택하되, 의사 소통 기능 지도에 도움이 되는 것으로 한다. ① 개인 생활과 인간 관계에 관한 것 ② 교우 관계와 학교 생활에 관한 것 ③ 취미, 오락, 운동, 여행 등 여가 선용에 관한 것 ④ 건전한 사고와 협동 정신을 기르는 데 도움이 되는 것 ⑤ 일본인의 일상 생활을 이해하는 데 도움이 되는 것 (나) 내용 구성에 있어서는 다음 사항에 유의해야 한다. ① 학생들의 흥미, 필요, 지적 수준 등을 고려하여 학습 의욕을 유발할 수 있는 것으로 한다. ② 학습 활동을 통하여 학생들의 의사 소통 의욕을 유발할 수 있는 것으로 한다. ③ 내용은 실용적인 것으로 한다.	(1) 소 재 (가) 일반적인 화제를 위주로 선택하되, 의사 소통 기능 지도에 도움이 되는 것으로 한다. ① 사회 생활과 국가에 관한 것 ② 취미, 오락, 운동, 여행 등 여가 선용에 관한 것 ③ 공동생활과 관련한 도덕과 질서 등 가치관 확립에 도움이 되는것 ④ 문화와 환경 문제 등을 이해하는 데 도움이 되는 것 ⑤ 일본문화와 우리문화를 바르게 이해하는 데 도움이 되는 것 (나) 내용 구성에 있어서는 다음 사항에 유의해야 한다. ① '일본어 I'과목에서 배운것을 응용하고 심화할수 있도록 한다. ② 학생들의 흥미, 필요, 지적 수준 등을 고려하여 학습 의욕을 유발할 수 있는 것으로 한다. ③ 내용은 실용적이며 적합한 것으로 한다.

육과정 개발연구』한국교원대학교, pp.134~135.
79) 서울특별시교원연수원(1997)『중등1급 정교사 자격연수 교재 - 일본어과』 p.40.

(2) **발 음** 현대 일본어의 표준 발음으로 한다.	(2) **발 음** '일본어 I' 과목에 준한다.
(3) **문 자** 문자는 히라가나, 가타카나, 한자를 사용하되, 한자는 일본의 상용 한자 범위 내로 한다.	(3) **문 자** '일본어 I' 과목에 준한다.
(4) **어 휘** [별표 2]에 제시된 어휘를 중심으로 하여 600 낱말 내외를 사용한다.	(4) **어 휘** (가) '일본어 I' 과목에서 사용된 어휘를 다시 사용할 수 있다. (나) [별표 2]에 제시된 어휘를 중심으로 하여 800낱말 내외를 추가하여 사용한다.

<표155>는 제6차 교육과정에서 제시하고 있는 '언어 재료'이며, 소재, 발음, 문자, 어휘 4개 항목으로 구성되어 있다.

제6차 교육과정 외국어과 개발연구위원회는 '소재'를 선정하면서 의사소통 중심 교육을 위한 학습자의 요구를 분석하고 요구에 근거하여 소재를 선정하였다. 고등학교 학생과 교사 3,920명을 대상으로 한 소재에 관한 설문 조사의 결과를 순위별(1학년 기준)로 분석한 결과는 <표156>과 같다.

<표156> 제6차 교육과정 '소재'에 대한 설문조사 결과

소재 / 신분별	원하는 순서				소재 / 신분별	원하는 순서			
	1학년	2학년	3학년	교사		1학년	2학년	3학년	교사
대인 관계 및 남녀 관계	1	1	1	14	과학과 산업기술	21	20	25	23
우리문화적 전통 및 문화 소개	2	1	2	1	물건사기(시장이나 가게에서)	22	16	29	3
환경문제와 환경보전	3	1	3	2	외국인의 생활 습관	23	28	23	10
외국의 학교제도 및 학교 생활	4	4	8	19	인구문제와 식량문제	24	26	14	22
영화와 연극	5	9	11	27	교통안전 및 안전	25	27	18	17
우리나라의 역사	6	6	5	20	외국문화	26	23	16	6
외국의 문학작품	7	7	4	12	가족의 직업과 생활	27	29	31	26
외국여행	8	8	7	7	정치와 시사문제	28	22	10	35

한국의 학교제도 및 학교생활	9	5	6	28	국내여행	29	18	21	25
가족과 가족관계	10	15	26	8	건강과 병원 및 약국	30	32	30	16
생활 습관	11	10	12	9	윤리와 도덕문제	31	33	28	24
공중도덕과 질서	12	19	9	4	외국의 역사소개	32	30	31	37
모험담	13	12	19	32	외국의 위인	33	34	34	38
직업소개와 직업선택	14	11	13	10	기후와 날씨	34	35	36	13
통신과 우편	15	13	22	5	철학과 종교	35	39	35	34
여가선용 및 오락	16	17	24	15	경제와 무역	36	31	33	36
운동과 스포츠	17	14	17	21	집과 동네 등 주변의 사회	37	37	37	30
개인의 일상생활	18	21	20	18	개인의 신분	38	38	39	33
우리나라의 위인	19	24	27	39	은행 및 화폐 제도	39	36	38	29
미술과 음악	20	25	15	31	애완 동물	40	40	40	40

상기 <표156>에서 교사와 학생의 선택의 차이점을 알아보기 위하여 1위부터 10위까지를 재배치한 것이 아래 <표157>이다.

<표157> 제6차 교육과정 교사와 학생의 '소재'선택에 대한 결과 비교

교사의 소재 선택	학생의 소재 선택(1학년)
(1)우리문화적 전통 및 문화소개	(1)대인관계 및 남녀관계
(2)환경문제와 환경보전	(2)우리문화적 전통 및 문화소개
(3)물건사기(시장이나 가게에서)	(3)환경문제와 환경보전
(4)공중도덕과 질서	(4)외국의 학교제도 및 학교생활
(5)통신과 우편	(5)영화와 연극
(6)외국문화	(6)우리나라의 역사
(7)외국여행	(7)외국의 문학작품
(8)가족과 가족관계	(8)외국여행
(9)생활습관	(9)한국의 학교제도 및 학교생활
(10)외국인의 생활습관	(10)가족과 가족관계

교사의 소재에 대한 선택과 학생의 소재에 대한 선택은 커다란 차이를 보임을 알 수 있다. 즉, 「우리문화적 전통 및 문화소개(1)-(2)[80], 환

---

80) 앞의 숫자는 교사가 선택한 소재 순위이고 뒤의 숫자는 학생이 선택한 소재 순위이다.

경문제와 환경보전(2)-(3), 외국여행(7)-(8), 가족과 가족관계(8)-(10)」
의 4항목만이 10위 내에 동시에 올라와 있고, 교사가 선택한 10위 이내
소재 중에「물건사기(3)-(22), 공중도덕과 질서(4)-(12), 통신과 우편
(5)-(15), 외국문화(6)-(26), 생활습관(9)-(11), 외국인의 생활습관(10)
-(23)」을 학생의 선택과 비교해 보면 학생의 선택은 10위권 밖에 있으
며, 학생이 10위 이내로 선택한 소재 중에「대인관계 및 남녀관계(1)-
(14)[81], 외국의 학교제도 및 학교생활(4)-(28), 영화와 연극(5)-(27),
우리나라의 역사(6)-(20), 외국의 문학작품(7)-(12), 한국의 학교제도
및 학교생활(9)-(28)」은 중위권에서 교사의 소재를 발견할 수 있는 것
이다. 따라서, 교과서를 만들 때 소재 선택이 교과서 저자나 교사의 고
유 권한으로 인식되고 성인의 생각을 중심으로 소재를 선택하여 교과
서를 구성하는 것은, 교과서를 실제로 사용하여 학습하게 되는 학생들
의 입장에서 보면 흥미, 필요, 지적 수준에 차이를 보이게 되어 학습
동기 유발 등의 측면에서 저해 요소로 작용할 우려가 있는 것을 발견하
게 되는 것이다. 따라서, 제6차 교육과정에서는 소재 선정을 할 때, (1)
습득 과정, (2)화용적 측면의 학습 원리, (3)발달 단계 의 3가지 측면을
고려하였는데, 습득 과정의 측면에서 학습자의 지적 수준과 요구를 반
영하여 나선형 제시 방법을 참조하고, 화용적 측면에서는 학생들의 언
어 발달과 언어 사용측면을 고려하여 가시적이고 구체적인 것부터 점
차 추상적이며 관념적인 문제를 이해하고 활용할 수 있도록 함으로써,
의사소통 능력을 신장하는 데 도움이 되는 언어 자료를 선택할 수 있도
록 하였으며, 발달 단계 측면에서는 학생들의 수준을 고려하여 지적,
도덕적, 정의적인 내용이 포함되도록 하였다. 이렇게 하여 진술 된 것

---

81) 이하, 앞의 숫자는 학생이 선택한 소재 순위이고, 뒤의 숫자는 교사가 선택
　　한 소재 순위이다.

이 <표155>의 소재 항목인 것이다.

'발음'은 일본어 I · II 모두 현대 일본어의 표준발음으로 하였다.

'문자'는 일본어 I · II 모두 히라가나, 가타카나, 한자를 사용하되, 한자는 일본의 상용 한자 범위 내로 하고 있다.

'어휘'는 [별표2]로 필수기본어휘 771어를 제시하고, 일본어 I 은 상기 필수기본어휘를 중심으로 600 낱말 내외를 사용할 수 있게 하였고, 일본어II는 일본어 I 에서 사용한 어휘를 포함하여 필수기본어휘를 중심으로 800 낱말 내외를 추가하여 사용할 수 있도록 하였다. 실제로 6차 검정교과서 12권 24책의 어휘를 분석해본 결과, 일본어 I 은 평균 722어, 일본어II는 평균 885어를 사용하고 있었다. 자세한 것은 교과서 항목에서 언급한다.

기능중심 교수요목에서는 어휘수를 통제하지 않는 것이 통례이다. 그럼에도 불구하고 제6차 교육과정에서는 기본어휘수를 줄였을 뿐만 아니라 사용가능어휘수도 축소시켰다. 어휘문제에 대하여 교육과정 개발위원들도 크게 고민한 흔적이 보이는데 예를 들어 "언어의 사용 능력을 배양하기 위한 의사소통 중심 교육 과정을 계획하면서 가장 어려운 결정은 어휘의 통제에 관한 문제였다. 어휘의 통제는 구조주의적 접근이므로 난이도에 따라 기본어휘를 제시하는 문제에 대한 타당성을 찾으려고 제2외국어과 해당 언어별 연구진들이 많은 협의와 논의를 하였다."[82]고 하면서 그럼에도 불구하고 어휘 통제를 한 것은 학습자의 학습 부담을 경감시킨다는 원칙이 적용되었으며, 어휘 통제와 함께, 단위 배당시간 증가(10단위에서 12단위로)는 학습자의 부담을 줄여줄 것이라고 판단하였기 때문[83]이라고 하였다. 그러나, 개발위원들의 이러

---

82) 제6차 교육과정 외국어과 개발연구위원회(1992), 전게서, p.148.
83) 제6차 교육과정 외국어과 개발연구위원회(1992), 전게서, pp.147~148.

한 학습 부담 경감을 위하여 많은 고민 끝에 통제된 어휘의 문제는 결국 통제에 의하여 해결되기는커녕 12종 24책이라고 하는 교과서의 다량 출판에 따른 어휘의 증가로 학습자의 부담을 경감시키지는 못하였을 것이라는 것을 교과서 항목에서 지적하고자 한다.

5.1.6.4. 교수·학습 방법

제5차 교육과정에서는 '지도 및 평가상의 유의점'으로 기술되었던 항목이 제6차 교육과정에서는 '방법'이라는 항목으로 독립 기술되었다. '지도상의 유의점'이라는 말 자체가 교사가 지도할 때 유의할 점이기 때문에 지도 계획, 기능별 지도 방법이나 학습 방법 등에 관한 진술이 없고 추상적인 진술이 많았다. 지도상의 유의점이 교사가 지도할 때 유의할 점이라는 것을 언급했거니와 ALM식 수업 모형에서는 주로 교사가 학생에게 지식을 전달하는 일방적인 수업 방식이 주가 되나, 6차 교육과정은 기능 중심 실러버스로 구성되어 있는 만큼 학생이 중심이 되어 수업을 활동으로 이끌어 가도록 구성하여야 하므로 '지도상의 유의점'은 수정되어야만 하였으며, 이러한 개선을 거쳐 다음 <표158>과 같은 제6차 교육과정의 '방법'이 발표되었다.

제6차 교육과정에서는 이러한 점을 보충하여 '방법' 항목에서 교사와 학생을 동시에 염두에 둔 '교수·학습 계획'과 '교수·학습 방법'으로 나누어, '교수·학습 계획'에서는 주로 교수와 학습 계획에서 유의할 점을 기술하고, '교수·학습 방법'에서는 기능별로 지도와 학습하는 방법을 제시하고 있다. 따라서, 교수·학습 계획에서는 학습 전 활동(수업 계획, 학습 지도 계획, 교재의 준비 등), 시청각 기자재 활용 등을 권장하고 있으며,

<표158> 제6차 교육과정 '방법' 항목

일본어 Ⅰ	일본어 Ⅱ
가. 교수·학습 계획 (1) 듣기와 말하기에 중점을 두어, 언어 기능의 자연스러운 습득이 가능하도록 수업을 계획한다. (2) 언어 기능을 효율적으로 기를 수 있도록 학습 지도 계획을 사전에 짜도록 한다. (3) 학생의 필요와 지적 발달을 고려하여, 언어 기능과 의사 소통 기능이 나선형으로 구성되게 한다. (4) 학생의 흥미와 동기를 유발할 수 있도록 학생 중심의 학습 활동이 되도록 계획한다. (5) 각종 시청각 자료 및 기구를 충분히 활용하여 학습 효과를 높이도록 수업을 계획한다.	가. 교수·학습 계획 (1) '일본어 Ⅰ' 과목에서 배운 내용을 심화하되, 읽기와 쓰기에 중점을 두어 수업을 하도록 계획한다. (2) 기타 사항은 '일본어 Ⅰ' 과목에 준한다.
나. 교수·학습 방법 (1) 교사와 학생 및 학생과 학생 간의 활동을 전개하여, 의사 소통 기능을 이해하고 이를 적용할 수 있도록 한다. (2) 듣기 지도는 반복 연습을 통하여 문장의 의미를 충분히 이해하도록 도와 준다. (3) 말하기 지도는 개인별 및 분단별로 역할놀이, 게임 등을 통하여 하되, 학생들에게 능동적으로 표현할 수 있는 기회를 많이 주도록 한다. (4) 읽기 지도는 자연스러운 발화에 역점을 두어 낭독하게 하여 유창성을 기르도록 한다. (5) 쓰기 지도는 통제 작문을 중심으로 지도한다. (6) 문화에 관한 내용은 적절한 자료를 사용하여, 편협하지 않은 사고방식과 올바른 가치관을 기르도록 한다. (7) 목표와 내용에 따라서는 일본어로 수업을 진행할 수 있게 한다. (8) 개별 학습과 자율 학습이 가능하도록 도움 자료(테이프, 워크북)를 활용한다. (9) 교과용 도서의 내용은 학생의 수준과 지역 환경 및 상황에 따라 재구성하여 지도할수 있다. (10) 학생의 의사 소통 의욕을 높이기 위하여 오류의 즉각적인 수정을 피하도록 한다.	나. 교수·학습 방법 (1) 듣기 지도는 반복 연습을 통하여 문장의 의미를 충분히 이해하도록 한다. (2) 말하기 지도는 상황에 따라 적절히 표현할 수 있게 한다. (3) 읽기 지도는 구와 절, 문장의 구조 등의 문법적인 설명을 피하고 의미를 파악하도록 도와 준다. (4) 쓰기 지도는 점진적으로 쉬운 자유 작문을 할 수 있게 한다. (5) 문화에 관한 내용은 적절한 자료를 사용하여, 편협하지 않은 사고 방식과 올바른 가치관을 기르도록 한다.

교수·학습 방법에서는, 일본어Ⅰ·Ⅱ 공통으로 듣기·말하기·읽기·쓰기 지도 방법(Ⅰ-2,3,4,5 Ⅱ-1,2,3,4), 문화에 관한 내용의 지도와 학습활동(Ⅰ-6 Ⅱ-5)에 대하여 기술하고 있고, 일본어Ⅰ에만 있는 것은, 활동을 중심으로 수업을 전개하되 의사소통기능을 이해하고 적용

할 수 있을 것(1)과 지도상의 유의점으로 교사의 일본어 사용 수업 권
장(7), 도움자료 활용(8), 환경 및 상황에 따른 교과서의 재구성(9), 오
류 즉각 수정을 피할 것(10) 등, 주로 의사소통기능의 이해와 적용이라
는 유창성을 강조하는 내용을 제시하고 있다. 즉, 6차 교육과정의 '방
법'은 학습자 중심 교수법과 의사소통 중심 교수법으로 집약된다. 5차
교육과정과 비교할 때, 교수법이 크게 바뀐 것은 다른 한편으로는 바뀐
교수법에 대한 기술과 지식이 부족한 교사는 수업에서의 적용에 어려
움이 있을 것이 예싱되고 따라서 대대적인 교사 연수의 필요성이 예상
되는 것이다.

위 <표158>의 내용을 중심으로 4기능에 대한 내용 중, 일본어Ⅰ과
일본어Ⅱ의 차이점을 살펴보았다.

<표159> 제6차 교육과정의 '4기능 지도' Ⅰ·Ⅱ

	일본어Ⅰ	일본어Ⅱ
듣기 지도	반복연습을 통한 문장의 의미 이해	
말하기 지도	학생중심 활동을 주로 하되 표현기회를 많이 줌	상황에 따라 적절히 표현
읽기 지도	발화에 역점을 둔 낭독을 하게 하여 유창성 기름	구와절, 문자문법적 설명 피하고 의미파악 도와줌
쓰기 지도	통제 작문	점진적으로 쉬운 자유작문

4기능 지도는 <표159>에서 보는 바와 같이 일본어Ⅰ에서, 듣기지도
는 반복연습을 통한 의미 이해 지도를, 말하기는 학생중심 활동을 중심
으로 지도하고, 읽기는 발화에 역점을 두어 낭독을 통한 유창성을 지도
하며, 쓰기는 통제 작문을 중심으로 지도하도록 하고 있다. 일본어Ⅱ는
반복연습을 통한 듣기지도는 일본어Ⅰ과 같으며, 말하기는 상황에 따

라 적절히 표현하도록 지도하고, 읽기는 문법적 설명은 피하고 의미파악을 하도록 도와주며, 쓰기는 쉬운 자유작문을 지도하도록 하고 있다. 일본어 I 과 일본어 II 를 통틀어 지도의 키워드를 살펴보면, '반복지도, 학생중심 활동, 유창성 지도, 통제 작문, 적절성 지도, 의미 파악, 자유 작문'으로 나타나는데, 즉, 일본어 I 은 반복연습과 학생중심 활동을 통하여 유창성을 지도하며 통제 작문의 범위 내에서 지도하고, 일본어 II 는 반복연습과 상황에 적절한 표현, 그리고 문장의 의미 파악이 가능하도록 지도하며 쉬운 자유 작문의 범위내에서 지도하도록 하고 있다.

과거의 학습개념은 외부의 자극에 의한 변화로 이해되었기 때문에 외부 자극에 대한 연구가 중심이 되었으나, 근래에는 인간의 학습은 학습자 자신이 외부의 자극에 대해 자신이 지니고 있는 지식을 토대로 적극적으로 문제해결을 시도하는 정보처리과정으로 이해됨에 따라 학습자 자체가 연구의 중심이 되었다. 6차 교육과정에서는 ALM을 지양하고 CA, TPR, SW, 변형CLL 등 학습자가 자발적으로 참여하는 수업을 하도록 권장하고 있다. 자발적 학습에서는 학습자 자신이 학습목표, 내용, 방법 등을 결정하게 되며, 교사는 학습자의 학습과정을 도와주는 학습상담자 역할을 맡게 된다. 따라서 교사는 새로운 지도 방법을 터득하지 않으면 안되게 되었고 학습자 또한 새로운 학습 전략을 세우지 않으면 안되게 되었다.

5.1.6.5. 평가

제6차 교육과정에서는 '평가' 항목이 분리되어 단독 기술되었다. 평가의 중요성을 인식하게 된 것이며, 교육과정이 기능·의미 중심모형으로 바뀐 만큼 평가 방법의 대대적인 전환이 필요하게 되었다.

평가 항목은 일본어 I , 일본어 II 모두 '평가 지침' '평가 목표' '평가

방법'순으로 기술되고 있는데, 평가 지침과 평가 방법은 일본어 I · II 가 같은 내용이고, 평가 목표가 다르게 기술되었다. '평가 지침'에서는 이해기능과 표현기능을 고루 평가하되, 학습 과정 평가를 중시하고, 단계별 목표의 종합적 평가, 타당성, 신뢰성, 객관성을 갖춘 평가, 표현 기능의 5단계 평가를 제시하고 있다. '평가 목표'는 수준에 따라 이해 기능과 표현 기능으로 구분하고 의사 소통 기능과 연계하여 기술하고 있다. '평가 방법'은 분리 평가와 통합 평가 중 통합 평가의 비중을 높일 것과, 의사소통 능력을 평가할 수 있는 방법을 사용할 것, 지엽적인 문법 측정보다는 종합적인 능력을 평가할 것, 과정 평가를 할 것 등의 내용이 포함되어 있다. 이상의 내용은 <표160>에서 확인할 수 있다.

<표160> 제6차 교육과정 '평가' 항목 내용

	일본어 I	일본어 II
평가 지침	(1) 학습한 내용을 중심으로 이해 기능과 표현 기능을 고루 평가한다. (2) 이해 기능은 듣기와 읽기 능력을 평가한다. (3) 표현 기능은 말하기와 쓰기 능력을 평가한다. (4) 학습 과정과 단계별 목표의 성취도를 종합적으로 평가한다. (5) 타당성, 신뢰성, 객관성을 갖춘 평가가 되도록 한다. (6) 평가의 결과는 이해 기능과 표현 기능으로 구분하여 처리한다. (7) 표현 기능의 평가는 5단계 정도로 나누어 진다.	
평가 목표	(1) 언어 기능 (가) 이해 기능 ① 소리와 문자의 식별 능력 ② 간단한 대화의 내용 이해 ③ 간단한 질문이나 대답의 이해 ④ 쉬운 대화의 내용, 목적, 상황 등에 대한 이해 ⑤ 일본인의 일상 생활과 관습에 대한 이해 (나) 표현 기능 ① 소리와 문자의 식별과 발음 ② 간단한 질문이나 대답 ③ 실물이나 그림을 이용한 간단한 대화 ④ 상황에 따른 간단한 대화 ⑤ 인사, 소개, 초청, 감사 등 의사 소통 기능 　 의 적절한 표현	(1) 언어 기능 (가) 이해 기능 ① 쉬운 글의 의미 파악 ② 쉬운 글의 줄거리, 주제, 소재 등의 이해 ③ 쉬운 작품의 독해 ④ 일본 문화에 대한 이해 (나) 표현 기능 ① 학습한 내용을 받아쓰기 ② 주어진 낱말로 문장 만들기 ③ 간단한 용건을 글로 쓰기 ④ 생각이나 느낌, 경험 등을 간단히 표현하기
	(2) 의사 소통 기능 학습한 의사 소통 기능의 이해와 적용	

<table>
<tr><td rowspan="2">평가
방법</td><td>(1) 평가 목표에 따라 분리 평가와 통합 평가를 적절하게 실시하면서 통합 평가의 비중을 높여 간다.</td></tr>
<tr><td>(2) 언어 기능과 의사 소통 기능을 효과적으로 평가할 수 있는 방법을 사용하도록 한다.
(3) 단편적이고 지엽적인 문법 지식 중심의 평가를 피하고, 언어 능력을 종합적으로 평가할 수 있는 방법을 활용하도록 한다.
(4) 의사 소통 의욕과 의사 소통 활동의 참여도 등을 관찰하여 평가한다.</td></tr>
</table>

제6차 교육과정하의 평가에 대하여 분석한 논문에는 최진권(1997), 정영민(1997), 고임영·윤강구(1999)가 있는데, 고임영은 5차 교육과 정 실시기와 6차 교육과정 실시기에 각 각 시행되었던 '전국 고등학교 일본어 학력 경시대회' 출제경향에 대하여 읽기 영역과 쓰기 영역을 분 석하고 두 영역의 분석표를 제시하였다.

<표161> 제5차, 제6차 교육과정 하의 '학력경시대회' 읽기 영역 분석표

평가내용 \ 연도	93년(5차)	94년(5차)	96년(6차)	98년(6차)	계	비율(%)
문 법	22	20	26	15	83	51.9
어 휘	7	8	1	6	22	13.8
문 자	2	5	4	1	12	7.5
발 음	6	5	5	3	19	11.9
독 해	·	·	·	11	11	6.9
생활회화	3	2	4	4	13	8.1
계	40	40	40	40	160	100

읽기 영역 분석결과, (1)전체적으로는 문법에 관한 문제가 많이 출제 되었으나 점차 줄어드는 추세이며 문법 중에서도 동사에 관한 문제가 많았고, (2)5차에는 없었던 장문 독해 문제가 6차에는 11문제나 출제되 었는데 이것은 읽기를 통해서 정보를 얻기 위한 목적 있는 읽기를 평가 하려고 하는 6차 교육과정의 반영이며, (3)제6차 교육과정에서 중시하 고 있는 의사소통 중심의 회화 문제가 해를 거듭할수록 많이 출제되고 있는데 이것은 바람직한 현상이라고 지적하고 있다. 쓰기 영역 분석에

서는 읽기 영역과 마찬가지로

<표162> 제5차, 제6차 교육과정 하의 '학력경시대회' 쓰기 영역 분석표[84]

연도 평가내용	93년(5차)	94년(5차)	96년(6차)	98년(6차)	계	비율(%)
일본어로 작문	10	10	10	10	40	25.0
어 법	10	5	·	·	15	9.4
まるうめ	·	15	15	15	45	28.1
어 휘	10	·	·	·	10	6.3
문 법	10	10	15	15	50	31.3
계	40	40	40	40	160	100

문법에 관한 평가 비율이 높았고, 6차에서는 어법과 어휘 문제가 없어졌는데, 이는 단순한 어휘능력보다는 전체적인 문맥의 흐름을 중시하면서 의사전달능력을 평가하는 흐름으로 바뀌고 있음을 알 수 있으며, 다만, 일본어로 작문하는 문제의 유형이 4지선다형이라서 어림짐작으로 답을 할 확률이 높기 때문에 단순 수준이라도 직접 작문하는 평가 형태가 바람직하며 다양한 작문능력 평가문항 개발이 시급하다고 제언하고 있다.[85]

정영민(1997)은 6차 교육과정하의 듣기와 말하기의 지도 및 평가 방법에 대하여 분석하였다.[86] 우선, 듣기 평가에 대하여는 듣기 목표에 따라 평가를 하되 지도를 위한 평가를 실시하는데, 즉 듣기 수업 중간에 평가를 실시하면서 그 평가 결과에 따라 재지도하는 방법을 제시하고 있다. 평가의 관점은 "충분히 만족할 정도로 판단됨, 어느 정도 만족

---

84) 읽기 영역 분석표와 일치시키기 위하여 필자가 재작성 하였다.
85) 고임영·윤강구(1999)「전국 고등학생 일본어 학력 경시대회 출제경향 분석」『일어교육』제15집, pp.61∼69.
86) 정영민(1977)「제6차 교육과정에 따른 일본어과 듣기·말하기의 지도 및 평가」『일어교육』제13집, pp.103∼142.

할 정도로 판단됨, 노력이 필요하다고 판단됨”의 3가지로 나누어 평가할 수 있으며, 평가자는 교사에 의한 평가와 학습자 자신에 의한 평가로 나누어 실시하고, 평가 방법으로는 그림이나 기호를 선택하게 하는 법, 예나 아니오 혹은 단어만으로 간단하게 답하게 하는 법, 행동으로 표현하게 하는 법 등이 있다고 하였다.

말하기 평가로는 의사소통능력에 기준을 두되 말하려고 하는 적극성을 기르기 위해서는 정의적인 영역인 태도면(흥미, 관심, 적극성)도 반드시 넣어서 평가해야 하며, 평가 방법으로 연속된 그림을 보고 설명하기, 상대방의 몸 동작을 보고 표현하기, 문장의 내용을 간략히 요약하여 말하기, 면접, 토의 등을 제시하고, 일본 문부성(1993)에서 영어 평가를 위하여 제시한 ‘자기 평가 카드’와 ‘자기 진단 카드’, ‘상호 평가 카드’를 제시하였다.

<표163> 제6차 교육과정 하 평가의 ‘자기 평가 카드’

과			제 과					
월 일			/	/	/	/	/	/
틀리게 말하는 것을 두려워 하지 않고 말하였는가?		잘했다 2 보통이다 1 못했다 0						
쉽고 간단한 문을 사용하여 의향을 전달하였다.		잘했다 2 보통이다 1 못했다 0						
발 언	자주 손을 들었다. 손을 들었다. 손을 들지 못했다.	5회 2 1-4회 1 0						
	발언 횟수							

<표164> 제6차 교육과정 하 평가의 '자기 진단 카드'

자기 진단 카드　　　　학년　　　　반　　　　이름:
※평가단계　　　　A 우수　　　　B 보통　　　　C 노력이 필요함

관점	평가항목	학습자에 의한 채점	차기 학습의 노력, 목표	교사에 의한 평가
커 뮤 니 케 이 션 에 의 관심, 의욕, 태도	1.틀리게 말하는 것을 두려워 하지 않고 말하였는가? 2.상대의 눈을 보고 말하였는가? 3.제스처를 사용하였는가? 4.감정을 넣어서 말하였는가?	……… ……… ……… ………	노력하고 싶은 항목 ---------- 소견	
표현의 능력(말하기)	1.하나하나의 어구나 문을 정확하고 큰 소리로 말하였는가? 2.어구나 문이 나타내는 의미를 생각하면서 말하였는가? 3.인사나 질문에 활기차고 확실하게 대답하였는가?	……… ……… ………	노력하고 싶은 항목 ---------- 소견	

<표165> 제6차 교육과정 하 평가의 '상호 평가 카드'

※평가　　　　A 우수　　　　B 보통　　　　C 노력이 필요함
　　　　　　　　　　　　　　　　　　　자신　　　　친구

관점	평가항목	자신	친구
태도	말하고 싶은 것을 한 문장이라도 많이 말하였는가?		
	모르는 부분이나 묻고 싶은 것에 관하여 질문을 하였는가?		
	같이 대화한 친구의 수	명	
	다른 사람 앞에서 발표하였는가?	회	
기능	의미가 충분히 통하였는가?		
	대화가 발전하였는가?		

　듣기와 말하기를 지도하는 방법으로 소회화, 일본어에 의한 도입, SKIT, Role play, Task, Game 등을 소개하고 평가 방법을 제시하였다. 평가 내용 및 방법을 <표166>으로 정리한다.

<표166> 제6차 교육과정 듣기와 말하기 지도 방법 및 평가 방법

	소회화	일본어에 의한 도입	SKIT	Role play	Task	Game
평가내용 및 방법	학습자의 반응으로 적극적 참가도, 내용의 이해도 판단	내용의 대략적인 이해 평가 (10~15분)	내용이해도, 자연스런 일본어 사용, 역할 소화도 (교사, 학습자, 학습자간의 평가)	역할에 사용한 일본어, 내용 및 정보 이해도, 적절한 응답, 의도 전달도, 장면에 맞는 말투 사용, 적극성	.	Role play에 준함

정영민(1997)은 결론으로 기존의 지필평가(형성평가)를 가능한 한 지양하고 학습자의 관심, 태도, 의욕을 평가하는 방식으로 바꾸어야 하며, 평가자도 교사의 일방적인 평가에서 학습자 자신이나 동료에 의한 평가를 도입해야 한다고 주장하였다.[87]

최진권(1997)은 6차 교육과정의 실시로 외국어 교육은 교실에서 이론적이거나 문법위주의 학습에서 실생활 위주의 살아 있는 외국어 교육으로 방향이 바뀌었으나, 교육현장에서는 지금까지 가르쳐 왔던 방향을 쉽게 바꾸기도 어려울 뿐 아니라, 그 교육방법이나 평가 등의 기술적인 개발도 큰 문제점으로 지적되는데, 교사들은 교직의 경험을 남기는 일이 거의 없고, 배우는 일이 거의 없어, 과거의 경험이 오늘의 현실에 반영되기 어려워, 개인의 교육에 대한 경험이나 지식이 널리 알려지지 않고 있으며, 교육기술이나 방법이 완전히 교사 개인에게 일임되고 있는 현실에 있어서 교육과정 변경에 따른 교육의 방법과 자료에 대한 교류가 절실한 형편이라고 전제[88]하고 1년 간의 교육활동을 기록

---

87) 정영민(1997), 전게서, p.142.

88) 필자도 현장에서 수업하여 실천한 내용을 기록으로 남기자고 제안한바 있고(조문희(1995) 「중급코스디자인을 위한 초급교과서 분석」『일어일문학연구』제26집, 일어일문학회, pp.256~257), 최상근(1996) 「선생님, 힘을 기릅시다」『교육개발』한국교육개발원, p.19도 같은 지적을 하였다.

으로 남기고 있다.[89] 그는 두가지 수업을 실천하였는데, 1학기에는 Role play를 통한 수업을, 2학기에는 조회시간에 전교생 앞에서 말하기를 위한 준비 수업이 그것이다. 우선, 수업을 준비단계, 도입단계, 조정단계, 실기평가단계, 정리단계로 실천하고, 평가시의 문제점 등을 요약하였다.

　Role play수업의 평가 단계에서는 1차 평가와 2차 평가를 하고 있는데, 1차 평가에서는 대본 평가를 하되,

　　ㄱ. 내용이 살 조합 되었는가?

　　ㄴ. 교과서의 내용을 잘 응용하였는가?

　　ㄷ. 일본어가 상황에 맞게 효과적으로 표현 되었는가?

　　ㄹ. 줄거리가 흥미롭게 되었는가?

를 평가하였으며, 2차 평가에서는 실기를 보면서 평가를 하되,

　　발음의 유창성과 정확성 그리고 전달성

　　동작이나 표정의 흥미도와 적극성

　　소품준비와 아이디어의 참신성

이 평가의 중심내용이었으며, 평가시 주의사항으로 평가를 하다보면 시간이 흐를수록 그 평가 잣대의 길이(기준)가 변하는 것을 느낄 수 있는데, 이는 조그마한 변화와 새로운 것이 끊임없이 등장하기 때문이며 처음 평가한 잣대의 길이와 점수를 메모하고, 새로운 것이 나타날 때마다 그 특징과 점수를 기억하고 기록하여 두는 것이 가장 중요한 포인트라고 지적하고 Role play 실기평가 시행상의 문제점을 다음과 같이 요약하였다.

---

89) 최진권(1997)「실기평가를 통한 일본어 교육방법 연구」『일어교육』제13집, pp.25～76.

<표167> 제6차 교육과정 실기평가 시행상의 문제점

ㄱ. 수업시간을 이용하여 대본을 작성하게 하여본 결과, 먼저 줄거리를 생각하며 한국어로 만들다 보니 교과서에서 배운 것과 상관없이 전혀 다른 문장이 너무 많이 나와 다시 작성해야하는 등의 시간의 낭비적 요소가 많다. 그러므로, 배운 교과서 내의 문장으로 되새겨 가며 대본을 일본어 문장으로 직접 작성할 수 있도록 하는데, 지금까지 배운 문장을 어떻게 응용할 것인가를 생각하면서 문장 하나하나를 점검한 후, 대본을 교과서 문장의 일본어로 만들게 한다.

ㄴ. 교과서 이외의 문장이 전체의 20%를 넘지 않게 한다.

ㄷ. 단 창작이 결여되어 내용이나 줄거리가 너무 교과서 대로인 것은 감점의 대상이 되도록 하며, 장르를 다양화하여 다양한 어휘를 사용하게 유도하며, 한 연극에 다른 역할을 맡을 수 있도록 하여 대사가 적은 역할을 커버할 수 있도록 한다.

ㄹ. 소품에 있어서는 실제 회화에 이용할 수 있는 소품으로 하고, 내용에 활용되지 않거나, 흥미위주 이거나, 화려하거나 어려운 분장 등은 흥미를 반감시키지 않는 한 되도록 피하게 한다.

ㅁ. 대본의 작성 및 지도와 정정에 소요되는 시간은, 스스로의 시간 이외에도 정규 수업시간이 3시간이 소요되었으며, 일본어 대본 작성시에 많은 팀들이 작문의 많은 부분들을 교사에게 의탁하는 경우가 많았다. (팀별로 의논하여 해결할 수 있도록 유도하고 그래도 해결하지 못할 경우, 다른 문장으로 대체케 하거나 삭제하도록 했다)

ㅂ. 실제 평가에서 대본을 외우지 못하여 동작이나 표정이 정체되는 현상이 생기고 완전히 암기가 되지 않아서 목소리도 적어졌으며, 열심히 준비한 소품도 제대로 이용치 못하여 최하점을 받는 경우가 많았고, 상대의 말을 알아듣지 못하여, 다음의 대사가 어떤 것이어야 하는지를 이해치 못하여 대사의 앞뒤가 연결되지 못하는 일이 많이 발생하였다.

ㅅ. 발표연습중, 여러 팀이 같이 실제상황과 같이 하다보니, 상당히 소란한 문제점이 있는데, 대본 작성에서부터 학생들에게 해야한다는 동기유발을 준 다음, 2차 조정기간 동안에는 야외학습으로 하면 큰 목소리로 회화, 대본의 발음 연습을 할 수 있으므로 보다 효과적이라고 생각된다.

ㅇ. 실시평가의 소요시간은 각반 9-10팀으로, 팀별 평균 8분정도로 소요되었으나 사이사이 소요시간으로 인하여 평가에 각반 약 2시간이 소요되었다.

ㅈ. 실기평가가 끝난 학생들은 바로 필기 평가 공부를 할 수 있게 지도한다.

ㅊ. 시간의 절약을 위하여 대본제출이 되면 바로 대본의 평가를 실시하고, 대본의 평가시 뜻이 통하지 않는 부분을 최종교정하여 주고, 학습자가 마지막 정정을 한 후에 최종대본을 복사하여 제출케 한다.

ㅋ. 현실적으로 점차 줄어들고 있는 제2외국어의 주어진 시간 내에서는 위에서 제시한 여러 단계나 문제들을 세세하게 점검하거나 학습할 시간적인 여유가 없다. 학습자의 수준에 맞으며, 꼭 필요한 부분만을 교육하여야 하고, 부족한 시간은 준비된 자료제시를 통해 해결할 수밖에 없을 것으로 본다.

　　전교생 앞에서 외국어 말하기 준비 수업에서는 3차에 걸친 실기평가를 하고 있는데, 1차 평가는 작문한 내용평가이고, 2차 평가는 실제 말하기를 통한 평가, 3차 평가는 최종적으로 제출된 녹음 테이프를 듣고 평가하였다. 평가 후 정리에 따르면,

<표168> 제6차 교육과정 평가후 정리

1)스피치의 내용에서 학생들에게 제시하는 예문의 제시는 다양하게 제시해야 한다.
2)작문 평가시에 비슷한 내용의 작문이 많으므로 평가 기준인 참신성의 평가가 힘들어진다. 이를
  위해 주요내용에 따라 편지문, 일기문, 감상문, 설명문 등으로 분류하여 제출케 하고 평가하도록
  한다.
3)지난 1학기 Role play에 비하여 많이 발전하였다.
4)시간의 적절한 배정이 필요하다.
  한 학급당 실제 평가 시간은 2시간 수업이 소요되었는데, 한 사람당 3분 스피치를 할 경우, 학급
  당 150분으로 2시간 이상 소요된다. 따라서 평가규정에 정확히 잘 맞을 경우는 30초에서 1분 정
  도로 빠른 결정을 내려서 시간을 절약하고, 구분이 애매할 겨우 3분 이내에서 충분히 들어보고
  결정한다.
  테이프 평가의 경우, 끝까지 들어보지 않아도 평가할 수 있었으므로 50개 정도의 테이프를 듣고
  평가하는 데에는 약 1시간 징도 소요뇌었다.
  작문 평가는 한 학급당 1시간 정도가 소요되었다. 특히 내용중 참신성을 평가하는데 있어서 유사
  한 내용이 많아 이를 분류하여 재평가하는 데에 시간 소요가 많았다.
5)모범적인 작문은 정리하여 수업에 활용하는 등 다음학습의 자료로 삼는다.

등의 지적 사항을 중심으로 실기 평가시의 문제점을 생각해 보았다.
  우선, [학생들의 원고 내용]에 대하여는 교과서 문장의 응용이 부족
하며, 장르가 다양하지 못한 점을 들고 있다. 따라서 배운 교과서 문장
을 어떻게 응용하여 원고를 작성할 것인가를 생각하여야 할 것이며, 장
르가 다양하지 않은 점에 대하여는 원고를 작성할 때 처음부터, 편지문
·일기문·감상문·설명문 등으로 다양하게 작성하도록 권하는 것이
좋을 것 같다고 하였다. 다음은 [발표 연습시] 교실이 소란한 문제점을
들고 원고 작성이 끝나고 실제 연습시에는 야외수업을 권장하였다. 또
한, [실제 발표시] 학생들이 원고를 외우지 못하여 소기의 성과를 거두
지 못하는 점을 들었고, [전체적인 문제점]으로 시간 부족을 지적하였
다. 활동 중심 수업을 위해서는 수업이 여러 단계를 거쳐서 진행되어야
하기 때문에 수업에 소요되는 시간이 많아야 함에도 불구하고 현재의
제2외국어 수업시간으로 충분한 수업진행이 어렵고, 대본 작성이나 지
도시에 학생이 거의 교사의 정정에 의존하는 관계로 교사의 시간이 많

이 소요되는 점, 그리고 실제 평가시에도, 아래 <표169>와 같이 시간이 소요되므로, 10개 학급이 있다고 가정하면,

<표169> 제6차 교육과정 실기평가에 걸리는 시간

평가	작문대본평가	실기 발표 평가	테이프 평가
소요시간	학급당 1시간	학급당 2시간	테이프 50개당 1시간

평가에 만도 40시간 이상이 걸리게 되는 것이다. 따라서 실기 평가를 위한 시간 배분의 문제는 앞으로 연구되어야 할 부분이며, 시간을 효율적으로 사용할 수 있는 평가 모델이 개발되어야 할 것이다.

이덕봉(2001)은 2000년부터 부활한 대학입시 수학능력시험의 평가문항의 출제기준 및 분석을 행하고, 문제점으로,

①교육과정에서 제시한 기본어휘내역이 생활 일본어를 표현하는데 미흡하다

②검인정 교재들이 언어문화관련 내용을 다루지 않고 있다

③언어간 난이도 조정이 사실상 불가능하다

④출제기준으로 삼는 평가원의 정답률 설정이 너무 높다

⑤정답률을 예상할 수 있는 자료들이 출제자들에게 주어져야 한다는 것을 지적하고 있으며,

①시험출제의 방향이 의사소통기능을 중심으로 한 말하기 기능문제를 중심으로 대폭적인 방향 전환이 실현된 것

②언어문화 관련 문제가 도입된 점

을 +평가하고 있다.[90]

---

90) 이덕봉(2001) 「수능평가문항의 출제기준 및 분석」『일본학보』제46집, 한국일본학회, p.105.

5.1.6.6. 교과서

(1)검정 도서

제6차 교육과정의 검정 도서는 교과서는 <표170>에서 보는 바와 같이 12종 24권이 만들어졌다. 검정 도서의 '일본어Ⅰ'은 듣기와 말하기에, '일본어Ⅱ'는 읽기와 쓰기에 중점을 두고 있으며, 기본어휘 771어를 제시하고, '일본어Ⅰ'에서는 600어, '일본어Ⅱ'에서는 800어를 추가 사용할 수 있게 하였다. 이에 따라 구체화된 검정교과서는 제5차까지의 교과서와는 다른 체재로 구성되었다. 단원 구성에서 보는 바와 같이 모든 교과서가 4기능을 중심으로 구성되었으며, 교과서의 표제어가 본문, 문형, 회화, 연습문제 식의 구성으로 일관하던 것이 듣기, 읽기, 말하기, 쓰기 식으로 바뀐 것은 커다란 변화이다. 이해 기능과 표현 기능으로 제시된 교육 목표의 현실화였다고 볼 수 있다.[91]

<표170> 제6차 교육과정 12종 교과서 출판 현황(검정 도서)

6차 교과서	저자	ⅠⅡ	과수	쪽수 (본문/부록)	단원 구성
교학A	유용규, 전태중	Ⅰ	20	254(220/34)	ききましょう、よみましょう、はなしましょう、かきましょう、れんしゅうもんだい、自学自習
		Ⅱ	20	295(233/62)	聞いてみましょう、読んでみましょう、話してみましょう、書いてみましょう、練習問題、自学自習
교학B	이봉희, 쓰네이시 노조무	Ⅰ	22	243(194/49)	聞いてみましょう、読んでみましょう、話してみましょう、書いてみましょう、練習問題、(単元整理)
		Ⅱ	20	222(168/54)	

---

91) 교육 목표가 4기능으로 제시된 것은 3차 교육과정 때부터였으나, 6차 교육과정에 와서 기능 중심의 일본어 교육으로 교과서가 만들어지고 있는 것을 보면, 외국어 교육 이론의 발전과 함께 교과서도 발전하고 있는 것을 알 수 있다.

출판사	저자	권	단원 수	쪽수(면/쪽)	학습 내용
금성A	박희태, 최충희	Ⅰ	15	214(177/37)	학습할 내용、 聞き取り、 読み取り、 言い方の 練習、 話し合い、 書く練習、 단원요약, 학습 평가
		Ⅱ	14	214(173/41)	
금성B	이인영, 이종만	Ⅰ	14	234(190/44)	학습내용、 きいてみましょう、 독해문、 れん しゅう、 はなしあってみましょう、 かいてみ ましょう、 やってみましょう、 まとめ
		Ⅱ	12	222(176/46)	학습내용、 きいてみましょう、 독해문、 れん しゅう、 たいわ、 はなしあってみましょう、 か いてみましょう、 やってみましょう、 まとめ
민중 서림	이숙자, 안병준	Ⅰ	13	263(224/39)	학습목표、 ねらい、 聞いてみましょう、 会 話、 話してみましょう、 ロールプレイ、 書い てみましょう、 まとめの学習、 総合問題、
		Ⅱ	15	251(196/55)	학습목표、 ねらい、 聞いてみましょう、 독해 문、 読解、 談話、 話してみましょう、 書いてみ ましょう、 まとめの学習、 総合問題、 (一休み)
성안당	안병곤, 이상업외 3인	Ⅰ	12	278(184/94)	의사소통기능、 聞く、 読む、 이해활동、 話す Ⅰ、 표현활동、 話すⅡ、 표현활동、 書く、 보 충학습、 자율학습、 やってみましょう
		Ⅱ	12	292(171/121)	의사소통기능、 聞く、 読むⅠ、 이해활동、 読 むⅡ、 이해활동、 話す、 표현활동、 書くⅠ、 書くⅡ、 보충학습、 자율학습、 やってみま しょう
송산	김채수, 황명천	Ⅰ	15	260(210/50)	학습요점、 きいてみましょう、 よんでみま しょう、 はなしてみましょう、 かいてみま しょう、 れんしゅうしてみましょう、 おぎ なってみましょう、 がくしゅうのまとめ、 ぶ んぽうのかいせつ
		Ⅱ	15	265(212/53)	
시사일	장남호, 김우열	Ⅰ	20	239(156/83)	학습내용, 듣기, 읽기, 발음, 말하기, 쓰기, 듣 고 답하기, (롤 플레이,이럴 때는 이렇게, 보충 문제)
		Ⅱ	17	230(126/104)	학습내용、 聞いてみましょう、 독해문、 使っ てみましょう、 書いてみましょう、 選んでみ ましょう、 答えてみましょう、 (이럴 때는 이렇게、 補充問題)
지학	김효자	Ⅰ	15	263(216/47)	학습목표, 학습의 핵심내용, 聞く、 読む、 話 す、 書く, 학습의 길잡이, れんしゅう
		Ⅱ	15	255(206/49)	
진명A	유길동, 여선구 외 1인	Ⅰ	15	264(233/31)	학습내용, 듣기, 독해문, 말하기, 쓰기, 정리해 보자, (발음해보자), 의사소통기능, 연습문제, 활동, (자율학습)
		Ⅱ	14	252(208/44)	학습내용, 듣기, 독해문, 이해, 말하기, 쓰기, 정리해보자, 의사소통기능, 연습문제, 활동
진명B	이현기, 이한섭	Ⅰ	15	246(208/38)	학습내용、 ききましょう、 (독해문)・회화 문、 はなしましょう、 かきましょう、 じぶん でやりましょう、 まとめましょう、 (알아둡 시다)、 日本を知る
		Ⅱ	14	253(210/43)	

천재	김봉택, 양순혜	I	16	255(210/45)	学習内容、聞いてみましょう、読んでみましょう、話してみましょう、読んでみましょう、話してみましょう、書いてみましょう、단원정리、연습문제
		II	12	239(178/61)	学習内容、聞いてみましょう、読んでみましょう、読解、話してみましょう1、話してみましょう2、書いてみましょう、단원정리、연습문제

6차 교과서에서는 <표170>과 같이 평균 I권 725어, II권 885어를 사용하고 있어서, I권의 경우 600어 정도를 사용할 수 있게 한 것을 상당히 초과하고 있고, II권도 800어를 초과하고 있다. 기본어휘는 771어 중 I권이 평균 472어를 사용하고 있어 61% 정도를 커버하였으며, II권은 44.5% 정도를 커버하였다. 어휘의 공통도는 <표172>에서 보는 바와 같이 12종 공통어휘가 163개 7.8%이고, 1종 공통어휘는 829어로써 39.5%를 차지하고 있다. 6차 교과서에 대한 어휘분석은 김영애(1996)[92]와 강성아(1999)[93], 김인숙·황영희(2001)[94]가 있다. 선행연구를 중심으로 6차 교육과정 어휘의 공통도를 4차, 5차 교육과정 어휘의 공통도와 비교해 보았다.

---

92) 김영애(1996)「현행 고등학교 일본어 교과서 어휘에 관한 연구」경상대학교 교육대학원, 석사학위논문
93) 강성아(1999)「일본어 교재의 어휘 조사 연구 −제6차 교육과정 고등학교 일본어 교과서를 중심으로」고려대학교 대학원, 석사학위논문
94) 김인숙·황영희(2001)「현행 고등학교 일본어 교과서의 어휘 조사 연구 −제6차 교육과정 『일본어II』교과서를 중심으로」『일본어학연구』제4집, pp.77~92.

<표171> 제6차 교육과정 교과서의 어휘 사용 현황[95]

	교학A	교학B	금성A	금성B	민중	성안당	송산	시사일	지학	진명A	진명B	천재	평균
Ⅰ	878/526	747/490	661/447	724/486	740/419	665/443	682/475	758/490	776/508	658/441	666/440	742/494	725/472
Ⅱ	878	761	872	893	884	1,355	812	726	943	898	757	837	885

<표172> 제6차 교육과정 교과서의 어휘 공통도[96]

	12종 공통	11종 공통	10종 공통	9종 공통	8종 공통	7종 공통	6종 공통	5종 공통	4종 공통	3종 공통	2종 공통	1종 공통	평균
Ⅰ	163(7.8)	74(3.5)	74(3.5)	84(4.0)	71(3.4)	76(3.6)	80(3.8)	102(4.9)	113(5.4)	152(7.2)	283(13.5)	829(39.5)	1,272
Ⅱ	264(4.5)	136(2.4)	116(2.0)	129(2.2)	127(2.2)	142(2.4)	149(2.6)	196(3.4)	239(4.1)	356(6.1)	838(14.4)	3118(53.7)	5810

편의상 최고치와 최저치만 비교하였다. 최저치가 나타내는 숫자의 의미는 다른 출판사의 교과서에는 쓰이지 않고 한 교과서에만 쓰인 수치로서 수치가 높을수록 한 번만 사용된 어휘가 많다는 것을 의미한다. 따라서 <표173>에서 보는 바와 같이 교육과정이 바뀌면서 교과서의 어휘는 점점 공통으로 사용되는 어휘가 늘어갔다는 것을 알 수 있다. 즉 어휘의 공통도도 높아져 가고 있다고 말 할 수 있는 것이다.

<표173> 제4·5·6차 교육과정 어휘 공통도 비교

차별 \ 최고저	최고치	최저치(1종공통)
4차(5종)	12.8% (5종)	52.3%
5차(8종)	18.1% (8종)	46.8%
6차(12종)	7.8% (12종)	39.5%

---

95) Ⅰ권의 어휘는 강성아(1999)를 이용하였으며, Ⅱ권 어휘는 본인이 조사하였다.
96) Ⅰ권은 강성아(1999)를 이용하였으며, Ⅱ권은 김인숙 외(2001)을 이용하였다.

김영애(1996)는 6차 교과서의 어휘를 분석한 후 다음과 같이 제언하였다.

1)각 교과서는 교육부 선정 기본어휘의 반영률을 높여야 한다고 생각한다.

2)각 교과서의 과별 신 어휘 도입을 고르게 해야 할 것이다.

3)각 교과서의 공통 어휘율을 높여야 한다.

4)각 교과서 색인 어휘에 정확성을 기해야 한다.

5)각 교과서는 총어휘수를 줄여야 한다고 생각한다.

6)각 교과서는 교육부 기본어휘를 모두 사용해야 할 것이다.

7)교과서 편찬자는 기존 중요 교육 기본 어휘표를 근거로 하고, 실험적 연구 결과를 토대로 하여 우리나라 고등학교 일본어 교육 실정에 맞는 가장 적절한 어휘를 선정하여야 할 것이다.[97]

이와 같은 지적은 기본어휘 반영률을 높일 것, 공통 어휘율을 높일 것, 총어휘수를 줄일 것으로 집약될 것인데, 연구자들의 이와 같은 지적의 덕택으로 교육과정이 거듭될수록 기본어휘 반영률은 늘어왔으며, 공통어휘율은 높아지고 있고, 총어휘수는 줄고 있음을 알 수 있었다.

문화 항목에 대한 논문은 이원희(1997)가 있는데, 이원희는 6차 교과서에 기술된 일본문화 항목을 분석하고 다음과 같이 지적[98]하였다.

---

97) 김영애(1996), 전게서, p.47.
98) 이원희(1997)「일본어 교육의 문제점 -일본문화의 이해를 중심으로」『학교교육연구』제1권 제1호, p.144.

1. 고등학교 교육현장에서 일본어 학습과 병행하여 소화하기에는 단편적이고 산발적인 언급이 너무 많다는 인상을 주고 있으며, 양을 줄이더라도 본문의 일본어 학습내용과 유기적인 관련성을 가지면서 체계적으로 일본문화를 이해시키도록 하는 연구가 시급한 점

2. 일본문화의 내용에 있어서 각 교과서 간의 양적인 차이가 심함

3. 각 교과서가 마치 약속이나 한 듯이 천편일률적으로 일본과 관련된 사진 몇장을 싣고, 또 일본의 동요나 유행가 악보, 또는 옛날 이야기와 일본의 시 몇수씩을 그저 구색을 맞추기라도 하듯이 싣고 있는 점. 일본어 교과서라고 해서 꼭 일본의 동요나 유행가를 실어야 되는가라는 의문과 동시에, 대학에서 일본문화관련과목을 한두 과목 밖에 배우지 않은 현직의 일본어 교사들이 이런 노래들과 별로 유명하지도 않은 현대시 등을 학생들에게 충분하게 가르칠 수 있을까라는 의문도 가져본다.

4. 어떤 교과서의 경우 등장인물로 하여금 유럽여행을 시켜 프랑스와 영국을 소개하고 있고, 또 어떤 교과서는 일본의 동화가 아닌 늑대와 소년과 같은 이야기나 도레미 송과 같은 노래를 싣고 있는데, 일본어 교과서인만큼 이왕 실을 바에는 차라리 일본의 동화나 일본 노래를 싣는 편이 나은 것이 아닐까

상기와 같은 지적과 함께, 고등학교 일본어 수업에서 반드시 가르쳐야 할 일본문화의 내용과 항목 등의 가이드 라인을 우선 정해야 할 것이며, 그것을 토대로 교과서 집필자는 일본어 학습 내용과 연계시켜 학습자가 일본어 학습을 통하여 자연스럽게 일본과 일본문화에 흥미를 가지도록 만들어야 하며, 사범대학 일어교육과에서는 그것을 참조하여 고등학교 교과서에 포함되어 있는 내용을 충분히 소화해 낼 수 있는

교과목 내지는 교과서를 만들어 예비교사들의 지도에 임하여야 할 것
이라고 제언[99]하고 있다.

(2)1종 도서

1종 도서는 <표174>에서 보는 바와 같이 외국어고등학교 일본어과
학생을 위한 도서 9권과 가사·실업용 1권이 출판되었다. 외고용은 일
반 고등학교 일본어 교과서 Ⅰ, Ⅱ를 마친 후에 사용하는 것을 원칙으
로 하고 있다. 교육부 출판도서임에도 불구하고『실무 일본어』『일본어
작문Ⅰ』『일본어 독해Ⅰ』3책 이외에는 어휘 색인이 없는 것이 특징이다.

외고용 1종 도서는 6차 교육과정에서 처음 만들어졌는데, 이 도서를
사용하는 외국어고등학교에 대하여 언급할 필요가 있을 것 같다. 외국
어 조기교육의 사회적 요구에 따라 1985년 1월에 부산외국어고등학교
가 설립 인가되고, 이어서 1991년에는 서울에서도 명덕외국어고등학교
를 비롯하여 5개의 외국어고등학교가 설립 인가되었다. 현재 14교의
외고에서 7개 국어 중 하나를 전공으로 선택하고 배우고 있다. 14개
고등학교 중 일본어과가 있는 학교는 12교인데, 외고용 6차 교과서가
실제로 사용된 것은 1996년 1학기부터이다.

---

99) 이원희(1997), 전게서, pp.144~145.

<표174> 제6차 교육과정 12종 교과서(1종 도서)

1종도서	저자		과수	쪽수 본문/부록외	단원 구성
	연구진	집필진			
일본어회화 I	이덕봉,이한섭,육광희 원영호,박수정	이덕봉,한행자, 이성규,이사치코	15	336 (222/114)	제목、基本文型、회화문、文型練習、学習事項、問いと答え、応用会話、漢字の読み方
일본어회화 II	이덕봉,김서영,임팔용 최성옥	이덕봉,오쿠야마 요코,사이토 아케미	15	301 (224/77)	(目標、회화문、ペアーワーク、ロールプレイ)×3、ゲーム、課題、
일본어작문 I	오쿠야마 요코,임팔용 김숙자,육광희,박수정	원영호,이덕봉	17	344 (198/146)	学習の要点、(일본어역、作文に必要な言葉)×2〜3、練習(독해문、学習の要点)×3
일본어독해 I	이덕봉,한행자,이성규 최영희,박수정	이덕봉,임팔용 고수만,황광길	14	360 (188/172)	독해문、内容の理解、学習の資料、文型の練習
일본어독해 II	이덕봉,이한섭,임영철 이덕배,양승갑	이덕봉,유길동	15	331 (242/89)	単元のねらい、主な表現、練習問題、参考資料
일본어청해	임팔용,이한섭,유용규 박순희,육광희,박수정	이덕봉,민광준	15	332 (252/80)	学習のポイント、문제、総合問題、학습안내 및 지도 자료
일본어문법 I	유용규,최영희,박수정	이광수,박장경 이덕봉	16	380 (274/106)	学習のポイント表現のしかた、学習資料を読む、文法クイズ、練習
일본어문화 I	이한섭,임팔용,최영희 박수정	김태정,박전열 이덕봉,홍현길	15	350 (254/96)	学習のポイント、독해문、参考事項、関連資料、練習問題
실무일본어	오쿠야마 요코,이광수 박수정	유용규,이덕봉	16	315 (210/105)	基本表現、実用会話、정보、練習、単元評価、(パズル)
관광일본어	이재령,고수만,박정달, 김정자,임공희	손대준,박정의 정일영	27	224 (204/20)	삽화, 학습목표, 기본표현, ダイアローグ, 표현연습, 듣기연습 쓰기연습

가사·실업용 『관광 일본어』는 "일본은 우리와 여러 가지 면에서 가까운 이웃이니 만큼, 서로 내왕하는 사람의 숫자는 다른 지역 사람들에 비하여 압도적으로 많으며, 이러한 시대적 여건에 의하여 고등학교에서 의 '관광 일본어'교육의 필요성이 절실해진 것이다."100) 라는 현실적인 요청에 따라, "관광 실무에 실제로 활용할 수 있도록 관광 일본어의 기초 회화 능력을 기르는 데에 목표를 두고 있으며, 머리말에 지적된 대로 '고등학교 일본어(상)권'을 학습한 학생들을 염두"101)에 두고 있다.

---

100) 교육부(1996.3.1) 『관광 일본어』대한교과서. 머리말 참조

(3)채택 현황

제6차 교육과정 교과서의 채택 현황을 일부 알 수 있는 자료가 있다. 한국일어일문학회에서 1998년부터 1999년까지 조사한 일본어 교육기관조사[102) 중에서 고등학교에서 채택해서 사용하고 있는 교과서에 대하여 통계를 내 보았다. 결과는 아래 <표175>에서 보는 바와 같이 성안당, 진명B, 지학사, 금성A, 진명A 교과서 순으로 조사되었다. 조사 설문에 답한 고등학교는 912개교였으나, 채택 교과서수는 검정교과서 735개교와 인정도서 12개를 합하여 747개교라는 결과를 보이고 있는데 이것은 설문에 교과서를 적지 않았거나 검정교과서 이외의 교과서를 선택하여 사용하는 고등학교가 있었기 때문이다.

<표175> 제6차 교과서 출판사별 채택 현황

검정 도서	교학 A	교학 B	금성 A	금성 B	민중	성안당	송산	시사일	지학	진명 A	진명 B	천재	평균
채택 고교수	17	26	83	61	19	173	1	70	92	74	117	2	735
채택률	2.3%	3.5%	11.3%	8.3%	2.6%	23.5%	0.1%	9.5%	12.5%	10.1%	15.9%	0.3%	100%

인정도서	외고용	가사·실업용	외고용 회화 I	외고용 작문	평균
채택 고교수	5	5	1	1	12+735=747
채택률	×	×	×	×	×

검정교과서 외에 사용되는 교재에 대하여 예를 들면 다음과 같은 교재들이다.

---

101) 전게서. 머리말 참조. 고등학교 일본어 (상)으로 되어 있으나 Ⅰ이 맞음.
102) 한국일어일문학회(1999)『한국의 일본어 교육실태 –일본어 교육기관조사 1998~1999년』에서 고등학교 부분을 대상으로 조사하였다.

· 문화일본어전문학교 『문화일본어』시사일본어사(3)

· 박완석 『일본어문법 1개월 완성』서해문집

· 板坂本 『日本を知る』시사일본어사

· 三上京子외 『語彙、文法20のテーマ』凡人社

· EBS교육방송 『EBS일본어』

· 洒入那子 『NHK Live Japanese』시사일본어사

· 『NHK すらすら日本語』동아출판사(2)

· 성명기 『진명일본어 Ⅰ,Ⅱ』진명출판사

· 『나홀로 일본어』시사일본어사

· 박시하 · 정영덕 『파트너 처음 일본어』M&C

· 寺内久仁子외 『日本語 123』시사일본어사

· 박혜성 『KBS TV, Radio교재』

· 천수성 『일본어 뱅크 일본어』일본어뱅크

· 이재환 『쏙쏙 쑥쑥 일본어』문음사

· 박순애 『일본어 뱅크 입문』일본어뱅크

· 박순애 『일본어 회화』일본어뱅크

· 박순애 『일본어 회화 입문』일본어뱅크(2)

· 박정희외 『Top Japanese』시사일본어사

· 오경자 · 신영언 『고등학교 일본어Ⅰ Ⅱ』동아출판사

· 최원호 『일본어 문법』동양문고

· 한국교육개발원 방송통신교육연구 본부『통신학습 월간』

· 田中望 『NHK Japanese』시사일본어사

· 지윤환 『종합 일본어 입문』홍신문화사

· 국제교류기금 『テレビ 일본어 강좌 초급Ⅰ』

· 『日本語聞いて話して』The Japan Times

- 일어언어연구소『NHK Video 일본어』시사일본어사(3)
- 小林典子외『わくわく文法リスニング』
- 박성원『표준 일본어교본Ⅰ』진명출판사
- 『일본어 클리닉 119』일본어뱅크
- 김태삼외『파우어 일본어』교학사
- 『월간 시사일어』
- 河原崎幹夫외『毎日の聞きとり』凡人社

다만, 검인정 교과서 이외의 교재를 사용하고 있는 고등학교가, 정규 수업시간에 사용하는 것인지 방과후 수업이나 클럽 일본어 등의 시간에 사용하고 있는 것인지는 위의 자료만으로는 확인하기 어렵다.

5.1.7. 제7차 교육과정(1997.12~2007.2)

5.1.7.1. 시대적 배경

제7차 교육과정의 배경 요인은 세계화·정보화·다양화를 지향하는 교육체제의 변화와 급속한 사회변동, 과학·기술과 학문의 급격한 발전, 경제·산업·취업 구조의 변혁, 교육 수요자의 요구와 필요의 변화, 교육여건 및 환경의 변화 등 교육을 둘러싸고 있는 내외적인 체제 및 환경, 수요의 대폭적인 변화 등을 들 수 있다. 이와 같은 변화는 그 질과 속도, 범위가 종래와는 비교하기 어려울 정도의 대변혁과 전환으로서 지금까지의 학교 교육에서 다루어 온 교육내용 전반에 걸친 근본적이고 종합적인 검토와 개혁을 요구하기에 이른 것이다.[103]

1995년 5월 31일, 대통령 자문기구인 교육개혁위원회에서는 정보화·세계화 시대에 대비하여 신교육체제 수립을 위한 교육개혁 방안을 구상하여 발표하였다. 신교육체제는 누구나, 언제, 어디서나 원하는 교육을 받을 수 있는 길이 활짝 열려진 '열린 교육 사회, 평생 학습 사회'의 건설을 비전으로 삼았다. 이러한 비전의 실현을 위해 교육 운영을,

①교육 공급자 중심에서 학습자 중심 교육으로
②획일적인 교육에서 다양하고 특성화된 교육으로
③규제와 통제중심 교육운영에서 자율과 책무성에 바탕을 둔 교육 운영으로
④획일적 균일주의 교육에서 자유와 평등이 조화된 교육으로
⑤흑판과 분필 중심의 전통적 교육에서 교육의 정보화를 통한 21세

---

103) 이하의 배경은 교육부(1998)『제7차 교육과정 연수자료 초·중·고등학교 연수자료』pp.5~8을 참고하였다.

기형 열린 교육으로

⑥질 낮은 교육에서 평가를 통한 질 높은 교육으로

전환할 것을 제시하였다.

특히, 학생의 적성과 능력에 따라 다양한 학습을 할 수 있도록 하기 위하여 ①필수과목 축소 및 선택과목 확대, ②정보화·세계화 교육 강화, ③수준별 교육 과정의 편성·운영을 교육과정 개선 원칙으로 설정하고, 이러한 원칙 아래 교육개혁위원회 내에 「교육과정특별위원회」가 구성, 운영되어 1995년 말 교육과정 개정의 기본 골격이 마련되었다. 교육개혁위원회에서는 이러한 신교육과정의 기본 골격을 바탕으로 1996년 2월 9일에 「초·중등학교 교육과정 개혁」을 교육개혁 과제의 일환으로 제시하였는데, ①국민공통기본 교육과정 체제에 의한 교육과정 편제 도입, ②학생의 개인차를 고려한 수준별 교육과정 도입, ③능력 중심의 목표 진술과 구체적 내용 제시의 최소화, ④교육과정 지원 체제의 확립 등에 관한 세부적인 개정 지침이 제시되어 있었다. 교육부에서는 1996년 3월부터 초·중등학교의 교육과정 개정 계획을 수립하고, 교육과정 체제·구조 개선 기초 연구, 교원·학생·학부모의 개정 요구 조사, 교육과정 국제 비교 연구 등을 통하여 교육과정 개정의 기본 방향을 설정하고, 기본 방향에 따라 초·중등학교 교육과정 총론 개정 시안의 연구개발을 한국교육개발원 교육과정개선위원회에 위탁하고, 전문가 협의회, 공청회, 현장 검토, 심의 등의 과정을 거쳐, 1997년 2월 28일에는 '교육과정 총론의 편제와 시간 배당 기준' 개선안을 우선적으로 확정, 발표한 바 있으며, 이 교육과정 편제를 바탕으로 교과 교육과정(각론) 개발 지침을 작성, 제시하고, 서울대학교 등 14개 연구기관, 대학, 학회에 교과별 각론 개정시안의 연구개발을 위탁하였으며, 각종 협의회, 세미나, 공청회, 그리고 시·도 교육청과 학교의 현장 검토, 심의 및 수정·보완을 거쳐 1997년 12월 30일, 제7차 초·중등학교 교육과정을 교육부 고시 제1997-15호로 확정, 고시하였다.

21세기의 세계화·정보화 시대를 주도하며 살아갈 자율적이고 창의적인 한국인 육성이 7차 교육과정 개정의 중점이었다. 중점은 국민 공통 기본 교육과정의 편성과 학생 선택 중심교육과정의 도입, 수준별 교육과정의 도입, 재량 활동의 신설·확대 학습량 최적화와 수준 조정, 교육과정 평가 체제 확립, 창의성, 정보 능력 배양에 있다. 이러한 시대적 요구를 배경으로 일본어는 균형 잡힌 의사소통능력을 기르고, 다른 문화에 관심과 이해를 깊게 하여 국제 교류에 능동적으로 참여하는 태도를 기르는 목표를 세우게 되었다. 6차 교육과정과 마찬가지로 일본어를 Ⅰ·Ⅱ로 나누어 기술하였는데, '일본어Ⅰ'은 언어의 네 기능을 기초적인 수준에서 모두 다루어, 균형 잡힌 의사소통능력을 기르는 과목이고, '일본어Ⅱ'는 일본인의 행동 양식과 일본의 문화를 이해하여 한일 간의 각종 교류 활동의 일익을 담당할 수 있는 인재를 기르기 위한 과목이었다. 또한, 6차 교육과정처럼 보통교과와 전문교과로 편성되어 있는데, 6차의 두 개 계열 고등학교를 포함하여, 국제계열 고등학교에도 '일본어 강독'이 추가되었고, 아랍어가 외국어과목에 새로 신설되었다.

교과 편제의 가장 큰 변화는 학생의 교과목 선택권이 생겼다는 것이다. 7차에서는 1학년의 경우 '국민공통기본 교육과정 체제'를, 2-3학년의 경우는 '학생중심선택 교육과정 체제'가 도입되어 2-3학년에서는 다양하게 설정된 교과목들 중에서 이 시기 총 단위수의 50%까지 과목을 선택할 수 있게 되었다. 따라서, 6차까지 있어 왔던 '과정' 제도가 사라지고 학생들은 자신의 진로와 관련하여 자신이 원하는 과목들을 자유롭게 선택함으로써 개별적으로 과정을 결정하게 되었다. 또한, 선택을 의미 있게 하기 위하여 선택 과목의 범위와 종류를 확장하였으며, 약 80개의 선택과목들을 성격에 따라 일반선택과 심화선택으로 구분 제시되었다. 외국어는 아랍어가 포함되어 제2외국어가 7개국어가 되었으며, 6차 교육과정에서는 과정별 필수 과목이었던 외국어가 7차 교육과정에서는 선택 과목이 되어, 『일본어Ⅰ』은 일반선택으로, 『일본어Ⅱ』는 심화선택과목이 되었다.

<표176> 제7차 교육과정 선택중심 보통교과 편제(외국어)[104]

교과	국민공통 기본교과	선택 과목	
		일반선택	심화선택
외국어	영어(8)		영어Ⅰ(8), 영어Ⅱ(8), 영어 독해(6), 영어 회화(6), 실무 영어(6)
		독일어Ⅰ(6) 프랑스어Ⅰ(6) 에스파냐어Ⅰ(6) 중국어Ⅰ(6) 일본어Ⅰ(6) 러시아어Ⅰ(6) 아랍어Ⅰ(6)	독일어Ⅱ(6) 프랑스어Ⅱ(6) 에스파냐어Ⅱ(6) 중국어Ⅱ(6) 일본어Ⅱ(6) 러시아어Ⅱ(6) 아랍어Ⅱ(6)

제7차 교육과정은 2000년부터 단계적으로 시행되었는데, 2000년에 초등학교, 2001년에 중학교, 2002년에 고등학교에 시행되기 시작하여 2004년에 완전시행을 보게 되었다. 아직 시행중인 교육과정인 만큼 시행 결과에 대한 선행연구가 부족하므로 이하에서 제7차 교육과정 일본어 교육의 목표, 내용, 방법, 평가에 대하여 검토할 때에 시행결과에 대한 분석보다는 2차부터 시작된 일본어 교육 전과정을 대조 비교해 가면서 언급하고자 한다.

---

104) 교육부(1997) 『고등학교 교육과정』p.7.

5.1.7.2. 교육 목표

제7차 일본어과 교육과정의 성격은, 한국과 일본은 오랜 상호 협력 관계에 있었던 나라이지만, 그런 선린의 관계가 깨어진 바 있어 양 국민의 감정의 골은 아직 깊으나, 세계는 바야흐로 인접국간의 결속이 강화되어 문화간 교류를 통해 서로를 이해하고 협력하는 국제화 활동이 활발하게 이루어지고 있는 시대에 당면하여 있으므로 한일간의 각종 교류활동의 일익을 담당할 인재를 기르는 것이 필요한데『일본어Ⅰ』은 그 기초 과정이며,『일본어Ⅱ』는 그 심화과정으로, 일본어를 통해 일본 문화의 특징을 이해하고, 한국의 문화를 일본에 소개하여 한일 양 국민의 상호이해를 돈독히 하며, 국제 관계의 이해를 바탕으로 정치, 경제, 사회, 문화 분야의 한일 교류에 능동적이고 적극적으로 참여하는 태도를 기르는데 중점이 두어지고 있다.

제7차 교육과정의 목표는『일본어Ⅰ』과『일본어Ⅱ』로 기술되었으며, Ⅰ·Ⅱ 모두 6개 항목으로 되어 있다. 우선 총괄 목표로, "일상생활에서 사용되는 일본어를 이해하고, 일본어로 의사소통을 하고 정보를 검색할 수 있는 능력을 기르며, 일본어 학습의 필요성을 깨달아 일본어에 의한 의사소통 능력과 정보검색 능력 신장에 적극적이며, 일본의 언어와 문화에 대한 관심과 이해를 깊게 하여 국제 교류에 능동적으로 참여하는 태도를 가진다."[105]고 제시되었고, 하위 목표로『일본어Ⅰ』은 우선, '가나다라'는 4기능의 목표를 서술하고 '마'는 기초적인 인터넷 검색 기능을 목표로 설정하였으며, '바'는 문화에 관한 항목이 제시되고 있다.『일본어Ⅱ』도 동일하며 <표177>에 예시하였다.

---

105) 대한교과서(1998)『외국어과 교육과정(Ⅱ)』 p.255.

<표177> 제7차 교육과정 '목표' 항목

[일본어 I]	[일본어 II]
일상 생활에서 사용되는 쉬운 일본어를 이해하고, 쉬운 일본어로 의사 소통을 할 수 있는 기초적인 능력을 기른다. 일본어의 말하기 능력의 신장과 일본어에 의한 정보 검색에 적극적이며, 일본인의 일상 언어 생활과 문화에 대한 관심과 이해를 깊게 하여 일본인과의 의사 소통에 능동적으로 참여하는 태도를 기른다. 　가. 일상의 의사 소통 기능 수행 과정에서 사용되는 쉬운 일본어를 알아들을 수 있고, 일본어 듣기 학습의 중요성을 깨달아, 듣기 학습 활동에 능동적으로 참여하는 태도를 가진다. 　나. 일상의 의사 소통 기능 수행 과정에서 사용되는 쉬운 일본어를 원어민이 알아들을 수 있도록 말할 수 있고, 일본어 말하기 학습의 필요성을 깨달아, 말하기 학습 활동에 적극적으로 참여하는 태도를 가진다. 　다. 일상의 의사 소통 기능 수행 과정에서 사용되는 쉬운 일본어를 읽어 그 뜻을 알 수 있고, 일본어 읽기 학습의 필요성을 깨달아, 쓰기 학습 활동에 스스로 참여하는 태도를 가진다. 　라. 일상의 의사 소통 기능 수행 과정에서 사용되는 쉽고 간단한 일본어를 글로 쓸 수 있고, 일본어 쓰기 학습의 필요성을 깨달아, 쓰기 학습 활동에 스스로 참여하는 태도를 가진다. 　마. 인터넷을 통하여 일본어에 의한 정보 검색의 기초적인 방법을 알고, 정보 검색에 흥미를 가진다. 　바. 일본의 일상 생활 문화에 대해 깊은 관심을 가지고, 일본 문화를 이해하고자 하는 자세를 기르며, 일본과의 국제 교류에 적극적으로 참여하는 태도를 가진다.	일상 생활에서 사용되는 일본어를 이해하고, 일본어로 의사 소통을 하고 정보를 검색할 수 있는 능력을 기르며, 일본어 학습의 필요성을 깨달아 일본어에 의한 의사 소통 능력과 정보 검색 능력 신장에 적극적이며, 일본의 언어와 문화에 대한 관심과 이해를 깊게 하여 국제 교류에 능동적으로 참여하는 태도를 가진다. 　가. 일상의 의사 소통 기능 수행에 따른 일본어를 소음이 수반된 상태에서도 알아들을 수 있고, 일본어 듣기 능력의 중요성을 깨달아, 듣기 학습 활동에 능동적으로 참여하는 태도를 가진다. 　나. 일상의 의사 소통 기능 수행에 따른 일본어를 원어민이 알아들을 수 있도록 자연스럽게 말할 수 있고, 일본어 말하기 학습의 필요성을 깨달아, 말하기 학습 활동에 적극적으로 참여하는 태도를 가진다. 　다. 일상의 의사 소통 기능 수행시 흔히 접하게 되는 일본어를 읽어 알 수 있고, 일본어 읽기 학습의 중요성을 깨달아, 읽기 학습을 위해 스스로 노력하는 태도를 가진다. 　라. 일상의 의사 소통 기능 수행시 흔히 사용되는 쉬운 일본어를 글로 쓸 수 있고, 일본어 쓰기 학습의 필요성을 깨달아, 쓰기 활동에 능동적으로 참여하는 태도를 가진다. 　마. 인터넷을 통하여 일본어에 의한 정보 검색의 방법을 알고, 정보의 수집과 통신에 능동적인 태도를 가진다. 　바. 일본 문화에 대하여 깊은 관심을 가지고, 일본인의 행동 양식을 이해하며, 일본과의 국제 교류에 능동적으로 참여하는 태도를 가진다.

　일반적으로 고등학교 교육과정에 명시되어 있는 일본어 교육의 목표 항목은 크게 언어기능 항목과 문화 항목으로 대별된다. 아래 <표 178>은 언어기능 항목과 문화 항목의 변화를 보여 주고 있다.

<표178> 일본어 교육과정의 목표항목 변화 추이

	2차	3차	4차	5차	6차	7차
목표	4개항목 중 언어기능(1) 문화,경제, 전문지식(3)	3개항목 중 언어기능(1) 문화,경제(2)	2개항목 중 언어기능(1) 문화(1)	3개항목 중 언어기능(2) 문화(1)	ⅠⅡ각 3개항목 중 언어기능(2) 문화(1)	ⅠⅡ각 6개항목 중 언어기능(4) 정보검색(1) 문화(1)
	일상생활에서 사용하는 쉬운 말과 글	표준적인 현대 일본어의 기본어법	일상생활과 일반적인 화제에 관한 비교적 쉬운 말	일상생활 및 주변의 일반적인 화제나 소제에 관한 쉬운 말이나 글	일상생활과 관련된 쉬운 말과 글, 일상적,일반적화제와 관련된 글과 내용	일상생활에서 사용되는 (쉬운) 일본어
	·이해 능력과 간단한 발표력	·기초적 4기능 ·듣기, 읽기, 말하기, 쓰기	·4기능 ·듣기, 말하기, 읽기, 쓰기	·4기능 ·듣기, 말하기, 읽기, 쓰기	·이해, 표현기능	·4기능 ·정보검색,수집 능력
	·문화, 경제 이해→국제적 협조심, 자각 ·자료 문헌의 연구 태도	·문화, 경제 이해→국제적 협조심과 스스로의 발전에 도움 ·우리문화 소개	·문화 이해→ 우리문화 발전에 기여케 함	·폭 넓은 문화이해	·문화 이해→가치관 형성	·문화이해 →국제교류참여
비교	·전문적 지식을 갖추기 위한 자료 문헌의 연구 태도	·듣기, 말하기, 읽기, 쓰기의 통합적 언어 기능 신장	·듣기, 말하기, 읽기, 쓰기의 기초 능력을 신장, 심화 발전 ·학습어휘 축소 조정, 기본어휘 제시	·의사소통능력의 비중을 높이기 위해 3개 항목으로 재구성 ·우리문화 발전에 기여케함을 뺌	·듣기와 읽기를 이해기능으로 먼저 지도하고, 말하기와 쓰기를 나중에 지도함. ·의사소통기능 예시문	·듣기와 말하기, 읽기와 쓰기를 통합함 ·정보 수집
특징	·생활 중심	·학문 중심 ·타교과2종도서 ·1교과 1책주의 ·국민교육헌장 정신	·생활 외국어 ·미래지향적 ·연구개발형 ·양원	·경험주의+교과 중심 교육과정 ·박희태	·교과성격항목 신설 ·흥미, 표현, 능동적 ·박수정, 이덕봉	

일본어과 역대 교육과정의 교육목표 중 기능 목표를 비교해 보면, 3차, 4차, 5차 교육목표는 4기능으로 목표를 나타내고 있는데, 3차는 듣기→읽기→말하기→쓰기로, 4차 5차는 듣기→말하기→읽기→쓰기 순으로 표기하고 있다. 6차에서는 2차 때와 비슷하게 이해 기능과 표현 기능으로 묶어서 제시하였으나, 7차에서는 다시 4기능으로 분류하고 있다.

또한, 언어기능 항목과 문화 항목의 비중을 비교해 보면, 제4차 교육과정을 중심으로 2차 3차까지는 문화 항목이 우세하고, 5차 6차에서는 언어기능 항목이 더 큰 비중을 보이고 있으며, 7차에서는 언어기능 즉 의사소통을 문화를 소재로 하여 다루게 하는 등 새로운 관점으로 문화를 강조하고 있다. 그것은, 2차 3차는 박정희 대통령 시절의 교육과정이라는 점에서, 표에서도 나타나는 바와 같이 일본어 교육의 목표를 일본어 의사소통능력을 기르는데 두기보다는, 경제적으로 앞서 가는 일본의 경제 문화를 받아들이기 위한 수단의 하나로 일본어 교육을 시작하였다는데 있다고 해석할 수 있으며,[106] 4차 교육과정에서는 언어기능 항목과 문화 항목이 1:1의 비율을 보이다가 5차 6차에서는 2:1, 그리고 7차에서는 언어 항목 자체를 문화를 소재로 하여 이루도록 하고 있는 것이다. 7차 교육과정의 문화의 성격은 '내용' 항목에서 자세히 언급하기로 한다.

5.1.7.3. 내용

교육과정 고시시에 명시되는 지도 내용은 크게 '언어 기능'과 '언어 재료'로 발표되는데, 제7차 교육과정에서는 '의사소통 활동'과 '언어 재료'로 발표되었다. '의사소통 활동'은 6차 교육과정의 '언어 기능'을 말하나 내용은 6차의 이해 기능과 표현 기능이 4기능 중심 기술로 바뀌었다. 의사소통 활동이 7차에서는 더욱더 강조되고 있는 것이다. 또한, '언어 재료'의 내용이 6차와 비교하여 많이 달라지고 있는데, '의사소통 기능' 항목이 언어 재료에 추가되고 '소재' 항목이 없어졌으며, '문화'항목에서 소재를 포함하고 있다. 즉, 문화를 소재로 하도록 하고 있는 것이다.

---

106) 교육목표에 대한 자세한 분석은, 조문희(2001. 12)「일본어 교과서 변천사 연구」(『일본학보』 제49집) pp.604~605 참조.

<표179> 제7차 교육과정 '언어 재료'

언어 재료(일본어 Ⅰ)	언어 재료(일본어 Ⅱ)
(1) 의사소통 기능 다음과 같은 의사 소통 기능 중에서 '일본어 Ⅰ'과목의 수준에 맞는 언어 능력을 효율적으로 기른다. 보다 자세한 내용은 [별표Ⅰ]에 제시된 의사 소통 기능 및 예시문을 참조한다. (가) 인사 기능 : 인사,소개,안부,칭찬,격려,축하,감사,위로 등의 표현 (나) 정보 전달의 기능 : 설명,정보 전달,제안,조언,안심, 사과,대답,추측, 주장 등의 표현 (다) 요구의 기능 : 질문,허가,확인,선택,설명,의뢰,지시 등의 표현 (라) 의사 및 태도의 전달 기능 : 반론,의문,제기,부정,비난,놀람,희로애락, 반문, 유감 등의 표현 (마) 담화의 전개 기능 : 담화의 시작,전개,전환,종결과 관련된 표현	**(1) 의사소통 기능** (가) '일본어 Ⅰ' 과목에 제시되어 있는 기능 중에서 '일본어 Ⅰ' 과목에서 다루지 않은 의사 소통 기능(불필요, 자청, 의무와 금지, 보류 및 회피, 유감 등)을 추가하여 다루되, '일본어 Ⅰ' 과목에서 사용한 기능과 예시문을 다시 사용할 수 있다. (나) [별표 1]의 예시문에 제시되지 않은 것도 추가하여 사용할 수 있다.
(2) 발 음 현대 일본어의 공통어 발음으로 한다.	
(3) 문 자 문자는 기본적으로 히라가나, 가타카나, 한자를 사용하되, 한자는 일본어의 상용 한자용 글자체를 사용하며, [별표Ⅲ]에 제시한 표기 한자의 범위 내에서 사용한다. 다만, 고유명사에 사용되는 한자는 예외로 하며, [별표Ⅲ]에 제시된 한자는 학습량을 고려하여 읽기와 쓰기를 구분하여 적절히 선택하여 사용하도록 한다.	
(4) 어 휘 [별표 2]에 제시된 어휘를 중심으로 하여 500 낱말 내외를 사용한다.	**(4) 어 휘** [별표 2]에 제시된 기본 어휘를 중심으로, '일본어 Ⅰ'에서 이수한 어휘를 포함하여 900 낱말 내외를 사용한다.
(5) 문 법 문법에 관한 사항은 [별표Ⅰ]에 제시된 예시문의 해당 사항을 참고한다. 다만, 다음 문법 사항은 다루지 않기로 한다. (가) 고어적인 표현(예:べし,まい) (나) 지나치게 복잡한 문법 사항(예:사역+수동;歌わせうる,ださせていただく) (다) 지나치게 존비어(예:さようでざいますか) (라) 지나치게 격식 차린 구어 표현(예:ほんじつは、~であります)	
(6) 문 체 문장체와 구어체 및 남성어와 여성어, 공손한 표현을 고르게 사용한다.	**(6) 문 체** 문장체와 구어체, 남성어와 여성어, 공손한표현과 축약식 표현

(7) 문 화
 (가) 일상적인 생활 문자를 소재로 선택하되, 의사 소통 능력 습득에 도움이 되는 것으로 한다.
   ① 개인 생활과 일상적인 인간 관계에 관한 것
   ② 교우 관계나 학교 생활에 관한 것
   ③ 기본적인 사회 생활에 관한 것
   ④ 취미, 오락, 관광 등 여가 선용에 관한 것
   ⑤ 일본인의 언어 행동을 이해하는 데 도움이 되는 것
   ⑥ 일본인의 일상 생활을 이해하는 데 도움이 되는 것
   ⑦ 우리 문화에 관한 것
 (나) 내용 구성에 있어서는 다음 사항에 유의한다.
   ① 학생의 흥미, 필요, 지적 수준 등을 고려하여 의사 소통 의욕을 유발할 수 있는 것으로 한다.
   ② 내용은 실제 생활에서 사용될 수 있는 것으로 한다.
   ③ 듣기, 말하기, 읽기, 쓰기는 연계성을 가지도록 구성한다.
	(7) 문 화
	 (가) 일상 생활과 대표적인 문화 소재를 위주로 선택하되, 의사 소통 능력 습득에 도움이 되는 것으로 한다.
	   ① 의사 표현에 관한 것
	   ② 인간 관계와 학교 생활에 관한 것
	   ③ 사회 생활과 국가에 관한 것
	   ④ 취미, 오락, 관광 등 여가 선용에 관한 것
	   ⑤ 일본인의 생활 문화를 이해하는 데 도움이 되는 것
	   ⑥ 일본의 문화와 환경을 이해하는 데 도움이 되는 것
	   ⑦ 우리 문화에 관한 것
	 (나) 내용 구성에 있어서는 다음 사항에 유의한다.
	   ① 학생의 흥미, 필요, 지적 수준 등을 고려하여 의사 소통 의욕을 유발할 수 있는 것으로 한다.
	   ② 내용은 실제 생활에서 사용될 수 있는 것으로 한다.
	   ③ 듣기,말하기,읽기,쓰기는 연계성을 가지도록 구성한다.

[별표Ⅰ]로 발표된 '의사소통기능 예시문'은 6차의 10개 항목에서 5개 항목으로 정리되었다. 6차에서는 「개인의 생각, 개인의 느낌, 친교 활동, 일상적인 대인관계, 권유와 의뢰, 지시와 명령, 정보 교환, 의견 교환, 문제 해결, 창조적 활동」의 10개항목 36기능으로 제시되었는데, 7차에서는 「인사 기능, 정보전달의 기능, 요구의 기능, 의사 및 태도의 전달 기능, 담화의 전개 기능」의 5개항목 38개 기능으로 제시되었다. 상위 분류는 줄어들고 하위 분류는 늘어난 형태이다.

<표180> 제7차 교육과정 의사소통기능 예시문

1. 인사 기능	
가. 일상의 인사	
(1) 만남	おはようございます。
	こんにちは。
	こんばんは。
	おひさしぶりですね。
(2) 헤어짐	さようなら。
	おやすみなさい。
	おきをつけて。
	失礼します。
	じゃ、また。
(3) 자기 소개	南山高校のキムです。
	私、韓国のイと申します。
(4) 타인 소개	田中さん、友だちのパクさんです。
	こちらは、東京高校の田中さんです。
(5) 초면 인사	はじめまして。キムです。どうぞよろしく。
나. 안부	お元気ですか。
다. 칭찬	キムは歌がお上手ですね。
	よくできました。
라. 격려	がんばってください。
마. 축하	たんじょうび、おめでとうございます。
바. 감사	ありがとうございます。
	おかげさまで。
	先日はどうもありがとうございました。
	いろいろお世話になりました。
사. 사과	おそくなってすみません。
	おそれいりますが、・・・
아. 위로	お気の毒に。
	おだいじに。
아. 대답	
(1) 승낙	はい、わかりました。
(2) 거절	いいです。
	もうけっこうです。
	あいにく5時に約束があるんです。
자. 추측	田中さんは来ないかもしれません。
	雨が降りそうもないですね。
차. 의사표시	その問題はむずかしいんじゃないでしょうか。
	その問題はむずかしすぎると思います。
3. 의사・태도 전달의 기능	
가. 반론, 의문 제기	広いことは広いですが、すこしきたないですね。
	こちらのほうがいいと思いますけどね。
나. 부정, 비난	そんなことはないですよ。
다. 태도 보류, 판정 회피	来るとは思うんですが。
라. 놀람, 의외의 기분	8月なのに、わりにすずしいですね。
	1つしかないんですか。
마. 히로애락	おあいできてうれしいです。
	きのうの映画は、とてもおもしろかったです。
바. 반문	大阪へですか。
사. 유감	せっかく作ったのにもったいないですね。
4. 요구 기능	
가. 질문	ゆうびんきょくは、どこですか。
나. 허가	えんぴつで書いてもいいですか。
다. 확인	いいお天気ですね。
	田中さんの帰国は来週でしたね。

2. 정보 전달의 기능
　가. 설명
　(1) 안내　　　ここは図書館です。
　(2) 보고　　　きのうは学校で野球をしました。
　(3) 사정·형편　水曜日は都合が悪いです。
　(4) 행동　　　日曜日には映画を見たりテニスをしたりしています。
　　　　　　　　テープを聞きながら会話を練習しています。
　(5) 상태　　　少しむずかしいですが、たのしいです。
　(6) 증상　　　おなかが痛いんです。
　(7) 예정　　　大学で日本語を専攻する予定です。
　(8) 시간　　　バスで30分ぐらいかかります。
　(9) 행위의 완료　会議は今始まったところです。
　(10) 위치　　　学校のとなりに郵便局があります。
　　　　　　　　電話は階段の近くにあります。
　(11) 대비　　　見ることはすきですが、やることはあまりすきではありません。
　(12) 사정　　　急に体の具合が悪くなってしまいまして。
　(13) 이유　　　かぜをひいたので病院へ行きます。
　나. 정보 전달
　(1) 전갈　　　田中さんも来るんだそうです。
　　　　　　　　今日はおそくなると言っていました。
　(2) 희망·의향　ワープロを習おうと思っています。
　　　　　　　　できるだけ行ってみるつもりです。
　　　　　　　　田中に会いたいですね。
　다. 제안　　　先生に相談してみるのはどうですか。
　라. 조언　　　はやく帰ったほうがいいですよ。
　　　　　　　　日光にしたらどうですか。
　　　　　　　　電車のほうがバスより速いと思います。
　마. 안심　　　だいじょうぶだから、心配する必要はありませんよ。
　바. 불필요　　そんなに考えることはありませんよ。
　사. 자청　　　先生、それお持ちしましょうか。

日本は物価が高いと聞きましたが。
電話しなくてもいいんですね。
　라. 선택　　　コーヒーとジュースがありますが、どちらがいいですか。
　마. 설명　　　お読みになりましたか。
　　　　　　　　どこか近くに安い店はありませんか。
　　　　　　　　郵便局へ行くにはどう行ったらいいでしょう。
　　　　　　　　ワープロって何ですか。
　　　　　　　　この漢字,なんて読むんですか。
　바. 의뢰　　　もうすこし大きいのはありませんか。
　　　　　　　　日本の新聞をお願いできますか。
　　　　　　　　教えていただきたいんですが。
　　　　　　　　明日来るように言ってください。
　　　　　　　　少し手伝ってくれませんか。
　사. 지시　　　本は明るいところで読んでください。
　　　　　　　　ちょっと待ってください。
　아. 의무　　　約束は守らなければなりません。
　자. 금지　　　夜はおふろに入らないでください。
　　　　　　　　ここではたばこを吸ってはいけません。

5. 담화 전개 기능
　가. 담화의 시작
　(1) 서두(주의 환기)　あの、ちょっとよろしいですか。
　　　　　　　　ちょっとお伺いしたいことがあるんですが。
　(2) 화제 제시　実は、かんげいかいをしたいと思いましてね。
　　　　　　　　勉強のことで相談があるんですが、
　　　　　　　　試験のことなんですが。
　나. 담화의 전개
　(1) 구어체　　ところで、
　(2) 문장체　　さて、
　다. 화제의 전환　話しはかわりますが。
　라. 담화의 종결　それじゃ失礼します。
　　　　　　　　どうも失礼しました。

교육과정기의 '내용' 항목의 변천을 알아보기 위하여, 우선 표제어의 변화를 <표181>로 정리해 보았다.

<표181> 제2차~제7차 교육과정 '내용' 항목 표제어 변화

	2차	3차	4차	5차	6차	7차
언어 기능	듣기와 말하기/ 읽기/ 쓰기	듣기와 말하기/ 읽기/ 쓰기	듣기와 말하기/ 읽기/ 쓰기	듣기와 말하기/ 읽기 쓰기	이해 기능 표현 기능 의사소통기능 (문형제시,문 법제한)	듣기 말하기 읽기 쓰기
언어 재료	어휘/소재/문 형/문법사항	어휘/소재/문 형/문법사항	소재/발음/어 휘/문형·문 법	소재/발음/문 자/어휘/문형 ·문법	소재/발음/문 자/어휘	의사소통기능 /발음/문자/어 휘/문법/문체/ 문화

언어 기능 항목은 6차 교육과정을 제외하고는 4기능을 중심으로 고시되어 있다. 2차에서 5차까지는 듣기와 말하기가 하나의 항목으로 묶여 있고, 읽기 쓰기가 다른 항목으로 되어있다. 이것은 목표에서 보이는 제시 순서와는 차이를 보이는데, 목표항목에서는 2차는 이해력과 발표력으로, 3차는 듣기→읽기→말하기→쓰기 순으로, 4차 5차는 듣기→말하기→읽기→쓰기 순으로 표기하고 있다.[107] 6차에서는 2차 교육과정의 목표 항목과 비슷하게 이해 기능과 표현 기능으로 묶어서 제시하였으나, 7차에서는 이를 다시 듣기→말하기→읽기→쓰기 4기능으로 제시하고 있다. 6차 교육과정에서 언어 기능을 이해 기능과 표현 기능으로 묶어 제시한 것에 대하여는 비판의 소리가 있는데 이는, 듣기와 읽기를 묶어 이해 과정으로 설정하여 학습하도록 하는 것은, 듣기는 입

---

107) 이 배열의 차이를 기능의 중시도 차이로 보는 견해가 있다. 이덕봉(1998) p.58 참조.

력 자료이고, 이 입력된 자료가 말하기나 쓰기라는 출력자료로 이용되는 수업진행상의 흐름과 대치된다는 것이 주된 내용이었다. 6차는 이외에도 '의사소통기능' 항목이 있어 문형을 제시하고 문법에 제한을 두고 있다. 7차에서는 의사소통기능이 언어 기능이 아니라 언어 재료에 포함되어 있는데, 이에 대하여 이덕봉(1998)은 "7차 교육과정의 내용 체재 중에 두드러진 특징은 「의사 소통 활동」항목이 신설된 것이다. 6차 교육 과정에서는 학습 목표를 제시한 뒤 내용 부분에 언어 기능 의사 소통 기능, 언어 재료 등 언어 재료성 내용만을 제시하였으나, 7차에는 목표에 이어 내용 부분에 그 목표를 달성하기 위한 언어 활동 내용으로서의 의사 소통 활동 항목을 추가한 것이다. 학습 목표와 언어 활동을 기술하는 데도 종전처럼 작은 언어 단위로부터 큰 언어 단위로 학습해 가는 구조주의적 기술 방법을 지양하고 의사 소통 기능 항목을 중심으로 기술하였다."[108]고 말하고 있다.

언어 재료는 어휘/소재/문형·문법/의사소통기능/발음/문자/문체/문화 등으로 고시된다. 각 교육과정은 약간씩 차이를 보이는데, 2차·3차에서는 어휘/소재/문형/문법사항으로 고시되었고, 4차에서는 발음이 추가되면서 소재와 어휘 항목이 바뀌었으며, 5차는 4차에 문자 항목이 추가되었고, 6차는 문형·문법 항목이 없어지면서 의사소통기능이 들어갔다.

다음은 '내용' 항목 중 '언어 재료'의 변천을 검토하여 보았다. 아래에 제2차 교육과정에서부터 제7차 교육과정까지 '언어 재료' 항목을 발췌 요약하고 <표182>로 정리하였다.

---

108) 이덕봉(1998), p.70 참조.

<표182> 역대 일본어과 교육과정의 '언어 재료' 변화 추이

	2차	3차	4차	5차	6차	7차
어휘	2,500어	3,000어	2,200어(754)	1,800어(846)	600/800어 (771)	500/900어 (834)
소재	필수적인 어학 기초자료/사회, 문화, 경제, 자료	우리나라 생활 내용에서 많이 선정	일상생활 및 문화전반에 관한 것/동기유발/실용적인 것	일상생활 및 일반적 화제/동기 유발할 수 있는 것/실용적인 것	일상생활/의사 소통기능 지도에 도움이 되는것	×
문형 문법	기본문형/귀 납적지도	기본문형/귀 납적지도 (문법설명 사세함)	기초적인 것	기초적인 것	×	예시문 참조 /4개항의 제한항목
의사 소통	×	×	×	×	의사소통기능 10범주/36항 목/예시문	의사소통기능 5범주/38항목 /예시문
발음	×	×	현대 일본어 표준 발음	현대 일본어 표준 발음	현대 일본어 표준 발음	현대 일본어 공통어 발음
문자	×	×	×	히라가나/가 타카나/한자 (상용)	히라가나/가 타카나/한자 (상용)	히라가나 /가타카나 /한자(상용 한자용자체)
문체	×	×	×	×	×	문장체, 구어 체/남성어, 여 성어/공손표 현
문화	×	×	×	×	×	일상생활 소재/의사 소통 유발

　우선 [어휘]는, 교육과정이 바뀜에 따라 권장 어휘가 점점 줄어들고 있다. 최고치였던 제3차 교육과정의 3000어와, 최하치인 제7차 교육과정의 500어를 비교해 보면 1/6로 줄었다. 교과서에서 실제로 사용된 어휘수도 점점 줄어드는 경향을 보이고 있는데 자세한 것은 교과서 항목에서 다르기로 한다.

　[소재]면에서 보면, 우선, 눈에 띠는 것은 7차 교육과정에는 소재 항목이 없다는 것이다. 이는 문화 항목에서 일상생활에서 사용되는 일본

어를 소재로 할 것을 제시한 것으로 보아, 7차 교육과정은 문화 자체가 소재가 되는, 문화를 중시한 교육과정이라고 해석된다. 문화 자체가 소재가 된다고 하는 것은 문화의 내용이 달라지는 것을 의미하는데, 지금까지는 스테레오 타입 문화를 소개하는 정도의 문화 교육이었으나 앞으로는 일상생활과 관련되는 보편적인 문화를, 다문화 이해라는 차원에서 다루어 져야 하며 적극적으로 이해하는 태도를 기르도록 해야만 하는 것이다.[109] 일본어 교육에 사용하기를 권장하는 소재도 시대적 배경을 많이 반영하고 있음을 알 수 있는데, 예를 들어, 고등학교에서 일본어 교육이 시작되는 초창기 교육과정에서는 '필수적인 어학 기초'나 사회·문화·경제 자료를 소재로 사용할 것을 권하고 있으며, 일본 또는 일본인의 생활 내용이 아니라 우리나라의 생활 내용에서 많이 소재를 선정할 것을 권하고 있는 것이다.

[문형·문법] 항목은, 2차 3차에서는 기본 문형을, 4차 5차에서는 기초적인 문형·문법을 다루게 되어 있다. 3차에서는 문법설명을 자세히 하고 있는데 이것은 교과서에도 반영되어 의사소통능력 신장을 위하기보다는 일본 이해를 위한 문법역독식 교육이 될 것임은 예측이 가능하다. 6차 7차에서는 의사소통기능 항목을 추가하여, 의사소통능력 신장

---

109) 이덕봉(2001)은 7차 교육과정의 문화에 대하여, "우리나라에서 영어공부를 꽤 해도 써먹지 못하는 걸 보면 결국은 지식으로서의 영어를 배우고 영어권 문화에 대해서 모르는, 행동으로 써먹을 수 있는 영어가 아니기 때문에 써먹지 못하는 영어가 된다는 점에 착안해서, 역시 일본어는 좀 서툴더라도 일본에 대한 이해에 상당히 비중을 둠으로 해서 더 관심을 갖고, 나중에 더 일본어를 공부하고 싶어지게 하는 것만 해도 상당한 성공이라고 보기 때문에, 소위 국제이해 측면에서의 문화교육이 꽤 강조가 됐습니다." 라고 7차 교육과정에서 문화가 강조된 것을 말하고 있다. 이덕봉(2001)「21세기 일본어 교육이 무엇을 원하는가」『일본어 교육연구』 창간호, p.12.

을 꾀하고 있는데, 다만, 6차에서는 문형·문법 항목을 없애고, 언어 기능의 의사소통기능 항목에서 [별표1]에 의사소통기능 예시문을 문형의 형태로 제시하고 문법은 이 범위 내에서 사용하도록 하였으며 문법에 제한을 두었다. 7차에서는 문법 항목이 있기는 하나 다루지 말아야 할 문법 4개 항목을 예시하고 있을 뿐이다. 6차와 7차의 의사소통기능 예시문은 약간의 내용상의 차이를 보이는데, 6차에서 10범주 36항목이었던 것을 7차에서는 5범주 38항목으로 정리되었다.

[발음] 항목은 4차 교육과정부터 추가되었는데, 4·5·6차에서는 현대 일본어의 표준 발음을, 7차에서는 현대 일본어의 공통어 발음을 중심으로 교육하도록 하였다.

[문자] 항목은 5차 교육과정부터 추가되었는데, 히라가나, 가타카나, 한자(상용한자)를 사용하도록 하였으며 [별표Ⅲ]으로 한자를 제시하였다.

[문체] 항목은 7차에만 언급이 있다. 문장체와 구어체 및 남성어와 여성어, 공손한 표현을 고르게 사용하도록 하였다.

[문화] 항목은 7차에만 언급되고 있는데, 교육 목표에 문화에 대한 언급이 있음에도 불구하고 지도 내용에서는 빠져 있던 것을 7차에서는 소재 항목을 없애고 문화를 강조하고 있다. 위에서도 언급했듯이 7차 교육과정은 문화가 강조된 교육과정임을 알 수 있다.

5.1.7.4. 교수·학습 방법

교육과정이 고시될 때에 지도 방법 및 평가 항목에 대하여 다양한 용어를 사용하고 있다. <표183>에서 보는 바와 같이 2차 3차에서는 '지도상의 유의점'으로, 4차 5차에서는 '지도 및 평가상의 유의점'으로 고시되었고, 6차에서는 교수 방법과 평가 항목을 분리 고시하였고, 7차에서는 6차와 마찬가지로 방법과 평가를 분리하였으나 표제어에 '교수'

방법에 '학습'을 추가하여 교수 학습 방법으로 고시하고 있다. 이것은 교사측에 중심을 둔 교수법과 학생측의 활동에 중심을 둔 학습법을 동시에 고려한 용어로서 7차 교육과정이 학습자의 활동을 중심으로 수업을 권하고 있고, 교사의 역할이 수업을 주도하고 지식을 전달하는 위치가 아니라 학생이 수업의 주체가 되어 활동을 할 때에 옆에서 도와주는 역할을 하는 커뮤니케이션 중심 수업의 반영인 것으로 보여서, 교사의 역할의 변화를 짐작케 하는 변화인 것이다. 7차 교육과정의 방법을 요약하면, 4기능 통합 수업, 학습자 중심 활동 수업, 학습의욕을 높이는 흥미로운 수업, 소집단·학생 상호간 수업, 실제 장면 체험 수업 등으로 요약될 것이다. 이 모든 수업이 학습자를 중심으로 하는 수업임을 보여주는 것이다.

7차 교육과정을 포함해서 현대의 교육사조는 교수·학습 상황에서 학습자를 위주로 보려는 견해가 팽배해 있다. 이것은 자주 현대 산업사회에서 소비자 중심 경영을 생각하는 경제활동에 비유되기도 하는데, 소비자를 중심으로 생각해야 좋은 물건이 나오고 잘 팔리듯이 학생을 중심으로 생각해야 질 좋은 교육이 나오고 교육기관도 잘 육성되어 나갈 것이라는 생각은 당연한 일이다. 그러나, 이러한 생각은 실제 경영에서는 그 반영이 쉽지 않아서, 어디까지나 현실적인 여건에 따라서 경영의 체제가 잡혀질 수밖에 없는 것이다. 현실적인 여건이란 회사로 보면 자본과 기술, 인력 등 현 상태의 여건을 말하는데 이 조건 아래서 수요자 중심 생산활동이 전개될 수밖에 없는 것이다. 교육현장도 마찬가지라고 볼 수 있다. 아무리 좋은 교육기술이 있어도 그 기술을 사용할 수 있는 물리적 환경과 기술인력이 없으면 무용지물이다. 교육현장에서는 교사와 교육기술, 그리고 행정지원 등이 물리적 여건으로 작용한다. 교육과정이 아무리 수요자 중심 교육이라고 하더라도 교사는 이미 교육의 체제 안에서 결정되어 있는 여건이다. 수요자에 맞추어 그때마다 교사를 채용하는 것이 아니라 이미 채용된 교사 안에서 수요자 중심의 교육을 실천하여야 하는 것이 여건인 것이다. 그러므로, 이러한 상황에서 최선의 방법이란 상황에 알맞은 교육방법을 선택하여 사용하되 결정여건인 교사가 새로운 교육방법에 적응하도록 하게 하는 것이다. 따라서 교육과정이 바뀔 때마다 교육에서의 결정여건인 교사가 새로운 교육방법을 실천 가능하도록 만들어 주어야 하며 그 방법의 하나로 교사 재 연수는 필연적인 것으로 사료되며, 다른 여건의 하나인 행정지원이 함께 이루어져야 할 것으로 본다.

일본어 교육과정 전체를 살펴보면, '방법'의 기술에도 많은 변화를 보여왔다. <표183>에서 보는 바와 같이, 처음에는 [지도상의 유의점]으로 간단히 제시되었다가, 평가를 포함하는[지도 및 평가상의 유의점]으로 바뀌고, 다시 평가를 분리시켜[방법]으로 되었다가 7차 교육과정에서는 [교수 학습방법]으로 제시되는 변화를 가져왔다.

평가상의 유의점은 평가 항목에서 다루기로 하고 여기서는 지도상의 유의점에 대하여 검토한다. 2차에서 5차까지 '지도상의 유의점'으로 기술되다가 6차 교육과정에서 '방법'이 되고, 7차 교육과정에서는 '교수·학습 방법'이 되었다고 위에서 언급하였는데, '지도상의 유의점'이라고 하는 것은 교사가 일방적으로 설명하는 식의 당시의 수업 형태를 반영하고 있다. 그것이 6차에서는 '방법'이 되어 중립적인 느낌을 갖게 하고, 7차에서 사용한 '교수·학습 방법'은 교수자와 학습자를 동시에 염두에 둔, 다시 말하면, 학습자 중심의 수업을 강조하고 있는 7차 교육과정의 특징을 잘 보여주고 있는 용어라고 할 수 있다. 이것은 각 교육과정기의 교수법과 교과서 실러버스를 다시 한번 정리해 보아도 알 수 있다.

<표183> 역대 일본어과 교육과정의 '지도 및 평가상의 유의점' 변화 추이

	지도 방법 및 평가
2차	<지도상의유의점> · 듣기 말하기 후 읽고 쓰는 능력으로 · 문법설명 및 번역위주 피함 · 사전사용법 지도
3차	<지도상의 유의점> · 쉬운 것→어려운 것, 구체적인 것→추상적인 것 · 문법용어 도입피하고, 구두 훈련을 통한 언어학습 · 사전 사용법 지도
4차	<지도 및 평가상의 유의점> 1)지도 · 문법용어 문법위주수업 피하고, 구두훈련 중점 · 직독 직해 습관 2)평가 언어 기능의 네영역을 고루 평가/학습동기 유발
5차	<지도 및 평가상의 유의점> 1)지도 4기능을 상호 유기적으로 지도/직독,직해/통제 작문 2)평가 언어 기능 4영역 고루 평가/학습의욕 촉진
6차	<방법/평가> 4.방법 교수·학습계획 듣기와 말하기에 중점 교수·학습방법 상호활동 전개/목표어 사용 수업 5.평가 이해기능과 표현기능을 고루평가
7차	<교수·학습방법/평가> 4.교수·학습방법 의사소통기능 습득 중심 구성/학생중심/체험학습/협력학습 5.평가 · 평가지침 의사소통기능 중심 4기능평가/능동적 태도평가 · 평가내용 듣기/말하기/읽기/쓰기 · 평가방법 진단/통합/면접법 평가

　6차와 7차 교육과정은 학습자 중심의 교수법을 적용하여 수업을 하여야 하는 것이다.

수업은 몇가지 단계를 거쳐서 진행된다. 수업의 단계를 모형으로 나타내 보면 다음과 같은 수업을 그려낼 수 있을 것이다.

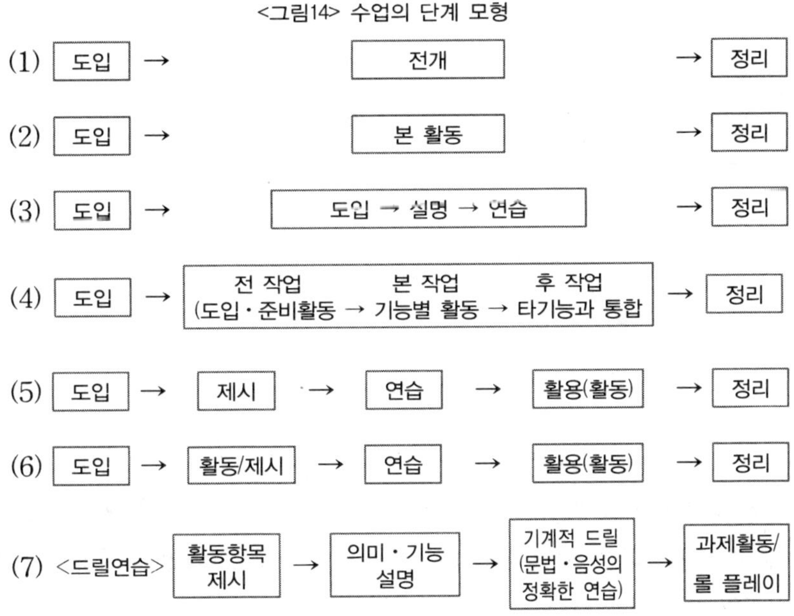

2차와 3차 교과서가 구조 실러버스로 구성되어 있음은 언급한 바 있다. 4차와 5차 교과서는 구조에 상황이 첨가되어 구조, 상황 실러버스가 되고, 6차에서는 커뮤니케이션 중심 교수법으로 인하여 機能, 技能, 과제 중심 실러버스가 추가되었다.

<표184> 역대 일본어과 교육과정 교수법 적용 및 교과서 실러버스

교육과정	교수법 적용	교과서 실러버스
2차(1973)	· 문법 역독식	구조
3차(1974)	· 문법 역독식 · 청화식 교수법	구조
4차(1981)	· 청화식 교수법 · 인지주의적 교수법	구조, 상황
5차(1988)	· 청화식 교수법 · 인지주의적 교수법 · (시청각 교수법)	구조, 상황
6차(1992)	· 청화식 교수법 · 의사 소통 중심 교수법 · 시청각 교수법 · 인본주의적 교수법	기능, 구조, 상황, 기능, (과제)
7차(1997)	· 청화식 교수법 · 의사 소통 중심 교수법 · 시청각 교수법 · 인본주의적 교수법	기능, 구조, 상황, 기능, 내용, 과제, (화제)

다만, 위 표에서 보는 바와 같이 6·7차는 거의 같은 교수법이 교육과정에 적용되어 있다. 그러나 6차 교육과정기에 출판된 교과서는 이에 미치지 못하여 불완전한 기능 중심 실러버스가 되었다는 것은 이미 언급한 바 있다.

5.1.7.5. 평가

제7차 교육과정의 '평가'항목은 6차와 마찬가지로 '평가 지침' '평가 목표' '평가 방법'으로 구성되어 있다.

<표185> 제7차 교육과정 '평가' 항목

	일본어 Ⅰ	일본어 Ⅱ
평가 지침	일상 생활에서 사용되는 일본어의 의사 소통 기능을 중심으로 언어의 네 기능을 모두 평가하되, 말하기와 듣기에 중점을 두고 요점 파악 능력과 능동적 태도 등을 평가한다.	일상 생활에서 사용되는 의사 소통 기능을 중심으로 수업의 전과정을 평가의 대상으로 한다. 언어의 네 기능을 모두 평가하되, 말하기와 듣기에 중점을 두고 유창성을 중심으로 일본어 구사 능력을 평가한다.

평가 목표	**- 듣 기 -** (1) 간단한 어구나 문장을 듣고 그 뜻과 이해하는 능력 (2) 짧은 말과 들을 듣고 그 뜻을 이해하는 능력 (3) 의사소통기능에 관한 표현을 듣고 그 뜻을 이해하는 능력 (4) 의사소통기능에 관한 표현을 듣고 그대로 행할 수 있는 능력 (5) 상대편의 말을 바른 태도로 듣는 자세	**- 듣 기 -** (1) 긴 말과 글을 듣고 그 요점을 파악하는 능력 (2) 대화 장면을 시청하여 그 뜻을 파악하는 능력 (3) 의사 소통 기능에 관한 표현을 듣고 그 뜻을 파악하는 능력 (4) 의사 소통 기능에 관한 표현을 듣고 그대로 행하는 능력 (5) 보도를 듣고 중요한 내용을 파악하는 능력 (6) 상대편의 말을 듣고 그 의도를 파악하는 능력
	- 말하기 - (1) 간단한 어구나 문장을 자연스럽게 말하는 능력 (2) 의사 소통 기능에 관한 표현을 자연스럽게 말하는 능력 (3) 일상의 대화와 관련된 언어 행동을 알고 말하는 능력 (4) 여러 사람 앞에서 자신의 생각을 자신 있게 말하는 능력 (5) 일본어 대화에 적극적으로 참여하는 자세	**- 말하기 -** (1) 축하, 칭찬, 격려, 위로 등의 인사 표현을 말하는 능력 (2) 의사 소통 기능에 관하 표현을 말하는 능력 (3) 자신의 생각을 논리적으로 말하는 능력 (4) 여러 사람 앞에서 자신의 생각을 말하는 능력 (5) 여러 사람과 하나의 주제에 대하여 토론하는 능력 (6) 일본인의 언어 행동상의 특징을 알고 말하는 능력
	- 읽 기 - (1) 가나와 한자가 섞인 간단한 어구나 문장을 자연스럽게 낭독하는 능력 (2) 인쇄 문자와 영상 문자를 말하듯이 낭독하는 능력 (3) 간단한 글을 읽고 그 뜻과 요점을 이해하는 능력 (4) 의사소통기능에 관한 표현을 읽고 그 뜻을 이해하는 능력 (5) 영상 문자로 된 글을 읽고 그 뜻을 이해하는 능력 (6) 일본어에 의한 정보 검색의 기초적인 능력	**- 읽 기 -** (1) 글을 보며 말하듯이 낭독하는 능력 (2) 긴 글을 읽고 그 요점을 파악하는 능력 (3) 의사 소통 기능에 관한 표현을 읽고 그 뜻을 파악하는 능력 (4) 문장체와 대화체의 글을 읽고 그 뜻을 파악하는 능력 (5) 인터넷을 통하여 일본어의 정보를 검색하고 그 뜻을 파악하는 능력 (6) 일본 문화에 관한 글을 읽고 그 뜻을 파악하는 능력
	- 쓰 기 - (1) 가나와 한자를 바르게 쓰게 능력 (2) 간단한 어구나 문장을 듣고 그대로 적는 능력 (3) 간단한 의사 소통 기능에 관한 표현을 글로 적는 능력 (4) 자신의 생각을 영상문자로 전달하는 능력 (5) 일상 생활과 자신의 생각을 기록하는 습관	**- 쓰 기 -** (1) 의사 소통 기능에 관한 표현을 짧은 글로 적는 능력 (2) 간단한 실용문을 양식에 맞게 작성하는 능력 (3) 자신의 생각을 영상 문자로 전달하는 능력(정보 통신 능력) (4) 일상 생활과 자신의 생각을 일본어로 적는 능력 (5) 문장체와 구어체의 특징을 구별하는 능력
평가 방법	(1) 학생을 서열화하는 평가보다 학습 진단을 위한 평가가 되도록 한다. (2) 객관성, 타당성, 신뢰성을 갖춘 평가가 되도록 한다. (3) 평가 목표와 내용에 따라 분리 평가와 통합 평가를 실시하되, 특히 말하기, 듣기를 중심으로 한 통합 평가에 비중을 두도록 한다. (4) 말하기 평가에 있어서는 필답식 평가를 지양하고, 면접법에 비중을 두어 실제의 의사 소통 능력을 효과적으로 평가하도록 한다.	

> ⑸ 의사 소통 활동과 문화 이해에 대한 적극적인 참여도를 평가하도록 한다.
> ⑹ 일본어에 의한 정보 검색 및 통신과 같은 언어 능력의 응용력을 평가에 반영하도록 한다.
> ⑺ 모든 평가의 결과는 질적 결과와 양적 결과를 분석하여 다음 단계의 학습 및 개별 학습지도에 반영하도록 한다.

이미 '방법' 항목에서 평가의 기술은 4차 교육과정부터 추가되었음을 언급하였다. 다시 <표185>를 참조하여 평가 항목을 검토해 보면, 7차에서는 평가 항목의 기술이 자세한데, 4차·5차에서는 언어의 4기능을 고루 평가하여 학습동기를 유발시키도록 하며, 6차에서는 이해기능과 표현기능을 고루 평가하도록 하였으며, 7차에서는 의사소통중심 4기능을 평가하되, 의사소통 활동에 임하는 적극적인 태도도 평가의 대상이며, 면접법을 강조하고 있다. 아직 7차 교육과정은 한참 진행 중이므로 7차 교육과정하의 평가에 대한 결과보고 등이 발표되는 대로 보충하기로 하고 여기서는 언급을 미루기로 한다. 다만, 7차 교육과정이 요구하는 평가 모형의 빠른 정착을 위하여 일본어과 전체의 차원에서 모형 개발이 고려되어야 한다고 사료된다. 수업은 커뮤니커티브 어프로치 식으로 하고 평가는 오디오 링걸식으로 한다면 현행교육과정의 실효를 크게 기대하기는 어려울 것이기 때문이다.

5.1.7.6. 교과서

(1)검정 도서

교재분석은 학생을 지도하는 교사들이 교재의 적절한 사용을 위해 교재를 재구성할 수 있는 바탕을 마련하거나, 차후의 교재 개발에 대한 시사점을 줄 수 있다는 좋은 점이 있는 반면에, 연구 결과에 대한 효용성이 짧다는 단점이 있다. 즉, 특정한 시기의 교재를 대상으로 분석하는 연구이기 때문에 시간이 흘러 새로운 교재가 채택되면 효용성이 떨어져 버린다는 것이다. 교재분석에 관한 선행논문들을 보면, '현행 교과서의 ……. 분석'이라는 테마로 논문을 쓰게 되는데 읽어보면 이미 지난 교육과정의 논문인 것이다. 즉, 새로운 교육과정기가 되어 새로운 교과서가 발행되면 바로 '현행'의 자리를 내어주어야 하는 것이다. 이것은 교재분석을 어떠한 측면에서 하여야 하는지 교재연구의 목적은 무엇인지 등에 대한 시사점을 주고 있다. 제7차 교육과정 교과서는 2002년부터 사용되기 시작하여 2004년에 완전사용을 하게 되었다. 현재 사용중인 교과서이니 만큼, 아직 분석이 끝나지 않은 상태에 있고, 여러 곳에서 분석을 하고는 있으나, 7차 교과서 초기에 출판되었던 4권만을 분석한 선행연구가 많아서 실제로 본 저서에서 참고하기에는 어려움이 있다.

　제7차 교육과정의 교재 출판 현황을 살펴보면 우선, 검정교과서는 [일본어 I]이 12종, [일본어 II]가 6종 출판되었다. 7차 검정교과서를 출판한 출판사와 저자명, 그리고 교과서의 과수와 쪽수, 각 과 체재에 대하여는 아래 <표186>에 정리하였다. 검정교과서는 평균 11과, 208쪽으로 만들어졌다.

<표186> 제7차 교육과정 검정 도서 출판 현황

7차	저자	I II	과수	쪽수 (본문/부록)	단원 구성
교학A	유용규,김우연. 후쓰카이치소	I	10	202 (172/30)	きいてみましょう、はなしてみましょう、확인학습(1)、よんでみましょう、かいてみましょう、확인학습(2)、보충・심화학습、쓰임새정리、みんなでたのしく
교학B	이봉희,김남익	I	12	219 (182/37)	의사소통기능、きいてみましょう、はなしてみましょう、よんでみましょう、かいてみましょう、まとめ、やってみましょう(확인학습・보충학습・심화학습)、みんなであそびましょう、일본알기

		II	10	195 (146/49)	의사소통기능、きいてみましょう、はなしてみましょう、よんでみましょう、かいてみましょう、まとめ、やってみましょう(확인학습・보충학습・심화학습)、みんなであそびましょう
대한 교과서	김숙자,어기룡, 이경수,사이토 아사코	I	12	220 (181/39)	ゴール、きいてみましょう、はなしてみましょう、よんでみましょう、かいてみましょう、자율학습、확인학습、보충・심화학습、やってみましょう
		II	12	204 (175/29)	
민중 서림	이숙자,김선영, 안병준,이태영, 최인홍,미노와 요시쓰구	I	10	223 (179/44)	단원안내、きいてみましょう、はなしてみましょう、コミュニケーションゲームよんでみましょう I 、이해활동 I 、よんでみましょう II 、이해활동 II 、まとめ、かいてみましょう、확인학습、보충학습、심화학습、たのしくやってみましょう
블랙 박스	한미경,쓰자키 코이치조성범, 이영환	I	10	215 (174/41)	단원안내、きいてみましょう、ききながらやってみましょう、はなしてみましょう I 、はなしてみましょう II 、コミュニケーション活動、よんでみましょう(I 권은 1,2)、이해활동(I 권은 1,2)、まとめ、かいてみましょう、やってみましょう(확인학습、심화학습)、たのしくあそびましょう、にほんをしる(II 권 만)
		II	10	207 (166/41)	
성안당	안병곤,윤강구, 최용혁,정영민	I	12	192 (160/32)	학습목표、聞いてみましょう、話してみましょう、듣기활동、ダイアローグ、말하기활동、読んでみましょう、書いてみましょう、확인학습、보충학습、심화학습、일본의 문화
시사 영어	장남호,김우열, 최영숙	I	12	206 (179/27)	단원안내、ウォーミングアップ、きいてみましょう(듣기:이해・평가하기)、はなしてみましょう、よんでみましょう、かいてみましょう、まとめてみましょう、じぶんでやってみましょう(확인、심화)、ゲーム、ことばとぶんか
지학사	김효자,박재환, 정용기	I	12	214 (181/33)	학습목표、ウォームアップ、リスニング(듣기,듣기확인)、スピーキング(듣고말하기,말하기연습,말하기활동)、リーディング(읽기,읽기확인)、ライティング、フォローアップ、アクティビティー、カルチャー ( )속은 II 권 만 써있음
		II	10	207 (165/42)	
진명A	유길동,여선구, 조문희,가이자 와도시코	I	12	224 (188/36)	さあはじめよう、まず聞こう、ダイアローグ、たのしく聞こう、話してみよう、たのしく話そう、読んでみよう、書いてみよう、まとめよう、いっしょにやろう、일본문화산책(I)/일본연구(II)
		II	10	183 (148/35)	
진명B	이현기,이한섭, 한중선	I	10	192 (160/32)	학습목표、聞いてみよう、言ってみよう、読んでみよう、みんなでやってみよう、まとめてみよう、自分でやってみよう(基本練習・応用練習・発展練習)、일본인의 생활과 문화、일본의 고등학생
학문	조남성,	I	13	206	학습목표、ききましょう、きいてやりましょう、

출판	기타나오미			(174/32)	はなしましょう、コミュニケーション活動、よみましょう、かきましょう、コミュニケーションゲーム、まとめましょう、やりましょう、ほじゅう・しんか、ことばとぶんか
천재 교육	양순혜,이원복, 위혜숙,이향진	I	12	215 (184/31)	학습목표、きいてみましょう、はなしてみましょう、よんでみましょう、よんでからかんがえましょう、かいてみましょう、クラス活動、まとめ、実力をたかめましょう(확인학습・심화학습)
		II	11	216 (182/34)	학습목표、きいてみましょう、はなしてみましょう、よんでみましょう(I)、よんでからかんがえましょう、よんでみましょう(II)、よんでからかんがえましょう、かいてみましょう、クラス活動、まとめ、実力をたかめましょう(확인학습)、심화학습、ちょっとやすみましょう

역대 교육과정의 교과서가 모두 상하권을 함께 발행했던 것에 비하여, 제7차 교육과정 교과서는 하권을 발행하지 않은 출판사가 1/2이나 된다. 제7차 교육과정 고등학교 외국어 단위수로 보아, 고등학교에서 상권만 채택할 것이라는 예상과, 상하권을 모두 발행하여야 하는 의무 규정이 없었기 때문인 것으로 풀이된다. 각 교육과정별로 교과서의 평균 과수와 쪽수를 비교해 보면, 우선, 과수는, 2차 35과, 3차 32과, 4차 25과, 5차 19과, 6차 16과, 7차 11과로 만들어지고 있어, 점점 줄어드는 경향을 보여 왔는데 35과로 만들어 졌던 2차 교육과정과, 11과로 만들어진 7차 교육과정을 비교해 보면 과수면에서는 1/3로 줄어들고 있는 것이다. 그러나 과수가 줄어들었다고 해서 교과서의 쪽수가 그것에 비례했다고는 말할 수 없다. 각 교육과정의 평균 쪽수는 2차 265쪽, 3차 180쪽, 4차 150쪽, 5차 148쪽, 6차 260쪽, 7차 208쪽으로 만들어졌는데, 5차 교과서까지는 교과서의 쪽수가 줄어오다가, 6차 7차에서 다시 늘고 있다. 6차 7차 모두 교과서의 과수는 줄어들었는데 쪽수가 늘고 있는 것이다. 그 이유의 하나로 의사소통능력 신장을 목표로 하는 교육과정의 실현을 위하여 교과서들은 상황 설정용이나 연습용, 활동용 등을

위한 많은 삽화를 포함하고 있으며, 활동에 대한 설명이나 자료를 위하여 교과서의 많은 쪽수를 할애하고 있는 것이다. 따라서 교과서의 쪽수는 늘어날 수밖에 없으며, 특히, 6차 교과서에서는 교사용지도서를 발행하지 않았으므로 지도서에 할애할 부분까지 교과서에 포함된 결과라고 보여진다.

제7차 교육과정 12종 교과서의 어휘를 알아보기 위하여 인덱스 표제어를 중심으로 어휘를 확인하여 표로 만들어 보았다. <표187>의 왼쪽 숫자는 전체 어휘이고 오른쪽 숫자는 기본어휘수이다.

<표187> 제7차 교육과정 12종 교과서의 어휘 사용 현황[110]

	교학A	교학B	대한	민중	블랙	성안당	시사영	지학	진명A	진명B	학문	천재	평균
I	570/430	537/407	537/440	676/379	586/458	630/446	564/430	501/412	643/458	422/323	458/386	554/428	557/416
	75.4%	75.8%	81.9%	56.1%	78.2%	70.8%	76.2%	82.2%	71.2%	76.5%	84.3%	77.3%	75.5%
II	×	967/673	383/272	×	936/689	×	×	475/320	746/553	×	×	435/310	
		69.6%	71.0%		73.6%			67.4%	74.1%			71.3%	

기본어휘 834어 중 I권은 500어 정도, II권은 500어를 포함하여 900어 정도를 사용하도록 하고 있는데, 실제로 교재화된 어휘를 분석해 보면,

『일본어 I』

· 평균 사용어휘는 557어이고 그 중 기본어휘는 416어가 사용되어 기본어휘 사용률은 75.5%로, 제7차 교육과정을 충실히 반영하고 있다.

---

110) I, II권 모두 표제어를 중심으로 조사하였다.

· 교과서별 채택어휘수의 최고치와 최저치가 676어와 422어로 250
어 이상 차이가 난다. 어휘면에 있어서 다양한 교과서가 만들어 진
것으로 볼 수 있을 것이다.

· 기본어휘 사용률이 평균 70%~80%인데 비하여 민중서림 교과서
는 유독 56.1%에 머물고 있다. 민중서림 교과서는 10과 223쪽으로
만들어졌는데, 비슷한 쪽수로 만들어진 진명A 교과서(12과 224쪽)
와 비교할 때 쪽수가 많아서 어휘사용이 많은 것은 아닌 것으로 보
인다. 또한 어휘는 많이 사용하되 기본어휘보다는 기본어휘 이외의
어휘를 사용하고 있다.

『일본어Ⅱ』는,

· 교과서별로 채용어휘가 교학B(967)>블랙(936)>진명A(746)>지
학(475)>대한(383)으로 어휘차이가 크게 나는데 최고치 967어와 최
저치 383어는 2.5배 이상 차이가 난다. 이것은 교과서별로 어휘목록
작성 방법이 다르기 때문이다. 즉, 교학·블랙·진명은 Ⅰ권에서 사
용되었던 어휘를 Ⅱ권에도 제시하고 있는데, 지학·대한은 Ⅰ권에
서 사용된 어휘는 Ⅱ권 목록에서 빼고 작성하였다. 따라서 지학이나
대한교과서는 Ⅰ권에서 사용된 어휘가 어느 정도 Ⅱ권에 채용되었
는지를 확인하려면 다른 방법으로 조사된 어휘 분석표를 기대하지
않으면 안될 것 같다. 다만, 제7차 교육과정에서 제시하고 있는 것처
럼, 'Ⅰ권에서 사용된 어휘를 포함하여 900어 정도'이므로, 교학사나
블랙박스는 약간 윗도는 선에서 만들어졌고, 진명은 상당히 적은 어
휘를 사용하고 있다는 것은 말 할 수 있을 것이다.

· 역대 교육과정에서 발행된 Ⅱ권의 실러버스처럼 독해 중심의 윗
단계를 학습하는 이해중심의 교과서가 아니라, Ⅰ권의 심화단계로
활동중심으로 교과서가 만들어졌다는 특징이 있다.

　　이상 제7차 교육과정의 어휘에 대하여 살펴보았는데, 역대 교육과정의 [어휘]의 변천을 중심으로 나타나는 경향은, <표188>처럼, 권장 어휘와 실제로 교과서 제작에 평균적으로 사용된 어휘는, 2차 2,500/2,076, 3차 3,000/1,630, 4차 2,200/2,171, 5차 1,800/1,846, 6차 800/803, 7차 500/557인 것으로 보아, 2차 3차에서는 권장 어휘 보다 적은 수가 교재화 되었으며, 4차부터는 권장 어휘보다는 약간 윗도는 수의 어휘가 교과서 제작에 사용되었다. 권장 어휘는 3차를 제외하고 점차 줄어드는 경향을 보인다.

<표188> 역대 교육과정 교과서 사용어휘 변천

		2차	3차	4차	5차	6차	7차
어휘	권장	2,500어	3,000어	2,200어 (754)	1,800어 (846)	600/800어 (771)	500/900어 (834)
	사용	35과 265쪽 2076어	32과 180쪽 1630어	25과 150쪽 2171어	19과 148쪽 1846어	16과 250쪽 803어	11과 208쪽 557어

　　7차 교육과정 교과서의 음성을 분석한 민광준(2003)은 결론으로, ① 일본어 가나의 발음 표기의 경우는 제6차 교육과정 교과서와는 다르게 표기상의 혼란이 해소되고 통일된 표기 체계를 갖추고 있었다. ②교과서에 도입된 일본어 발음 항목의 종류와 그 도입 형태 등은 제6차 교육과정 교과서와 큰 차이를 발견할 수 없었으며, 운율보다 분절음의 비중이 높은 것으로 나타났다. 이는 제7차 교육과정에서 강조하고 있는 유창성의 측면에서 볼 때 개선해야 할 필요가 있다고 여겨진다. ③대부분의 교과서가 발음 항목을 계획적으로 체계적으로 도입한 것이 아니라 형식적으로 구색을 맞춰놓은 듯한 인상을 지울 수 없었다. ④발음 항목을 도입하면서, 학습자나 교사에게 실질적으로 도움이 될 수 있도록 하

는 배려가 부족한 것으로 나타났다. 발음 항목의 설명 방법, 용례 및 오용 사례의 제시 방법, 학습 및 지도 방법 등에 대한 보다 구체적이고 효과적인 도입이 필요하다. ⑤모든 교과서가 권말 부록으로 제시하고 있는 어휘 색인의 기능을 보완할 필요가 있는 것으로 나타났다. 대부분의 교과서의 어휘 색인은 일본어 가나 표기, 한자 표기, 대역, 초출 쪽번호로 구성되어 있는데, 한국어 대역이 없는 교과서도 있었다. 학습자의 일본어 악센트에 대한 학습요구의 유무를 떠나서, 음성교육 및 학습에 반드시 필요하다고 판단되는 악센트 정보를 제시한 교과서는 하나도 없었다. 어휘 색인에 악센트 정보를 추가함으로써 교사와 학습자에게 일본어 어휘의 정확한 발음 정보를 제공하는 것은 매우 중요한 과제[111]라고 제안하고 있다.

(2) 1종 도서, 인정 도서

제7차 교육과정의 1종 도서 및 인정 도서 발행 현황을 살펴보면, 전문교과용으로 가사·실업에 관한 교과로『관광 일본어』1종, 외국어에 관한 교과로『일본어 독해Ⅰ』『일본어 독해Ⅱ』『일본어 회화Ⅰ』『일본어 회화Ⅱ』『일본어 작문Ⅰ』『일본어 작문Ⅱ』『일본어 문법』『일본 문화』『일본어 청해』『실무 일본어』10종, 국제에 관한 교과로『일본어 강독』1종, 방송통신고용으로『일본어Ⅰ』이 발행되었다. 총 13종이 발행된 것이다.

---

111) 민광준(2003)「제7차 교육과정에 따른 중·고등학교 일본어 교과서의 음성 항목 분석」『일본어학연구』제8집, p.99.

<표189> 제7차 교육과정의 1종 및 인정도서 발행 현황

1종도서 교육인적자원부	저자		과수	쪽수 본문/ 부록	단원 구성
	연구진	집필진			
일본어회화Ⅰ 日本語ペラペラ (이하 외고용)	김영준,이덕봉,가이자와도시코,이강민,정일영,이재환	이덕봉,사와다노부에, 사이토아케미	15	228 (209/19)	언어문화안내,대화장면1(あらたまった表現),대화장면2(くだけた表現),주요문형,둘이서연습(ペアワーク),응용표현,역할연습(ロールプレイ),과제활동(タスク)
일본어회화Ⅱ	이근님,박혜연,이강민,이덕봉,정일영,이재환,우종선	이덕봉,사와다노부에, 사이토아케미	14	216 (194/22)	표현문화안내, 장면1 공손한표현(あらたまった表現),장면2 스스럼없는 표현(くだけた表現),주요표현,둘이서 연습(ペアワーク),응용표현,역할연습(ロールプレイ),과제활동(タスク)
일본어작문Ⅰ 日本語を書く	김영준,이덕봉,권준,모리야마신,윤대근,이재환	이덕봉,이즈미지하루,오쿠야마요코	15	226 (204/22)	학습포인트,주요표현(Ⅰ·Ⅱ·Ⅲ…),응용활동,과제
일본어작문Ⅱ 日本語を書く	이근님,김숙자,이광수,이길원,이덕봉,정일영,이재환	이덕봉,이즈미지하루,오쿠야마요코	10	232 (218/14)	목적,과제(Ⅰ·Ⅱ·Ⅲ…)
일본어독해Ⅰ 日本語を読む	김영준,이덕봉,고임영,임팔용,정혜경,이재환	이덕봉,박차환,안용주,유길동,이덕배	12	222 (186/36)	学習ポイント,ズームアップⅠ·Ⅱ…(主な表現·内容探索),発展課題,練習問題
일본어독해Ⅱ	이근님,김옥영,고임영,이덕봉,이성규,이재환,우종선	이덕봉,문명재,윤복희,최관	14	276 (246/30)	本文、助っ人、読解の入り口、考えてみる、じっくり読む、要約、訳してみる、発展課題、ミニ辞典、実用文書の体験
일본어청해 日本語を聴く	김영준,이덕봉,고수만,김서영,김선희,이형제,홍민표,이재환	이덕봉,김영권,민광준	15	280 (244/36)	1과~6과 :청취를 위한 요령 안내, 청취연습, 응용청취 7과 :청해 요령 안내, 청해연습 8과~15과 : 学習案内、聞き取り助っ人、聞き取りのポイント(主な単語·主な文型)、聞き取り練習1·2、スクリプト、応用聞き取り
일본어문법 日本語の仕組み	김영준,이덕봉,권준,박장경,이진표,이재환	이덕봉,이성규,정상철	16	266 (252/9)	장면,주요문형,해설(설명/연습문제),종합연습,응용
일본 문화 文化を知る	이근님,고임영,김숙자,박혜란,이덕봉,홍현길,이재환	이덕봉,박전열,윤복희,조규철	12	206 (204/2)	학습과제,일본어독해문,한글독해문,생각해볼문제,학습자료,과제학습,자율학습
실무일본어 ビジネス日本語	이근님,여선구,이덕배,이덕봉,정기영,이재환,우종선	이덕봉,윤대근,사와다노부에,스기타요지	13	258 (242/16)	학습목표,スキット1,2,....(ポイント、ドリル、ロールプレー)、(討論、タスク)
관광일본어 (가사·실업용)	안인형,정민순,편무진,황인영,이의규,윤기숙	박정의,배정열,신석기,이한표	6 30	223 (206/17)	기본표현,본문회화,어구해설,(표현연습),연습문제,(단원정리)
인정도서 대한교과서	저자		과수	쪽수 본문 /부록	단원 구성
	연구진	집필진			

일본어 I (방송통신고용)	임두순,조주은	박차환,여선구, 조미숙,오쿠야 마요코	12	221 (197/24)	학습목표,考えてみよう、きいてみよう、ダイアローグ1,2、おぼえよう1,2、はなしてみよう1,2、よんでみよう、おぼえよう3、文化散策、まとめよう、テストしてみよう、やってみよう
일본어 강독	사이토아사코,이토미 츠코,육영혜	김숙자 (2004.3.1)	12	236 (179/57)	읽고 말하기, 글자 쓰기 연습, 그림사전, 묻고 답하기, 게임

(3) 역대 교육과정 교과서

이상 검정 도서와 1종 도서·인정도서에 대하여 검토하였다. 2차에서 7차에 이르는 교육과정 중 고등학교는 1종 도서 4책, 검정교과서 25종 50책, 인정 도서 14책이 만들어져 총 68책이 출판되었다. 교육과정 별로 보면 2차 2책, 3차 2책, 4차 12책, 5차 18책, 6차 34책이다.[112] 7차 <표190>에서 보는 바와 같이 일본어 교과서는 2차와 3차 교육과정에서는 1종 도서로 발행되었으며, 4차부터는 2종 도서 및 인정도서로 발행되었음을 알 수 있다. 단, 3차 교육과정에서 다른 외국어 교과서가 2종 도서로 발행된 것에 대해 일본어가 1종 도서로 발행된 것은 2종 도서 검정시 합격본이 없었기 때문이다. 3차 교과서가 교육과정에서 제시한 내용과 차이를 보이는 것은 검정 실패 후 급히 1종 도서로 발행되다 보니 상당한 차질이 있었을 것이 예상된다.[113] 4차 5차에서는 2권의 방송통신고등학교용 인정 도서가 발행되었으며, 6차에서는 9권의 외국어 고등학교용과 1권의 가사·실업용 도서가 발행되었다.

---

112) 조문희(2001.12) pp.606~614 참조.
113) 예를 들어 사용 가능 어휘가 3000어 인데 비해 실제 1권 2권에 사용된 어휘는 1630어 정도이었다. 다른 교육과정이 사용 가능 어휘와 실제 사용 어휘가 비슷한 것과 비교된다.

<표190> 교육과정기의 교과서 발행 현황(총99책)

	2차	3차	4차	5차	6차	7차
1종도서	2책 상,하/2권 1973.3.5/ 1975.1.10	2책 상,하/ 2권 1979.3.1			10책 <외고용>9권 1996.3.1/1997.3.1 <가사·실업용>1권 1996.3.1	11책 <외고용>10권 2002.3.1/2003.3.1 <가사·실업용>1권 2002.3.1
검정도서			10책 5종/상,하/10권 1984.3.1	16책 8종/상,하/16권 1990.3.1/1991.3.1	24책 12종/Ⅰ,Ⅱ/24권 1996.3.1/1997.3.1	18책 12종/Ⅰ권 (2002.3.1/2003.3.1) 6종/Ⅱ권 (2003.3.1/2004.3.1)
인정도서			2책 <방통고용> 2,3/2권 1989.2.10 /1990.2.10	2책 <방통고용> 상,하/2권 1991.2.25 /1996.2.26		2책 <방통고용>1권 (2003.3.1) <국제용>1권 (2004.3.1)

5.1.8. 결론

[제2차 교육과정]

생활중심 교육과정으로, 고등학교 교육의 특성상, "우리나라 경제발전에 이바지할 수 있는 어학적 소양이나, 일본의 문화, 경제에 대한 이해 증진, 전문적 지식을 갖추기 위해 일본어로 된 자료 및 문헌들을 연구하는 태도를 기르는 것"을 목표로서 실천하기에는 무리가 있었다.

[제3차 교육과정]

학문중심 교육과정으로, 언어 재료 중 문법사항의 설명이 특히 자세하게 되어 있다. 태도 소양을 기른다는 2차 교육과정과는 달리 기능, 능력을 기른다로 바뀌고 있다. 언어의 4기능의 중요성이 명백하게 제시되었으며, 특히 일본어과 교육과정은 다른 과와 매우 상이한 체제로 구성되어 있는데, 가장 특정적인 것은 학습시 가르쳐야 할 문법 사항이 매우 상세히 진술된 점이다.

[제4차 교육과정]

연구 개발형 교육과정으로, 처음으로 모든 제2외국어 교육과정이 완전히 통일된 체제로 기술되었다. 평가상의 유의점이 추가되었고, 생활 주변에서 사용 빈도가 높은 어휘를 필수 어휘로 [별표1]에 제시하여 생활 외국어 학습이 효율적으로 이루어지도록 하였다. 목표가 추상적이라는 비판이 있다.

[제5차 교육과정]

중앙 집권형 교육과정으로, 실제상황과 무관한 문법중심의 학습을 지양하고 의사소통능력 향상을 위한 구성으로, 문장에서 담화로, 정확성에서 유창성으로 접근하였다. 실효성의 악순환문제가 계속 제기되었으며,114) 5차 교육과정까지는 주로 교과서를 만들기 위한 교과서 중심

교육체제의 교육과정이라는 비판을 받고 있다.

[제6차 교육과정]

교육과정의 '성격' 항목이 추가되어 교육과정의 성격을 확실히 하였으며, 5차까지와는 달리 교육과정 중심 학교교육 체제로 역할 분담을 하고 있다. 일본어를 Ⅰ·Ⅱ로 나누어 기술하고 있으며, [별표1]로 의사소통기능 및 예시문을, [별표Ⅱ]로 어휘를 제시하였으며, 지도 및 평가상의 유의점을 처음으로 '방법'과 '평가'로 분리 기술하였다. 전문교과에 일본어 과목이 추가되었다. 6차 교육과정의 키워드는, 학습자 중심, 발달 과정 중시, 적합성과 타당성, 의사소통 중심, 이해기능과 표현기능, 실용성 우선, 국가발전과 국제사회 기여로 요약할 수 있을 것이다. 4기능을 이해기능과 표현기능으로 제시한 것이 지적되고 있다.

[제7차 교육과정]

[별표Ⅲ]으로 한자를 제시하고 있으며, 교육과정 기술이 전체적으로 상당히 길어졌고, 목표에서 '능력을 기른다'라는 표현대신 '태도를 가진다'가 첨가되어 태도 교육이 강조되고 있다. 전문교과에 국제계열 고등학교가 추가되었다.

이상 일본어 교육과정의 변천을 살펴보았다. 일본어 교육과정은 2차 교육과정이 끝나갈 무렵인 1973년 2월 14일 문교부령 310호로 처음 고시되면서, 2차에서 7차까지 다섯 번의 개정을 거치면서 일본어 교육과정의 특징에서 보듯이 내용이 변화 발전해 왔다. 이 변화는 크게 두 가지의 목표 즉, 의사소통능력 신장과 문화이해라고 하는 축을 중심으로 발전해 오고 있다. 교육과정을 개정할 때는 언제나 외국어교육 이론의 분석이 이루어졌는데, 이는 다시 말하면, 외국어 교육 이론의 발전

---

114) 유봉호(1992.8), p.438 참조

과 함께 교육과정도 변화 발전되어 가고 있다고 할 수 있겠다. 교육과정이 실현되는 곳은 현장인데 이 현장을 담당하고 있는 것은 교사이다. 교육과정이 바뀔 때마다 새로운 외국어 교육이론이 적용되고, 교과서를 만들며, 이 교과서를 사용하여 교사가 현장교육을 담당한다. 교육과정에는 교육의 가이드 라인 만 제시될 뿐, 변화된 외국어 교육이론에 따른 교수법의 제시는 부족하였다. 예를 들어, 의사소통기능 습득 중심·학생중심·체험학습·협력학습이 제시되나, 이러한 교수법이 실제로 어떻게 하는 것인가에 대한 것은 교사 자신의 연구에 맡겨져 있다. 다시 말하면 열심히 공부하는 교사는 따라갈 수 있으나, 다양한 방법을 모르는 교사는 아무리 교육과정과 교과서가 바뀌더라도 본인이 알고 있는 방법으로 현장에서 수업할 것이 분명하다. 교육과정이 바뀌면 새로운 교육과정에 대한 교사교육을 하던가, 아니면 교사가 현장에서 실현 가능한 교육과정을 만들던가 하여야 할 것이다. 결국, 이론과 실제의 문제에 부딪치게 되는데 교육과정은 이 차이를 최소화하는 선에서 작성되어야 할 것이라고 본다.

교육과정 분석에서 알 수 있는 것은 문화의 비중이 커질 것이라는 것이다. 지금까지는 문화하면 따로 항목을 설정해서 일본 문화의 특수성을 가르치는 스테레오 타입의 문화를 말하는 것이었으나, 앞으로는 문화 그 자체가 언어재료가 될 것이며, 방법에 있어서도 문화를 가르치는 것이 아니라, 학습자가 일본인의 보편적인 문화를 인터 액션 등을 통하여 학습자 자신의 눈으로 관찰·고찰해 가는 과정을 중시하는 교육과정이 될 것이라는 추측이 가능하다. 이것은 국제화 사회에서의 공존을 위한 이문화 이해라는 측면에서 보면 필연적인 것이기 때문이다.

수업은 기술의 발전과 함께 바뀌고 있다. 지금까지 교실을 중심으로 하던 소위 C-Learning수업에서, 인터넷과 IT의 Electronic을 이용하는 E-Learning학습으로, 이것은 다시 휴대전화, PDA(Personal Digital Assistant), 무선LAN, 인터넷을 연결하여 학습이 이루어지는 U-Learning 시대의 실현을 앞에 두고 있다. 즉, Ubiquitous 시대를 목전에 두고 있으며, 언제나·어디서나·누구나 학습이 가능하도록 실험과 실천이 진행되고 있는 것이다. 이것이 실현되면 교실에서나 컴퓨터 앞에서 만 수업이 가능하던 문제점, 교사 1인과 다수의 학습자가 수업하던 문제점, 학습자간의 대화 부족의 문제점 등이 어느 정도는 해결될 것이며 언젠가는 학교가 없어지는 시기가 올지도 모르겠다.

지금까지 고찰해 온 내용을 <표191>로 정리하여 교육과정기의 일본어 교육에 대한 추이를 제시하고자 한다.

<표191> 교육과정기의 일본어 교육의 추이(고등학교)

교육과정	1차 (1955.8 ~1963.2)	2차 (1963.2 ~1974.12)	3차 (1974.12 ~1981.12)	4차 (1981.12 ~1988.3)	5차 (1988.3 ~1992.10)	6차 (1992.10 ~1997.12)	7차 (1997.12 ~)
법제	1955.8.1 문교부령제45호 (일본어 없음)	·1963.2.15 문교부령제121호 ·1969.9.4 문교부령제251호 ·1973.2.14 문교부령제310호 ·1973.8.31 문교부령제325호 (생활중심)	·1974.12.31 문교부령 제350호 ·1976.2.23 문교부령제379호 실업고교 ·1977.2.28 문교부령제404호 ·1979.3.1 문교부고시제424호 (학문중심)	·1981.12.31 문교부고시 제442호 (적용1984년) (연구개발형 생활중심)	·1988.3.31 문교부고시 제88-7호 (경험주의+ 교과중심)	·1992.10.30 교육부고시 제1992-19호 (기능, 의미중심)	·1997.12.30 교육부고시 제1997-15호 (학습자중심)
목표	×	·언어기능이해(1) (간단한 발표력) ·문화,경제,전문지식(3)	·언어기능이해(1) ·문화,경제(2) (일본이해, 우리문화소개위한 기초능력)	·언어기능(1) (의사소통강조) ·생활문화이해(1)	·언어기능(2)(의사소통, 화재,소재이해) ·문화이해(1)(생활양식, 사고방식)	·언어기능(2) (이해,표현) ·문화이해(1)	·언어기능(4) ·정보검색(1) ·문화이해(1)
내용	×	(1)언어기능 (2)언어재료(우리나라 생활내용에서 소재선택)	(3차) (1)언어기능 (2)언어재료 (3차개정) (1)언어재료 (2)언어기능	(1)언어기능 (추상적내용) (2)언어재료 (4개항목)	(1)언어기능 (구체적 내용) (2)언어재료 (5개항목 문자추가)	(1)언어기능 (2)의사소통기능 (3)언어재료 (4개항목)	(1)언어기능 (4기능) (2)언어재료 (의사소통기능포함, 소재삭제, 문체·문화신설)

방법	×	[지도상의 유의점] 암기보다는 반복연습과 응용 (문법역독식)	[지도상의 유의점] 쉬운것에서 어려운 것, 구체적인 것에서 추상적인 것, 귀납적 지도, 시청각자료이용,반복,응용 (문법역독,청화식)	[지도 및 평가상의 유의점] 구두훈련, 반복학습 강화 시청각 이용 (청화식, 인지주의)	[지도 및 평가상의 유의점] 청화식 교수법에서 의사소통중심교수법 반영(일본문화이해 지도 들어감) (청화식, 인지주의, (시청각))	[방법] 교사와 학생을 동시에 염두에 둔 교수학습방법 용어사용,유창성 강조, 학습자 중심 교수법 강조 (청화식,의사소통중심,시청각,인본주의)	[교수·학습 방법] 학습자(소비자) 중심수업, 4기능통합, 흥미,상호간, 체험수업 중심) (청화식,의사소통중심,시청각,인본주의)
평가	×	×	×	평가항목신설(동기부여,지도방법개선위함) 4기능고루평가(5개항목)	5개항목에서 10개항목 평가로 늘어남	평가항목 분리(과정평가, 분리평가와 통합평가의 비중 높일 것 강조)	의사소통중심 4기능 평가, 태도평가, 면접평가 강조
교과서	×	검인정도서(1종2책) 구조실러버스	1종도서(1종2책) 구조실러버스	검정도서(5종10책) 인정도서(1종2책) 구조,상황실러버스	검정도서(8종16책) 인정도서(1종2책) 구조,상황실러버스	검정도서(12종24책) 1종도서(외고용9책,가사실업용1책) 기능,구조,상황,기능,(과제)실러버스	검정도서(12종/6종18책) 1종도서(외고용10책,가사실업용1책) 인정도서(국제용1책,방송통신1책) 기능,구조,상황,기능,내용,과제,(화제)실러버스

5.2. 중학교

5.2.1. 시대적 배경

제7차 교육과정에서는 세계화·개방화에 대응하는 외국어 교육의 강화로 중학교에 「제2외국어」과목이 신설되었다. 교과 재량활동의 선택과목으로 신설되었으며, 지역이나 학교, 학생의 요구·필요에 알맞게 선택 운영하도록 되어 있다. 1997년 12월 30일 교육부 고시 제1997-15호로 고시된 제7차 중학교 교육과정에는 「외국어」와 「제2외국어」가 있는데 「외국어」는 국민 공통 기본 교과인 영어가 들어가 있고, 「제2외국어」에는 재량활동 활용 교과로서 7개 외국어인 독일어, 프랑스어 스페인어, 중국어, 일본어, 러시아어, 아랍어가 편성되어 있다. 2001년부터 단계적으로 중학교에 적용되었으며, 초등학교 1학년부터 고등학교 1학년까지 10년간을 「국민 공통 기본 교육 기간」으로 정하고 일관성 있는 교육을 하도록 하고 있다.

<표192> 국민 공통 기본 교육 기간

학교	초등학교						중학교			고등학교		
학년	1	2	3	4	5	6	7	8	9	10	11	12
교과	국민 공통 기본 교과 + 재량활동 + 특별활동									선택교과		

5.2.2. 교육 목표

중학교 생활 외국어는 7개 외국어가 모두 같은 목표로 기술되었다. 일상 생활에 관한 간단한 말과 글을 사용하여 의사소통할 수 있는 기초적인 능력을 기르고, 외국인들의 생활 양식과 사고방식을 이해하는 태도를 기르는 것을 총괄 목표로 하고, 하위 목표로 '가~바' 6개 항목을 제시하였는데 '가, 나, 다, 라'는 4기능 목표이고, '마'는 문화 이해 목표이며, '바'는 태도에 대하여 기술하고 있다. 외국어를 배우는 궁극적인 목적은 해당 외국어 사용국의 문화를 폭넓게 수용하여 국제적인 안목을 넓히며 자국의 문화 발전에 이바지하는 것이며, 정의적 영역인 해당 외국어로 의사소통하려는 적극적인 태도를 갖게 한다는 것은 외국어를 효과적으로 교육하기 위해서는 학생들이 해당 외국어 사용국에 대한 긍정적인 이미지를 가지게 해야 함은 물론이고, 적극적으로 자신의 의사를 구두로 혹은 문자로 표현하고 타인의 의견이나 각종 정보를 청취하거나 읽어서 이해하는 태도를 가지도록 해야 한다고『중학교 교육과정 해설』에서 설명하고 있다.[115] 7차 교육과정 '목표' 항목에서는 문화 이해와 의사소통을 하려고 하는 적극적인 태도를 강조하고 있는 것이 특징이라고 할 수 있을 것이다.

<생활 외국어>목표

일상 생활에 관한 간단한 말과 글을 사용하여 의사 소통을 할 수 있는 기초적인 능력을 기르고, 외국인들의 생활 양식과 사고 방식을 이해할 수 있는 태도를 기른다.
    가. 일상 생활에 관한 간단한 말을 듣고 이해한다.
    나. 간단한 화제에 대해 구두로 의사 소통한다.
    다. 일상 생활에 관련된 간단한 어휘 또는 문장을 읽고 이해한다.
    라. 쉬운 어휘 및 간단한 문장을 쓸 수 있다.
    마. 해당 외국어를 사용하는 국민의 일상 생활 문화에 대한 이해의 폭을 넓혀 우리의 문화를 새롭게 인식하고 올바른 가치관을 가진다.
    바. 해당 외국어로 의사 소통하려는 적극적인 태도를 가진다.

「국민 공통 기본 교육 기간」동안 학교 교육에서 일본어를 배울 수 있는 것은 초등학교의 특활(방과후 포함)시간과 중학교의 재량선택 교과 시간이다. 중학교에서의 재량선택형 일본어는 <표192>에서 보는 바와 같이 중학교 3년간 어느 시기에 주당 몇 시간을 하는지에 대해

---

115) 교육부(1999)『중학교 교육과정 해설(V)』대한교과서, p.318.

정확한 기준이 없고, 학생의 선택에 따라 최소 1년에서 최대 3년간 배울 수 있는 과목이다. 즉, 교과 재량활동에는 '기본교과 심화·보충'과 '선택과목 학습'영역이 있어서, 만약, '기본교과 심화·보충'영역이 68시간 선택될 경우 생활외국어가 선택될 확률은 34시간이 되는 것이다. 그것도 생활외국어 중 일본어가 선택될 경우를 말하며, 대략, 연간 34시간(주당 1시간)을 1년에서 3년 간 배울 수 있는 과목이므로 교재를 만든다거나 코스디자인을 하기 위해서는 몇가지 가상사례를 생각해 볼 필요가 있다.

<표193> 재량 활동 배당 시간의 학교급별 변화[116]

영역	하위영역 / 학교급	초등학교	중학교	고교 1학년
교과 재량활동	기본 교과 심화·보충	·	0~68시간	4~6단위
	선택과목 학습	·	34~102시간 (한문, 컴퓨터, 환경, 제2외국어, 기타)	4~6단위
창의적 재량활동	범교과 학습	68시간	34시간	2단위 (34시간)
	자기 주도적 학습			
	계	68시간	136시간	204시간

*(1안 102/0, 2안 68/34, 3안 34/68 4안 0/102)기본 교과 편중형, 선택 교과 편중형. 여기서 102/0이라고 하는 것은 교과 재량활동 시간 중 기본 교과 심화·보충시간과 선택과목 학습시간의 비율을 말한다. 연간 34시간이면 주당 1시간씩의 수업이 된다.

*학생의 선택권을 중심으로 보면, 완전 선택형, 제한 선택형, 필수·선택 혼합형, 전체 필수형

---

116) 교육부(1999), 전게서, p.110.

위 표에 기초하여 일본어가 선택되는 '가상사례'를 두 가지로 생각해 보면, <표194>와 같다. 학생과 학부모에 대한 설문조사 결과 선택 교과 중에서 한문(80%), 컴퓨터(77%), 일본어(50%)가 가장 요청이 많았으므로 3과목을 중심으로 가상사례를 생각하되, 다른 외국어인 중국어 1과목을 첨가하여 작성하였다.

<표194> 가상 사례

하위 영역	1학년	2학년	3학년	비고
선택 과목 학습 (34시간)	한문(34), 컴퓨터(34)중 택1	한문(34), 일본어(34)중 택1	컴퓨터(34), 일본어(34)중 택1	제한 선택형
선택 과목 학습 (68시간)	한문(34) 필수	한문(34) 필수	중국어(34) 필수	필수·선택 혼합형
	컴퓨터(34), 일본어(34)중 택1	컴퓨터(34), 일본어(34)중 택1	컴퓨터(34), 일본어(34)중 택1	

*위 가상 사례는 학생·학부모 요구 설문 조사 결과에 의하여 작성되었다.
*선택 교과 운영보다는 기본 교과 보충·심화를 원함(60%).
*선택 교과 중에서 한문(80%), 컴퓨터(77%), 일어(50%)가 가장 요청이 많음.
*제한 선택형의 경우 지도 교사로는 교육청에 해당 과목의 자격을 가진 교사 충원을 요청하였고, 교재는 교육부 장관의 검정을 획득한 C사의 「일본어 초급」을 요청하였다.
*필수·선택 혼합형의 경우 지도 교사는 해당 과목의 자격을 가진 교사이며, 선택 과목시에는 학생이 반을 이동하여 수업.

상기 가상사례에서 일본어가 선택되어지는 시간수를 생각해 보면,

제한 선택형의 경우, 2·3학년에 걸쳐서 일본어를 선택하게 되면 68시간이 되며, 한 학년에만 선택하게 되면 34시간이 되는 것이다. 필수·선택 혼합형의 경우도 거의 같은 시간수를 예상할 수 있다. 34시간은 2단위로 주당 2시간 수업을 하게 되고 68시간이면 그 배가 된다.

「국민 공통 기본 교육 기간」동안 학교 교육에서 일본어를 배울 수 있는 것은 초등학교의 특활(방과후 포함)시간과 중학교의 재량선택 교과 시간이라고 위에서 언급했는데, 이것을 교과과정과 연관지어 각 각의 일본어 교육의 성격을 특징지어 보면, 초등학교의 일본어 교육은 특활·방과후 교육(이하 특활형)이고, 중학교는 재량 선택 교육(이하 재량선택형)이며, 고등학교는 수능시험에 반영되는 교육(수능형)이다.

<표195> 일본어 교육의 성격

구 분	초등학교(1-6)	중학교(7-9)	고등학교(10-12)
성 격	특활형	재량선택형(34-102)	수능형
학습자	A	A/2 B	A/2/2 = A/4 B/2 C
교 재	음성 언어 중심+문화	음성+문자+문화	회화+수능 준비

*A : 초등학교에서 일본어를 배우기 시작하는 학습자

*B : 중학교에서 일본어를 배우기 시작하는 학습자

*C : 고등학교에서 일본어를 배우기 시작하는 학습자

*A/2 : 초등학교에서 일본어를 배운 학습자가 중학교에서 반으로 줄어드는 것을 가정한 것

*A/2/2=A/4 : 초등학교, 중학교에서 일본어를 배운 학습자가 고등학교에서 반으로 줄어드는 것을 가정한 것

*B/2 : 중학교에서 일본어를 배운 학습자가 반으로 줄어드는 것을 가정한 것

이렇게 볼 때, 초등학교의 특활형 일어는 유연하고 자유로운 과목이 될 것이나, 중학교의 재량 선택형 일본어는 성격 규정에 따라 유연형이나 고정된 교과형으로 나타날 것이다. 중학교 고등학교 모두 목표가 커뮤니케이션 및 문화 중심교육인 것은 같으나, 평가 면에서 생각해 보면, 고등학교는 수능이라는 궁극적인 평가 및 일본어 능력시험 등을 준비하는 니즈가 상당한 숫자로 나타날 것이므로 고등학교에서는 교재와는 다르게 기본 방향이 입시준비형으로 나타날 것이 예상된다.

5.2.3. 내용

중학교 일본어 교육의 '내용' 항목은 크게 '의사소통 활동'과 '언어 재료'로 제시되어 있으며 '방법'과 '평가'항목이 제시되어 있지 않다.

<표196> 중학교 '내용' 항목

의사소통 활동	언어 재료
일상 생활에서 주고받는 기본적인 인사와 자기 의사 및 태도를 표현할 수 있고, 대화에 능동적으로 참여하는 태도를 기르기 위하여 다음과 같은 학습 활동을 전개한다. (1) 듣 기 (가) 짧은 낱말을 듣고 구분한다. (나) 간단한 어구나 문장을 듣고 그 뜻을 알아본다. (다) 인사, 의사 표현, 태도 표현과 관련된 말을 듣고 그 뜻을 알아본다. (라) 상대편의 말을 바른 자세로 듣는다.	(1) 의사 소통 기능 다음과 같은 의사 소통 기능 중에서 생활 일본어의 수준에 맞는 언어 능력을 효율적으로 기른다. 보다 자세한 내용은 아래에 제시된 의사 소통 기능 예시문을 참조한다. (가) 인사 기능: 인사, 소개, 안부, 칭찬, 축하, 사과, 감사 등을 위한 표현 (나) 정보 전달의 기능: 설명, 정보 전달, 제안, 조언, 대답, 추측 등의 표현 (다) 의사·태도의 전달: 반대, 부정, 놀람, 희로애락, 반문 등의 표현 (라) 요구의 기능: 질문, 허가, 확인, 선택, 설명, 의뢰, 지시 등의 표현 〔의사 소통 기능 예시문〕 (2) 발 음 현대 일본어의 공통어 발음으로 한다.

<table>
<tr><td>

(2) 말 하 기
(가) 실물이나 그림을 보고 간단하게 말한다.
(나) 짧은 모범 대화를 따라서 말해 본다.
(다) 인사, 의사 표현, 태도 표현에 관한 대화를 한다.
(라) 자연스러운 자세로 말한다.

(3) 읽 기
(가) 가나 문자를 알아들을 수 있도록 낭독한다.
(나) 가나로 된 간단한 어구나 문장을 자연스럽게 낭독한다.
(다) 인쇄 문자와 영상 문자를 말하듯이 낭독한다.
(라) 그림이 곁들여진 글을 읽고 그 뜻을 알아본다.
(마) 짧은 글을 읽고 그 뜻을 알아본다.

(4) 쓰 기
(가) 가나 문자를 바르게 적어 본다.
(나) 가나로 된 단어를 듣고 적어 본다.
(다) 간단한 어구나 문장을 듣고 그대로 적어 본다.
(라) 인사, 의사 표현, 태도 표현과 관련된 말을 글로 적어 본다.

</td><td>

(3) 문 자
문자는 히라가나, 가타카나를 사용하고, 한자는 사용하지 않는 것을 원칙으로 하되, 숫자와 같은 기초 학습에 필요하다고 생각되는 문자에 한하여 적절히 사용할 수 있다.
(4) 어 휘
일반계 고등 학교 교육 과정의 기본 어휘 중 200 낱말 내외를 사용한다.
(5) 문 법
문법에 관한 사항은 고등 학교 일본어과 교육 과정 [별표I]에 제시된 예시문의 해당사항을 참고한다. 다만, 다음 문법 사항은 다루지 않기로 한다.
(가) 고어적인 표현(예: べし、まい)
(나) 사역+수동형 표현(예: ～せられる、～させていただく)
(다) 복 문
(6) 문 화
(가) 생활 일본어는 기초적인 언어 능력의 신장뿐만 아니라 일본인의 생활을 이해하는데에도 역점을 두어 내용을 일본인의 일상 생활에 관한 소재를 위주로 선택하되, 일본에 대한 관심을 높이고, 의사 소통 습득에 도움이 되는 것으로 한다. 단, 일상생활과 관련된 문화의 설명은 우리말로 표현하여도 된다.
① 개인 생활과 일상적인 인간 관계에 관한 것
② 교우 관계와 학교 생활에 관한 것
③ 기본적인 사회 생활에 관한 것
(나) 내용 구성에 있어서는 다음 사항을 유의한다.
① 학생의 흥미, 필요, 지적 수준 등을 고려하여 의사 소통 의욕을 유발할 수 있는 것으로 한다.
② 내용은 실제 생활에서 사용될 수 있는 것으로 하되, 일본의 일상 생활을 이해할 수 있는 것으로 한다.
③ 듣기, 말하기, 읽기, 쓰기는 연계성을 가지도록 구성한다.

</td></tr>
</table>

의사소통 활동은 4기능 모두 인사, 의사 표현, 태도 표현에 관련된 활동을 하도록 하고 있다. 언어재료는 고등학교 제7차 교육과정과 비교할 때 '문체' 항목이 빠진 것과 사용권장 어휘수가 중학교는 200어, 고등학교는 상권 500어, 하권 900어를 사용할 수 있는 것이 다르며, 중학교는 한자사용을 권하지 않고 있다. 문형 문법은 제한항목이 다른데, 중학교는 (가)고어적인 표현, (나)사역+수동형 표현, (다)복문 인데 반하여, 고등학교는 (가)고어적인 표현, (나)지나치게 복잡한 문법 사항, (다)지나친 존비어, (라)지나치게 격식차린 구어 표현으로 서술되어 있어, 중학교의 (다)항목인 복문과, 고등학교의 (다)(라)항목인 지나친 존

비어나 격식차린 구어 표현을 제한하고 있다. 즉, 중학교는 단문을 중심으로 한 문형 문법을 사용하도록 하고 있으며, 고등학교는 문체에 제약을 두고 있다.

<표197> 제7차 교육과정 중·고등학교 '내용' 항목 중 '언어재료' 비교

언어 재료	어휘		소재	문형 문법	의사소통	발음	문자	문체	문화
	가능	사용							
중	834/200어	10과 116쪽 242어	×	예시문참조/ 3개항의 제한 항목	의사소통 기능/예 시문	현대 일본 어 공통어 발음	히라가나/ 가타카나	×	일상생활 소재/의사 소통 유발
고	500/900어 (834)		×	예시문참조/4 개항의 제한 항목	의사소통 기능/예 시문	현대 일본 어 공통어 발음	히라가나/ 가타카나/ 한자(상용 한자용자 체)	문장체, 구어체/ 남성어, 여성어/ 공손표현	일상생활 소재/의사 소통 유발

제7차 교육과정에는 중학교 일본어 교육 과정에서 우선적으로 이수하기를 권장하는 의사 소통 기능 항목과 예시문이 제시되어 있다. 기능 항목은 크게 나누어 (1)인사 기능 (2)정보 전달의 기능 (3)의사·태도의 전달 (4)요구의 기능으로 되어 있고 각각의 항목에 하위 항목을 설정하여 예시문을 제시하고 있다. 다음은 의사소통기능 예시문에 명시되어 있는 중학교 의사소통기능으로 상위 4개항목과 하위 16항목으로 구성되어 있다.

1. 인사 기능
  가. 인 사
  · 일상의 인사
  · 만 남　　おはようございます。(1)/こんにちは。(2)/こんばん
　　　　　は。(3)
  · 헤어짐　　さようなら。(4)/おやすみなさい。(5)

　　　・초면 인사　はじめまして。キムです。どうぞ よろしく。(6)
　나. 축 하　　　たんじょうび、おめでとうございます。(7)
　다. 감 사　　　ありがとうごさいます。(8)
　라. 사 과　　　おそくなって すみません。(9)

2. 정보 전달의 기능
　가. 설 명
　　・안 내　　　ここは としょかんです。(10)
　　・보 고　　　きのうは がっこうで やきゅうを しました。(11)
　　・시 간　　　バスで 30ぷんぐらい かかります。(12)
　　・위 치　　　その みちを まっすぐに いくと ひだりがわに ゆうび
　　　　　　　んきょくが あります。(13)でんわは あそこに ありま
　　　　　　　す。(14)
　　・이 유　　　かぜを ひいたので びょういんへ いきます。(15)
　나. 정보 전달
　　・전 갈　　　たなかさんも くるんだそうです。(16)
　　・희망・의향　ワープロを ならおうと おもっています。(17)
　다. 대 답
　　・승 낙　　　はい、わかりました。(18)
　　・거 절　　　いいです。(19)

3. 의사・태도 전달의 기능
　가. 부정, 비난　そんな ことは ないですよ。(20)
　나. 희로애락　　この ほんは とても おもしろいです。(21)
　다. 반 문　　　おおさかへ ですか。(22)

4. 요구의 기능
　가. 질 문　　　ゆうびんきょくは、どこですか。(23)
　나. 허 가　　　えんぴつで かいても いいですか。(24)
　다. 선 택　　　コーヒーと ジュースと ありますが どちらが いいで
　　　　　　　すか。(25)
　라. 설 명　　　どこか ちかくに やすい みせは ありませんか。(26)/

ゆうびんきょくへ　いくには　どういったら　いいで
しょう(27)。/ワープロって　なんですか。(28)
마. 의 뢰　　もうすこし　おおきいのは　ありませんか。(29)
바. 지 시　　ちょっと　まって　ください。(30)

이 예시문은 중학교 일본어 교육 과정에 필요한 문장의 구조, 문장의
종류, 기타 어법에 관한 사항을 참고할 수 있도록 의사 소통 기능별로
제시한 것인데, 필요에 따라 예시문에 제시되지 않은 문장도 포함시킬
수 있다고 되어 있다.[117] 교육과정에 제시되어 있는 예시문을 통하여
문장의 구조, 문장의 종류, 어법에 관한 사항을 검토해 보면, 중학교의
의사소통기능 예시문은 전부 30개의 문장으로 되어 있고, 고등학교 의
사소통기능 예시문의 일부분을 그대로 사용하고 있다. 30개의 예시
문[118]을 조문희(1996)[119]에 제시된 초급문형을 중심으로 살펴보았다.

0. 인사・소개 (　おはようございます(1)　こんにちは(2)　こんばんは(3)
　　さようなら(4)　おやすみなさい(5)　はじめまして(6)　どうぞよろし
　　く(6)　おめでとうございます(7)　ありがとうございます(8)　すみま
　　せん(9)　)
1. Nです(10, 23, 28)　　～ですか(반문, 22)
2. Aです(19. 20. 21)　　Aですか(25)
3. Vます(12)　Vません(26)　Vませんか(26)　Vました(11, 18)　Vた
　　(15)

---

117) 교육부고시 제1997-15(1998)『중학교 재량활동의 선택과목 교육과정 -
　　　한문, 컴퓨터, 환경, 생활외국어』대한교과서, p.70.
118) 의사소통기능 예시문의 뒤쪽에 붙은 숫자 참조
119) 조문희(1996)「문형분석」『일본학보』제37집, pp.177~178. 조문희 문형
　　　은 교재 분석에 의하여 추출된 문형으로, 상위 0번부터 32번까지와 각
　　　항목마다 하위 분류되어 있다. 앞쪽에 제시되는 숫자는 조문희 문형 번호
　　　이고 뒤쪽에 (　)숫자로 제시되는 것은 예시문의 일련번호이다.

4. ～があります(13)　　～にあります(14)　　～とあります(25)

5. 시간(12)　　장소(10, 23, 26)　　방향(25)　　위치명사(13)

6. Nを(11, 13, 15, 17)　Nで(수단, 12, 24)　Nが(13, 25)　Nに(13, 14)
　　　N へ(15, 22, 27)　　N も(16)　　N は(14, 20, 21, 23, 26, 29)　N と(25)
　　　N の(29)　　N か(26)

7. V には(27)　　N って(28)

8. A くなる(9)　　V て(9, 24, 30)

9. V と(13)　　V たら(27)

10. V たので(15)

11. ～が(25)

13. V る N(16)　　A い N(26, 29)

14. まっすぐ V(13)　　とても A(21)　　もうすこし A(29)　　～と～と、どち
　　　らが(25)

15. ～か(22, 23, 24, 25, 26, 28, 29)　　～よ(20)

16. はい(18)

17. この　その　あの　どの(13, 21)　　こんな　そんな　あんな　どんな(20)

19. V ている(17)　　V てください(30)

22. V るそうだ(16)　　V (よう)う(17)　　V とおもう(17)　　A でしょう(27)

23. ～てもいい(24)

*　　～んだ(16)

0번에서 32번까지의 상위 문형중 12, 18, 20, 21번이 없고 24번 이하
32번까지가 없다. 12번은 ～ながら　～まえに　～あとで　～てから　～
ときに　～ないで등을 포함하는 문형이고, 18번은 けれども　しかし　で
も　それから　だから 등을 포함하는 접속사 류이고, 20번은 V+동사류
즉 ～だす　～はじまる　～つづく　～おわる를 포함하는 문형이고, 21번
은 접미어 접두어를 포함하는 문형이며, 24번 이하는 V+ことがある
ことにする　ことになる　ようになる　ようにする(24), 희망표현(25),

부정형(26), 명령형(27), 자·타동사(28), 가능(29), 수동(30), 사역(31), 경어(32)문형이다. 이것은 7차 교육과정에 명시되어 있는 제약처럼, べし, まい와 같은 고어적인 표현, ～せられる, ～させていただく와 같은 사역 수동형은 다루지 않기로 한다[120]고 명시된 내용과 일치를 보이고 있다.[121] 12번이나 18번 접속사류가 들어가게 되면 복문 가능성이 높아지고, 문장이 복잡하게 될 가능성이 있고, 20번 복합동사류나 21번 접두어 접미어를 넣어서 파생어를 만드는 것도 역시 같은 여지를 남기게 되고, 24~32번까지는 일본어 교육에서 초급 후반부에 나타나는 사항이다. 위에서 분석한 의사소통기능 예시문 문장의 분석 결과 초급문형과 일치를 보이는 것은, 기능과 문법은 서로 별개의 것이 아니며, 일정한 기능을 표현하기 위해서는 일정한 문형에 실어서 나타내어야 하는 점에서도, 문법, 구조, 장면 등을 따로 떼어서 생각할 수 없다는 것을 의미하는 것으로도 받아드릴 수 있겠다. 문제점을 지적한다면 커뮤니케이션이 중심이 되는 실러버스에서는 어떠한 문법사항도 나타날 수 있으며, 문법규칙에 대한 자세한 설명을 적게 하는 것이 일반적이므로 구조(문법) 실러버스에 많은 제약을 두는 것은 오히려 커뮤니케이션 활동에 지장이 될 수도 있다는 점이다. 의사소통기능의 교재화는 교과서 항목에서 다룬다.

---

120) 7차 교육과정에는 복문은 다루지 않기로 되어 있으나 실제로는 예시문 2, 15, 27, 29에 복문이 보인다.
121) 7차 교육과정에는 복문은 다루지 않기로 되어 있으나 실제로는 예시문 2, 15, 27, 29에 복문이 보인다.

5.2.4. 교과서

『중학교 교육과정 해설(V)』에서는 중학교 생활외국어 설정의 기본 방향을 "해당 외국어 및 외국어 사용 국민의 문화에 대한 입문 교육의 성격을 띠어야 하며, 쉽고 흥미 있는 내용을 다루는 과목으로서의 성격"과, "의사 소통 접근법의 원리에 입각하여 구어 교육뿐 아니라 문자 언어 교육도 균형 있게 실시할 수 있도록 성격이 규정되어야 할 것"이며, "예컨대 인사하기, 감사하기, 긍정 또는 부정으로 답하기 등의 의사 소통 기능을 습득하되, 사용하는 어휘 및 구문은 교육과정이 정하는 범위를 벗어나지 않아야 한다"고 기술하고 있다.[122] 즉, 일본어의 이해와 일본 문화의 이해에 대한 입문교육의 성격을 가지고 있으며, 쉽고 흥미로운 과목이어야 하며, 의사소통 접근법에 입각하여 인사하기, 감사하기, 긍정 또는 부정으로 답하기 등의 의사소통 기능을 습득하는 과목인 것이다.

실제로 중학교 생활 일본어 교과서는 『こんにちは』라는 제목으로 단권으로 만들어졌으며, 교육부에서 출판하였는데, '머리말'에 "단순히 언어 표현만을 학습하기 위한 것이 아니고, 문화의 이해와 언어 표현의 이해를 함께 달성할 수 있도록 제작하였습니다. 다양한 일본 문화의 체험을 통하여 일본 문화의 특징을 이해하고, 일상생활에서 사용되는 기초적인 일본어 능력을 키우는데 중점을 둔 것입니다. 이 책을 효율적으로 활용함으로써 여러분이 일본어와 일본 문화를 즐겁고 유익하게 학습할 수 있기를 바랍니다."[123]라고 되어 있어, 『こんにちは』는 [문화 이해]와 [언어 표현 이해]라는 두 개의 축으로 만들어지고 있음을 알 수 있다.

---

122) 교육부(1999)『중학교 교육 과정 해설(Ⅴ)』대한교과서, pp.313~314.
123) 교육부, 한국교육과정평가원(2001)『こんにちは』대한교과서, 머리말 참조

<표198> 중학교 교과서 『こんにちは』구성

과	제목	주요 표현	언어 습관	역할 연습	문화 탐방	놀이 체험	자율 학습
1	おはよう	・おはようございます ・おはよう ・こんにちは	아침인사 낮인사 저녁과 밤인사	아침 인사 여학생/선생, 친구끼리,선후배, 남학생/선생,교사끼리	ひなまつり	종이접기(おりがみ)	히라가나 학습용사이트를 이용한 글자 및 자판 익히기
2	さようなら	・バイバイ。 ・じゃ、またあした/おかえり/ ただいま。 ・いただきます	외출할 때 돌아와서 식사를 시작할 때 실사를 마칠때	헤어질 때 여자친구끼리,학생/선생,교사끼리,모녀,부녀,이성 친구끼리	벚꽃축제	가루타	가루타 사이트 검색
3	ありがとう	・ありがとう ・すみません ・どうも	남에게 폐끼치지 않도록 どうも용법	친구끼리 물건빌려주기,수업후 인사,친구끼리 물 튀겼을 때, 꿰미 없었을 때, 부딪쳤을 때	고 이 노 뵤리	일본어로 노래를(しあわせなら....)호빵맨 그리기 노래	연중행사 사이트 검색/가게 사진
4	おめでとう	・おめでとう ・たんじょうびおめでとう/ハッピーバースデー/ありがとう	생일(여러가지 축하표현)	축하표현 친구선물줄때,부녀, 선생과 학생,선생과 학생들,이성친구,언니결혼,오빠와 동생,언니와 여동생	マーさり여러가지마つり	오뚝이가 넘어졌다. 히라가나 빙고	일본스포츠 관련 사이트/일본어 생일카드 보내기
5	がんばれ	・がんばれ/ファイト!/ ・がんばって! ・숫자	좋아하는 숫자와 싫어하는 숫자/전화번호	숫자표현 아이스크림,지우개,빵,요일,등 수,전화번호,학년	칠석	숫자빙고 계산놀이	전화번호 목록 만들기
6	あの、すみませんが	・あのう、すみません ・あのう、すみませんが、まんがはありますか ・あのう、コピーはできますか	말을 걸 때 여러 용도의 '실례합니다'	패스트푸드점에서 (あるもの、ないもの)편의점에서 (できること、できないこと)	오본	실뜨기	숫자익히기 사이트/九九れんしゅう
7	はじめまして	・はじめまして/きむらかんたです/どうぞよろしく ・もりといいます/どうぞよろしく	일본의 대표적인 성	초대면 동년배 정중체,동년배 친밀체,손윗사람,업무적인 관계	일 본 의 주택문화	겐다마 명함만들기	애니메이션 사이트
8	わたし、うどん	・わたしはにほんりょうりのほうがいいです ・のみものはコーラにします ・ぴざがたべたい	고르기 희망표현	선택하기 커피주문,피자주문,빵주문,음료수주문,식후로 선택,가장좋아하는 음료수, 먹고 싶은것	일 본 의 음식 식탁모습	가위바위보 놀이	인터넷에서 음식종류와 가격알아보기 전통음식검색 발표
9	かりてもいいですか	・でんわ、かりてもいいですか ・あそんではいけません ・9じまでにかえってきてね	허락,금지,부탁표현 선물포장법 부조용 봉투	허락표현 노래허락,노는 장소허락, 목욕 허락,만화읽기 허락,노래해도 좋은지,물 마셔도 좋은지 허락	시치고산 의생활	후쿠와라이	전자우편 보내기 인터넷 펜팔 사이트
10	どこですか	・こうさてんをひだりにまがってください ・まっすぐいくとはしがあります ・コンビニのとなりにあります	길 가리키는 표현 위치 표현	길가르쳐주기 길 묻고/가르쳐 주기 장소 묻고/가르쳐 주기	설날	스고로쿠	행정구역 검색

어휘는 표제어를 중심으로 242어로 만들어졌으며 그중 기본어휘는 168어가 사용되어 69%정도의 반영률을 보이고 있다. 의사소통기능 예시문에서 제시하고 있는 기능 중 '정보전달 기능'의 '전갈' 기능을 제외하고는 모든 기능이 반영되었다. 또한, 중학교 의사소통기능에는 없는 '담화전개기능'의 '서두'기능이 자주 사용되고 있고, 고등학교 교육과정에만 언급이 있는 [문체]에 대하여, 『こんにちは』에서는 친밀체, 정중체를 모두 사용하고 있다. 이것은 중학교 교육과정에 "여기에 명기되지 않은 기능도 필요에 따라 첨가하여 사용할 수 있다." "예시문에 제시되지 않은 문장도 필요에 따라 포함시킬 수 있다."[124]고 되어 있어 자연스러운 발화를 위하여 필요했던 것으로 풀이된다.

[문화]에 관한 소재로 교육과정에서 제시하고 있는 것은 3항목으로 아래와 같고,

①개인생활과 일상적인 인간관계에 관한 것
②교우관계와 학교생활에 관한 것
③기본적인 사회생활에 관한 것

위의 소재를 선택하되 내용 구성에 있어서는,

①학생의 흥미, 필요, 지적 수준 등을 고려하여 의사소통의욕을 유발할 수 있는 것으로 한다.
②내용은 실제생활에서 사용될 수 있는 것으로 하되. 일본의 일상생활을 이해할 수 있는 것으로 한다.

---

124) 교육부고시 제1997-15(1998), 전게서, p.70.

③듣기, 말하기, 읽기, 쓰기는 연계성을 가지도록 구성한다.

고 권하고 있는데『こんにちは』에서는 교육과정에서 제시한 모든 소재를 다루고 있고, 실제생활에서 사용될 수 있는 내용으로 구성되어 있으며, 제시된 언어 표현은 반드시 역할연습을 통하여 기능과 연계되도록 배려하고 있다.

<표199> 중학교 생활일본어 문화 소재 반영 현황

단원	①개인, 일상적인 인간관계	②교우관계, 학교생활	③사회생활
1.おはよう	○	○	
2.さようなら	○	○	
3.ありがとう	○	○	○
4.おめでとう	○	○	
5.がんばれ		○	○
6.あの、すみませんが			○
7.はじめまして			○
8.わたし、うどん			○
9.かりてもいいですか			○
10.どこですか			○

‘문화탐방’이나 ‘놀이체험’에서는 학생의 흥미, 지적수준을 배려하고 있으며 자율학습을 통하여 심화학습을 할 수 있게 구성하고 있다.

본인은 선행연구[125]에서 중학교 교과서에 대하여 문화+언어형 교재,

---

125) 조문희(2000)「연소자를 위한 일본어 교재」『일본학보』제45집, 한국일본학회, pp.277~278.

그리고 모듈형 교재가 되어야 한다고 제안한 바 있다. 왜냐하면 사실상 현재로서는 중학교에서 일본어를 배운 학습자를 예상해서 고등학교용 교과서를 만드는 것이 아니므로 단점을 최소화하는 교재는 모듈형 교재일 것이기 때문이다. 결국, 특활형, 재량선택형, 수능형 교재가 서로 연관성 없이 만들어져야한다면, 특활형, 재량선택형 교재는 고등학교까지 학습자의 흥미를 지속시킬 수 있는 교재이어야 하기 때문이다. 또한, 앞으로 교재는 기술의 발달과 함께 출판물 중심의 교재에서 인터넷 교재, 그리고 다양한 첨단기기·기술을 이용하는 교재로 바뀌게 될 것이다. 다양한 실험들이 진행되고 있고 그 실험들이 하나 둘 씩 실현되고 있기 때문이다.

5.3. 대학교

　고등교육은 초등교육이나 중등교육처럼 국가 단위로 발표되는 교육과정에 의하여 운영되는 것이 아니라 교육법과 교육법시행령에 따라 교과를 중심으로 운영되고 있다. 그러므로 중등교육처럼 교육과정이 발표되는 발표연도에 따라 시대구분을 하기는 어렵게 되어 있다. 다만, 중등교육의 교육과정 내용에 따라 고등교육도 많은 영향을 받는 것은 사실이나. 예를 늘어 고등학교에 처음으로 일본어가 외국어 과목 중 선택 과목으로 들어가게 되면 대학의 일본어 관계 학과는 고등학교의 일본어 교사를 배출하기 위하여 여러 대학에 일본어 관계학과가 새로 개설되게 되며, 대학입시에 일본어 과목이 들어간다고 발표가 되면 대학입시에 맞추어 일본어 교육의 방향이 달라지게 되고 교과서나 교육과정의 집필에 관여하는 대학의 관계자들은 또 거기에 영향을 받게 되는 것이다.[126)]

　또한 한국의 중등교육의 교육과정은 정권의 교체시에 새로운 교육과정이 발표되거나 시행되는 경향이 있다. 예를 들어, 이승만 정부 때 제1차 교육과정, 박정희 정부 때 2·3차, 전두환 정부 때 4차, 노태우 정부 때 5차, 김영삼 정부 때 6차, 김대중 정부 때 7차 교육과정이 공포

---

126) 대학의 학과는 고등학교 교육, 즉, 언어정책에 밀접한 영향을 받고 있다는 것에 대하여는 이덕봉(2001)에도 언급되어 있다. 96개 대학에 일본어 관련학과가 있는데 이렇게 많아진 배경을 보면, "70년대에 좀 많아졌다가 80년대에 아주 급격히 늘면서 숫자가 계속 늘어왔는데, 늘어날 때마다 보면 73년도에 고등학교 일본어 교육이 시작된 것이 하나의 계기가 되고, 또 하나 80년에 영어와 같이 선택과목이 되면서 전국의 46%의 학생들이 일본어를 시험과목으로 선택하면서 대학의 학과가 폭발적으로 늘게 됩니다."라고 하였다. 이덕봉(2001)「21세기 일본어 교육이 무엇을 원하는가」『일본어 교육연구』창간호, 한국일어교육학회, p.10.

되었다.

고등교육기관인 대학에서 일본어 교육이 시작된 것은 중등교육의 제1차 교육과정기가 끝나갈 무렵인 1961년부터이고, 주로 제2차 교육과정기에 진행되었는데, 70년대 초반까지는 2개교에만 일본어 관계학과가 있었으나 70년대 초반부터 다수의 일본어관계학과가 개설되게 된다. 이것은 1965년에 맺어진 한일기본조약의 영향도 있고 하여 일본어 교육의 분위기가 조성되게 되었으며, 고등학교에서 일본어 교육이 시작된 것에 따른 변화이다. 고등교육은 다시 한번 대전환을 맞게 되는데 그것은 학부제의 실시에 따른 변화이다. 따라서 고등교육기관의 일본어 교육에 대한 시대 구분은 3시대 구분이 될 것이다. 즉, 1기는 해방 후부터 중등교육 기관에 일본어 과목이 개설되는 1973년까지, 2기는 1973년부터 학부제 실시 전까지, 3기는 학부제 실시부터 현재까지가 되는 것이다. 그러나 본고의 진행 편의상 2·3기는 하나로 합쳐서 기술하고자 하는데 그 이유는 학부제에 따른 변화를 그 전 시기와 비교 고찰하면 특징이 더 선명하게 나타날 것이기 때문이다.

5.3.1. 1기(1945년~1973년)

5.3.1.1. 시대적 배경

대학에 일본어 관계학과가 설치된 것은 제1차 교육과정 후반기인 1961년이었다. 처음으로 한국외국어대학에 일본어과가 설치되어 일본어 교육을 시작하게 된다.[127] 그 과정을 살펴보면, 1951년 10월 21일에

---

127) 국제대학의 일본어 교재였던 정문웅 편저(1962)『최신일본어연구』의 머리말에 "이 책은 편자가 서울대학생과 기타 남녀대학생, 대학원생들에게 일본어를 가르쳐 온 경험과 10여년간 원서를 번역출간한 체험을 토대로 하여 일본어를 기초로부터 시작하여 원서해독, 회화완성을 원하는 학생과 성인들을 위해서 엮은 것"이라고 되어 있어, 1961년 이전에도 일본어

한일회담 예비회담을 시작으로 1953년10월 6일 제3차 한일회담을 진행하였으나 이회담에서 久保田의 망언[128)]으로 10월 21일 회담은 결렬되었으며, 결렬과 중단, 회담반대를 위한 거센 학생시위가 반복되는 와중에 1961년 2월 민의원에서 대일 정책으로 선국교 후경제를 결의하여, 제1차 교육과정기 후반인 1961년에 이르러 해방 후 15년 이상이 흐른 후에야 대학에서 일본어 교육이 시작되었던 것이다.

대학에 대하여 살펴보면, 1955년 8월 1일에 제1차 교육과정이 발표되고, 8월 4일에는 내동녕령 제1063호로 대학설치기준령이 공포되었다. 이것은 50년대 초반의 대학 붐으로 말미암아 대학의 질 관리가 소홀히 된 사실에 비추어 대학을 설치함에 있어서 시설과 교원 등에 관한 소정의 기준에 도달해야 할 것임을 규정하고자 한 것이었다. 신설 대학의 억제는 물론 50년대 후반기에 있어서 일부 대학의 정비를 위한 근거가 되었다. 동 기준령은 후일 부분적인 보완을 거치고 대학설비년도별보충기준령(1970), 대학실험실습설비기준령(1970)등의 제정을 거쳐 오늘에 이르기까지 대학시설행정의 주요 근거로 작용해 왔다.[129)]

최초로 일본어 교육이 시작된 곳은 한국외국어대학(이하 외대로 칭)으로, 1961년 외대 학보 43호 2월 5일자에 '일어과 신설을 맞으며 -허망한 편견 의식에서 벗어나자-'라는 사설과, '일어과 신설 금년부터 신입생 모집'이라는 기사가 실려있다. 기사에서는, '그동안 일어과 신설인

교육이 있었던 것으로 보인다. 다만, 위에 언급되어 있는 '서울대학생', '남녀대학생', '대학원생'들에게 일본어를 가르쳤다고 하는 것이 개인적으로 가르친 것인지 대학에 교양과목으로 일본어가 있었던 것인지, 아니면 비밀 사설 학원에서의 강습이었는지는 조사가 필요하다. 사설 학원에서 일본어 교육을 하도록 정식인가가 난 것은 1972년경이기 때문이다.

128) 그는 "일본의 36년간의 한국통치는 한국인에게 유익했다"고 발언하였다.

129) 한국대학교육협의회(1989.11)『연구보고 한국고등교육의 역사적 변천에 관한 연구』p.236.

가를 신청하여 오던 본 대학에서는 문교부로부터 정식인가를 받아 금
년부터 신입생을 모집하기로 결정을 보았다. 모집 학생은 40명이며 일
어과에서는 일본문학, 일본사 등 일본에 관한 세부적인 수업을 실시하
게 되며 현 일본어과를 담당할 교수를 물색 중에 있다고 하는데 앞으로
의 발전이 주목된다.'고 기록되어 있다.[130] 그러나, 다음과 같은 기록으
로 볼 때, 신입생을 뽑고 나서 설립인가가 나온 것을 알 수 있다. 1960
년 12월 20일자 '신입생모집요강'에 일어과가 없고, 1961년 2월 5일자
에 일어과가 들어 있는 것과, 『외대40년』에 1961년 4월 1일 설립인가
를 받았다는 것이 그것이다. 설립인가가 나오지 않은 상태에서 신입생
을 모집한 것이다.

당시의 개설학과나 학생수 등을 알 수 있는 또 하나의 자료가 있는
데, 문교부에서 1962년과 1963년에 등사본으로 발행한『전국고등교육
기관 일람』에, 1962년 4월 1일 당시 한국외국어대학 일어과 학생수는
1학년 30명(남 29, 여 1), 2학년 45명(남 38, 여 7) 계 75명(남 67, 여
8)이라는 기록이 보인다. 1963년의 일어과 학생수는 1학년 25명(남 22,
여 3), 2학년 13명(남 12, 여 1), 3학년 23명(남 17, 여 6)이다.

---

130) 외대학보 43호 단기4294(1961)년 2월5일, 1면

<표200> 한국외국어대학 학생수[131]

	1학년 (1963년 3회 입학생)	2학년 (1962년 2회 입학생)	3학년 (1961년 1회 입학생)	4학년
1962년		30명(남29+여1)	45명(남38+여7)	
1963년	25명(남22+여3)	13명(남12+여1)	23명(남17+여6)	

　이 기록으로 알 수 있는 것은 한국외국어대학의 일본어과는 1961년도에 1회 입학생이 있었다는 것과, 1961년 1회 당시에는 40명 모집정원에 20명이 입학하였으나, 다음해인 1962년에는 인가정원 120명에 30명 모집정원이 되었으며, 1963년에는 100명 인가정원에 25명이 모집정원이었다는 것이다.[132] 모집정원이 25명에서 40명이 되는 것은 1968년이며, 1970년에 50명으로 증가하였다.

---

131) 1961년 한국외국어대학 첫 입학생은 20명이었다. 그것이 다음해인 1962년에 45명이 되고, 1963년에는 23명이 되며, 졸업은 19명이 하였다. 이 기록으로만 보면 몇가지 의문점이 생긴다. 첫째, 1961년에 20명이 입학하였는데, 1962년에 45명이 된 것은 편입생을 뽑은 것인지, 둘째, 1년 후에 다시 23명으로 학생수가 감소한 것은 군입대를 한것인지 아니면 1962년의 학생수가 誤記된 것인지, 셋째, 졸업생이 19명이라는 것은 1회 입학 당시의 학생수 20명을 기준으로 하면 거의 한국의 사정상 남학생들이 군입대를 하므로 거의 불가능한 일이다. 따라서 이러한 몇가지 사실로 미루어 생각건대, 1962년에 편입생이나 전과생이 있었으며, 1963년에 23명으로 줄어든 것은 군입대나 휴학을 생각할 수 있고, 따라서 19명의 졸업생도 가능했을 것이라고 보여진다. 문교부(1962/3)『전국고등교육기관 일람』p.180(1962년), p.182(1963년)
132) 신문기사에는 모집인원이 40명으로 되어 있으나, 실제로는 20명을 모집하였다. 1965년 한일 국교정상화 이후 일본어 활용범위가 급격히 늘어 1968년에는 신입생을 증원하여 40명을 모집하게 되었다. 1970년에는 신입생 모집정원 조정 결과에 의하여 10명이 더 증원되었다.『외대 40년』p.152. 다른 기록도 보인다. 문교부가 1962년과 1963년에 발행한『전국고등교육기관 일람』에는 한국외국어대학 1962년의 인가정원은 120명, 모집정원 30명이었으며, 1963년은 인가정원 100명에 모집정원 25명이라고 되어 있다. p.180(1962년). p.182(1963년).

<표201> 한국외국어대학의 일본어과 입학생 변화추이[133]

	1961년	1962년	1963년	1968년	1970년
인가정원	80명(160명)	120명	100명	(160명)	(200명)
모집정원	20명(40명)	30명	25명	40명	50명

　　문교당국의 결정이 지연되는 가운데 학생모집을 한 것은 또 하나의 일본어 관계학과가 개설된 국제대학(현 서경대학교, 이하 국제대로 칭)의 경우도 마찬가지였다. 1962년 12월 5일의 '신입생모집공고'[134]에는 일어일문학과가 없고, 1963년 2월 14일자 국제대학보의 '합격자 명단'[135]에 일어일문학과 합격자가 실려있으며, '신설된 일어일문학과의 정원은 40명… 일어일문학과 경쟁률 3.3대1' '문교부 지시에 의하여 본 대학생의 모집 정원의 변동을 예상하므로'[136] '11일 하오 2시에서 14일로 문교당국의 지시에 따라 지연되었다가 14일 10시에 발표되었다.' 라는 글로 보아 문교부의 지시가 2월에도 아직 확실하지 않은 상태로

---

133) 외대학보 43호 단기4294(1961)년 2월5일 1면, 『외대 40년』p.152.『전국 고등교육기관 일람』 p.180(1962년). p.182(1963년)를 기초로 하여 작성하였다.

134) 국제대학보, 1962년 12월 5일자

135) 국제대학보, 1963년 2월 14일자. 마이크로필름
　　<63년도 신입생 합격자 명단>
　　정한석, 김길웅, 김원수, 박문기, 신동지, 김도원, 유용원, 윤정옥, 김태근, 박상우, 고문자, 김명식

136) 국제대학보 1963년 2월 14일자
　　"63년도 본대학 수험생에게 알림. 문교부 지시, 대학입학 자격고시 성적 컬 라인 인하에 의하여 본 대학생의 모집 정원의 변동을 예상하므로 최단 기일 내에 추가 합격 발표를 예정임."라는 기사 내용이다. 모집 정원의 변동이란 인가정원이 40명이면 모집정원은 10명이 되고, 인가정원이 48명이면, 모집정원은 12명이 되므로 2명의 합격생을 추가할 수 있게 되는 것이다. 실제로 40명이 48명으로 변동을 보이고 있다. 문교부(1963)『전국 고등교육기관 일람』p.192 참조

지연되었던 것 같다. 또 다른 기록에는 국제대학 일어일문학과에 인가 정원 48명에 모집정원 12명으로 1963년 1회 입학생이 있었다. 남학생이 8명 여학생이 4명이었다.[137) 이는 1963년 2월 14일자 국제대학보의 '합격자 명단' 12명과 일치한다.

상기 두 대학에서의 일본어 교육은, 제2차 교육과정 말기인 1972년 7월 5일 박정희 대통령이 고등학교에서 일본어를 가르칠 것을 지시하면서 일본어 교육이 활성화되기 전까지 일본어 교육의 중심이 되었다.

5.3.1.2. 교육 목표

일본어과가 개설될 당시의 외대의 외국어 교육 관계학과의 교과 과정은 '외국어·외국문화·국제사정에 관한 이론과 실제를 교수 연구하여 국제문화교류나 세계정세의 파악에 기여하여 국제 관계 실무를 담당할 지도적 인물의 양성을 목적으로 하는 교육 목표'[138)에 따라 편성되었다. 이것을 일본어과에 적용하면, 일본어 교육은 일본과의 관계에서 실무를 담당할 지도적 인물의 양성이 교육 목적이 되며, 이 목적을 달성하기 위하여 실무담당 전문가가 갖추어야 할 일본어는 어떤 일본어일까? 외대에 일본어과가 개설될 당시 외대 신문에 실린 사설[139)을

---

137) 문교부(1963)『전국고등교육기관 일람』p.192.
138)『외대 40년』p.27.
139) 지난날의 역사를 소급하여 회상해 볼 때 우리는 마땅히 방일하여야하고 반공에도 빈틈이 있어서는 아니 된다. 하지만 일어과의 신설이 곧 방일사상을 도외시한 혁신이며, 일본을 추종하는 감염(感染)의 태도는 결코 아니다. 그 나라의 국어를 우리가 알고 그 나라의 실태와 정상을 비판한다는 것은 우리의 힘을 부강시키는 방법이며 풍부한 사상을 올바르게 지켜나가는데 큰 도움이 될 것이다. 더욱이 어학의 성능이 어떠한 사상 감정을 초월하여 문화의 궁극적인 목적에 도달하고 있다는 점은 천명(闡明)한 사실이다. 일어를 습득한다는 것을 부끄러운 일이라고 주저하며 창명(愴冥)한 수작이 아니라고 생각 할진대 일어과의 설치는 마땅한 것이며

중심으로 살펴보면, 일본어 교육은 "어떠한 사상 감정을 초월하여 문화의 궁극적인 목적에 도달", "외국의 장점을 모방 할 수도 있는 것이며, 기교를 배울 수도 …. 국제무대에서 각광을 받을 수 있는 힘을 배양"등의 기록과, 정재인은 『일본문화연구』창간호 창간사에서 1961년의 일본어과 설치에 대하여 "일본어를 통한 일본문화에의 올바른 지식 체득"140)이라고 언급하고 있고, 박성원은 어학의 목적을 "하나는 그 나라말로 된 서적을 읽기 위한 것이고, 또 하나는 그 나라 사람들과 자유로이 회화를 주고받아, 서로의 의사를 표현하고 감정의 원만한 소통을 기하는 것"141)이라고 하였다. 제1차 교육과정기의 외국어교육의 목표가 "문법에 대한 기초 능력, 회화능력 및 각 국의 문화를 이해하는 능력을 기른다"라는 내용으로 되어 있는데, 이것과 견주어 살펴볼 때에 일본어 교육의 목표는 '국제무대에서 각광을 받을 수 있는 일본어 의사소통능력 신장과 문화 이해'142)로 압축될 수 있을 것이며, 이러한 목표는

이미 오래전 부터 설치되었어야 옳았을 것으로되, 이제야 겨우 그 창설을 보게 됨은 오히려 늦은 감이 앞선다. 하거늘 일어과 신설 운운(云云)함은 한갖 허망된 잡념에 지나지 않는다고 보는 것은 아무 이득이 없는 완명(頑冥)한, 보수적이며 쇄국적인 생활 의식에서 기인되는 빗나간 사고 방식이라 하겠다. 오늘 날 동양에 있어서 일본의 위치는 중국이 따르지 못하는 제반 체제를 갖추고 성장, 발전하고 있음을 직시할 때 우리의 현실과 대조도 못되는 형편이다. 아직까지도 우리는 많은 것을 흡취하여야 할 단계에 처한 채 영양실족의 위기에 있다. 오연(傲然)히 살아가던 구시대의 습관에서 탈피하자. 일어뿐이 아니라 우리는 외국의 모든 이점을 얻기 위하여 현실의 와중(渦中)속에서도 굳건한 주관을 지켜야 하겠다. 나아가서는 외부의 장점을 모방 할 수도 있는 것이며 기교를 배울 수도 있는 것이다. 그런후 우리는 우리대로 하나의 부흥을 위한 창조를 구상하기에 여념이 없어야 하며 국제 무대위에서 각광을 받을 수 있는 힘을 배양하도록 원시안적인 태도를 버려야겠다.

140) 정재인(1985) 『일본문화연구』창간호
141) 박성원(1965) 『표준일본어회화』계명각, 머리말
142) 유봉호(1992) 『한국교육과정사 연구』교학연구사, p.319.

결국 일본과 일본어에 관한 전문가 양성에 목적이 있는 대학 교육에서 전문가가 갖추어야 할 일본어 교육의 목표가 될 것이다.

3.1.3. 교육 내용

교육 내용은 외대와 국제대의 교과과정을 중심으로 살펴보고자 한다. 외대 국제대 모두 1회 입학생이 4학년이 되는 1964년과 1966년, 그리고 1970년~1971년의 커리큘럼을 대조 비교하여 본인이 정리하였다. 외내는 1회 입학생이 4학년이 되는 1964년도의 커리큘럼을 당시의 시간표와 일람에 의거하여 작성한 교육 내용이다.[143] <표202>는 외대의 교과 과정인데, 상단은 60년대이고 하단은 70년대로 교과 과정에 많은 변화가 있었던 것을 알 수 있다. 실제로 외대는 1968년에 대대적인 교과과목 개편이 있었다. 아래의 교육 과정은 특히, 3,4학년 때 커다란 차이를 보이는데 60년대에는 3,4학년 때 문화부와 실무외교부로 나누어 다양한 선택과목을 두고 있다.

<표202> 외대 교과 과정

1학년(1961)	2학년(1962)	3학년(1963)	4학년(1964)
초급일어강독(12) 초급일어작문(4) 초급일어문법(4) 초급일어회화(4) (*24)	중급일어강독(12) 중급일어작문(4) 중급일어문법(4) 중급일어회화(4) (*24)	고급일어작문(4) 일본사정(4) (*12) 고급일어회화(4) 문화부　　　실무외교부 현대시(2)　　비교정부(4) 현대소설(4)　　외교사원강(4) 현대희곡(4)　국제관계원강(4) 일문학사(4)　　경제원강(4) 와까·하이꾸(4) 상업원강(4) 고전문학(4)　　상업통신문(4) 근대문학(4) (*26)　　(*24)	일어작문(4) 일본사정(4) (*12) 일어변론(4) 문화부　　　실무외교부 현대시(2)　　비교정부(4) 현대소설(4)　　외교사원강(4) 현대희곡(4) 국제관계원강(4) 일문학사(4)　　경제원강(4) 와까·하이꾸(4) 상업원강(4) 고전문학(4)　　상업통신문(4) 근대문학(4) (*26)　　(*24)

---

143) 1964년 8월 29일 외대학보80호 2면 참조

(1967)	(1968)	(1969)	(1970)
초급일어강독(8)	중급일어강독A(8)	일어문법(4)	일본사정Ⅱ(4)
시청각일어(10)	중급일어강독B(8)	고급일어회화(4)	일어변론(4)
초급일어작문(4)	중급일어작문(4)	일본사정Ⅰ(4)	현대시(4)
초급일어회화(2)	중급일어회화(2)	현대소설(4)	서간문(4)
(*24)	언어실습(2) (*24)	일본문학사(4)	수필(4)
		시사일어(4) (*24)	문어문법(4) (*24)

* ( )숫자는 단위수를 말하며 1, 2학기를 합한 것이다. (*)숫자는 단위수 합계를 말한다.
* 1,2학기 동 수 합산한 수치이다.

이것은 사회에 나가 활동하는데 외국어 이외에 희망하는 문화계나 상경계에 대한 기초 지식의 학습이 필요하다고 판단한 결과이며, 2년간 40학점을 이수하게 되어 있었다. 외대의 교육 내용의 특색은 1,2학년에 일본어 과목에 집중하고 3,4학년에서 문화와 국제사정 과목을 이수하는 것이다. 3,4학년에 문화와 국제사정 과목을 이수하는 것은 교육과정 개편후 부전공 제도로 발전한다. 개편된 교육과정에서는 문화부와 실무외교부로 분리되었던 것을 없애고, 단일 교육과정으로 바뀌었으며, 3,4학년에 문화과목을 늘리고 있다. 또한 2학년의 문법과목을 3학년으로 옮기면서 단위 수를 줄이고 2학년에 듣기과목인 언어실습을 신설하고 있다. 이것은 외대에 어학실습실이 생긴 것과 관계가 있을 것이다. 강독, 작문, 문법, 회화 과목이 중심이었던 60년대의 교육과정은 4기능 즉, 듣기, 말하기, 읽기, 쓰기 중, 듣기가 빠져 있었는데, 70년대의 교육과정에서는 강독, 시청각, 작문, 회화의 4기능을 고루 갖춘 교육내용으로 바뀌었다.

그러나, 교과과정대로 실제 수업이 짜여지는 것은 아니었다. 외대학보 51호에 근거하여 1961도 제2학기 일어과의 강의 시간표를 일본어 관계 과목을 중심으로 작성하여 보면 <표203>과 같은데[144], 교육과정에는 있는 문법과목이 없고, 강독과목 학점이 교육과정에는 1,2학기 합하여 12학점인데, 시간표에는 2학기 한 학기에 만 16학점으로 수업을 하고 있는 것이다. 1학년 2학기에 강독 16학점, 작문 2학점, 회화 2학점의 수업 내용이었다.

<표203> 1961년도 2학기 시간표 및 담당교수(외대)

교시	월	화	수	목	금	토
1		초급일강독(4) 박성원			초급일강독(4) 박성원	
2						일어회화(1) 大谷
3		초급일강독(4) 진장섭		초급일강독(4) 진장섭	초급일작문(2) 진장섭	
4				초급일회화(1) 진장섭		

1962년 1학기에는 교수진이 진장섭, 박성원, 김영기, 大谷, 이윤영으로 늘어나고 있으며145), 실제 수업이 교육과정과 다르게 짜여지는 것은 1회 입학생이 4학년이 되는 1964년 2학기에도 마찬가지였다. 1964년 8월 29일 외대학보 80호 2면을 중심으로 시간표를 작성하면 아래 <표204>와 같으며, 교수진은 박성원, 진장섭, 전기정, 김규남, 이윤경, 노보희, 中村完이 담당하였다.

---

144) 외대학보 51호, 1962년 9월 14일자 3면
145) 외대학보 제56호, 1962년 3월 18일 1면
　　　<본 대학 교수진 소개　일어과>
　　　　진장섭 일어강독Ⅰ A, Ⅱ A　　　　　　　강사
　　　　박성원 일어강독Ⅰ B, Ⅱ B　　　　　　　조교수, 주임서리
　　　　　　　 일회화Ⅰ
　　　　김영기 일작문Ⅱ, 제2일어　　　　　　　강사
　　　　大谷　 제2일어회화Ⅰ,Ⅱ　　　　　　　강사
　　　　이윤영 일회화Ⅱ, 제2일어강독Ⅰ　강사

<표204> 1964년도 2학기 시간표 및 담당교수(외대)

1학년	2학년	3학년	4학년
초급일강독A 4 박성원	중급일강독A 4 박성원	근대소설 2 박성원	고전문법 2 이윤경
초급일강독B 4 전기정	중급일강독B 4 진장섭	고급일어회화 2 김규남	일어변론 2 진장섭
초급일어작문 2 박성원	중급일어작문 2 김규남	국정학일원강 2 김규남	국정학일원강 2 김규남
초급일회화 1 中村完	중급일회화 2 中村完	경제일어원강 2 노보희	경제일어원강 2 노보희
언어실습 1 中村完		현대어문법 2 이윤경	일본사정 2 김규남
		근대희곡 2 진장섭	현대소설 2 박성원
		일본사정 2 김규남	일본시가 2 中村完
5과목(12학점)	4과목(12학점)	7과목(14학점)	7과목(14학점)

1학년 강독(8), 작문(2), 회화(1), 언어실습(1)

2학년 강독(8), 작문(2), 회화(2)

3학년 회화(2), 문법(2), 일본사정(2), 근대소설(2), 근대희곡(2), 국
　　　정학일원강(2), 경제일어원강(2)

4학년 일어변론(2), 일본사정(2), 고전문법(2), 현대소설(2), 일본시
　　　가(2), 국정학일원강(2), 경제일어원강(2)

다음 <표205>는 국제대의 제1회 입학생이 4학년이 되는 1966년도
의 교과 과정과 1970년의 교과 과정이다. S씨, K씨, K씨, Y씨 4인의
학적부와 국제대학보 및 마이크로필름을 중심으로 작성한 교과과정표
이다. 총52과목 168학점 중, 일본어 관계과목은 31과목 116학점이다.
입학생 12명 중, 성적표의 과목이 동일한 것으로 보아 전공과목의 선택
의 폭이 거의 없었던 것을 알 수 있다. 국제대의 교육과정의 특색은

1학년에는 교양과목을, 2학년에 일본어 과목을, 3,4학년에 일본이해 과목을 배치하고 있는 것이다. 1학년 42학점 중 8학점인 기초 일어 과목이 있을 뿐 나머지 34학점은 모두, 문화사, 기독교 문학, 자연과학, 법학개론, 철학개론, 체육 등의 교양과목을 배우게 되어있고, 2학년에 의사소통능력 관계과목을, 3,4학년에 많은 문학관계과목이 배치되어 있다. 이것이 70년대가 되면, 1학년은 60년대와 같으나 2,3학년에 의사소통능력 향상을 위한 과목이 분산 배치되고 있다.

<표205> 국제대 교과 과정

1학년(1963)	2학년(1964)	3학년(1965)	4학년(1966)
기초일어(8)	기초일어(4) 일회화(4) 일문강독(8) 일회화및작문(4) 일문법(4) 일한문(4)	일한문(4) 일문강독(4) 일문법(4) 일문학개론(4) 일어강독(8) 일문학사(4) 시사일어(2) 일희곡(2) 일고어문법(2) 근대소설(4)	고전문학(4) 상업통신문(4) 일한문(4) 일소설(8) 일어특강(8) 일문강독(4) 일수필(4) 일현대문학특강(4)
1967	(1968)	(1969)	(1970)
기초일어(8)	일문강독(8) 일회화(2) 일작문(4) 일현대문(4) 일문장론(4) 일소설(4) 일문법(2) 일문학개론(4)	현대소설(8) 일문학사(4) 일희곡(4) 일문법(2) 일회화(2) 일수필(4) 시사일어(2) 일어강독(4) 일한문(4) 고전문학(4)	일한문(4) 일현대문학특강(4) 고전문학(4) 일문특강(4) 일어특강(8) 일문강독(4) 일수필(4) 일고대문학특강(4) 일소설(4)

국제대 일어일문학과에는 일본천리대학 교수이며 당시 외대 일어과 교수로 있던 '大谷森繁'가 전임강사로 왔으며, 기초일어를 담당하였다. 주임교수는 손낙범으로 국문과와 일문과를 동시에 맡았다.[146] 교과 과

정과 실제 수업과를 비교하기 위하여 1964년 1,2학기 시간표를 중심으로 살펴보면, 2학년 1학기는 기초일어(平木實) 4/4, 일문강독(박영) 4/4, 일회화(박성원) 2/2이며, 2학년 2학기는 일회화 및 작문(박성원) 4/4, 일문강독Ⅱ(平木實) 4/4, 일문법(박영) 4/4, 일회화(中村完) 2/2, 일한문(신원우) 4/4[147] 이므로, 1,2학기를 합하여 보면, 2학년 시간표 상의 학점 및 과목명이 기초일어(4), 일문 강독(8), 회화 및 작문(4), 일문법(4), 일회화(4), 일한문(4)이 되어, 상기 <표205>의 2학년 학점 및 과목과 정확하게 일치하고 있음을 알 수 있다. 인터뷰에 의하면, 국제대는 손낙범, 양명문, 박성원, 이윤경, 박노춘, 신원우, 박영빈, 大谷、平木、中村등이 교수로 있었다고 한다.[148]

외대와 국제대의 교육과정을 비교해 보면, 외대는 1,2학년에 일본어 관계과목이 치중되는데, 국제대는 2,3,4학년에 치중하게 되어 있고, 국제대에는 부전공제가 없다. 또한 외대는 의사소통능력 신장과목이 많고, 국제대는 문화이해 과목이 많다. 단순한 비유로 설명한다면 외대는 통역이 가능한 학생을, 국제대는 번역이 가능한 학생을 졸업시킨다는 것이다.

5.3.1.4. 교수·학습 방법

외대는 외대의 특수성을 살리기 위하여 기본적인 외국어 교육방법으로 ①독해력을 양성하기 위하여 언어를 먼저 교수한다. ②재래의 문법위주의 교수법을 피한다. ③구어교수법을 고수하면서 교수법의 고정

---

146) 국제대학보, 1963년 4월 15일자
147) 국제대학보, 1964년 9월 30일자
148) 2002년 5월 16일 목요일 10:30 현대백화점, 찻집에서 취록(국제대학 1회 졸업생, 신국자)

을 피한다. ④교재는 현대적이고 실용적인 것으로 한다. ⑤기재를 많이 사용한다. 예컨대 녹음기, 반향기, 축음기, 라디오 등을 활용한다. ⑥타자와 속기를 가르친다(1957년 당시[149] 타자기 30여 개에 수강자는 약 400여 명이었다). ⑦소인원제를 채택한다. ⑧일상회화에 외국어를 사용한다. ⑨각과에 외국인 전임교수를 둔다. 이에 따라 학내 도처에서 외국어를 듣고 볼 수 있으며, 서로 담화할 때 가능하면 외국어를 사용하고, 게시도 대개 외국어로 하도록 하였다. 독해력을 위한 언어교수와 문법위주 교육이 아닌 구어교수법을 고수하고 기재를 많이 사용하며 외국인 전임교수를 두고 일상회화에서 외국어를 사용하는 교수법은 용어를 사용하여 정리하자면, 문법역독식 교수법과 청화식 교수법, 그리고 직접법으로 정리될 것이다. 학교의 교육방침과 같이 일본어과의 수업은 실제로 어떠하였을까를 몇 가지 자료와 당시 졸업생들의 면담을 통하여 살펴보고자 한다.

해방 후 대학의 일본어과에서 일본어를 가르치는 교수에 의해 편저된 최초의 일본어 교재는 박성원의 『標準日本語敎本 一』로 1961년 10월 10일에 발행되었다. 1961년 11월 5일에 발행된 '외대학보' 53호부터 계속 광고를 내고 있는데[150] 광고에는 "일본어 학습의 결정판 遂 발행. 한국외국어대학 일어과 강사 박성원 편저 『표준일본어교본』장문사,[151] "실용적인 문장과 조직적인 체계로 된 본서로 일어의 기초구문과 일상용어를 완전히 파악할 수 있다."라는 문구가 보인다. 이 책은 다음해(1962년 3월 20일)에 발행된 『標準日本語敎本 二』와 긴 세월동

---

149) 1957년 이문동 캠퍼스로 이전할 당시. 1957년 9월 1일 2학기부터 수업이 시작되었다.
150) 외대학보 53호, 1961년 11월 5일자 1면. 54호, 1961년 12월 5일자 1면
151) 1971년 7월 1차 개정, 12984년 1월 4차 개정, 장문사→학창사?→진명출판사를 거쳐 계속 출판되었다.

안 일본어 교육의 바이블적 위치를 차지하고 있으며, 외대와 국제대 두 대학의 일본어 교재로 사용되었으며, 양쪽 대학 모두 저자 박성원에 의하여 교수되었다. 초판본『標準日本語敎本 一』의 머리말에는 "금년부터 외국어대학에 일어과가 설치되어 성인에게 일본어를 초보부터 가르치는 방법을 모색하게 되었습니다. ……동경일본어학교의 교장 長沼直兄선생의 저서를 원본으로 하여 거기에 약간의 가감을 하고 주석과 해설을 첨가하여 만든 것입니다. 원저는 본문만으로도 전 9권으로 되어 있는 대규모의 것이나 여기서는 그중 기초가 되는 기본적 어휘와 기초 구문이 나오게 되며 이것으로써 일어의 기초를 완전히 파악하게 될 것입니다."라고 쓰여져 있으며, "어디까지나 이론보다 말할 수 있도록 하는 것을 앞세우는 만큼 본문에 중점을 두고 되풀이해서 읽어서 완전히 내 것으로 만든 다음……"이라는 기록으로 보아 읽기가 중심이 되며, 『標準日本語敎本 二』에 "외국어학습에 있어서 번역을 거치지 않고 원어를 그대로 이해해 나가는 것을 이상적 방법으로 아는 것인데 특히 일본어는 우리에게는 쉬운 외국어라고 할 수 있는 만큼 이 방법을 실천할 수 있을 것입니다." 라는 저자의 글과『標準日本語敎本』의 구성의 특성 즉, 구조문형과 표현문형이 중심이 되는 교재의 특성으로 보아 저자는 번역식의 교수법보다는 반복 읽기가 중심이 되는 암기식 교수법을 지향하고 있는 것 같다. 실제로 당시의 박성원에게 수업을 들은 학생(국제대 1회 졸업생 S씨 외 2인)과의 인터뷰로 확인한 결과, 회화는 거의 없었으며, 읽고 해석을 주로 하였다고 한다. 학생이 돌아가며 읽고 해석을 하거나, 교사가 읽고 해석하는 방법으로 수업하였다. 단, 1966년 박성원의『완벽 일한사전』이 출판되기 전까지는 사전이 없었으므로 거의 단어의 뜻은 교사가 알려 주게 되어 번역식 수업이 되는 것은 어쩔 수 없는 것이었다. 박성원은 1962년 3월 1일부터 1967년 12

월 20일 전기정으로 바뀔 때까지 외대의 학과장을 역임하였으므로 이러한 교수법은 장기간 계속되었을 것이다.[152] 또 하나의 교과서로 사용되었던 정문웅의 『최신일본어연구(1962.9.1)』에는 초보자들에게 권하는 일러두기가 있는데, "많이 읽는다. 단어를 외운다(문장을 해석하며 읽는데서 단어를 기억할 것). 문법만 알면 일어습득이 완성된다고는 생각치 말라. 일어는 처음 한달이 비교적 어려운 편이다." 등의 글에서 역시 많이 읽는다를 첫번째로 꼽은 것으로 보아 읽기가 강조되고 있다.

5.3.1.5. 교재

다음은 1945년에서 1972년 사이에 편저된 일본어 교육관계 교재목록이다.[153] 조사된 자료는 모두 단행본이다.

형설문화사편집부편(1957) 『알기쉬운 일본어』 대구 형설문화사
              (1960) 『알기쉬운 일본어』 형설문화사
              (1961?) 『(알기 쉬운)일본어』 한림사(장하린)
문양사편집부　　　　(1958) 『일본어 첫걸음』 문양사
동지사편집부　　　　(1958) 『일어독본, 1-1』 동지사
              (1960) 『일본어독본』 A. Rose-Innes. 동지사
                  (1916년 초판, 『Fundamental Spoken Japanese』
                  3부 구성)

---

152) 학과장은 박성원(62.3.1～67.12.20), 전기정(67.12.20～71.12.20), 이윤경(71.12.20～73.12.20), 정재인(73.12.20～76.12.19)…으로 이어진다. 국제대는 일어일문학과 설치 당시에는 국문과 교수인 손낙범이 겸임하였으며, 양명문으로 이어진다.
153) 이한섭(1998)과 고려대학교 교육대학원생공동조사(1992) 자료 및 본인 소장 자료, 대학도서관 자료를 중심으로 작성하였다.

삼익사편집부   (1960) 『일본어독본』삼익사(이민용)
O·바아카리외 1인(1960) 『일본어강좌』동학사
                  (1964) 『일본어강좌』교육사
                  (1971) 『일본어회화문전』문화출판사
                        (1937년 초판, 1969년 22판, 1970년 수정증
                        보 23판,
                        『Complete Course of Japanese Conversation
                        Grammar』)
형설문화사편집부편(1960) 『일본어강좌』형설문화사
장하린   (1960.4.20) 『표준 일한사전』형설문화사
문양사편집부편   (1961) 『최신 일본어 첫걸음』문양사
대조사편집부편   (1961) 『일본어』대조사
박성원편저   (1961.10.10) 『표준 일본어교본 一』장문사
                  (1971) 『표준일본어교본(Ⅰ) 개정증보판』학창사
                  (1971) 『표준일본어교본(Ⅰ) 개정판』장문사
                  (1972) 『표준일본어교본(Ⅰ) 개정판』장문사
형설문화사편집부편(1962) 『일본어기초』형설문화사
형설문화사편집부편(1962) 『일본어독본자습서』형설문화사
박성원편저   (1962) 『표준 일본어교본 二』장문사
정문웅   (1962) 『최신 일본어연구』동화문화사
창원사편집부편   (1963) 『알기쉬운 기초일본어』창원사
김우열   (1965) 『현대일본어대강좌 -기초편』박영사
박성원   (1965) 『표준일본어회화』계명각
이명수   (1965) 『(최신)일본어 회화 : 초보자를 위한 생활일
                        어』신우문화사

화학사편집부　　　　(1966)『소설로 배우는 일본어』화학사

최을림　　　　　　　(1966)『일본어기초』왕자출판사

최을림　　　　　　　(1966)『일본어회화・서간』왕자출판사

최을림　　　　　　　(1966)『일본어문법상해』왕자출판사

공정호　　　　　　　(1966)『종합일본어신연구<초급편>』지학사

공정호　　　　　　　(1966)『종합일본어신연구<실용편>』지학사

공정호　　　　　　　(1966)『종합일본어신연구<중급편>』지학사

공정호　　　　　　　(1966)『종합일본어신연구<고급편>』지학사

　　　　　　　　　　(1972?)『(종합)일본어 연구 : 초급편=Studies in current
　　　　　　　　　　　　　　Japanese』지학사

　　　　　　　　　　(1972?)『(종합)일본어 연구 : 중급편=Studies in current
　　　　　　　　　　　　　　Japanese』지학사

　　　　　　　　　　(1972?)『(종합)일본어 연구 : 고급편 = Studies in current
　　　　　　　　　　　　　　Japanese』지학사

박성원　　　　　　　(1966.4.10)『완벽 일한사전』휘문출판사

김우열　　　　　　　(1967)『현대일본어대강좌 -회화편』박영사

김우열　　　　　　　(1967)『현대일본어대강좌 -중급편』박영사

김소운　　　　　　　(1968.4.15)『새 한일사전』휘문출판사

小川芳男・佐藤純一(1969)『영문일본어4주간』신우문화사
　　　　　　　　　　(1963년 초판,『COLLOQUIAL JAPANESE
　　　　　　　　　　IN FOUR WEEKS』독습자용)

전기정　　　　　　　(1969)『현대일본어가이드 I / II』외대학출판부/보
　　　　　　　　　　성문화사

공정호・한효석　　　(1970)『표준 일본어교실』수험사

문창사 편집부　　　(1971)『일본어 첫걸음』문창사

이인식　　　　　　(1971)『일본어입문』평화출판사

김소운　　　　　　(1971)『새 일본어Ⅰ기초』문조사

김소운　　　　　　(1971)『새 일본어Ⅱ회화』문조사

김소운　　　　　　(1971)『새 일본어Ⅲ문장』문조사

황봉수　　　　　　(1972)『표준 일본어독본』학문사

J.Young외 1인　　(1972)『새 일본어교본 1 (김욱원 역)』대구, 형설출판사

J.Young외 1인　　(1972)『새 일본어교본 2 (김욱원 역)』대구, 형설출판사

　　　　　　　　　　　　 (1967~1968년 초판,『Learn Japanese; College

　　　　　　　　　　　　 Taxt』)

이윤경　　　　　　(1972)『신일본어독본 초급』경지사

이선학　　　　　　(1972)『소설로 배우는 일본어교본 -東京のある-』

　　　　　　　　　　　　 세문사

정을림 편　　　　 (1972)『일본어 -기초편-』외국어보급출판사(長沼直兄)

오월문화사편집부편(1972)『v.1 일본어문법』오월문화사

　　　　　　　　　　　　 『v.2 일본어 독본』오월문화사

　　　　　　　　　　　　 『v.3 일본어기초회화』오월문화사

　　　　　　　　　　　　 『v.4 일본어실용회화』오월문화사

시사영어사편집국편(1972)『일본어삼위일체』시사영어사

민성홍　　　　　　(1972)『대학일본어작문(초급)』시온문화사

공정호　　　　　　(1972)『일본어학습교실 -기초부터 중급까지-』지학사

제문출판사편집부편(1972)『종합 일본어입문』제문출판사

홍신문화사　　　　(1972)『종합 일본어입문 : 40시간 완성(개정판)』홍

　　　　　　　　　　　　 신문화사

최정선편　　　　　(1972)『(삼천만의)일본어회화』청구문화사

이명수 역　　　　 (1972)『표준일본어독본(一)』신우문화사(長沼直兄)

향민사편집부편　　　(1972)『(표준)일본어 사주간 : 입문에서 응용까지』
　　　　　　　　　　　향민사
신조사편집부역　　　(1972)『최신 일본어 사주간』신조사
신조사편집부역　　　(1972)『종합 일본어첫걸음』신조사
일본어편찬연구회편(1972)『일본어의 길잡이』대하출판사

이 시기에 발행된 일본어 교재의 특징을 4가지로 요약할 수 있다. ①시리즈 물이 낳다. ②일본이나 서양에서 발행된 책을 편하였다. ③읽기 중심의 문법 역독식 교재와 문형 중심의 오디오 링걸식 교재가 주류를 이룬다. ④나가누마의『Basic Japanese Course(1950)』구조별 문형, 표현의도별 문형, 단어의 용법별 문형의 선택, 배열법을 참고로 하고 있다.

6, 70년대에 국내외에서 발행된 교재 중 우리나라 도서관에 있는 교재를 조사한 결과, 발행자와 발행장소를 중심으로 살펴보면 3종류의 교재가 도서관에 있는 것이 조사되었다.

1)외국인에 의해서 국외에서 발행된 교재
2)외국인에 의해서 국내에서 발행된 교재
3)우리나라 사람에 의해서 국내에서 발행된 교재가 있었다.

우선 외국에서 발행되어 약간의 번역을 첨가하여 우리나라에서 재발행된 O.바카리식 교재와 J.Young식 교재가 전국 대학의 도서관에 갖추어져 있고, 또, 국내에서 만들어진 교재도 이 두 가지의 교수법으로 만들어지고 있다. O.바카리식 교재는 문법역독식 교재이고, J.Young식 교재는 오디오 링걸 교수법의 대표적인 교재이다. 6, 70년대에 발행된 교재 중 외대에 있는 교재는『일본어 첫걸음(1958)』『일본어강좌(1960)』『표준 일본어교본(1961)』『일본어기초(1966)』『일본어문법상해

(1966)』『완벽 일한사전(1966)』『현대일본어가이드(1969)』『표준 일본어교실(1970)』『표준일본어교본증보판(1972)』『신일본어독본 초급(1972)』『대학일본어작문 초급(1972)』등이 있었다.

6, 70년대는 청화식 교수법이 중심이 되었던 시기로, 청화식 교수법 이외에 문법번역식과 직접법이 함께 사용되던 시기였다.

해방 후 대학의 일본어과에서 일본어를 가르치는 교수에 의해 편저된 최초의 일본어 교재는 박성원의『標準日本語敎本 一』로 1961년 10월 10일에 발행되었다는 것은 위에서도 언급하였다. 제1부 입문편, 제2부 기초어문편으로 2부 구성으로 되어 있다. 제1부는 다시 2장으로 나누어져서, 제1장은 50음도를, 제2장 발음과 표기법에 대하여 자세히 설명하고 있다. 제1부 제2장의 발음과 표기법은 10과로 이루어져 있으며 그것은 다음과 같다.

1. 모음   2. 반모음   3. 자음(A, 청음 B, 탁음 C, 반탁음)
4. 요음   5. 발음   6. 촉음   7. 장음
8. 외래어의 표기법   9. 한자의 용법   10. 조사의 표기법

본문은 50과로 이루어져 있고 총 156쪽으로 각과의 제목을 아래에 들었다. 편저자인 박성원은 자신의 저서에 대하여 특히, 어휘와 문장의 도입순서가 완벽하기 때문에 문법해설을 하지 않아도 충분히 이해할 수 있게 되어 있다고 머리말에서 말하고 있다.

<표206> 박성원 편저(1961)『標準日本語敎本 一』목차

『標準日本語敎本 一』(박성원)			
1	これは ほんです	26	手紙を書きたい時
2	これは あかい ほんです	27	目が なければ
3	あなたは せいとです	28	私は しょっこうです
4	わたくしの ハンケチです	29	色色の ものが あります
5	ここに つくえが あります	30	本が 四さつ あります
6	白い花が とお あります	31	上手に 話せますか
7	かおには めが ふたつ	32	ここは こうさてんです
8	日本語を ならいます	33	くだものが 大すきです
9	本を とります	34	むこうに 高い 山があります
10	おたちなさい	35	小山には トンネルが あって
11	一と二で 三になります	36	ほんとに いい天気です
12	八から 三を ひくと	37	五本の ゆび
13	いくらですか	38	田中さんとの 会話
14	どのぐらい ありますか	39	ホワイトさんと 花さん
15	何人 いますか	40	ぞうと さる
16	とけい	41	教室で
17	一日は 二十四時間です	42	ことばの 規則
18	朝おきて、夜 休みます	43	アブラハム リンカン
19	一週間	44	家族 一
20	あそこを ごらんなさい	45	家族 二
21	一年には 十二か月 あります	46	日本語の おけいこ 一
22	一か月には 三十日 あります	47	日本語の おけいこ 二
23	毎日 どんなことを しますか	48	ある人を たずねました
24	きのうは 休みでした	49	おでかけですか
25	さくらの花は いつ さきますか	50	ぬすまれた 馬

각 단원은 본문, 어구해석, 해설, 연습문제로 구성되어 있다.

『標準日本語敎本 二』는 40과 186쪽으로 구성되어 있으며, 1962년 3월 20일에 발행되었다. 박성원은 머리말에서 "표준일본어교본 제1권으로서 일본어의 기초구문과 기본적 어휘를 습득하신 여러분들의 일상회화와 독해의 능력을 기르는데 좋은 반려가 될줄 믿는다"고 하였다. 長沼저서인『표준일본어독본』에서 채록하거나 일본소학교독본에서 취하였으며, 내용은 여러 가지 경우에 필요한 회화를 비롯하여 일본의 문학과 생활 감정의 밑바탕이 되는 동화와 설화 등을 싣고 거기서 일보 더 나아가서 저명한 문학작품으로서 단편소설과 희곡을 수록하고 있다. 각 단원은 본문, 동사의 원형, 해설, 연습으로 구성되어 있다. 본문의 길이가 상당히 긴 편인데 이것에 대하여 저자는 "될 수 있는 한, 본문의 분량을 많게 하기 위하여 어구해석이라던가 번역 같은 것은 넣지 않고 한자의 읽기와 동사의 원형을 넣어서 사전을 찾을 수 있게 하였고 사전에서 찾기 어려운 어구는 쉬운 일본어로 해설을 넣고 여러 가지 관용어구 등은 연습문제를 푸는 동안에 이해할 수 있게" 엮어 보았다고 머리말에 적고 있다.

표기법은 1과에서 38과까지는 현대표기법으로, 39과 · 40과는 역사적 표기법으로 하고 있으며 부록에 대조표를 보였다.

<표207> 박성원 편저(1962)『標準日本語敎本 二』목차

『標準日本語敎本 二』(박성원)			
1	買い物	21	舌切りすずめ
2	生き物	22	三人一両の損
3	エンドウ豆	23	浦島太郎
4	電話	24	東京の歴史
5	桃太郎	25	留学生日記
6	電報	26	放蕩むすこの話
7	カンガルー	27	孟子
8	訪問	28	どろ君のおくり物
9	利口な子供	29	帰国を前にして
10	昼飯にまねく	30	めくらの川渡り
11	診察	31	さるとかにの話
12	病気みまい	32	抗議
13	火	33	社員の採用
14	洋服の注文	34	確かな保証
15	手品	35	会食
16	宿屋	36	くもの糸
17	にげたらくだ	37	青の洞門
18	散歩	38	意外
19	マラソンの由来	39	父帰る
20	遠足の下相談	40	マルコ ポーロ

정문웅의 『최신 일본어연구』는 70과 157쪽으로 이루어졌다.

<표208> 정문웅(1962) 『최신 일본어연구』목차

	『最新日本語研究』(정문웅)		
1	いえがある	36	現代女性論(一)
2	ほんがあります	37	現代女性論(二)
3	これははなです	38	愛の世界
4	このほんはあかいです	39	東京
5	わたくしはがくせいです	40	国際ロマンス
6	あいさつ	41	助詞と接続詞・副詞
7	かず	42	女と太陽
8	日曜日	43	世界を結ぶ
9	時計	44	インテリ
10	私とあなた	45	アメリカの裏と日本の裏
11	僕はS人の哲学科	46	生れ故郷を憶う
12	兄は大学へ	47	海のみちひ(満干)
13	私はあなたをあいします	48	音楽と子供達
14	さくらの花	49	上野動物園
15	スケッチ	50	女子大学生亡国論
16	春の詩	51	下町の小公園
17	お洒落な娘	52	日本の新聞と外国の新聞
18	十五夜の月	53	母に捨てられた子
19	映画	54	医学は仁術
20	オリンピック	55	村の花嫁さん
21	命令	56	私の先生
22	電話	57	西独の憲法裁判制度
23	日本語を習う	58	遊びの意義

24	手紙	59	民主政治論
25	文法の総整理	60	動物園長三十年
26	動詞活用の例(口語体)	61	パスカル死後三百年
27	(中級・高級篇)ことわざ	62	婦人人臣
28	なつかしい 思い出	63	東京の医療機関
29	心と着物	64	経済白書を読んで
30	青春の特権	65	新聞の自由と責任
31	夕日	66	青年学徒と伝記
32	落葉	67	教養としての文学
33	逃げたらくだ	68	動物の死の行進
34	女とタバコ	69	追跡……NHK芸術祭受賞作
35	作家と作品	70	我を愛する歌

사전의 출판에 대하여는 위의 인터뷰에서는 당시에 사전이 없었다고 하였으나, 실제로는 이미 사전이 출판되어 있는 것으로 조사되었다. 1960년 4월 20일 형설문화사에서 장하린에 의하여 만들어진『표준 일한사전』이 그것이다. 형설문화사는 대구에 거점을 두고 일본어 교재를 만들었는데, 박성원의『표준 일본어교본』이 발행되기 이전부터 이미 1957년에『알기쉬운 일본어』라는 320쪽의 일본어 책을 발행하였고,『일본어강좌(1960)』『일본어기초(1962)』『일본어독본 자습서(1962)』등을 출판하고 있다. 이후 1966년에『완벽 일한사전(휘문출판사)』, 1968년에 김소운의『새 한일사전(휘문출판사)』이 출판되었다.

어학 교재 이외에 소설류로『坊っちゃん』『雪國』『伊豆の踊り子』『金色夜叉』등과 고전『徒然草』『源氏物語』등의 작품들이 문학교재로 사용되었다는 것을 인터뷰를 통하여 알 수 있었다.

한일 기본조약이 조인된 1965년 이후 특히 1966년의 일본어 교재 출판과, 고등학교에서 일본어를 가르칠 것이 결정되는 1972년에 일본어 교재의 출판이 늘어나는 것을 알 수 있다. 본고의 범위상 여기에서는 1972년까지의 교재를 조사하였으나, 일본어 교육이 크게 활성화되는 1973년부터 일본어교재 출판 붐이 일어나게 된다.

5.3.1.6. 졸업생

외대의 일어과 제1회 졸업생은 19명으로, 이홍섭 박웅철 이육수 민성홍 조무송 김광자 김학성 이성구 김경순 신영언 원도길 김완수(?) 김열소 박희정 천수성 이현기 박조강 박희자 강이수[154]이며, 이들 졸업생 명단을 보면, 현재 일어일문학계에서 교수요원으로 일하는 이름들이 상당수 눈에 띤다.

국제대학의 경우 12명의 입학자[155] 가운데 6명이 졸업하였으며, 졸업후 각자가 다니던 직장을 계속 근무하는 경우가 많았다. 1회 졸업생 6명(신동지, 윤정옥, 고문자, 신국자, 허초, …)중 3명이 교사였으며, 1명은 출판사 근무, 1명의 편입생과 남학생 1명은 불명이다.

---

154) 1965년 3월 10일 외대학보 86호 2면 참조
155) 1963년 국제대학 일어일문학과 신입생 합격자 명단(12명). 정한석, 김길웅, 김원수, 박문기, 신동지, 김도원, 유용원, 윤정옥, 김태근, 박상우, 고문자, 김명식

5.3.2. 2기·3기(1973년~현재까지)

5.3.2.1. 시대적 배경

중등교육과 대학과는 깊은 관련이 있는데 가장 관련이 깊은 것은 대학입시제도이다. 이하에서 대학입시제도와 일본어 관계학과 설치를 함께 살펴보고자 한다. 대학입시 제도의 변천사를 보면, 해방이후 60년 사이에 정말로 여러번 바뀌었음을 알 수 있다. <표209>는 해방이후의 대학입시제도의 변천을 보여준다.

<표209> 대학 입시제도의 변천

```
(입학고사)
  1. 1945~53년              대학별 단독시험
  2. 1954년     대학입학 연합고사
  3. 1955~61년              대학별 단독시험            73,일본어 교육 시작
  4. 1962, 63년             대학입학자격 국가고사      76,예비고사에 일본어 추가
  5. 1964~68년              대학별 단독시험                본고사 1.1% 응시

(예비고사+본고사)
  6. 1969~72년              예비고사, 대학별 본고사
  7. 1973~80년              예비고사, 대학별 본고사, 내신
  8. 1981년     예비고사, 내신
                                                    82,일본어 선택 급증~86
                                                    86,제1·2외국어 구분시작
(학력고사)                                           87,학력고사,제2외국어와 실업과목 중 택1
  9.  1982~85년             학력고사, 내신                (4.4%외국어선택)일본어 난이도 조정
  10. 1986, 87년            학력고사, 내신, 논술        88,외국어·실업과목선택 대학에 맡겨짐
  11. 1988~93년             학력고사, 내신, 면접        94,14년만에 본고사부활,서울대 일본어제외,제2외
                                                        국어 수학능력시험에서 제외,
(수능시험)
  12. 1994~96년             대학수학능력시험, 대학별 본고사, 내신
  13. 1997~2000년           대학수학능력시험, 논술, 생활기록부(2000,일본어 추가)
  14. 2001~2004년           대학수학능력시험, 논술, 추천서, 심층면접 등
```

1965년에 한일 기본조약이 체결되어 일본어 교육이 활성화되는 계기가 만들어지고, 지금까지 2개 대학에만 일본어 관계학과가 있었으나, 1973년부터 고등학교에서 일본어를 가르치게 되어 고등학교에서 일본어를 가르칠 교사 문제가 크게 대두되게 되었다. 이것은 중등교육의 2

차 교육과정기의 마지막해에 해당하는데, 당시에는 일본어과에 교직과
목 이수가 없었으므로 교사양성 등의 문제로 73년부터 일본어관련 학
과가 각 대학에 개설되었다. 청주대, 경상대, 계명대, 관동대, 성신여대,
부산여대, 건대, 경남대, 수도여사대, 상명대, 원광대, 전주대, 숭전대,
계명대, 제주대, 동국대, 부산산업대, 동덕여대, 한양대 등이 70년대에
개교한 대학들이다. 아래의 <표210>은 대학에 일본어관련학과가 개설
된 연도별 현황이다. 자료는 2003년도 3월에 각 대학의 홈페이지를 검
색하여 학교소개 연혁 등에서 추출하여 도표화하였다. 60년대에 2개교
이던 것이 70년대에 19개교로 늘어나고 있으며, 이것은 고등학교에서
일본어 교육이 시작된 것과 76년에 예비고사에 일본어가 추가된 것과
관계가 있다.

<표210> 개설연도별로 본 일본관련학과 설치 대학 현황

1960년대	1970년대	1980년대	1990년대	2000년대
한국외대, 국제대 (2)	청주대, 경상대, 계명대, 관동대, 성신여대, 부산여대, 건대, 경남대, 수도여사대, 상명대, 원광대, 전주대, 숭전대, 계명대, 제주대, 동국대, 부산산업대, 동덕여대, 한양대(19)	부산대, 경기대, 영남대, 조선대, 단국대(서울), 우석대, 덕성여대, 동의대, 한국외대(용인), 인천대, 인하대, 동아대, 울산대, 중앙대(서울, 안성), 경희대, 부산외대, 대구대, 전남대, 동국대(서울), 고려대, 단국대(천안), 효성여대, 전북대, 경북대, 충남대, 군산대, 목포대 (28)	명지대, 경주대, 대전산업대, 부산공대, 한림대, 수원대, 대전대, 인제대, 한서대, 세명대, 배재대, 순천대, 선문대, 동신대, 남서울대, 초당대, 견양대, 동서대, 숭실대, 한신대, 호남대, 영동대, 대진대, 강릉대, 성공회대, 한일장로회신대, 탐라대, 광주여대, 한국방송대, 우송대, 천안대, 광운대, 서울여대, 창원대, 가톨릭대, 경동대, 광주대, 성경대, 숙명여대, 위덕대, 강원대, 국민대, 경원대, 광주대, 탐라대, 영산대, 한일장신대, 평택대(48)	여수대 금강대 대구외대 (3)

片山隆裕(1988)는 1945년부터 1986까지의 '한국의 고등교육인구 증
가 경향'에 대하여 분석하고, "1970년대에 들어와서 고등교육 확대경

향은 계속되나, 70년에서 78년까지는 고등교육인구의 증가율은 약1.7 배에서 머물고 있는데 이시기는 「완만한 증가」로 특징지을 수 있을 것이다. 이것은 고등교육의 양적 성장과 고등교육제도 전체로서의 질적 유지 균형을 고려할 필요가 있었으므로, 고등교육에 대한 문교부의 기본 정책상, 정원확대가 의도적으로 억제되었기 때문이다. 다만, 제3공화국 이래로 계속된 경제발전에 따른 국가건설에 필요한 맨파워 육성에 대한 고등교육 확대요인이 70년대에도 있었으므로 정원 정책에 이과계 우위 경향이 이 시기에도 계속되고 있는 것"[156]이라고 지적하고 있다. 이렇게 완만한 증가를 보이던 대학교의 구조는 1979년을 계기로 커다란 변동이 일어난다.

1979년 12.12사태를 통해 권력을 탈취한 전두환 정권은 1980년 5월 17일 비상계엄령을 전국으로 확대하고, 이어 5월 27일 국가보위비상대책위원회(국보위)를 구성하여 국가 전권을 장악하였다. 국보위는 13개의 분과위원회로 구성되었는데, 이 중 문교·공보위원회에 의하여 1980년 7월 30일 교육개혁조치가 전격적으로 발표되었다. 7.30 교육조치의 주요 내용은 1)대학입시에 고등학교 내신성적을 반영토록 하고 2)초·중·고등학교 교육과정을 축소 운영하며 3)대학 졸업정원제를 실시하고 4)대학 수업을 전일제로 운영하도록 하며 5)대학 입학 인원을 확대하고 6)방송통신대학의 수업연한과 정원을 확대하며 7)교육방송을 실시하고 8)교육대학의 수업연한을 4년으로 연장한다는 것이었다. 그러나 이러한 8가지의 안은 교육대학 수업연한을 제외하면 모두 과외 금지라는 한가지에 초점을 맞춘 것이었다. 전두환 정부가 들어서

---

156) 片山隆裕(1988)「アジア8か国における大学教授の日本留学観(上) −韓国からみた日本留学」『日本研究ノート』第70号, 大学広島大学大学教育研究センター, p.31.

면서 새로운 교육과정이 발표되고 중등교육 기관의 외국어 교과서가 검정으로 바뀐다거나, 국민학교의 영어교육이 공식화되고, 1981년 7월 18일 외국어교육 개선 연구위원회가 구성되면서 생활외국어로의 방향 전환이 모색되었으며 고교 내신제 시행이 확정 발표되었으며 이것은 제5차 교육과정으로 공포되었다. 80년대에도 대학에는 70년대에 버금 가는 일본어 관계학과가 개설되었는데, <표210>에서 확인할 수 있는 것처럼, 부산대, 경기대, 영남대, 조선대, 단국대(서울), 우석대, 덕성여 대, 동의대, 한국외대(용인), 인천대, 인하대, 동아대, 울산대, 중앙대(서 울, 안성), 경희대, 부산외대, 대구대, 전남대, 동국대(서울), 고려대, 단 국대(천안), 효성여대, 전북대, 경북대, 충남대, 군산대, 목포대 등이다. 특히 국립대학에 일본어 관계학과가 많이 개설되고 있다. 80년대는 예 비고사와 학력고사에서 일본어 선택자가 급증하는 시기[157]로 이시기 에 대학교에 일본어 관계학과 70년대보다 더 많이 신설되는 것은 고등 학교에서 일본어 선택자가 급증하는 것과 관계가 깊은 것이다.

80년대에 7.30 교육개혁조치에 의하여 교육의 일대 변혁을 가져왔듯 이 90년대에도 새로운 교육개혁안이 1995년 5월 31에 발표되었다. 교 육개혁의 배경에는 정보화와 세계화 시대의 도래라던가, 국민들의 극 심한 교육 고통이 있었는데, 이것은 80년대의 교육개혁 배경에 과열과 외가 있었던 것과 같다. 교육 개혁의 방향은 수요자 중심 교육, 다양하 고 특성화된 교육, 자율과 책무성에 바탕을 둔 학교 운영, 질 높은 학교 교육 등 5가지였다. 이러한 교육개혁의 결과로 나타난 것이 초·중등

---

157) 외국어정책의 변화에 따른 수험생들의 일본어 선택은 1976년 전체수험 생의 1%, 1983년 17.3%, 1984년 11.8%, 1986년 41.7%, 1987년 4.4%와 같이 민감한 반응을 보이고 있다. 김숙자(1994)「한국의 일본어 교육의 현 황과 과제」『일어일문학연구』제25집, p.355.

교육의 제7차 교육과정과, 대학의 학부제이다. 90년대에도 많은 대학에 일본어관계학과가 신설되었는데 학부제의 결과로 다양한 학과 또는 학부명으로 개설되고 있다. 90년대의 일본어관계학과 신설은 주로 97년과 98년에 이루어지고 있는데, <표210>의 90년대 신설학교 48개교 중 22교가 이 두 해에 설치되었다. 99년에 이미 전국의 90%가 학부제를 시행하고 있으며 그 결과로 학부제가 지향하고 있는 수요자 중심교육과 학교 자율 운영에 따른 기대 심리 등이 90년대의 일본어 관계학계 최대치를 갱신하게 되는 이유일 것이다.

90년대에는 중등교육의 외국어 교육에 커다란 변화가 있게 되는데, 주로 구조·상황 중심의 외국어 교육 실러버스가 기능 중심으로 바뀌면서 이것은 제6차 7차 교육과정에 반영되어 공포되었다. 외국어 교육은 정확성보다는 유창성 중심, 학습자 중심, 활동 중심의 외국어 교육이 강조되어 다양한 교과서가 제작되고 교수법도 다양하게 적용시키는 일대 전환기를 맞게 된다. 이러한 변화는 2000년 대입수학능력시험에 제2외국어가 부활되어 94년이래 제외되었던 제2외국어에 대한 관심은 계속되고 있으나, 중국어 붐과 일본과의 관계 불안 등으로 일시적인 일본어 교육의 침체기를 맞고 있다.

임영철(2003)은 2000년대의 일본어 교육의 현황에 대하여 고찰하는 가운데에, 일본어 교육의 침체에 대하여 언급하고 있는데, 그 예로 세 가지를 들고 있다.[158] 첫째, 학부제와 복수 전공제를 채택하는 대학의 증가를 들고 있다. 학부제란 학부단위로 신입생을 모집하고 2학년 진급시 전공을 선택하는 것을 말하는데, 일본어학과와 중국어학과로 구성된 '동양어학부'를 예로 들어보면, 일본어, 중국어 각각의 희망자가

---

158) 任榮哲(2003)「韓国における日本語の位相」『日本研究』中央大學校 日本研究所, pp.8~9.

거의 같은 수였던 것이, 현재에는 중국어 6·7할, 일본어 3·4할이라는 선택을 보여주고 있어, 일본어의 인기가 점점 줄어들고 있는 것이다. 둘째, '초급일본어'강좌에 학생이 모이지 않고 있으며, 그 만큼 '초급중국어'에 학생이 몰리고 있으며, 셋째, 대기업의 사내 제2외국어 교육의 중심이 일본어에서 중국어로 전환하고 있다고 하였다.

기업의 외국어에 대한 사고의 전환은 임영철이 실시한 대기업과 중소기업에 대한 우편·전화조사의 결과에서도 중국어의 증가를 잘 보여 주고 있다. 임영철은 2002년 대기업과 중소기업을 대상으로 'Q1 : 업무를 추진하는데 중요하다고 생각되는 외국어', 'Q2 : 5년 전은 어떠하였는가?', 'Q3 : 승진할 때 어느 외국어가 중요한가?'에 대하여 질문하였다. 그 결과 업무추진상 중요한 언어에 대하여는 대기업은, 영어(85)→중국어(52)→일본어(51) 순으로 중국어와 일본어가 거의 같은 수준이었다, 그러나 중소기업은 영어(54)→일본어(33)→중국어(29) 순이어서 일본어가 약간 상회하는 경향으로 나타났다. 또한, '승진에 중요한 외국어'에 대하여는 대기업은, 영어(85)→중국어(42)→일본어(38) 순이고, 중소기업은 영어(34)→중국어(23)→일본어(21) 순이어서, 중소기업의 경우도 승진에는 중국어가 중시되고 도움이 된다는 것을 알 수 있다.

2002년도의 결과를 5년 전(1997년)과 비교해 보면 '업무추진에 중요한 외국어'에 대하여 대기업은, 영어(84)→일본어(58)→중국어(44), 중소기업은 영어(44)→일본어(36)→중국어(20)순으로 중요하다고 생각하고 있었다.[159] '승진에 중요한 외국어'에 대하여 대기업은, 영어(85)→일본어(47)→중국어(36), 중소기업은, 영어(30)→일본어(23)→중국

---

159) 1993년도 조사에서는 영어→일어→독어=불어→중국어 순이었다. 강석우 (2000) 「한국인의 외국어 수용 의식」『일본어문학논집』박이정, pp.4~5.

어(16)순으로 나타나, 5년 전 영어→일본어→중국어 순이었던 것이 2002년도에는 일본어와 중국어의 순서가 바뀌고 있는 것을 확인할 수 있다.

이상과 같은 일본어 침체의 이유로 임영철은 일본경제의 불안과 중국의 잠재력 및 장래성에 대한 기대가 한국인에게 존재하기 때문으로 보았다.[160]

임영철의 지적대로 상기와 같은 요인들이 일본어 교육에 영향을 미쳐서 현재의 대학의 일본어 교육은 침체기를 맞고 있다고 볼 수 있다.

지금까지 대학의 일본어 교육에 대하여 중등교육 일본어 교육과의 관계, 그리고 대학의 일본어관계학과를 관련지어 배경을 살펴보았다. 대학의 일본어관련학과는 60년대에 2개교, 70년대에 19개교, 80년대에 28개교[161], 90년대에 48개교[162], 2000년대에 3개교가 개설되었다.

대학의 일본어 교육에 대하여 언급한 선행논문에는 稲葉継雄(1976/1978/1986), 安部洋(1978), 권만혁(1981), 박희태(1981), 馬越徹

---

160) 任榮哲(2003), 전게서, pp.12~13.

161) 1981년의 보고에는 전국 89개 4년제 대학 중, 37개 대학에서 40의 전문학과(일본어학과, 일어일문학과, 일어교육학과, 일본학과 등)가 설치되고 있다고 하였다. 권만혁(1981)「韓国における日本語教育の現状と問題点」『シンポジウム 日本語教育の諸問題 発表論文』한국일어일문학회, 국제교류기금, 일본대사관 광보관 주최, pp.30~31.

162) ・(95년도 자료 이용)1995년도의 보고는 주요 26개국어 500학과의 학생수 106,310명 중, 일본어는 69학과, 13,026명이 수학하고 있고 12.2%로 제5위이다. 임창순(1995)「韓国における外国語の中の日本語教育の現状と展望」『世界の日本語教育』第4号、国際交流基金 日本語教育センター, p.41.
　　・(96년도 자료 이용)1996년도에는 72개 대학 88개학과에 일본어관계학과가 있는 것으로 조사되었다. 이덕봉(1996)「韓国における日本語教育の現状と課題」『世界の日本語教育』第4号、国際交流基金 日本語教育セン ター, p.51.

(1981/1987), 森田芳夫(1982), 이봉희(1984/1994), 片山隆裕(1988), 조문희(1988), 임창순(1996), 김숙자(1994/1996), 佐藤友則(1997), 이덕봉(1999), 이명희(2001), 斉藤明美(2004) 등이 있다. 이하 선행연구를 중심으로 70년대 이후의 대학의 일본어 교육에 대하여 검토하고자 한다.

5.3.2.2. 교육 목표

대학의 일본어 교육의 목표에 대하여는 2가지 측면에서 접근하고자 한다. 그것은 교육법이 정하는 대학의 교육목적과 각 대학의 전공과에서 정하는 교육목표이다.

고등교육법 제28조 '목적' 항목에, "대학은 인격을 도야하고, 국가와 인류사회의 발전에 필요한 학술의 심오한 이론과 그 응용방법을 교수·연구하며, 국가와 일류사회에 공헌함을 목적으로 한다."[163] 고 되어 있어, 교육법에 규정된 대학의 목적은 전문대학의 목적에 비하여 상당히 애매하다. 전문대학은 "사회 각 분야에 관한 전문적인 지식과 이론을 교수, 연구하고 재능을 연마하여 국가사회 발전에 필요한 중견직업인을 양성함을 목적으로 한다."고 하여 전문대학 교육은 중견직업인 양성이라고 하는 뚜렷한 목적이 교육법에 명기되어 있는 것이다. 그러나 대학의 목적은 "국가와 인류사회에 공헌함"으로 되어 있어 대학자체가 국가와 인류사회에 공헌하여야 하는 것으로 보이며, 어떤 사람을 만들어 내는 것이 대학교육인지가 불분명하다. 다만, 대학에 속해 있는 사람은 그곳에서 "인격을 도야하고, 국가와 인류사회의 발전에 필요한 학술의 심오한 이론과 그 응용방법을 교수·연구"하여야 하는 것이다. 정리하면, 국가와 인류사회에 공헌할 인격과 높은 수준의 이론과 응용

---

163) 고등교육법 [일부개정 2002.8.26 법률 제6709호]

방법을 교수·연구한 사람이 대학에서는 배출되어야 하는 것이다. 이 것을 일본어과에 적용시켜보면, "국가와 인류사회에 공헌할 인격과 일본어의 이론과 응용방법을 교수 연구한 사람"을 배출하는 곳이 대학의 일본어 관계학과인 것이다. 즉, 일본어에 관한한 이론과 실제를 겸비한 인격체를 양성하는 곳이 대학의 일본어관계학과이며, 고등교육법은 2002년도에 개정이 있었으므로 이것이 현재의 교육법 내에서의 대학의 교육목적이 된다.

다음은 대학의 요람 등을 중심으로 일본어과의 교육목표를 살펴본다.

박희태(1981)는 일본어 교육의 목적으로

①일본어 사용자와의 원활한 커뮤니케이션

②일본어로 표현된 문예·사상·과학·예술 등의 이해 및 섭취

③일본어학 내지는 일본문학 또는 일본연구 등[164]

상기 3가지를 들고 있는데, 즉, 기능 목표와 문화 목표, 그리고 일본연구 담당자 양성으로 요약될 것이다. 다시 말하면 일본어 교육의 목표와 목적이 함께 기술되었다.

조문희(1988)는 15개교의 대학 요람을 중심으로 대학 일본어과의 목적을 조사하고 결론으로 "학생에게 일본어력을 신장시켜 한일 간의 매개 역할을 할 인재양성과 일본연구 담당자를 기르는 것"[165]으로 목적을 추출하였다. 대학 요람의 분석인 만큼, 기능 목표를 확실히 하고 있다.

김숙자(1994)는 한국대학교육협의회가 제시한 일어일문학관련학과의 교육목표를 인용하여 제시[166]하였는데,

---

164) 朴熙泰(1981) 「第二外国語として日本語の位置」『シンポジウム　日本語教育の諸問題　発表論文』韓国日語日文学会, p.62.
165) 조문희(1988) 「日本語教育における作文教育(上)」『学芸国語教育研究』第5号、東京学芸大学、pp.35~36.
166) 김숙자(1994) 「한국의 일본어 교육의 현황과 과제」『일어일문학연구』제

①일본어(학)와 문학, 그리고 일본의 역사와 문화에 대한 지식습득을 통해 교양과 지성을 갖춘 인간을 길러내는 것을 목표로 삼아야 한다.

②일본어학이나 일본문학, 더 나아가서는 일본의 역사와 문화에 대한 전문지식을 갖춘 인재 양성에 목표를 두어야 한다.

는 내용이다. 즉, 교양과 지성과 일본어에 대한 전문지식을 갖춘 인재 양성으로 요약된다. 전문지식을 갖춘 인재가 양성되면 어떻게 또는 무엇을 하게 되는지에 대한 언급이 없다.

이상을 요약하면,

①일본어에 관한한 이론과 실제를 겸비한 인격체를 양성(교육법)

②기능 목표와 문화 목표, 그리고 일본연구 담당자 양성(박희태)

③일본어력을 신장시켜 한일 간 매개 역할자나 일본연구 담당자양성(요람)

④교양과 지성과 일본어에 대한 전문지식을 갖춘 인재양성(대교)

다시 사람을 중심으로 한 키워드를 추출하여 보면, [인격체][일본연구 담당자][매개 역할자][전문지식을 갖춘 인재]로 요약된다. 이 키워드를 조합하면 대학의 일본어관계학과를 졸업한 최상의 인간은 「일본(어)에 대한 전문지식을 갖추고 있으면서 일본연구를 하거나 한·일간의 매개체 역학을 할 인격체」가 될 것이다.

현행 교육법 내에서는 위와 같은 인격체가 되기 위하여 대학에서 교육을 통하여 갖추어야할 기능목표와 교양목표는 본인이 코스디자인 하게 되어 있다. 고등교육법 시행령 제19조에,

---

25집, 한국일어일문학회, p.357.

●고등교육법시행령 [일부개정 2003.9.1 대통령령 18096호]
제19조 (학생의 전공이수 등) ①대학의 학생은 본인의 선택에 의하여 학과 또는 학부가 제공하는 전공을 이수하되, 학칙이 정하는 바에 따라 다음 각 호의 1에 해당하는 전공을 이수할 수 있다.
1. 2이상의 전공
2. 2이상의 학과, 2이상의 학부 또는 학과와 학부가 연계하여 제공하는 전공
3. 학생이 교육과성을 구성하여 대학의 인정을 받은 전공
②대학의 장은 학생이 제1항의 규정에 의한 전공을 이수할 수 있도록 학칙으로 전공인정을 위한 최소학점을 정할 수 있다.

라고 되어 있어, 수요자 중심의 교육과정임을 잘 보여주고 있다. 대학은 현재 학부제가 중심이 되고 있는데, 학부제의 취지는 학생에게 전공선택의 범위를 넓혀주고 다양한 교육을 제공하려고 하는 것으로, 그 특성은 복수전공제, 최소단위인정제, 대학원 중심교육 등으로 요약된다. 복수전공제는 2개 이상의 전공을 이수하는 것으로, 복잡한 현대사회를 살아갈 수 있도록 다양한 지식을 연마하게 하기 위한 것이다. 복수전공을 위해 전공이수단위를 줄이게 되는데 그 결과로 유사학과간의 통폐합에 따른 학과명 변경이나, 과목수 감소, 교과목 명칭 변경 등이 현저하게 나타나고 있다. 대학의 교육목적을 달성하기 위하여 수요자 중심 교육과정에서는 본인이 교육과정을 구성할 수 있는 장점도 있으나 전공에 대한 소속감 결여 등이 문제점으로 지적되고 있다.

5.3.2.3. 교육 내용

일본어관계학과의 교육 내용을 알아보기 위하여 선행연구에서 제시하고 있는 몇 개의 교과과정을 검토한다. 교과과정의 보고는 권만혁(1981), 한국일어일문학회(1994), 김숙자(1994), 이덕봉(1996) 등이 있다.

분석에서는 교과과정을 전공과목의 의도와 강좌내용에 따라 분류한 한국일어일문학회(1994)와 김숙자(1994)에 따라서, ①일본어기초 과목 ②일어학 과목 ③일문학 과목 ④일본학 과목 ⑤일본어 교육 과목 ⑥실용일본어 과목으로 분류한다. 상기분류에는 다음과 같은 과목을 포함시킨다.

①일본어 기초과목

기초일본어(교양일어, 초급일어, 중급일어)

강독(초급일어강독, 일어강독, 현대일문강독, 중급일어강독, 고급일어강독, 일본어강독)

회화(일회화, 초급일어회화, 중급일어회화, 고급일어회화, 비디오일어회화, 비즈니스일어회화)

작문(일작문, 고급일작문, 일실용작문, 일관용작문, 일한자독법, 일상용한자)

청해

②일어학 과목

일어학 개론, 일문법, 일고전문법, 음성학, 음운론, 구문론, 의미론, 문장론, 담화론, 어휘론

③일문학 과목

일문학 개론, 일문학사, 일문학연습, 일문학특강, 작가론, 작품론, 비평론, 문학연구방법

(시가론, 현대시, 근대소설, 시가론, 현대시, 일시개론, 일희곡, 일
수필, 일고전문학특강, 일고전, 일고전문학연습, 고전강독, 일한문,
한문학, 한문연습, 한일비교문학)
④일본학 과목
　일본사, 일본학사, 일본학개론, 일정치론, 일사회론, 일사상사, 일
문화사, 일본의 민속, 한일관례론, 일경제론 등 주로 선택과목
⑤일본어 교육 과목
　일교수법, 교과교재 지도법 등 교직과목
⑥실용일본어 과목
　언어실습, 일어실습, 시사일어, 상업일어, 시청각일본어, 서간문,
일어통역, 관용표현연구, 생활일본어

　권만혁(1981)은 80년대에 주를 이루고 있는 일본어과, 일어일문과,
일어교육과의 3개 학과명을 중심으로 3개 대학을 대상으로 교과과정
을 분석하였다. 다음 <표211>은 1981년도 자료를 중심으로 권만혁이
작성한 3개 대학의 교과과정이다.

<표211> 1981년도 교과과정[167]

과 학교 학년	일본어과 (한국외국어대학교) 강좌명	학기	일어일문과 (세종대학) 강좌명	학기	일어교육과 (경상대학교) 강좌명	학기
1	강독(1) (A·B) 일본어개설 언어실습(1) 회화(1)　　　(4)	1.2 1.2 1.2 1.2	일본어개론 초급일본어회화 일문강독　　　(3)	1 1.2 2	(계열별 입학) (기초일본어)　　(1)	1.2
2	강독(2) (A·B) 회화(2) 작문(2) 언어실습(2) 문법 시사일어　　　(6)	1.2 1.2 1.2 1.2 1.2 1.2	일어한자 국어문법 현대문학강독 중급회화 일어작문 일본한문　　　(6)	1 1.2 1.2 1.2 1.2 2	일국어문법 일강독(1) 시사일어(1) 일회화(1) 언어학개론 일소설 일강독(2) 일작문(2) 일회화(2)　　　(9)	1 1 1 1 1 2 2 2 2
3	회화(3) 소설 일문학사 일어운문 한일관계론 일작문(3) 문어문법 문학개론 일본정치　　　(9)	1 1 1 1 1 2 2 2 2	일서간문 일본어사 근대문학강독 고급회화 일본사　　　(5)	1 1 1.2 1.2 1.2	일어음성학 일문어문법 일작문(2) 일현대시 시사일어 일어회화(3) 일문학사(1) 외국어교육론 일작문(3) 일고전 일본사정　　　(11)	1 1 1 1 1 1 2 2 2 2 2
4	일작문(4) 일고전(4) 음성학 일회화(4) 일수필 일어교수법 일본경제 일고전(2)　　　(8)	1 1 1 1 2 2 2 2	시가론 고전문학강독 일본문화사 일본문장론 작가론 일문학연습　　　(6)	1 1.2 1.2 2 2 2	일문학사(2) 일한문 일소설특강 일어특강 외국어교재 및 평가론 일수필 일시가 일어사　　　(8)	1 1 1 1 2 2 2 2

---

167) 권만혁(1981)「韓国における日本語教育の現状と問題点」『シンポジウム 日本語教育の諸問題 発表論文』한국일어일문학회, 국제교류기금, 일본대 사관 광보관 주최, p.40.

표에 나타난 과목명을 중심으로 상기 분류기준에 맞추어 3개 대학의 과목을 분석하였다. 우선, 전공과 별로 교과과정의 특징이 있는지를 알아보기 위하여 과목수를 조사해 보니 80년대 초반의 교과과정은,

<표212> 일본어관계학과 교과과정 과목별 비율(1981년)

	일본어과		일어일문과		일어교육과		계	
①일본어기초과목	9	33.3%	7	35%	10	34.5%	26	34.2%
②일어학 과목	4	14.8%	4	20%	6	20.7%	14	18.4%
③일문학 과목	7	25.9%	6	30%	8	27.6%	21	27.6%
④일본학 과목	3	11.1%	2	10%	1	3.4%	6	7.9%
⑤일본어 교육 과목	1	3.7%	×	·	2	6.9%	3	3.9%
⑥실용일본어 과목	3	11.1%	1	5%	2	6.9%	6	7.9%
계	27	100%	20	100%	29	100%	76	100%

다음과 같은 순으로 분석되었다.

[일본어과]

일본어기초(33.3%)＞일문학(25.9%)＞일어학(14.8%)＞일본학=실용일본어(11.1%)＞일본어 교육(3.7%)

[일어일문과]

일본어기초(35%)＞일문학(30%)＞일어학(20%)＞일본학(10%)＞실용일본어(5%)＞일본어 교육(×)

[일어교육과]

일본어기초(34.5%)＞일문학(27.6%)＞일어학(20.7%)＞일본어 교육=실용일본어(6.9%)＞일본학(3.4%)

3개 대학 모두 일본어 기초, 일문학, 일어학 과목이 상위 3위를 차지하고 있고, 3분야의 과목을 합한 비율이 80%선에 육박한다. 나머지 20%에서 과정의 특징을 보이는 정도이다. 즉, 일본어과는 일본학과 실용일본어가 같은 수준이고, 일본어 교육이 1과목 설치되어 있다. 일어일문과는 일본어 교육 과목이 설치되어 있지 않은 것과 과목수가 다른 과정에 비하여 단순한 것이 특징이고, 일어교육과는 일본어 교육 과목과 실용일본어 과목이 같은 수준이고 일본학 과목이 가장 적게 설치되고 있다.

교육목표에 견주어 생각해 볼 때 일본어관계학과 3과정 중 일어교육과는 중등교육 교사 양성이라는 분명한 목표가 있다. 따라서, 일본어과나 일문과와는 다른 교과과정이 운영되어야 한다. 4기능과 문화이해를 목표로 하고 있는 당시의 고등학교 교육 목표를 생각할 때, 위와 같은 교과과정에 의하여 교육받은 교사가 현장에서 일본어 교육을 할 때는 어려움이 있을 것이라는 것이 짐작 가능하다. 즉, 과다한 일문학 과목을 줄이고 일본어 교육과목이나 문화와 관계 있는 일본학 과목의 비율을 높여야 하였을 것이다. 그러나 이것은 간단한 문제가 아니어서, 교원의 전공과도 관계가 있고, 당시의 교수법과도 상관관계가 있을 것으로 보여, 단순히 언급하기 어려운 부분이 있다.

다음은 90년대의 교과과정에 대한 보고에 대하여 살펴보고자 한다. 김숙자(1994)는 '한국의 일본어 교육의 현황과 과제'에 대하여 언급하고 4개의 일본어관계학과에 대한 과목명을 조사하여 표로 작성 제시하고 있다.168)

---

168) 김숙자(1994)「한국의 일본어 교육의 현황과 과제」『일어일문학연구』제 25집, 한국일어일문학회, p.369. 김숙자는 박희태(1994)「韓国の日本語教育現況」『世界の日本語教育』第1号, 国際交流基金日本語国際センタ-의

<표213> 일본어관계학과 교과과정 과목별 비율(1991년 자료)

	일어일문학과	일어교육과	일본어과	일본학과	계
일본어기초과목	35.23%	52.28%	49.68%	36.77%	43.49%
일어학 과목	23.47%	15.59%	19.41%	12.38%	17.71%
일문학 과목	35.09%	22.90%	17.88%	21.01%	24.22%
일본학 과목	6.13%	6.61%	12.85%	29.85%	13.86%
일본어 교육 과목	×	3.15%	×	×	×

1981년도의 교과과정과 비교할 때 1991년의 교과과정은 상당한 변화를 보이고 있다. 1981년은 중등교육의 제3차 교육과정기이고 대학별 본고사가 없어지면서 예시고사와 내신으로 대학입시가 시행되기 시작하였으며, 1991년은 제6차 교육과정기로, 1982년부터 학력고사, 내신, 면접으로 시행되던 대학입시가 시행되고 있었다. 일어일문학과, 일본어과, 일어교육과가 교과과정의 차이가 적었던 것과는 달리, 1991년도 교과과정은 학과별로 특징이 나타나고 있다.[169]

[일어일문학과]는 기초과목과 일문학 과목이 35% 수준으로 거의 같은 비율이고, 일어학 과목이 23%, 일본학 과목이 6%이다. 1981년의 교과과정에 비하여 일문학 과목의 비중이 높아진 것이 특징이다.

[일어교육과]는 1981년에는 34%였던 일본어기초 과목을 52%로 올리고, 일문학, 일어학 모두 비율을 낮추었으며 적으나마(3%) 일본어 교육 관계과목을 설치하고 있다.

[일본어과]는 일문학 과목을 8%정도 줄이고 일본어 교육 과목을 없

논문, p.25에서 인용하고 있다. 한국대학교육협의회 연구보고, 1991년 12월 참조인 것을 보면 1991년도의 자료이다.
169) 1981년도와 1991년도는 분류항목이 다르므로 정확한 비교는 어려우나, 대강의 윤곽은 유추할 수 있을 것이다.

애면서 일본어기초 과목과 일어학 과목을 늘렸다. 일본학 과목도 미미한 정도로 늘어나고 있다.

[일본학과]는 다른 학과에 비하여 일본학 과목의 비율이 가장 높고 일어학 과목의 비율이 가장 낮은 것이 특징이다.

지금까지 서술한 내용을 종합하면 1981년도 교과과정보다 1991년도 교과과정이 각 학과의 특징을 나타내는 비율이 높아졌다고 결론지을 수 있다.

다음은 1993년과 1994년에 조사된 자료를 살펴본다. <표214>는 이덕봉(1996b)이 1993년부터 1994년도에 조사된 통계에 의하여 분석 제시한 일본어 계열학과의 교과 시수를 보여주고 있다.[170] <표212><표213>과는 달리, 언어 기능 부분이 드러나도록 전공과목과 분리하여 분석하고 있는 점이 많이 다르다. 언어 기능은 말하기(12.9%), 읽기(10.6%), 쓰기(8.3%), 듣기(5.8%)순의 시간수 구성을 보여주고 있다. 말하기와 읽기의 시간수가 많다고 해서 대학의 일본어 기능교육이 말하기와 읽기 중심 교육으로 이루어지고 있다고 말하기에는 어색한 감이 있다. 그것은 듣고 말하는 커뮤니케이션 상황을 고려할 때, 말하기가 가장 많은 시간을 차지하는데 듣기가 가장 적은 시간수로 배당되고 있는 것이다. 이것은 하나의 문제점으로 지적되어야 할 것이다.

일본어계열학과의 명칭이 일어일문학과, 일본어과, 일본어 교육과, 일본어학과, 일본학과, 관광일어과의 6개로 제시되었다. 우선, 4기능 중심으로 학과별 순위를 살펴본다.

말하기의 시수가 가장 많은 것은 관광일어과(15.5%)이고, 일본어학

---

170) 이덕봉(1996b)「韓国における日本語教育の現状と課題」『世界の日本語教育』第4号, 国際交流基金日本語国際センタ-, p.52. 표는 소수점 한자리에서 반올림하여 그렸으며, 언어기능 부분의 합계를 필자가 첨가하였다.

과(14.0%), 일본어과(12.6%), 일본학과(12.7%), 일어일문학과(11.63%), 일본어 교육과(10%) 순으로 나타났다. 관광일어과의 말하기 시수가 가장 많다는 것은 관광일어과의 특성상 말하기에 중심이 두어지는 것은 어쩌면 당연한 것이다.

<표214> 일본어계열학과 교과 평균시수 구성(1993~94년 통계)

교과 \ 학과		일어 일문학과	일본어과	일본어 교육과	일본어 학과	일본학과	관광 일어과	계 (시수)	%
언어기능	종합	7.7	8.6	8.7	17.0	6.0	9.5	57.5	9.7
	말하기	11.6	12.6	10.0	14.0	12.7	15.5	76.4	12.9
	듣기	3.2	9.8	4.3	8.0	3.3	6.0	34.6	5.8
	읽기	9.3	10.8	12.9	11.5	8.0	10.5	63.0	10.6
	쓰기	6.9	13.4	6.4	9.5	8.3	4.5	49.0	8.3
	문법	4.0	5.2	4.3	2.0	4.0	4.5	24.0	4.1
	그외1	2.9	3.0	1.4	3.0	1.0	4.5	15.8	2.7
언어기능 계		45.6	63.4	48.0	65.0	43.3	55.0	320.3	54.1
어학이론		14.3	18.0	10.9	13.5	5.0	9.0	70.7	11.9
고전		9.9	4.0	5.1	6.0	8.0	1.5	34.5	5.8
근대문학		27.4	18.4	17.9	16.5	8.0	4.5	92.7	15.6
일본학		5.6	7.2	7.3	11.0	27.0	4.5	62.6	10.6
일어교육		1.1	1.4	1.6	0	1.0	0	5.1	0.9
그외2		0.5	1.2	0.4	1.5	0	3.0	6.6	1.1
시수계		104.4	113.6	91.2	113.5	92.3	77.5	592.5	100
대학수		40	5	7	2	3	2	(59교)	

읽기는 일본어 교육과(12.9%), 일본어학과(11.5%), 일본어과(10.8%), 관광일어과(10.5%), 일어일문학과(9.3%), 일본학과(8.3%)순이다.

쓰기는 일본어과(13.4%), 일본어학과(9.5%), 일본학과(8.3%), 일어일문학과(6.9%), 일본어 교육과(6.4%), 관광일어과(4.5%) 순의 시수로 나타났다.

시간 배당이 가장 적은 듣기는 일본어과(9.8%), 일본어학과(8.0%), 관광일어과(6.0%), 일본어 교육과(4.3%), 일본학과(3.3%), 일어일문학과(3.2%)순이다.

학교수는 일어일문학과과 40개교로 가장 많고 다음으로 일본어 교육과 7개교, 일본어과 5개교, 일본학과 3개교, 일본어학과·관광일어과가 각각 2개교로 조사되었다.

다음은 1995년의 자료이다. 1991년도까지만 해도 교과과정을 4개 학과로 분류하여 보고되었고, 1994년에는 6개학과로 학과명이 조사되고 있는데 비하여, 1995년의 보고에서는 일본어관계학과 명칭이 9종으로 보고되었다. 임창순(1995)[171]은 1995년도 교육통계에 의거하여 대학의 외국어학과 개설현황을 발표하였는데 그 중에서 일본어와 관계되는 부분만 발췌하여 표로 정리하였다.

<표215> 대학교 일본어관계학과 개설 현황(1995년도 교육통계)

	학과명	학과수	학생수
일본어관계학과	일문학과	1	116
	일본학과	6	790
	일본어과	7	1,784
	일본어학과	2	307
	일어일본어학과	1	447
	일어일본문학과	43	8,175
	일어학과	1	243
	관광일어과	1	137
	일본어 교육과	7	1,027
계		69	13,026명

학과수와 학생수에 따른 순위를 살펴보면, ①일어일본문학과(43학과/ 8,175명), ②일본어과(7학과/1,784명), ③일본어 교육과(7학과/1,027명), ④일본학과(6학과/790명), ⑤일본어학과(2학과/307명),

---

171) 임창순(1996)「韓国における外国語の中の日本語教育の現状と展望」『世界の日本語教育』第4号, 国際交流基金 日本語国際センター, p.42.

⑥일어일본어학과(1학과/447명), ⑦일어학과(1학과/243명), ⑧관광일어과(1학과/137명), ⑨일문학과(1학과/116명)순으로 나타난다. 1994년 조사에서 일어일문학과가 단연 앞서가고 있던 것에 비하여, 분리된 일문학과가 가장 적은 현상을 발견하게 된다.

또한, <표215>에 따르면 일문학과, 일본학과, 일본어과, 일본어학과, 일어일본어학과, 일어일본문학과, 일어학과, 관광일어과, 일본어 교육과 등의 명칭이 보인다. 상기 명칭을 키워드를 중심으로 의미를 생각해 보고자 한다.

일문학과는 [일문학]이 키워드가 된다.

일본학과는 [일본학]이 키워드가 된다.

일본어과는 [일본][일어]가 키워드가 된다.

일본어학과는 [일본학][일어학]이 키워드가 될 것이다.

일어일본어학과는 언뜻 보기에는 일어와 일본어가 같은 의미로 쓰여지고 있는 것 같으나, 그런 의미로 사용되었다기보다는 [일어학]과 [일본학]을 키워드로 설정하였다.

일어일본문학과는 [일어학][일본학][일문학]이 될 것이다.

일어학과는 [일어학]이 키워드가 된다.

관광일어과는 [관광][일어]가 키워드가 된다.

일본어 교육과는 [일본][일어][교육]이 키워드가 된다.

키워드의 빈도는 일본학 5, 일어학 4, 일어 3, 일본 2, 관광 1, 교육 1, 일문학 1 순을 보이고 있어, 각 학교에서 일본어계열학과를 만들 때 일어학이나 일본학이라는 말을 가장 많이 사용하고 있고, 다음으로 많은 일어와 일본은 각각 일어학, 일본학에 포함시킬 수 있으므로, 역시 일어학과 일본학이라는 말을 많이 사용하여 어떻게 보면 애매하기까지

한 일본어계열학과를 개설하고 학부제에 대처하고 있는 것이다.

1991년도의 보고에서는 일문학, 일어학, 일어교육학, 일본학 등으로 비교적 명칭이 하나의 키워드를 담고 있었던 것에 비하여, 1995년도의 보고에서는 한 종류 이상의 키워드를 담고 있다. 학과의 명칭이 복수의 의미를 담고 있다는 것은 그만한 이유가 있을 것이다. 1995년 5월 31일에 새로운 교육개혁 방안이 발표되었으며, 그에 따라 서서히 학부제를 준비하면서 학과의 명칭이 다양해지고 1999년이 되면 전국 대학의 90%가 학부제를 시행하고 있다. 즉, 학과 명칭이 다양해지고, 복수의 의미를 갖게 된 것은 학부제에 따른 다양한 니즈의 학생들을 포함하기 위하여 어쩔 수 없이 나타난 귀결이라고 보아야 할 것이다.

학과명칭이 복잡하다고 하는 것은 교과과정 내용 설정에 어려움이 수반될 것이 예상된다. 명칭이 변경되면서 문학이나 고전문학과 같은 과목은 줄어들고 인터넷 일본어, 멀티미디어 일본어, 스크린 일본어, 이문화 이해 등으로 바뀌면서 몇가지 문제점들이 나타나게 되었다. 줄어든 부분에 대한 교원의 문제, 새로운 과목에 대한 실러버스, 지도법 등을 고려하지 않으면 안되게 되었다.

5.3.2.4. 교수 · 학습 방법

대학의 교실환경은 여러 가지로 외국어수업을 하기에는 제약이 많으며, 그 제약만큼 다양한 교수법을 적용하여 수업하기에는 어려운 상황을 만들어 낸다. 일본어 전공의 경우 각 과목별로 수업 방법이 달라질 것이지만 여기에서 언급하는 것은 일본어 기능 교과에 한한다. 따라서 교양 일본어도 포함하여 기술하고자 한다. 한 클래스당 학습자수가 우선 여러 가지 제약을 발생시키는 원인이 된다. 또한, 교실환경이 책상과 의자가 고정되어 있거나 클래스당 학습자수가 많으면 아무리 효과적인 교수법을 교사가 터득하고 있다고 하더라도 활용이 어렵다. 요즈음은 전공 교실이 따로 있어서 전공수업시에는 대부분의 교재 교구가 갖추어져 있는 교실에서 수업을 하고 있고, 클래스 인원도 다양한 교수법을 실천하기에 적합하도록 바뀌어 가고 있다.

연대별로 선행연구를 검토해 볼 필요가 있다.

박희태(1981)는 대학의 제2외국어에 대하여 언급하면서, "어학교육에서는 언제나 '무엇을 가르칠 것인가' '어떻게 가르칠 것인가'가 문제가 되나 대학에서는 그렇게 문제가 되지 않는 것 같으며" "한 교실에서 많은 인원이 수업을 받기 때문에 표현보다는 이해, 그것도 문자를 통한 이해, 즉, 「읽기 능력」양성을 주로 하고 있고, ①교사에 의한 모델 읽기 ②문법 설명 ③번역 ④교사를 따라 읽기 순"으로 수업이 진행되고 있다고 하였다.[172]

90년대의 조사로, 1996년 6월부터 1997년 3월 사이에 전북, 경남, 충남 지역 대학생 417명에게 '어떤 수업스타일이 좋은가'라고 설문하였다.[173] 설문의 결과는 다음과 같다.

①교사와 학생간의 문답형식(55.40%)

②토론형식(25.18%)

③그룹 발표형식(14.15%)

④강의형식(교사가 혼자서 말하기)(3.83%)

⑤1인 발표형식(1.44%)

---

172) 박희태(1981)「第2外国語として日本語の位置」『シンポジウム 日本語教育の諸問題 発表論文』한국일어일문학회, 국제교류기금, 일본대사관 광보관 주최, pp.63~64.

173) 佐藤友則(1997)「韓国の大学の日本語学習者に対するニーズ分析」『日本學報』제39집, pp.216~217.

　　교사와 학생간의 문답형식의 수업이 55.40%로 과반수를 넘고, 다음이 토론형식으로 25.18%로 나타나고 있어 두 수업형태를 합치면 80%를 넘고 있다. 따라서 학생들이 좋아하는 수업은 문답·토론형식의 수업스타일을 좋아하는 것으로 보인다. 학생들이 좋아하지 않는 수업형태는 혼자서 발표하는 형식이나 강의 형식으로 나타났다. 문답형식이나 토론형식은 장단점을 동시에 가지고 있다. 장점으로는 학습자의 발화 기회가 많아지므로 말하기 능력 향상이 기대되고, 발음지도나 피드백이 빠르게 이루어 질 수 있고 일본어를 많이 말하는 것에 따르는 학습자의 만족도가 높아질 것이다. 반대로 수업에 여러 가지 제약이 있게 되는데, 우선 클래스 인원이 적정수준이어야 하고 교사의 일본어 능력이나 지도법 습득 등의 문제가 따른다. 토론형식은 소인수 클래스이어야 하는 것에 덧붙여서, 학습자가 어느 정도의 일본어 능력이 있어야 하고, 토론 주제의 선택이 관건이며, 토론에 참여하는 학습자가 모두 발화를 하도록 해야 하는 어려움이 있다. 실제로 토론 수업을 해보면 발화하는 사람만 하게 되며, 찬반의 그룹을 나누어 진행할 때에 경우에 따라서는 본인의 생각과는 관계없이 어느 편이던 참여하여야 하므로 본인의 자연스러운 의견을 발표하기 어려운 경우가 자주 있다. 또한 토론이란 토론문화라는 말이 있듯이 논리로 상대방을 설득시켜야 하는데, 학습자들은 우선 일본어능력이 부족하여 본인의 의견을 다 표현하지 못하고 같은 말만 계속 반복한다거나 토론문화에 익숙하지 않아서 감정적으로 수업이 끝나게 되는 경우가 꽤 많다. 위의 설문조사에서 알 수 있는 것은 1990년대의 학습자들은 교사 주도의 강의식 수업이나 1인 발표 수업은 좋아하지 않으며, 문답수업이나 토론수업, 그리고 그룹 발표형식의 수업을 좋아하는 것으로 나타났다.

　　어떤 교구를 써서 수업했으면 하는지에 대한 선택지 6개 중 3개를 선택하는 문항에서 비디오 393명, 테이프 299명, 그림교재 190명, 컴퓨터 121명, OHP 63명, 그 외 27명 순으로 응답하였다.

비디오를 선호하는 이유로 응답자들은 '재미있어서'라고 응답하였는데 이것은 비디오라는 교구가 갖는 장점의 하나이다. 비디오를 교구로 수업에 사용하는 것에 대하여는 장점들이 연구되어 있다. 비디오는 청각적 수단과 시각 정보를 함께 주는 교구로서 두 정보를 함께 주었을 때 구어 정보가 상실되는가 그렇지 않은가라는 연구가 계속되었다. 가장 유력한 입장은 "학습자의 기억 속에 가르치는 항목을 유지하는 수준을 상당히 높게 만든다"[174]는 것이다. 교실에서 사용하는 비디오 교재의 길이에 대한 실험도 있다. 텔레비전 방송으로부터 정보를 기억할 수 있는 양에 대한 실험에서 30분의 전달과정 동안 유지된 음성정보의 양이 급격히 감소함을 발견할 수 있었으며, 따라서 수업에서 평균적으로 비디오를 보는 시간이 30~40분인 것으로 조사에서 나타났으나 언어교육의 측면에서는 6~7분 정도 길이의 비디오를 사용하는 것이 가장 적절한 시청 시간인 것으로 밝혀졌다.[175]

성공적인 프리젠테이션을 하기 위해서는 시각, 청각, 후각, 촉각, 미각 순으로 이용하여야 한다고 한다. 즉, 말+그림을 프리젠테이션에 사용하면 80~70%의 효과를 보고, 그림 만 사용하였을 경우 60~30%, 말로 만 프리젠테이션을 했을 경우 40~20%, 음성만 사용하였을 경어 30%, 문자언어 7%의 순으로 나타나고 있어 이것을 언어 교육의 매체에 적용시켜 보면 말과 그림이 함께 되어 있는 비디오라는 매체는 효과적인 교구임을 나타내 주는 수치인 것이다. 상기 앙케트에서는 비디오가 393명, 컴퓨터가 121명으로 나타났으나, 컴퓨터가 비디오 역할까지

---

174) RSA(1980) p.76.
175) Potter(1982) p.76

담당할 수 있게 된 요즈음 다시 앙케트를 실시한다면, 컴퓨터에 대한 응답률이 더 높게 나올지도 모르겠다.

또한, 그림카드가 상당히 높은 응답률을 보이고 있다. 그림카드는 초급의 문형연습이나, 새로운 어구의 도입, 동기유발을 위한 수업의 도입 시 큐로 사용하기에 적절한 교구이다. 제작이 간단하고 사용이 간편하며 여러 장을 연속적으로 사용할 수 있어 오랜 기간동안 유효한 교구로 사랑 받아 왔으며 앞으로도 유용하게 사용될 것이다.

지금까지 교수법에 대하여 살펴보았다. 80년대는 읽기가 중심이 되는 문법역독식 수업이 중심이었고, 90년대에는 문답형식, 토론형식, 그룹 발표형식, 1인 발표형식 등의 앙케트에 나타난 용어들을 학생들이 이해할 정도로 수업이 다양화되었다는 것을 알 수 있다.

5.3.2.5. 교재

김숙자(1996)는 10년 간격으로 조사된 교재에 대하여, 1975년에 시중에서 구입할 수 있었던 교과서 중 초급독해 교과서가 50여종에 달했고, 그중 상당수의 교과서들이 무분별하게 일본의 교과서들을 본 따거나 부분적으로 옮겨놓은 것들[176]이었다고 언급하고 있다. 1985년에는 71종의 대학교양일본어 강독교재를 비롯하여 문법교과서 10종, 그밖에 회화와 작문을 합쳐 약 100종의 교과서를 얻을 수 있었으며, 1994년 고려대학교 대학원 일어교육전공생들이 조사한 「한국일본어 및 일본어 교육관계 단행본 일람」에서는 교과서 193종, 회화교재 69종, 사전류 6종, 이론서 23권, 각종시험문제집 26종, 학습참고서 106종으로 총 423

---

176) 박희태(1981)도 초급단계의 교재로 일본내의 일본어학교 등에서 사용되고 있는 텍스트의 내용과 커다란 차이가 없는 것을 사용하고 있다고 하였으니 80년대 초반까지도 같은 상황이었던 것 같다. 전게서, p.63.

종의 단행본이 집계되었는데, 대부분의 교재가 한국인 저자에 의해 집필되고 있다.177) 이상의 내용을 표로 정리해 보면 <표216>과 같으며, 10년 간격으로 교재류와 사전류를 중심으로 변화를 살펴보면, 70년대에 50종에서 80년대에 2배인 100종으로, 90년대에는 260종으로 80년대보다 다시 2.5배 이상 교재 출판이 늘어난 것을 알 수 있다.

<표216> 연도별 대학 교재 조사 현황

연도	1975년 조사	1985년 조사	1994년 조사
종류	약 50종(초급독해교재)	약 100종(교양강독교재 71종, 문법 10, 회화, 작문)	약423종(교과서 193종, 회화교재 69종 사전류 6종, 이론서 23권, 시험문제집 26종, 학습참고서 106종)
내용	일본 교과서 본따거나 전재	·	한국인 저자에 의해 집필됨

또한, 김숙자는 1985년 조사에서 나타난 교재의 내용에 대하여, "대학의 일본어 초급교과서는 같은 타이틀로 비슷한 내용을 가진 독해교과서가 수십 종에 달한다. 필자의 1985년 조사에서 얻은 결과로 보면 교과서 1종이 한 대학에서만 사용되어지고 있는 경우가 59종이나 되었다. 따라서 교사 개인이 해당 교육기관 만에서 사용되는 교과서를 출판하는 것보다 공동제작을 함이 바람직하다고 본다. 그리고 일정한 기간을 두어 개정 또는 보완하여야 할 것이다."178) 고 지적하고 있다.

---

177) 김숙자(1996) 「한・일어의 바람직한 교재를 위하여」『일본학보』제37집, pp.14~15.
178) 김숙자(1996), 전게서, p.24.

5.4. 전문대학

5.4.1. 시대적 배경

전문대학은 몇 번의 체재 변경과 개칭을 거쳐 현재에 이르고 있다. 전문대학의 역사를 살펴보기 위해서는 초급대학을 함께 고찰할 필요가 있다. 시대적 상황에 따라 두 교육기관은 통폐합을 거듭하고 있기 때문이다. 1950년 정부는 15개교의 [초급대학]을 설립하였으며, 1962년 1월 19일 초급대학 정원을 10,160명에서 17,920명으로 증원하였고, 3월 8일에는 22개 초급대학의 개편 및 설치를 인가하고 있다. 다음 해인 1963년 1월 9일에도 초급대학 정원을 7000명 증원하였다. 초급대학의 설립인가 및 증원이 계속되던 중, 1962년 5월 9일 문교부 장관은 5년제 실업고등전문학교 구상을 언명하였다. 7월 25일에는 문교부가 실업교육강화 방안을 발표하였으며, 1963년 1월 14일, 실업고등전문학교 입학전형 준칙이 시달되었다. 3월에는 [실업고등전문학교]가 개정된 교육법 법률 제1326호에 의거하여 설치되었다. 1963년 3월 7일 경기공업고등전문학교가 설립인가를 받았으며 이후 계속해서 실업고등전문학교가 설립되었다. 실업고등전문학교는 제1차 경제개발 5개년 계획에 의한 기술 인력의 양성을 목적으로 고등학교 3년 과정과 전문대학 2년 과정을 합해서 5년을 수학연한으로 설립된 것이었다. 1965년이 되어 문교부는 초급대학의 통폐합을 시작하는데 1965년 8월 3일 전국 34개 초급대학 중 '충주공업' '군산수산' '상주농잠' 등 3개 초급대학을 고등전문학교로 개편, 9개 병설 초급대학을 4년제 대학으로 승격시킬 방침 공표하였으며, 이후 초급대학은 계속 폐지되어가는 반면, 실업고등전문학교는 장려책이 계속되었다. 예를 들어, 1968년 1월 20일 발표된 농고, 농전 출신에게도 국민학교 교사 자격 부여를 위한 관계 법령 개정을 추진한다던가, 10월 15일 발표된 실업계교를 대폭 늘리고 대학 정원을 억제키로 한다는 등의 내용들이 그것이다. 반면에 초급대학은 정비작업이 시작되어 1968년 11월 11일 문교부는 기술습득이 소홀한 초급대학의 정비작업을 개시한다고 발표하였으며, 1969년 4월 13일 부실초급대학을 단계적으로 폐쇄키로 한다는 발표가 있었다.

1969년에는 실업고등전문학교에도 변화가 있게 된다. 6월에는 5년제 실업고등전문교를 70학년도부터 직업전문교로 개편한다는 계획이 발표되었으며, 9월 3일에는 70학년도부터 전국주요산업체에 실업계 정규 중·고·전문학교 등을 부설키로 문교부는 결정하였다. 1970년 1월 1일 교육법이 개정되어 법률 제2175호로 [전문학교]가 설치되었다. 5년제 실업고등전문학교가 수학기간의 장기화로 인해 중간 탈락자가 과다하다는 것과 고교 졸업자의 취업 교육을 위한 진학기회 부여의 필요성 때문에 고교 졸업자와 또는 이와 동등한 학력인정 자에 한해 응시할 수 있는 전문학교로 바뀌게 된 것이다. 전문학교는 학과별 특성에 따라 2~3년제로 운영되었다. 1970.1.23 문교부는 기업체에 실업계 중·고교 및 전문학교 등, 부설 절차 등에 특혜 조치를 결정하였다. 11월에는 도립의 전국 9개 농·공 전문학교를 72년까지 국립으로 바꿀 계획이며, 1971년 5월 18일에는 전문학교 졸업생에게 대학진학 자격고사를 실시, 동계 대학의 3학년에 편입자격을 부여하기로 결정하고 있다. 76년도까지 전국에 공립 10개교의 실업전문학교를 신설키로 확정하였으며, 1972년 2월 23일 73학년도 입시전형요강이 확정 발표되었다. 11월 24일에는 실업계 고등학교 및 전문학교 졸업자에게 병역 특혜를 결정하였다. 전문학교의 설치와 함께 1973년 9월 22일에는 5년제 실업고등전문학교는 2년제로 개편되었다.

1979년도에는 고등교육을 필한 인력의 합리적 배분과 분야별 직업교육의 전문성 향상, 산업기술개발, 단기고등교육기관의 일원화를 위하여 초급대학과 전문학교를 일원화하면서 [전문대학]으로 개편되었으며, 1998년 4월 이후 교육부의 고등교육법 시행령에 의하여 그 명칭을 자유롭게 하여 전문대학을 [대학]으로 개칭하는 곳이 늘어나게 되어 현재에 이르고 있다.

전문대학에 일본어 관계학과가 설치된 시기에 대하여는 선행연구에 따르면 "1972년 '계명전문학교'에 관광과가 개설된 것과 함께 되었는데 관광과의 일본어 수업은 대학에 따라 필수과목으로 되어 있는 경우가 많지만, 대부분은 관광학을 전공하는 학생들이 졸업후 관광 관련 산업에 종사하기 위해서 거쳐야 할 최소한의 이수 학점에 불과했다. 보다 전문적인 일본어전공학과의 개설은 1980년에 '부산여자전문대학'에 관광통역과가 개설되었으며, 이어서 1981년에는 5개 전문대학에서 일어과가 개설되고 2개 전문대학에서 관광통역과가 개설되어 1994년 2월 현재 전문대학의 일본어 전공학과는 35교, 일본어관련학과는 37교에 이르렀으며"179), 1999년 조사에서는 전국 159개 대학 중 일본어관계학과는 78개교로 발표되었다.180)

전문대학의 일본어 교육에 대한 선행연구는 하영숙(2000), 박재형(1998), 김태영(1995), 조찬백(1994), 신혜원(1994), 권은숙외(1986), 김영우(1977), 서영산(1993), 한국일어일문학회(1994), 한국일어일문학회(1999), 명지실업전문대학교육문제 연구소(1993), 한국외국어전문대

---

179) 한국일어일문학회(1994) 『한국의 일본어 교육실태 -일본어 교육기관조사 1993~1994』xvii
180) 한국일어일문학회(1999) 『한국의 일본어 교육실태 -일본어 교육기관조사 1998~1999』p.20.

학외국어과(1977) 등이 있다.

전문대학의 전공과의 명칭에서는 [관광] [일어] [통역]이라는 3가지 키워드를 발견하게 된다. 즉, 이 3가지를 조합하지 않고 그대로 사용하게 되면 관광과, 일어과, 통역과가 되는 것이고, 조합을 하면 관광일어과, 관광통역과, 일어통역과, 통역일어과, 관광일어통역과 등의 전공과 명칭이 생기게 되며, 거기에 덧붙여서 [국제] [호텔] [산업] [실무]를 조합하게 되면 국제관광통역과, 호텔관광과, 관광호텔과, 산업일어과, 실무일이과 등의 전공과 이름이 붙여지게 되는 것이다. 여기에 덧붙여서 '학부'와 '계열', '전공'을 붙이게 되면 호텔관광계열 일어전공, 관광계열 관광일어전공, 관광외국어계열 관광일어전공 등의 더 많은 조합이 생기게 되어, 수많은 전문대학의 일본어 관계 전공과 명칭을 우리가 대하게 되는 것이다. 상기 대부분의 전공과가 일본어를 배우고 있고, 따라서 전문대학의 일본어 교육에 대하여 언급하려면 이러한 전공과들을 분류할 필요가 있게 된다. 각 학교의 특성에 따라서 중점을 두는 부분이 다를 것이며, 상기 키워드 [관광] [일어] [통역]중에서 어느 항목에 중점을 두느냐에 따라 일본어 교육에 관한 교육과정의 시간 배분 등이 달라지게 될 것이기 때문이다. 실제로 1999년도 전국 일본어 교육기관 조사에서 발표된 전문대학명을 중심으로 표를 만들어 보면 <표217>과 같이, 일본어 계열, 관광일본어 계열, 관광 계열, 기타 계열로 분류되는 것이다.

<표217> 전문대학 일본어관계학과 명칭 일람

계열	학과	설치 대학	계
일본어계열	일어과	(경남정보대),대구산업정보대,(동명대),(동부산대),(동해대),부산경상대,성심외대,시립인천전문대,안장대,(창신대),천안외대	11
	일어통역과	배화여자대,한양여자대	2
	실무일어과	가천길대,충청대	2
	산업일어과	유한대	1
관광일본어계열	관광통역과	거제대,경북전문대,대구과학대,동주대,서강정보대,원주대,정인대,(부산여대),(진주보건대),(창원전문대)	10
	관광통역코스	부산정보대	1
	관광일어통역과	경동정보대,광주보건대,대경대,동남보건대,삼육의명대,서라벌대,서울보건대,우송정보대,원광보건대,제주산업정보대,(제주한라대),(진주전문대),(한림정보산업대)	13
	관광일어과	군장대,안동과학대	2
관광계열	관광과	경복대,(계명문화대),공주문화대,,극동정보대,남해전문대,동강대,상지대병설,숭의여대,	8
	관광경영과	(신흥대),양산대,(영동전문대),	3
항공관련	항공운항과	인하공전	1
총 계			54

이와 같은 분류는 선행연구에서도 확인할 수 있다. 하영숙(2000)[181]은, 관광일본어 교육의 관점에서 일본어 관계학과를 분류하였는데, <표218>과 같다. 또한 아래 자료를 중심으로 분류하여 관광 계열, 관광일본어 계열, 일본어 계열로 분류하고 있다.[182]

---

181) 하영숙(2000), 전게서, p.38. ①관광계열 ②관광일본어계열 ③일본어계열
182) 하영숙(2000) 「전문대학 관광일본어계열의 교육과정 구성 및 교재 유형에 대한 연구」동덕여자대학교대학원 석사학위논문, p.30을 중심으로 순서를 바꾸어 필자가 재구성하였다. 99학년도 전국 전문대학편람을 요약.

<표218> 전문대학 일본어 관계학과 설치 현황

계열	학과	설치 대학	계
일본어과	일본어과	경남정보대, 동명대, 동부산대, 동해대, 부산경상대, 서일대, 성심외국어대, 인천전문대, 장안대, 창신대, 천안외국어대	11
	일어통번역과	경북외국어테크노대, 배화여대, 한양여대	3
관광일본어	관광통역과	거제대, 경북전문대, 대구과학대, 대덕대, 마산대, 부산여대, 서강정보대, 울산과학대, 원주대, 진주보건대, 창원전문대, 천안외국어대	12
	관광일어통역과	광주보건대, 동남보건대, 삼육의명대, 서라벌대, 서울보건대, 영월공대, 전주기전여대, 제주관광대, 제주사업정보대, 제주한라대, 진주전문대, 충청대, 한림정보산업대	13
	관광일어과	경동정보대, 경북과학대, 군장대, 안동과학대, 전남과학대	5
관광계열	관광과	강원전문대, 경복대, 경북외국어테크노대, 계명문화대, 공주문화대, 공주영상정보대, 광양대, 구미1대학, 극동정보대, 남해전문대, 대구과학대, 대구산업정보대, 동강대, 동부산대, 동우대, 동원대, 상지대학병설전문대, 서강정보대, 서라벌대, 서해대, 성심외국어대, 숭의여대, 신성대, 여수공대, 영진전문대, 우송정보대, 인하공전, 장안대, 제주산업정보대, 진주전문대, 한양여대, 혜천대	32
	호텔관광	대경대, 대구미래대, 동주대	3
관광산업	관광산업	원광보건대, 태성대	2
	관광외식산업	경북과학대, 성심외국어대, 안산공과대, 제주관광대	4
관광경영	관광경영	경문대, 경민대, 군장대, 김천대, 동해대, 문경대, 부산경상대, 성덕대, 성화대, 신흥대, 양산대, 영동전문대, 오산대, 장안대, 제주한라대	15
	호텔경영	경남정보대, 극동정보대, 대원공대, 부산여대, 서라벌대, 성심외국어대, 영월공대, 제주관광대, 제주산업정보대, 창원대, 충청대, 혜전대	12
	카지노경영	성화대, 제주관광대	2
	여행사경영	충청대	1
	호텔외식경영	부산여대, 한림정보산업대	2
관광정보과		담양대, 동서울대, 안산공대, 정인대, 제주관공대, 청양대	6
레저	관광레저	경북과학대, 나주대, 대동대, 동아인재대, 서라벌대, 성덕대, 성심외국	9

한국일어일문학회(1999)의 76교보다 17교 늘었다.

스포츠	스포츠	어대, 제주관광대, 태성대	
	관광골프과	제주산업정보대	1
항공 관련	스튜어디스과	공주양상정보대, 인하공전	2
	항공운항 서비스	경북과학대, 경북외국어테크노대, 나주대, 부산여대, 성화대, 수원과학대, 인하공전, 창원전문대	8
관광 조리 계열	관광호텔조리	김포대, 대경대, 대구미래대, 동해대, 문경대, 서라벌대, 성덕대, 순천청암대, 신흥대, 안산공대, 양산대, 영동전문대, 울산과학대, 제주산업정보대, 제주한라대, 태성대, 혜전대	17
	호텔제과제빵	남해전문대, 성화대, 신흥대, 혜전대	4
총 계		93개 대학	164

그 외에도 전문대학의 일본어 관계학과의 유형을 분류한 선행연구에는 한국일어일문학회(1999)[183], 신혜원(1994)[184], 한국일어일문학회(1994)[185] 등이 있는데, 신혜원은 일어관광통역과의 관점에서, 한국일어일문학회는 전문대학 전체를 대상으로 일본어 교육의 비중을 중심으로 분류하고 있다.

---

183) 한국일어일문학회(1999), 전게서, pp.20~21.
　　①A형(순수 일본어학과)순수하게 일본어를 단일 전공으로 가르치고 있는 대학(일어과, 일본어과, 일어통역과, 관광일어과, 관광일어통역과, 일본지역통상과, 산업일어과, 실무일본어과)159개 전문대학 중 37개 대학
　　②B형(준 일본어학과)관광통역과를 설치하거나, 최근의 추세에 맞추어 계열화되어 가면서 영어, 일어, 중국어와 관광경영, 호텔경영 등의 과목과 학과를 계열화하여 학생들 스스로의 선택에 의하여 일본어를 배우도록 하고 있는 학과. 159개 전문대학 중 15개대 17개 학과
　　③C형(교양일어설강학과)관광과, 호텔경영과, 항곡운항/경영/서비스/비서과 등에서 일어를 영어에 버금가는 제2외국어로 설강하고 있는 학과. 159개 전문대학 중 24개 대학
184) 신혜원(1994)「전문대학 일본어 교육의 현황과 과제」『한일문제 연구논문집』제2집, p.102에서 4분류하고 있다.①일어(관광)통역과 ②일본어과 ③관광(경영)과 ④기타학과.
185) 한국일어일문학회(1994), 전게서, xvii ①전공 학과 ②관련 학과

　전문대학의 일본어 교육은 관광, 일어, 통역이 서로 관련을 가지면서 시대적인 변화에 적응해 가고 있는 것이다. 본고에서는 하영숙의 분류 방법에 따른다. 일본어 교육의 관점에서 쓰여진 논문은 아니지만 선행 연구 중 가장 최근에 쓰여졌고, 가장 많은 자료를 포함하고 있기 때문 이다. 따라서 이하에서는 하영숙의 논문을 자주 인용하게 될 것이며, 하영숙의 자료를 일본어 교육의 관점에서 재해석하려고 한다.

5.4.2. 교육 목표

　전문대학의 교육목표를 3가지 관점에서 접근하여 검토하고자 한다. 첫째, 교육법에서 전문대학에 요구하는 교육목표, 두 번째, 일본어관계 학과가 설치되어 있는 전문대학의 교육목표 분석, 셋째, 산업체에서 요 구하고 있는 중견직업인의 직무능력을 검토하고 전문대학의 일본어 교 육에 대한 교육목표를 확실히 하고자 한다. 선행연구인 하영숙(200 0)[186], 박재형(1998)[187], 신혜원(1994), 한국일어일문학회(1999)를 참

---

186) 하영숙(2000)「전문대학 관광일본어계열의 교육과정 구성 및 교재 유형 에 대한 연구」동덕여자대학교 대학원 석사학위논문, pp.38~39.
　　①관광일본어계열 : 학문적 이해를 위한 전문관광일본어와 고도의 서비 스를 제공하기 위한 집중적인 관광일본어 교육. 관광의 다양한 본질과 실 무를 이해하고 익히도록 교육
　　②일본어계열 : 일본어의 말하기·듣기·읽기·쓰기의 네 가지 언어기 능개발의 중점교육. 일본어의 네가지 언어기능을 기초로 하여 번역·통 역·관광 등의 실무에 필요한 직무수행능력 교육
　　③관광계열 : 기초능력 함양을 위한 관광분야의 이론 교육. 관광실무 능 력을 위한 직업별 경영관리 훈련, 외국어, 컴퓨터 교육
187) 박재형(1998)은 관광일어과의 교육목표로 4가지를 들고 있다. p.275.
　　①건전한 인격을 함양하여 전문관광인으로서 기본자세를 확립하고, 현장 적응력을 배양한다.
　　②고도의 특성화된 전공교육 및 어학교육 심화를 통해 전문관광인을 양

고로 하였다.

(1)교육법이 정하는 전문대학의 교육목표

전문대학의 교육목적이나 교육목표에 대하여 언급하고 있는 법조항을 모아 보았다.

●교육법 제128조 2항

전문대학은 사회 각 분야에 관한 전문적인 지식과 이론을 교수, 연구하고 재능을 연마하여 국가사회 발전에 필요한 중견직업인을 양성함을 목적으로 한다. 전문대학은 각 분야의 중견직업인을 양성하는 고등교육기관이다.

●교육법 시행령 제160조 3항

전문대학의 교과는 해당학과의 전문적 지식습득과 기술연마에 필요한 교과

즉, 교육법이 정하는 전문대학의 교육목적은 중견직업인 양성을 위한 교육기관이며, 해당학과의 전문적 지식습득과 기술연마에 필요한 교과를 통하여 해당학과의 교육목표를 달성하여야만 하는 것이다. 이것을 일본어 교육에 적용하면, '일본어의 전문적 지식습득과 연마'가 되어 상당히 모호한 표현이 되어 버린다. 즉, 교육법에는 교육목표가 뚜렷하게 명시되어 있지 않다.

성한다.

③교육의 질과 실무능력을 향상시켜 해당직무에 창의성을 발휘하도록 한다.

④관광분야에 대한 전문성과 실무능력을 배양함으로써 여행사 혹은 호텔산업체에 기여할 수 있는 일본어 회화 가능한 전문관광인을 양성한다.

(2)전문대학 일본어관계학과의 교육목표 분석

하영숙(2000)은 관광계열 27개 대학, 관광일본어계열 23개 대학, 일본어계열 12개 대학 등 총 62개학과의 교육목표를 분석하였는데 결과는 <표219>와 같다.

<표219> 전문대학 일본어계열 학과 교육목표 현황[188]

교육목표 항목		빈도			%(대 빈도)			%(대 대학수)		
		관광	관광 일본어	일본어	관광	관광 일본어	일본어	관광	관쌍 일본어	일본어
이 해	관광이론(이해)	23	14	×	19.2	16.5	×	85.2	60.9	×
	일본이해	×	6	8	×	7.1	21.6	×	26.1	66.7
	한국이해	1	2	×	0.8	2.4	×	3.7	8.7	×
기 능	관광실무	26	×	×	21.7	×	×	96.3	×	×
	외국어(일본어) 구사력	23	23	12	19.2	27.1	32.4	85.2	100.0	100.0
	일본어 듣기·쓰기·읽기	×	6	7	×	7.1	18.9	×	26.1	58.3
	예절·서비스	6	7	×	5.0	8.2	×	22.2	30.4	×
	컴퓨터	7	2	2	5.8	2.4	5.4	25.9	8.7	16.7
	현장실무실습	15	12	3	12.5	14.1	8.1	55.6	52.2	25.0
태 도	인격도야	9	7	3	7.5	8.2	8.1	33.3	30.4	25.0
	직업윤리	5	1	2	4.2	1.2	5.4	18.5	4.3	16.7
기 타		5	5	×	4.2	5.9	×	18.5	21.7	×
계		120	85	37	100	100	100.	·	·	·

위의 표가 의미하고 있는 것을 검토해 보면, 우선 관광계열은 관광실무(기능)에 가장 중점을 두고 있고 다음으로 관광이론(이해), 외국어 구사력(기능), 현장실무 실습(기능)의 순으로 교육목표를 기술하고 기능목표에 중점을 두고 있다는 것을 알 수 있다.

관광일본어계열은 일본어 구사력(기능)이 27.1%로 가장 높고, 다음

---

188) 하영숙(2000), 전게서, pp.40~43을 중심으로 필자가 재구성하였다.

으로 관광 이론(이해), 현장실무 실습(기능), 예절·서비스(기능), 인격도야(태도) 순으로 역시 기능목표에 중점을 두면서 이해와 태도를 배분하고 있다.

일본어계열은 가장 중점을 두고 있는 것이 일본어 구사력(기능)으로 32.4%를 차지하고 있고 일본이해(이해), 일본어 듣기·쓰기·읽기(기능) 순으로 나타나고 있어, 1위인 일본어 구사력에 듣기·쓰기·읽기를 포함시키면 4기능 목표의 점유율이 51.3%로 역시 기능목표에 중점이 두어져 있는 교과임을 알 수 있다. 관광계열이나 관광일본어계열과는 달리 일본이해나 듣기·쓰기·읽기에 중점이 두어지고 있는 것으로 분석된다.

하영숙(2000)은 분석의 결론으로 세 계열 모두 다 이론보다는 실기교육을 통한 전문성 추구의 교육 및 직업성을 강조하는 전문대학의 전문성과 특수성의 영향으로 실무 교육을 주된 교육목표로 하고 있으며 일본어 교육에 있어서도 현장에서 직접 이용할 수 있는 일본어 구사력 향상을 우선하고 있고, 관광분야 교육에 있어서도 이론보다 실무에 더 큰 비중을 두고 있어 역시 실무·실기교육을 중시하는 전문대학의 특성을 그대로 반영하고 있다고 하였다.

(3)산업체에서 요구하고 있는 중견직업인의 직무능력

서영산(1993)은 산업체에서 요구하고 있는 중견직업인이 갖추어야 할 세부적인 직무능력을 조사하여 제시하고 있다.

①산업현장에서 전문인이 지시하는 업무에 대한 기획, 관리, 실험, 연구 조사 등의 업무를 수행할 수 있는 능력

②계획을 구체화할 수 있고 계획의 실현단계에서 기능인을 지도할

수 있는 능력

③담당 전문분야에서 관리 및 검사업무를 수행할 수 있는 능력

④전문인에게 자기의 계획을 구체화하여 제시하고 기술적인 문제점에 대한 해결방안을 제시하고 기술적인 문제점에 대한 해결방안을 제시할 수 있으며 동료들과 협동하는 능력

⑤전문지식의 축적으로 전공분야의 산업발전에 효율적으로 대응할 수 있는 능력

위에서 제시하고 있는 내용을 관광안내에 종사하는 전문직업인의 경우에 적용시켜 생각해 보면, 우선 ①항목은 관광안내에 대한 기획, 관리, 실험, 연구 조사 등의 수행능력이 되므로 일본어구사력보다는 다른 능력이 필요한 내용이고, ②항목은 계획의 구체화 단계에서 다른 기능인을 지도할 수 있는 능력이므로, 업무에 대한 지도 능력과 일본어에 대한 지도 능력으로 나누어 생각할 때에 일본어에 대한 지도 능력이 요구된다. ③항목은 관광안내의 관리 및 검사업무 수행능력이므로 이 항목도 일본어 구사력과는 별도의 능력으로 볼 수 있으며, ④항목은 계획의 구체화와 문제 해결 능력, 그리고 동료와의 협동 능력에 대한 내용이므로 일본어와는 별도 능력이다. 다만, 동료와의 협동 능력은 인격도야와 관계가 있는 부분이므로 교육목표에 포함시켜야 할 것이다. ⑤항목은 관광안내를 통한 일본어 능력 및 노하우의 축적으로 일본관광안내 분야의 발전에 효율적으로 대응할 수 있는 능력이므로 일본어 능력이 가장 요구되는 내용이다. 즉, 위의 5개 항목을 일본어 교육목표의 측면에서 정리하면 「일본어 지도능력」과 「인격도야」「일본어 능력 및 지식 축적」을 현장에서는 요구하고 있는 것이다. 다시 정리하면 상당한 수준의 일본어 구사력과 관광에 대한 지식 축적, 인성교육이 된

전문직업인을 요구하고 있는 것이다. 산업체의 이러한 일반적인 요구를 충족시키기 위하여 전문대학에서는 이러한 요구가 어느 정도는 교육목표에 반영하여야 할 것이다.

이상으로 3가지 방향에서 전문대학의 일본어 교육의 목적 또는 목표를 생각해 보았는데 정리하면,

· 교육법이 정하는 전문대학의 교육목적은 중견직업인 양성을 위한 교육기관이며, 해당학과의 전문적 지식습득과 기술연마에 필요한 교과를 통하여 해당학과의 교육목표를 달성하여야만 하는 것이다.

· 전문대학의 교육목표 분석에서는 이론보다 실기교육을 통한 전문성 추구의 교육 및 직업성을 강조하는 전문대학의 전문성과 특수성의 영향으로 실무 교육을 주된 교육목표로 하고 있으며 현장에서 직접 이용할 수 있는 일본어구사력 향상을 우선시하고 있다.

· 산업체에서는 상당한 수준의 일본어 구사력과 관광에 대한 지식 축적, 인성교육이 된 전문직업인을 요구하고 있는 것이다.

따라서, 전문대학 일본어관계학과의 교육목표는 일본어 능력이라는 기능 목표에 중점을 두고, 직업에 대한 전문 지식과 함께 인격 도야[189] 에 대한 교육 목표를 설정하여야 할 것이며, 이러한 관점에서 보면 위에서 분석한 전문대학의 교육목표와 일치하고 있는 것을 알 수 있다.

---

189) 일선 관광종사원들은 서비스 정신 및 올바른 태도를 첫째로 꼽고 있으며, 그 다음이 일본어 능력을 꼽고 있는데 이는 관광산업이 인적 서비스를 중심으로 하는 산업임을 단적으로 보여주는 예라고 볼 수 있다. 하영숙(2000), 전게서, p.103.

5.4.3. 교육 내용

전문대학의 일본어 관계학과 교육 내용을 알아보려면, 각 대학의 교과과정을 검토해볼 필요가 있다. 교과과정을 살펴보기 전에 우선, 교육법시행령이 정하는 전문대학의 교과에 대하여 기술한 부분을 발췌하여 보았다. 본고의 모든 교육법의 인용은 법제처 홈페이지의 법률검색에 따랐다.

교육법시행령 [일부개정 1977.2.8 대통령령 제8432호]

　제161조의5 (교과)

　①전문학교의 교과는 교양교과와 전문교과로 하고, 이를 다시 필수교과와 선택교과로 구분한다.

　②교양교과의 필수교과는 국민윤리, 국어, 국사, 체육, 교련으로 하고, 선택교과는 철학개론·사회과학개론·수학·자연과학개론·한문·외국어 기타 특히 필요한 교과로 한다.

<개정 1977·2·8> [본조신설 1971·3·2]

교육법시행령에서 규정하고 있는 전문대학의 교과는 교양교과와 전문교과로 나뉘고, 이것은 각각 필수교과와 선택교과로 구분한다. 교양교과의 교과목은 교육법에서 지정하고 있는데, 필수과목은 국민윤리, 국어, 국사, 체육, 교련이고 선택교과는 철학개론, 사회과학개론, 수학, 자연과학개론, 한문, 외국어, 기타로 되어 있으며, 전문교과는 학과의 편성에 맡겨져 있는 상태이다. 이것을 도식화하면 아래와 같이 될 것이다.

교양교과
↗ 필수교과 (국민윤리, 국어, 국사, 체육, 교련)
↘ 선택교과 (철학개론·사회과학개론·수학·자연과학개론·한문·외국어 기타)

전문대학

전문교과
↗ 필수교과
↘ 선택교과

박재형(1998)은 전문대학의 교육과정에 대하여 학교자체의 재량을 인정하는 입장을 취하고 있으나 각 전문대학은 1978년 3월에 문교부가 중심이 되어 제정한 전문대학 모형 교육과정을 거의 그대로 따르고 있는 실정이라고 하였다. 그 주요내용을 살펴보면 다음과 같다.

첫째, 전문대학의 졸업기준학점은 80학점이상으로 하고, 교양교과와 전문교과는 20:80이며 매학기 최대 취득학점은 24학점이다.

둘째, 학점은 1학기에 16시간 이상의 강의를 1학점으로 하며 교양교과 중 국민윤리, 한국사, 교련, 체육은 필수로 하고 있으나 교련은 89학년도부터 폐지되었으며 그 외의 과목은 선택과목으로 변경되었다.

셋째, 전문교과는 실험실습을 50%이상으로 하며 산업현장과 직결되어 교육이 되도록 하기 위하여 농, 공, 수해양, 관광에 관한 학과는 각각 1~3개월의 산업체파견 현장실습을 한다.[190]

그러나 이와 같은 내용을 중심으로 하는 전문대학의 교과과정도 산업구조의 빠른 변화에 발맞추기 위하여 교과목을 수요자 중심으로 바꾸어 가고 있는데 그것은, 첫째, 자격증 대비과목을 신설하여 통역·번

---

190) 박재형(1998), 전게서, p.267.

역자격증, 관광관련자격증 취득을 활성화하기 위한 교과목을 늘려가는 추세이며, 둘째, 실습중심의 교육을 강화하고 있는데 예를 들어 실습시수의 비율을 95년도 이전에는 97:3(%)이었던 것을 52:48(%)정도로 늘려 이론중심교육을 산업체가 요구하는 실무위주 교육 중심으로 바꾸어 가고 있는 것이다.[191]

하영숙(2000)은 계열별로 교양·전공필수·전공선택의 시수 현황을 7쪽에 걸쳐서 분석하였는데 분석의 결과를 토대로 필자가 표로 정리하여 보았다.

<표220> 전문대학 일본어관계학과의 시수 현황[192]

	교양	전공 필수	전공 선택	교양, 전공 비율	필수, 선택 비율	평균 학점	평균 시수
일본어 계열	16%	23%	61%	16 : 84	27 : 73	89.7	96.7(1.08)
관광일본어 계열	13%	38%	49%	13 : 87	44 : 56	86.6	100(1.16)
관광계열	15%	31%	54%	15 : 85	36 : 64	90.3	104.8(1.16)
합계	14.7%	30.7%	54.7%	15 : 85	36 : 64	88.9	100.5(1.13)

전체적으로는,

· 교양과 전공의 비율을 보면, 78년도 모형에서는 20:80이었던 것이 20년 후의 조사에서는 15:85로 전공의 비율이 높아졌다.

· 전문대학의 졸업 기준점수인 80학점을 웃도는 88.9학점을 평균적으로 이수하고 있었다.

· 전문대학의 학점과 시수의 관계는 1학점당 1.13시간이 배당되고

---

191) 박재형(1998), 전게서, p.269.
192) 하영숙(2000), 전게서, pp.46~52의 표 와 도표를 중심으로 재구성하였으며, 소수점 1자리미만으로 처리하였다.

있다. 즉, 1학점 1시간의 시수배당이 아니라 1학점 당 1시간 이상의 시간을 배당하고 있다는 것이다.

계열별로는,

- 교양교과의 비율이 가장 높은 것은 일본어계열이며, 관광계열, 관광일본어계열 순이다.

- 전공교과의 필수과목과 선택과목의 비율을 보면, 일본어계열이 27:73으로 교과목 선택의 폭이 넓으며, 관광일본어계열은 필수과목의 비율이 일본어계열이나 관광계열보다 높아서, 과목선택의 폭이 가장 낮았다.

- 졸업 평균이수 학점은 관광계열이 90.3학점으로 가장 많았고, 일본어계열이 89.7학점, 관광일본어계열이 86.6학점 순이었다. 그러나 학점당 시수 배당에서는 학점이 가장 낮은 관광일본어계열이 일본어계열보다 높아서 86.6학점에 100시간을 배당하고 있고, 일본어계열은 89.7학점에 96.7시간을 배당하고 있는 것은 학점당 시수율이 관광일본어계열이 높은 것을 알 수 있으며, 관광계열의 시수율은 관광일본어계열과 같다.

- 계열별로 볼 때 관광계열이 교양교과와 전공교과의 비율, 필수과목과 선택과목의 비율 등에 있어서 전체 일본어 관계학과의 평균 수준을 보이고 있음을 알 수 있다.

상기와 같은 교과과정에 대하여 전문대학을 졸업한 후 전국 주요 관광시설에서 현재 활동 중인 관광가이드, 호텔종사원, 면제점 직원, 여행사 직원 등 관광종사원을 대상으로 설문조사를 하였는데, 그들은 전반적으로 교육과정, 관광교육, 관광일본어 교육 및 그 시간 수에 대하여 만족 또는 아주 만족한다고 답한 사람이 30%정도였다.[193] 실지 관광업무에 종사함에 있어서 관광분야, 일본어분야, 교양, 기타 분야의 교과들이 어느 정도 업무에 중요한지를 조사한 중요도에서 응답자의 약 90%가 일본어관련 과목이 관광업무에 중요하다고 평가하였고, 관광과목도 60%정도, 교양과목은 40%정도가 중요하다고 답하고 있다. 즉, 현장에서 관광업무를 수행하는데 있어서 관광관련 교과목과 일본어 관련 교과목의 비율을 설정할 때에 일본어과목 교과목의 비율이 가장 높아야 할 것이 요구된다고 하겠다.

다만, 각 학교의 편성에 맡겨진 전문교과는 학교의 사정에 따라 서로 다른 교과과정이 만들어지게 되는데, 전문대학이 교과과정을 결정할 때, 전공교수가 결정한다는 조사가 있다. 명지실업전문대학 교육문제 연구소의 조사에 따르면 전국99개학과 중 60%이상이 학과교수가 협의하여 결정한다고 조사되었다. 이에 대하여 조찬백(1994)은 교과과정의 편성에서 사회의 요구나 학생의 필요보다는 전임교수의 전공을 고려하는, 교원을 위한 위인설강의 폐단에 빠지기 쉬우므로 학교당국도 사회의 요구와 변화에 따라 폐강이 불가피한 교과목을 담당하고 있는 교수에게는 연구와 연수를 통하여 신설교과를 담당할 수 있도록 적극적인 후원을 아껴서는 안될 것이라고 언급하고 있다.[194]

5.4.4. 교수 학습 방법

4년제 대학과 비교할 때, 전문대학의 교수 학습 방법이 특별히 다른 것은 없을 것이다. 다만, 짧은 기간 내에 기능교과인 일본어 관련 교과목을 통하여 일본어 의사소통능력을 높여야하는 점을 들 수 있는데, 따라서 가장 효율적인 교수학습방법이 요구된다고 하겠다.

박재형(1998)은 현행 전문대학은 대외적으로는 교육시장의 개방이

---

193) 하영숙(2000), 전게서, pp.88~91.
194) 조찬백(1944), 전게서, pp.33~34.

라는 거대한 파도를 만나 위기에 봉착하고 있으며 또 대내적으로는 학생인적자원의 감소와 당국의 계속적인 증원정책에다가 설상가상으로 산업대학·기술대학을 신설하는 등 대내외적으로 협공을 당하여 존망의 위기감을 가질 정도로 매우 어려움을 당하고 있는 실정으로 이러한 위기국면을 헤치고 살아남기 위해서는 전문대학도 이제는 새롭게 태어나야 하며 과거와 같은 공급자 중심의 무사안일한 정신자세에서 탈피하는 등 과감한 자기혁신을 해야 만 한다고 하면서, 중견직업인 양성이라는 전문대학 고유의 교육목표 달성을 위해 내실 있는 교육과 효과적인 현장실무실습을 통하여 현장 적응력이 뛰어난 인력의 양성·배출만이 전문대학이 살아 남을 수 있는 유일한 길이며, 종래와 같은 4년제 대학의 모방이나 축소형의 교육과정이나 이론 중심적이고 교수 중심적이어서는 불가능하다고 언급하고 있다.[195] 즉, 효과적인 교육과 실습을 강조하고 있다.

실제로 교육내용의 설문조사에서 만족한다는 사람이 30%정도였다는 것을 이미 언급하였다. 나머지 70%는 전문대학의 수업에 대하여 만족하지 못한다는 답변이었다. 그 불만족의 원인이 무엇이냐는 질문에 수업방법이 56%로 가장 많았고, 선생님 18%, 교재 10% 등으로 응답하였다. 이처럼 수업방법에 불만을 보이고 있는데, 그러면 어떠한 수업방법이 효과적이라고 생각하는지를 질문하였다. 강의식 수업·역할연기 수업·발표와 토론식 수업·비디오를 중심으로 한 수업·회화테이프를 중심으로 한 수업·현장실습 등으로 질문한 결과, 현장 실습교육 90%, 강의식 수업·역할연기 수업·발표와 토론식 수업·비디오를 이용한 수업이 중요하다고 답한 응답이 60%정도이었으며, 강의식 수

---

195) 박재형(1998), 전게서, p.17.

업에 대하여는 20% 정도 중요하다고 답하고 있다.[196] 다시 말하면 전문대학을 졸업하고 현장에서 일하고 있는 졸업생들은 자신들이 받은 수업방법에 대하여 만족하지 못하고 있는데 그들이 받은 수업방법은 강의식 수업이었음을 짐작하게 한다.

수업을 교사의 측면에서 생각해 보면 여러 가지 형태의 수업이 있을 것이다. 예를 들어, 이론중심의 강의식, 세미나식, 토론식, 활동중심 그룹식, 발표식, 실습, E-learning식의 수업방식이 있을 것이며, 수업교구이용에 있어서도 칠판 하나로 운영되는 수업과, Video, Audio, OHP, LDP, 컴퓨터, 실물카드, 그림카드 등을 사용하는 등의 수업이 예상된다. 학생들은 다양한 수업을 요구하고 있으나 여러 가지 여건상 강의식 수업이 주가 되고 있는 것이 현실인 것 같다. 위에서 전문대학의 전공과목이 교원의 전공에 따라서 결정되는 확률이 높다는 것을 지적하였다. 조찬백(1994)은 일본어 관련학과 현직 교원의 전공을 살펴보고, 일본어학이나 일본문학을 전공한 석사학위 이상의 자격소지자들로 별 문제는 없으나 전문대학의 특성을 생각할 때 자기의 전공을 그대로 살릴 수 있는 분야는 극히 한정되어 있으며, 무역일본어 등의 실무적인 일본어에 대한 부단한 연수와 연구에 주저하거나 게을리 해서는 안될 것[197]이라고 지적하고 있다. 또한 박재형(1998)도 교수 자신의 끊임없는 연구활동과 교육개선을 위한 노력이 필요하며 전공관련 학문세계의 발전 추세나 산업현장에서의 변화 양상들은 물론 현장과 밀착된 교육활동이 되도록 하기 위한 끊임없는 관심과 노력이 요구된다[198]고 지적하고 있다. 위의 지적에서 전문대학의 교원이 현장과 밀착된 교육활동

---

196) 하영숙(2000), 전게서, p.98.
197) 조찬백(1994), 전게서, p.35.
198) 박재형(1998), 전게서, pp.275~276.

을 위하여 끊임없이 연구하여야 한다고 하였는데, 고등학교 교사들이 교육과정이 바뀔 때마다 새로운 교육과정에서 요구하는 교수법 또는 지도방법을 익히기 위하여 교사연수를 받아야 하는 것처럼 대학의 교원들도 정기적으로 다양한 교수법에 대한 연수 기회가 있어야 할 것으로 보인다.

5.4.5. 평가

대학이나 전문대학에서 일본어 교육이 이루어지고 그것에 대한 평가가 있게 된다. 평가는 대학 내에서의 학습에 대한 평가와 대학 바깥에서 이루어지는 자격증을 얻기 위한 평가가 있게 된다. 대학 내에서의 평가는 학점으로 나타나며, 학점은 절대평가와 상대평가로 결정되고 있다. 학기초의 수업(강의)계획서에는 반드시 평가방법을 명기하게 되어 있다. 예를 들어 중간시험 30%, 기말시험 30%, 출석 20%, 과제물(발표, 수시평가, 실습 등) 20% 등으로 제시를 하고 그것에 준하여 학생들의 학점을 산출하게 되는 것이다.

전문대학에서 사용하고 있는 교재를 분석해 보면 일본어능력시험에 관한 교재가 많이 채택되고 있음을 알 수 있는데 그만큼 졸업후 바로 취업을 하여야 하며 현장에서 가장 중요한 것이 일본어 능력이라고 이미 위에서 언급했던 것처럼 취업을 위해서는 일본어 능력을 증명할 객관적인 면허증이 필요하게 된다. 따라서 많은 학교들이 일본어능력시험 관계 교재를 수업에서 사용하고 있는 것이다.

5.4.6. 교재

전문대학의 교재사용 실태에 대하여는 한국일어일문학회(1999)에서 조사한 『한국의 일본어 교육실태』199)에 잘 나타나 있다. 각 대학별로

과목명과 교재명이 조사되어 있는바, 처음에는 이를 토대로 어떤 과목
에 어떤 교재가 쓰였는지를 조사하여 전문대학의 각 과목의 특징을 알
아보려고 하였으나 과목명과는 관계없이 교재가 선택되어지는 일이 많
았기 때문에 방향을 바꾸어 실제로 사용된 교재의 성격을 검토하였다.
조사된 교재는 모두 332종에 달하였다. 종류별로 보면 기초강독 127종,
전공 47종, 청해 37종, 핸드 아웃 22종, 문화 21종, 독해 20종, 문법 16
종, 작문 16종, 테스트 12종, 한자 11종, 어휘 3종이었다.

<표221> 전문대학 교재 채택 현황

교재	기초강독	독해	작문	청해	문법	어휘	한자	전공	문화	핸드아웃	테스트	계
책수	127	20	16	37	16	3	11	47	21	22	12	332

　종류별로 살펴보면, 기초강독 교재에는 초급, 중급을 모두 포함시켰
으며, 회화라고 이름 붙어있는 교재도 포함시켜서 분석하였는데, 그 이
유는 교재에는 '초급', 또는 '중급'으로 이름이 붙여져 있었으나, 이것은
일본어력의 단계를 의미하는 것이 아니라 단지 전체가 50과이면 이것
을 25과로 나누어서 초급, 중급으로 이름이 붙여졌기 때문이다. 또한,
교재명에 '회화'라고 되어 있어도 내용은 다른 기초강독의 교재들과 유
사하였다. 괄호 숫자는 같은 교재가 사용된 횟수를 의미하는데, 괄호
숫자에 (2)나 (4) 등 짝수가 많은 것은 대부분 1권을 2학기에 걸쳐서
사용하거나 4학기에 걸쳐서 같은 교재를 사용하는 경우가 많았다. 이
상 전문대학의 교재 채택 실태를 전체적으로 살펴보았는데, 이하에서
는 각론으로 5개 항목으로 나누어서 검토하고자 한다. 기초 강독 교재,

---

199) 한국일어일문학회(1999) 『한국의 일본어 교육 실태』, pp.205~271.

기능 교재인 독해·작문·청해 교재, 언어 재료 교재인 문법·어휘·한자 교재, 전공교재인 비즈니스·문화·실무·회화 교재, 기타교재 순으로 검토한다.

5.4.6.1. 기초 강독 교재

기초강독 교재의 목록을 중심으로 살펴보면, 우선, 기초 교재 중에 가장 많이 사용되고 있는 것은 시사일본어사가 라이센스로 발행한 문화외국어전문학교의 『문화일본어』였으며, 문화일본어의 시리즈 교재 들도 많이 채택되고 있었다. 문진미디어에서 라이센스로 발행한 해외 기술자연수협회의 『신일본어기초』가 문화일본어 다음을 차지하고 있 고, 『NHK LIVE JAPANESE』도 기초교재로 사용되고 있다. 즉, 일본 에서 작성된 교재가 기초 강독 교재로 많이 사용되고 있는 것이다. 박 재형(1998)은 전문대학의 교재에 대하여 언급하고, 현재 전문대학의 학과별, 교과별 특성에 맞는 교재의 개발이 그다지 이루어지지 않고 있 으며 대부분이 4년제 대학 교재를 공통으로 사용하고 있는 현실이다. 내용면에서 전문대학 각 학과의 특성에 맞는 교재개발이 시급히 요망 되고 있으며 학교당국의 뒷받침이 절실하게 요망되고 있다. 교재채택 과정에서 교과목의 특성을 살릴 수 있는 내용으로 저술된 교재를 선택 하다 보면 입문기부터 원서로 강의해야 되고, 학생의 흥미유발이나 학 습성과에도 많은 지장을 주고 있지 않나 생각된다. 원칙적으로 입문기 에는 모국어로 설명된 교재가 바람직하다고 하고 있다.[200]

---

200) 박재형(1998), 전게서, p.35.

<표222> 전문대학 기초 강독 교재 일람

AIM현대일본어(전·후편),신경애,산업경영교육원	일본어기초1,해외기술자연수협회,창문각
College Nihongo1,長沼直兄,시사일본어사	일본어독본,배영출판사
Current Japanese,고용환,동아기획사	일본어독본,이연수,동명사
Fresh Japanese,오황선외,학문사(4)	일본어뱅크 초급·중급(2),천우성,일본어뱅크
J·F·U·S1,김철,세종출판사(2)·2,김철,영문사(2)	일본어의 기초Ⅱ,영한문화사(2)
Natural Spoken Japanese,이진표,소문당	종합일본어첫걸음,다락원
Network 일본어,시사일본어사(2)	종합일본어초급,미즈다니노부코,다락원(3)
Standard Action Japanese50,허초,시사일본어사(6)	진명일본어,이나가키겐지
The Best 일본어회화Ⅰ(2)·Ⅱ(2),김조웅,시사일본어사	초급일본어(하)
TOP Japanese 1(2)·2(1),박정희외,시사일본어사	초급일본어,외대출판부
TOP1582,삼본수수혜외,시사일본어사(2)	초급일본어,인상배,배영출판사
すらすら일본어,동아출판사(2)	초급일본어,정인근,동이기획사
はじめまして,高柳和子	최충희일본어,최충희,시사영어사
ひろこさんの樂しい日本語,범인사	커플일본어,시사일본어사
やさしい日本語Ⅱ,최충희,시사영어사	퍼펙트일본어,이우석,형설출판사
よくわかる대학일본어,조기호,학문사(4)	표준일본어(1),이인식,시사일본어사(4)
わかりやすい基礎日本語,조찬백,동문사(2)	표준일본어Ⅰ,이인식,시사일본어사
교양일본어(초급),경성문화사(2)	표준일본어Ⅱ,이인식,시사일본어사
교양일본어,교문사	표준일본어교본,박성원,진명출판사
교양일본어,이채영,문화사(2)	현대대학일본어,백산
그림으로배우는 기초일본어,박복원,백산출판사	일본어표현문형Ⅰ(2)·Ⅲ,筑波대학,영한문화사
기초일본어,공저,백산출판사(2)	표현문형500,우송열자,궁본순,다락원
기초일본어,손건,연학사(2)	(중급)일본어중급,凡人社
기초일본어,이수익,중문(2)	일본어중급J301,土岐哲외,시사일본어사(2)
대학기초일본어,주혜란,계명문화사	종합일본어중급,다락원
대학일본어,권승혁,고려	중급부터 배운다
대학일본어,나랏말	중급부터의 일본어,연구사,진명출판사(4)
대학일본어,동현출판사	중급일본어
대학일본어,민성홍외,형설출판사(2)	중급일본어,동경외대유학생일본어 교육센타
대학일본어,안인형,불이문화사(2)	중급일본어,水谷信子,다락원(2)
대학일본어,한국외대(2)	문화일본어,High Level
대학일어독본,한승민,문위출판사(2)	Situational Functional Japanese2(2)·3(1),시사일본어사
대학표준일본어,형설출판사(2)	NHK Japanese Work Book Ⅰ,다나카노조미,시사일본어사(2)
동경일본어교본(고급),상영서관편집,상영서관	(회화)Intensive Course1·2 대학일본어회화,고용환,동아기획사
동경일본어중급,학사원	NHK LIVE JAPANESE,시사일본어사(7)
동경일본어회화,김동수,어학계	NHK일본어Ⅱ,田中望
동양문고 일본어Ⅰ·Ⅱ,일어교육회,동양문고	NHK일본어회화,田中望(2)
모던Japanese,서성복,서진환,세종출판사	기초일본어회화,한행자,인하대출판사(6)
문화일본어Ⅰ(18)·Ⅱ(6),문화학원,시사일본어사	기초일본어회화1,2,김인주,박복덕,불이문화사
베스트일본어,어학계	생활일본어회화,김남숙,불이문화사
생활일본어첫걸음,문경님,형설출판사(2)	신세대일본어회화(초급),박복원,백산출판사(4)
신동양문고 일본어,일본어 교육연구회,동양문고	신일본어회화,전상균,동아기획사(2)
신세대일본어,박복원,백산출판사(6)	이덕심일본어회화,이덕심,시사문화사
신일본어기초,김호순,인하대출판사(2)	日本語聞いて話してⅠ·Ⅱ

신일본어기초Ⅰ(8)·Ⅱ,문진미디어	일본어뱅크 일본어회화입문1(3)·2(2),박순애,일본어뱅크
신편일본어,이현강기,형설출판사(2)	일본어회화,정진우,박영순,종합출판(2)
알기쉬운 대학일본어,황호철,불이문화사	일본어회화Ⅰ(2)
알기쉬운 일본어,다락원(2)	일본어회화Ⅰ·Ⅱ(5),稲垣健二,문화사
알기쉬운 일본어2,시사일본어사	일본어회화Ⅱ,일본어뱅크
일본어코―스,다락원(2)	일본어회화입문,오정열,불이문화사(3)
일본어テキスト,국제교육원,학문사(2)	일본어회화입문1(5)·2,일본어뱅크
일본어강독,다락원	自然な日本語Ⅰ(1)·自然な日本語Ⅱ,범인사(2)
일본어강독Ⅰ,이채영,문화사(4)	체계일본어회화,고전박사,한림출판사
일본어강독Ⅱ	활용일본어회화,학사원
일본어교본,박성원,진명출판사(4)	일본어회화중급,정인근,동아기획사
일본어기초,불이문화사(2)	

5.4.6.2. 독해, 작문, 청해 교재

다음 <표223>은 전문대학의 독해, 작문, 청해 교재 목록이다.

20종의 [독해]교재는 2학년 1학기와 2학기에 주로 사용되고 있다. 2학년 1학기에는 「どんどん読める色々な話」「読売신문사설」「心の残る人々」「일본어독해력」「일본일간신문」「일본현대소설」「販売日語」「マニュアルの基礎知識」등이 채택되었고, 2학년 2학기에는 「고급언어실습」「단편소설」「昭和の短編」「Newsweek지」「시나리오를 읽다」「어린왕자」「外国人のための新聞の見方・読み方」「일본단편의 이해」「조선일보신문」「窓ぎわのトットちゃん」「販売日語」등의 교재가 독해용으로 사용되었다. 과목명은 다양하여, 일어강독, 시사일어, 시청각일어, 일어작문, 번역, 통역 등이다. 일어작문 시간에 사용되고 있는 読売新聞 기사를 중심으로 편집한 교재가 사용되고 있는데 이 교재는 작문교재로 분류하지 않았다. 작문의 재료를 얻기 위한 읽기 재료로 분석하였다. 1학년 2학기에 경동정보대학에서 '일어강독Ⅱ'시간에 채택되고 있는 『「読み」への挑戦』은 1992년에 くろしお출판에서 발행된 중급독해교재이다. 편지, 일기, 광고, 서평, 옛날이야기 등의 다양한 스타일의 문장으로 구성되어 있고, 초급을 끝낸 학습자를 위해 가공되지 않은 문장

에 접할 수 있도록 하는 것을 목표로 하고 있다. 1학기에 일본어 기초 관련과목이 6과목으로 13학점을 두고 있고 2학기에도 5과목 10학점을 두어 1학년에 총 23학점으로 기초일본어를 집중적으로 가르치고 있는 교과과정이므로 중급 독해가 1학년에 가능한 것 같다.

<표223> 전문대학 독해, 작문, 청해 교재 목록

<독해>	일본어작문,최정룡,시사일본어사
どんどん読める色々な話,秋元美晴외,武蔵野書院	일본어작문,최정룡,학문사(2)
「読み」への挑戦,伊藤博子外,くろしお出版	일본어작문 I,稲垣健二,학사원
고급언어실습,전상균,동아기획사(2)	일본어작문 II,전문교육출판
단편소설,동경외대(2)	日常生活の分野別日本語表現便利帳,小笠原信子,전문교육출판
読売신문사설,読売신문사	재미있는 일본어편지쓰기,나랏말
昭和の短編,문학사연구,笠間書院(2)	중급일본어작문,진명출판사(4)
Newsweek지 등	
시나리오를 읽다,정인근,동아기획사	<청해>
心の残る人々,文芸春秋,文春文庫	New Technology Japanese,시사영어사
어린왕자(2)	NHK Video일본어강좌(2)
外国人のための新聞の見方.読み方	NHK-NEWS,최용혁,나랏말
일본단편의 이해,영한(2)	NHK방송 및 노래,황화사용
일본어독해력,시사일본어사	NHK방송청취
일본일간신문(2)	NHK일본어비디오테이프,시사일본어사,
일본현대소설	뉴스로 배우는 일본어,,堀歌子,범인사,영한문화사(2)
マニュアルの基礎知識,김성경	뉴스일본어입문,片山朝雄,다락원
조선일보신문,조선일보	樂しく聞こう1(4)·2,문화외국어, 범인사, 시사일본어사
窓ぎわのトットちゃん,黒柳徹子,강담사	毎日の聞きとり50日,太田淑子외,일본어뱅크(4)
販売日語,강덕구,나랏말	문화일본어리스닝챌린지,시사일본어사(2)
販売日語,강덕구,나랏말	영상시청각일본어,김창렬,나랏말(2)
<작문>	워크맨일본어 I,니시다이도시,시사영어사
Free Talking できる일본어작문 I,이채영,문화사	日本語の聴解,井上里恵外,사회평론사(3)
그림이 있는 일본어작문입문,진명출판사(4)	일본어중급점프청해편,荒井札子外,시사일본어사
기초일본어작문,민성홍,진명출판사(3)	일본어청해,清水邦子,백산출판사
기초일본어작문,촌산준부,시사일본어사	NHK일본어,시사일본어사(3)
대학일본어작문,안인형,백산출판사	애니메이션 일본어,정인근,동아기획사
신일본어작문,전상균,동아기획사(2)	ちびまるこちゃん,JTRA,JTRA
일본어서간문,이용서,시사일본어사	ヤンさんと日本の人々 I(3)·II(1)
일본어작문(상)	일본어 교육영화기초편,국립교육연구소(2)
일본어작문,정인근외3,동아기획사(2)	청춘가족1·2,범인사

[작문]은 전학기에 걸쳐서 과목이 개설되고 있는 것이 특징이다. 작문교재중 가장 많이 채택되고 있는 것은 진명출판사에서 라이센스로 발행한 C&P日本語教育・教材研究会編『그림이 있는 일본어작문입문』이다. 일본에서는 專門教育出版社에서 발행되었다. 전문교육출판은 모두 4권의 작문관계교재를 시리즈로 발행하고 있는데, 아래 <표224>와 같다.

<표224> 전문교육출판 작문교재와 진명 라이센스판 목록

		1	2	3	4
教育 出版	교재명	絵入り日本語作文入門	日本語 作文Ⅰ	日本語作文Ⅱ	日常生活の分野別 日本語表現便利帳,
	구성	문형중심 단문, 주제별 표현	화제 중심	중상급 작문, 논문작법	분야별 어휘, 예문, 연습문제,
진명 라이센스		그림이있는 일본어 작문입문	중급 일본어작문 (발췌합본)		×

진명출판사에서는 위의 4권 중에 『絵入り日本語作文入門』은 전체를 그대로 영인 발행하고, 『日本語作文Ⅰ』과 『日本語作文Ⅱ』는 발췌 합본하여 『중급 일본어작문』이라는 이름으로 발행하고 있다. 삭제된 부분은 『日本語作文Ⅱ』의 중상급 작문 부분이다. 『중급 일본어작문』도 『그림이 있는 일본어작문입문』과 같은 정도로 채택되고 있다. 『日常生活の分野別日本語表現便利帳』는 발행되지 않았으나 상기 4권은 작문을 위한 단계별 시리즈라고 볼 수 있다.

[청해]교재는 주로 오디오와 비디오 테이프가 첨부된 교재들이 사용되고 있다. 일본에서 제작되었거나, 라이센스 판으로 한국에서 제작된 교재들이 중심이 되고 있으며, 한국인 저자에 의해서 만들어진 교재는 주로 편집교재이다. 『毎日の聞きとり50日』와 『楽しく聞こう』등이 사용되고 있다.

5.4.6.3. 문법, 어휘, 한자 교재

다음은 문법, 어휘, 한자 교재 목록이다. 이들 교재의 특징은 주로 우리나라에서 만들어졌다는 것을 들 수 있다. 3항목 모두 우리말 설명이 필요한 부분이 있으므로 일본에서 작성된 교재를 사용하기보다는 우리나라에서 만들어진 교재를 채택하는 것으로 보인다. [문법]항목에서는 문형도 함께 다루었다. 아래 16종의 문법 교재 중『기초문법문제집』,『신일본어문법』을 제외하고는 모두 한국인 저자에 의해 쓰여지고 있다.

[어휘]에 관한 교재는 3종 뿐으로 가장 적었다. 외국어교육에 있어서 어휘의 의미에 대한 이해와, 말을 할 때나 글을 쓸 때 올바른 어휘의 선택은 매우 중요하다.

<표225> 전문대학 문법, 어휘, 한자 교재 목록

<문법>	<어휘>
おはよう일어문법,우형달,을지외국어(2)	新しいワードパーワー,어학계
기초문법문제집,新宿일본어학교	일본어어휘,이진표,금강사
문형중심의 일어문법,이의두,형설출판사	초급일본어어휘,이진표,동아기획사
새로운 일본어문법,박제형,형설출판사(2)	<한자>
새일본어문법,정창호,진명출판사	김영진한자읽기사전,진명출판사(2)
쉬운일본어문법,고호석,영한문화사(2)	산업용일본어한자
신일본어문법,村上本二郞,김수남,학문사	일본어한자교본,차주호,형설출판사
일문법강의,유진우외,지양사	일본어한자입문,국제교류기금,시사영어사(2)(500어수록)
일본어문법,김균일,학문사	일본한자,채경희,양서각(2)
일본어문법,김영진,진명출판사	일석사조(일한자+쓰기+읽기),이종덕,김경숙,일본어뱅크(2)
일본어문법,장남호,시사영어사	일어한자교본,차주호,형설출판사(4)
일본어문법특강,김정빈,시사일본어사	학습한자 500読み方,박복덕
일본어표현다루기,이학의,동양문고	漢字の道,凡人社(2)
재미있는 일본어문법,진명출판사	漢字ドリル1945字(2)
초급일본어문법연습장,삼성당	한자의 종합연습,제일학습사
국어로 배우는 일본어,박복덕,도서출판우리말	

어휘지도에 대하여 Nation(1974)은 ①단어의 형태에 대한 지도 ② 단어의 의미에 대한 지도 ③단어의 형태와 의미가 서로 연결되어 있다

는 것에 대한 지도가 포함[201]된다고 하였다. Richards(1976)는 '단어를 안다' '단어를 알고 있다'라는 개념을 8가지 정도로 언급하고 있다. 즉, ①모국어화자는 어른이 되어도 어휘를 계속 확대해가지만, 문법의 발달은 비교적 적다. ②단어를 알고 있다고 하는 것은 구어와 문어에서 어느 정도 그 말과 만날 가능성이 있는지를 알고 있는 것이며, 또한 여러 가지 단어에 대하여 어떤 종류의 말이 그 말과 가장 잘 어울리는지를 알고 있는 것을 의미한다. ③단어를 알고 있다고 하는 것은 그 단어의 기능과 그 단어가 사용되는 장면에 어떠한 제약이 있는지 알고 있는 것을 의미한다. ④단어를 알고 있다고 하는 것은 그 단어가 가지고 있는 통어 특성을 알고 있는 것을 의미한다. ⑤단어를 알고 있다고 하는 것은 그 단어의 기초가 되는 형과 파생형에 대한 지식이 있는 것을 의미한다. ⑥단어를 알고 있다고 하는 것은 그 언어에서 그 단어와 다른 단어와의 연상네트워크에 대한 지식이 있음을 의미한다. ⑦단어를 알고 있다고 하는 것은 그 단어의 의미론적 가치를 알고 있음을 의미한다. ⑧단어를 알고 있다고 하는 것은 그 단어와 관계 있는 여러 가지 의미를 많이 알고 있음을 의미한다.[202]

는 것이니, 이 때문에 어휘습득에는 복잡한 학습작업이 요구되며, 어휘지도의 목표는 단순히 단어 몇 개를 어휘표에 넣는 이상의 것이 아니면 안되며, 단어를 안다고 하는 것의 의미를 고려하면서 그 지도법을 생각하지 않으면 안될 것이다. 학습자가 어휘를 인식하는 학습작업에 있어서, 대부분의 사람들은 어휘 인식은 읽기나 쓰기에 의하여 습득된다고 생각하고 있으나 듣기에 의한 청각인식으로 어휘습득을 하는 지도 방

---

201) Nation(1974) 「Techniques for Teaching Vocablulary」『ETF』12, pp.18
　　~21. p.421 재인용.
202) 垣田直巳編集 『英語教育学研究ハンドブック』大修館書店, pp.422~423.

법도 제안되고 있다.[203] 전문대학은 지금까지 검토해 온 대로 기능교과이고, 일본어 교육의 범위도 그만큼 분명해 진다. 교재 분석에서 나타나는 것처럼 어휘에 관한 교재가 거의 없기 때문에 전문대학에서의 어휘지도가 어떻게 이루어지고 있는지는 알 수 없으나, 외국어교육에서 단어를 모르는데 대화가 가능하게 된다는 것은 생각할 수도 없는 문제이므로, 어휘의 중요성을 생각할 때에 우선 어떤 어휘를 가르칠 것인지에 관계되는 실러버스의 가이드라인이 작성되어야 할 것이고, 또 위에서 언급한 어휘를 안다고 하는 것이 어떠한 것인지를 고려하면서, 그것을 어떻게 가르칠 것인가에 대한 지도법을 생각해야 할 것이다.

[한자]교재로 분류된 11종의 한자 교재를 보면, 사전[204], 용례·워크북[205]으로 구분된다. 일본어 학습자들은 국어교육에서 한자를 학습한 세대인지 아닌지 여부에 따라 한자 교육이 달라질 것이며, 실러버스나 지도법도 그에 따라 선택되어져야 할 것이다. 한국인 학습자들이 한자 학습의 어려움을 호소하는 것을 자주 듣는 것을 보아도 앞으로 어휘지도와 함께 많은 교재 개발이 일본어 교육 전체의 차원에서 고려되어야 할 과제이다.

5.4.6.4. 문화 및 전공 교재

다음은 전공에 관계되는 실무 일본어나 비즈니스 일본어, 그리고 일

---

203) Rivers and Temperley(1978) 『A Practical Guide to the Teaching of English as a Second or Foreign Language』New York Oxford University Press, pp.89~91. p.426재인용
204) 김영진 한자읽기 사전
205) 「산업용일본어한자」「일본어 한자 입문」「일본한자」「일석사조」「学習漢字 500読み方」「漢字の道」「漢字ドリル1945」「일어한자교본」「한자의 종합연습」

본문화 이해를 위한 교재 목록이다.

[문화]항목으로 분류한 것은 일본사정, 일본생활, 일본문화, 일본문학, 일본지리, 일본경제, 일본역사, 일본연구, 일본학, 한일관계사 등의 키워드가 포함되었다. 언어와 문화는 상호작용을 한다. 예를 들어「ごはん」이라는 단어를 가지고 생각해보면, 「ごはん」은 '아침밥' 또는 '아침에 먹는 음식'으로 이해한다. 그러나, 아침식사를 일본인들은 누구와 함께 하며, 어떤 음식을 먹으며, 어디에서 먹으며, 어떻게 만드는지 등을 이해하지 않으면 그 언어를 완전히 이해했다고는 할 수 없다. 즉, 언어와 문화는 서로 연결되어 있는 것이다. 어떤 언어항목이 있을 때, 그것은 어떠한 상황에서 일어나며, 모어 상황에서는 어떤 면이 다른지 등을 이해하여야만 커뮤니케이션시 갈등이 적어질 것이다. 언어가 사용되는 상황은 일본의 문화가 반영된 세계인 것이다. 따라서 일본어 교육에서의 문화지도는 단순히 일본문화의 지식에 대한 이해가 아니라 일본문화와의 직간접 접촉을 통하여 그 문화를 경험하고, 이해하는 태도를 길러야 할 것이다.

[전공]으로 분류한 것은 비즈니스, 전공 실무, 전공 회화 등의 키워드이다. 전공 과목에 대한 분석은 신경애(2004)[206]와 하영숙(2000)에 자세하다.[207] 신경애는 주로 일본어 통역관계수업에 대하여 언급하고, 어떠한 내용을 어떻게 가르치고 교재는 무엇을 써야 하며 다양한 수준의 많은 학생들로 이루어진 클래스를 어떻게 운영해 나가야 하는지에 대한 연구가 국내에서는 거의 이루어지지 못하고 있는데, 그 이유는 국내 대학에 일어통역 관련학과가 극소수이고 대부분의 통역관련 교과목도

---

206) 신경애(2004) 「대학에서의 통역교육 -한일통역교육의 사례보고와 앞으로의 방향성 제언」『일본학보』제58집, 한국일본학회, pp.147~161.
207) 하영숙(2000), 전게서, pp.68~71.

<표226> 전문대학 문화, 전공 교재 목록

<문화>	관광일본어,김상헌,백산출판사(2)
Modern Japanese for Today,학연출판사	관광일본어,손대준외,형설출판사(2)
알기쉬운 일본상식,동화문화사	관광일어,김순하,대왕사(2)
인터넷시사일본어,최용혁	관광일어,윤대근,인하대출판사(2)
日本で暮す,アルク	관광통역일본어,박윤철,형설출판사
日本を知る,板坂元,3A Net Work,시사일본어사(4)	관광호텔실무일본어,이사치코,형설출판사(2)
	기내アナウンス,한행자,인하대출판사
일본경제의 기본,정기룡	사무일어,진주전문대학
일본문화,형설출판사	상담을위한 일본어(2),미전강개외3,시사일본어사
일본문화사,家永三郎	신입사원의 기본
일본문화연구	실무관광통역일본어
일본문화이 마과 한구,학사원	실무일이,김양희,인하내출판사(2)
일본사정,일본어뱅크(2)	실용일본어,강덕구,영한문화사
일본사정입문,다락원	실용일어,조명웅
일본생활사정,다락원	인터뷰 일어,진주전문대학
일본어맛들이기(일본사정편),일본어뱅크(2)	일본여행실무일어,최기종,백산출판사
일본연구,중앙대일본연구소	체계통역일본어,진수련,진명출판사(2)
일본의 지리,영한문화사	한글윈도우 95와 한글프로95,김상룡외,기술연구사
일본학입문(3)	유치원버스를 기다리는 아빠,SBS방송
한국문화와 일본역사,유상종,학문사	<전공 회화>
한일관계사의 재조명,역사학연구원,이론과실천사	관광실무일본어회화,최기종,김정남,학문사
	관광일본어통역실무회화,최기종,김정남,학문사
일본문학의 이해,김문길외 3인,형설출판사	관광일본어통역실무회화,최기종,백산출판사(7)
일본문학이해,고용환,형설출판사	관광일본어회화,김남숙,불이문화사
현대일본어의 이해,이상은	관광일어통역실무회화,최기종,일출출판사
	실무일본어회화,한혜선,백산출판사
<전공 비지니스>	실용일본어회화,나랏말
イキイキビジネスの日本語会話1,시사영어사	여행실무일본어회화,최기종,학문사(2)
オフィスの日本語高見沢孟	일본어통역,실무회화,최기종,백산출판사
ビジネスマナー,井上洋子,교육출판	일본여행필수회화(생활일어회화)
베스트비지니스일어,김동수,어학계	일본여행필수회화日本の地理と地域生活,허초,시사일본어사(2)
비즈니스일본어,김호순,인하대출판사(2)	항공일어회화,한행자,인하대출판사
비즈니스일어회화(초·중·고급),이우석외,진명출판사	호텔레스토랑 실무일본어회화,최기종,백산출판사
	호텔서비스일본어회화,김순하,백산출판사(3)
웰컴비즈니스일본어,민영수,시사일본어사(2)	호텔실무일본어회화,최기종,백산출판사(2)
日本語でビジネス会話,범인사,일미회화학원(3)	호텔실무일본어회화Ⅰ(4)·Ⅱ·Ⅲ·Ⅳ,최용혁외,시사일본어사
초급비지니스 일어회화,진명출판사	호텔실무일본어회화Ⅰ(8)·Ⅱ,유종근외,시사일본어사
<전공 실무>	호텔실용일본어회화(2)
공업기술일본어,이교원,문운당(2)	일본어뱅크 프리토킹,일본어뱅크
공업용어일본어,김성경	즐거운프리토킹,시사일본어사
관광서비스일본어,오상훈,백산출판사(2)	
관광실무자필수일본어,지정옥외,시사일본어사(2)	

어문학을 전공한 교사들이 가르치고 있기 때문으로 보고, 따라서, 현재 통역 교과목을 담당하고 있는 교사 위주로 통역교육에 대한 교수법 연구 및 교재 연구에 관심을 갖고 워크숍이나 관련 학회에서 활발한 연구 발표와 더불어 소모임을 통해 정보교환의 장을 마련 질 높은 통역교육을 지향해나가야 한다고 하였다.208)

김은희(2003)는 관광일본어 교재에 대하여 언급하고, "기존의 관광일본어 교재는 크게 나뉘어서 독본위주의 것과 상황별로 나열해서 편집한 것으로 나눌 수 있다. 전자는 관광 정보를 소재로 했을 뿐, 상급의 독해 교재와 다를 바 없어 실천적인 관광일본어 교육과는 거리가 멀다. 후자는 프론트서비스, 오퍼레이터, 레스토랑 서비스 등의 업무장 위주로 상황을 설정해 놓은 것으로, 대부분 상황 회화와 그 번역, 단어 설명으로 구성되어 있다. 이런 경우, 단원별로 명확한 학습 목표를 제시하지 않거나 기초적인 문법의 소개가 없고, 문법 난이도를 고려하기 힘든 단점이 있다. 기존의 관광일본어 교재 공통적으로 관광서비스의 이해(환대심)나 접객일본어에 대한 고찰을 뒤로 한 채 일방적으로 일본어 학습량을 결정하는 문제점을 가지고 있다."209)고 하여, 즉, 분석 없이 학습량을 결정하는 것을 문제점으로 지적하고 있다.

하영숙은 대학별 사용 교재 현황에 대하여 3가지를 지적하고 있다. ①관광일본어 수업임에도 불구하고 강독교재, 일본어교본, 생활일본어회화용 교재 등을 사용하는 경우가 많다. 이는 관광일본어 과목에 적합한 교재가 없다는 것이 가장 큰 이유일 것이며, 이러한 일반 교재를 사용할 경우 직업에 필요한 일본어로서의 관광일본어 교육이 제대로 이루어지기 어려울 것이다.

---

208) 신경애(2004), 전게서, pp.159~160.
209) 김은희(2003) 「관광일본어」의 코스 디자인 『일본학보』제57집, p.33.

②관광일본어 1, 2 혹은 관광일본어 1, 2, 3, 4와 같이 교과를 설치하고 있는 경우, 같은 교재를 두 학기에 걸쳐 사용하기도 하고, 매 학기마다 다른 교재를 채택하기도 하는데, 서로 다른 교재를 사용할 경우, 그 교재가 단일 교재로서의 의미는 가진다 하더라도 같은 형식의 교과과정에서는 내용이 상호 중복되는 것을 감수할 수밖에 없다. ③현재 많이 채택되고 있는 관광일본어교재가 서로 비슷한 상황설정으로 이루어져 있기 때문에 결국 학습자의 입장에서는 비슷한 교재를 내학기 다시 학습하게 되는 셈이므로 학습에 대한 의욕 및 흥미가 떨어질 수밖에 없을 것이다.

전공 교재에 대한 위의 지적처럼 서로 다른 교과에 대한 중복교재 사용의 문제, 비슷한 내용의 반복 사용으로 인한 흥미·의욕 감소의 문제는 모두 적합한 전공 교재의 부족에 따른 문제로 보인다. 이 문제 특히, 전공실무에 필요한 다양한 교재의 개발은 전문대학의 일본어 교육에 관여하고 있는 교원들의 몫으로 보인다. 실제로 여러 대학에서 다양한 과목에서 [자체 개발]교재를 유인물로 만들어 사용하는 곳이 많았다. 과목명으로 보면 「시청각 일어·일어청취(8)」「회화·고급회화(5)」「비즈니스 일어(2)」「실용일어·실무일어(3)」「일어작문(1)」「관광일본어(2)」「일어강독(1)」「통역연습(1)」등의 과목에서 자체 핸드 아웃 교재를 쓰고 있었으며, 특히 위에서 보는 바와 같이 듣기 교재는 자체 개발 교재를 많이 사용하고 있었다. 이렇게 자체 개발 교재들의 자료가 서로 공유됨으로 해서 좋은 교재 개발의 바탕이 될 것이며, 어느 한 사람의 힘보다는 이러한 자료들이 발표되고 공유될 때에 상호 수정 보완을 통한 좋은 교재가 만들어질 것임을 확신한다.

5.4.6.5. 기타

[테스트]와 관계가 있는 교재들도 채택되고 있다. 3종류로 분류할 수 있는데 그것은, ①JPT관계시험, ②JLPT관계시험, ③번역능력시험 등이다. 취직을 위한 자격증의 취득을 위하여 수업에서도 과목을 두어 배려하고 있으며 JPT의 경우 800점까지, JLPT의 경우 2급까지의 교재를 수업에서 다루고 있었다.

제**4**장
시대별 특징

지금까지 한국(조선 →대한제국→조선→미군정→대한민국)에서 이루어진 일본어 교육의 역사에 대하여 고찰하였다. 분석 결과를 대목별로 요약 정리하여 시대별 특징을 살펴본 후, 일본어 교육사를 이해하는 데 도움이 되도록 연구 결과를 토대로 작성한 연표를 첨부하는 것으로 결어에 이르고자 한다.

제1장에서는 본고의 목적, 연구방법, 연구범위에 대하여 기술하였다.

제2장에서는 시대구분 문제를 다루었다. 선행연구의 시대구분 양상을 소개한 다음 각각의 특징과 문제점을 기술하고, 특히, 외국어별로 시대구분이 다른 점, 일본어 교육사에서 개화기에 대한 시대구분의 문제, 해방후의 시대구분 문제를 지적하였다. 이러한 문제점을 해결하기 위하여 본고에서는 교육관계 '법령'을 기준으로 일관성 있는 시대구분을 시도하여 상기 문제점을 해결하고자 하였으며, 교육관계 법령을 중심으로 경국대전기, 학부령기, 조선교육령기, 교수요목기, 교육과정기 등으로 시대구분 하였다.

제3장에서는 각 시대별로 관련법제의 제정 배경을 중심으로 목표,

내용, 방법, 교과서(교재) 등에 대하여 서술하였다. 각 시대에 이루어진 일본어 교육의 추이를 총괄하여 약술하였다. 이하 모든 시기의 교육 양상을 살필 때에 이와 같은 항목과 순서를 적용하였다.

1. 경국대전기

사역원이라는 외국어 교육기관에서 일본어 교육이 처음으로 실시되는 시기로 경국대전에서 법령이 완성되었다. 이 시기는 다시 제1기와 제2기로 나누어진다.

[제1차 경국대전기] 세종실록 14년 10월 병신조를 보면, 사역원에 처음으로 왜학을 두어 일본어 역관 양성을 하도록 하는 조치가 있었다는 것을 알 수 있다. 당시에 일본사람들이 끊임없이 우리나라에 찾아오는데 통역이 많지 못하여 애로를 느끼니, 이에 사역원에 왜학을 두고 일본어 역관 양성을 시작하도록 조처하였다는 기록이 그것이다.

[제2차 경국대전기] 계사등록 왜학에서 지금까지 써오던 왜학 14책을 버리고 첩해신어 한 권으로 바꾼 시기이다. 계사등록에 의하면, 종래의 왜학 14책은 실용적 가치가 적으니 첩해신어 한 권으로 바꾼다는 기록이 보인다. 이 변화는 실용적인 회화중심 교육으로 전환을 의미하는 것으로 해석된다.

경국대전기의 **법제**는 1차 경국대전기(1430년 세종 12~1678년 숙종 4년)는 세종실록, 경국대전이 그 법제 혹은 법적인 근거가 되어 작용하였다. 2차 경국대전기(1678년 숙종 4년/1744년~1895년)는 계사등록, 통문관지, 속대전, 정조실록 등이 법제로서 적용되었다.

경국대전기의 교육 **목표**는 역관을 양성하기 위한 목적에서, 통역과 번역 능력을 배양하는 실무일본어에 그 목표를 두었다.

교육 **내용**은 1, 2차가 구분된다. 1차 경국대전기의 교육 내용은 교과서를 중심으로 고찰한 결과, 문자, 어휘, 실용 서식, 교훈, 회화 등이었으며, 기능 면에서 읽기, 쓰기, 말하기 순서로 무게중심이 두어졌다. 2차 경국대전기의 교육 내용은 문자, 어휘, 외교 서식, 회화 등으로서 약간의 변화가 보인다. 1차의 교육 내용 중 상당부분을 차지하는 교훈이나 서간문 등의 서식이 외교 서식으로 바뀌고 있다. 외교 서식이란 서계(候文)를 말하는데, 왜학 역관들은 다른 사역원 역관들과는 달리 별도의 독특한 일본어의 候文의 문체를 이해하여야 하였다. 당시 일본과의 공무역은 예조의 허가 아래 이루어졌는데 조정과 동래 부사가 발급하는 공문서는 한문을 이해하지 못하는 왜인들을 위하여 왜학 역관들이 번역한 일본어 서계로 전달되었으며 왜인들이 제출하는 각종 문서와 청원서도 그들이 사용하는 候文의 형식으로 작성되었다. 그러므로 왜학 역관들은 일본어의 회화와는 별도로 候文에 대한 학습이 필요하였던 것이다. 언어 기능은 1차와 마찬가지로 읽기, 쓰기, 말하기 순이었다.

경국대전기 전체를 통하여 **학생**수는 15명~40명 정도였고, 학생의 신분은 양첩·천첩의 자제, 향리가 추천한 생도로 구성되었다. 연령은 연소총민을 대상으로 하는 것을 원칙으로 하였으나 지원자가 없을 경우 연장인을 대상으로 교육하기도 하였다. **교사**는 정9품인 왜학훈도 2명이 임기 30개월의 조건으로 근무하였다. 특별히 부산에 있는 교사는 왜학별차라고 불렀다. 수업은 문장 강독, 어휘 학습, 문장 암송, 회화 등으로 이루어졌다. **교수법**으로는 독서한 내용을 고강하거나 독서분량을 기록하는 서도법, 발음을 중요하게 여기면서 철저하게 모국어 사용을 금지하고 일본어만을 사용하게 하는 회화 훈련, 그리고 공동학습과 개별학습이 이루어졌다. 이러한 학습은 평가로 이어져서 누가기록되어 승진에 반영되었다.

　경국대전기의 교육 **평가**는 1, 2차 구분 없이, 고강, 역과, 원시, 취재의 4종류가 있었으며, 평가 방법으로는 사자(쓰기), 역어(쓰기), 강서(읽기), 회화(말하기) 등으로 이루어졌다.

　1차 경국대전기에 사용되던 **교과서**인 왜학 14책은 伊呂波 만이 남아 있고 나머지는 산실되어 발견되지 않으므로 정확한 내용은 알 수 없으나, 선행연구들은 일본에서 사용되는 아동용 서적으로 고찰하고 있다. 2차에는 첩해신어를 비롯하여 사전인 왜어유해(倭語類解)를 만들어 제공하였고, 첩해신어문석(捷解新語文釋) 12편을 편찬해 서계를 익히도록 하였다. 오늘날에도 일본 한자 초서는 전문적인 훈련이 요구되어 국사편찬위원회에서 관련 연수과정을 개설하여 요원을 양성하는 것처럼, 당시에도 그 같은 배려를 해주었던 것을 알 수 있다.

　왜학 14책은 1430년부터 1678년까지 사용되었고, 첩해신어와 문석이 사용된 시기는 1678년에서 1895년경으로 짐작되나, 사역원의 마지막이 어떤식으로 끝났고, 그것이 어떻게 학부령기의 외국어학교로 이어지는가에 대하여는 자료 부족으로 규명하지 못하였다. 왜학 14책이란, 『소식(消息)』, 『서격(書格)』, 『이로파(伊路波)』, 『본초(本草)』, 『동자교(童子敎)』, 『노걸대(老乞大)』, 『의론(議論)』, 『통신(通信)』, 『정훈왕래(庭訓往來)』, 『구양물어(鳩養物語)』, 『잡어(雜語)』, 『응영기(應永記)』, 『잡필(雜筆)』, 『부사(富士)』를 말하며, 주로 1차 경국대전기에 교과서로 사용되었고, 2차에는 강독, 회화, 어휘, 문자 종합교재인 『첩해신어(捷解新語)』를 교재로 삼아 1차개수본, 2차개수본, 중간본 등 계속 수정 보완하여 사용하였다.

2. 학부령기

학부령기(소학교)에 이루어진 일본어 교육의 추이를 총괄해 보면 다음과 같다. 학부령기는 제1차, 제2차, 제3차로 구분되는데 같은 점도 있고 다른 점도 있다.

[제1차 학부령기] 1895년 7월 19일에 공포된 소학교령 칙령 제145호 및 1895년 8월 12일에 학부령 제3호로 공포된 소학교 교칙대강의 법제가 적용되는 시기이다. 1894년 갑오개혁에 의해 새로운 법령이 제정되어 1895년 2월 2일 고종이 '교육입국에 관한 칙서'를 반포하였다. "교육은 국가를 보전하는 근본이다."라고 천명한 것이 그것이다. 같은 해 3월 25일에 학부관제가 칙령 제46호로 발령되었고, 7월 19일 소학교령이 공포되었다. 이어서 외국어학교, 소학교 등이 설치되고 일본어가 수의과목이 되었다.

[제2차 학부령기] 을사보호조약과 함께 통감부가 설치되고 통감이 한국의 통치자 구실을 하였다. 아울러 새로운 개정법령들이 공포되었다. 보통학교는 1907년 9월 28일의 보통학교령, 1907년 12월 31일의 보통학교령 시행규칙, 외국어학교는 1906년 8월 27일의 외국어학교령, 1909년 7월 5일의 외국어학교령 시행규칙(학부령 제5호)에 의해 교육이 실시되었다. 이때는 일본어가 정규과목이 되었다.

[제3차 학부령기] 한일신협약과 함께 차관정치가 시작되고 군대해산과 함께 일본이 내정감독권을 갖게 되었다. 전국 각지의 의병확산과 친일정책과는 반대의 길을 걷고 있는 사립학교의 증가 등의 이유로 사립학교령이 공포되고, 사립학교에 대한 각종 규제와 함께 드디어 각급학교령에 대한 전면적인 개정이 있게 되어 1909년 4월 19일 각급학교령

이 공포되고 7월 9일에는 각급학교령의 시행규칙이 개정되었다. 보통학교령은 1909년 4월 19일 칙령 제55호, 보통학교령 시행규칙은 1909년 7월 5일 학부령 제6호로 공포되었다.

교육 **목표**의 추이를 살펴보면, 제1차 학부령기에는 "장래생활의 지식의 긴요"라는 목적 아래, 간단한 회화 및 통신이 가능하고, 국어로 번역이 가능한 정도의 능력을 배양하는 것을 목표로 하였으며, 제2차 학부령기에는 "실용능력"을 갖게하기 위하여, 쉬운 회화와 간단한 문법 이해, 실용 작문능력의 배양을 그 목표로 삼았다. 제3차 학부령기는 "처세의 유익"을 목적으로, "평이한 일어를 배우고 사용능력을 익히는 것"이 목표가 되었다.

교육 **내용**은, 제1차 학부령기에는 간단한 단어, 단구, 담화, 문법, 작문, 회화, 통신 등을 다루었는데, 읽기, 쓰기, 말하기 기능을 중심으로 하였으며, 소재는 쉬운 말(어휘, 구)을 이용하였다. 제2차 학부령기에는 회화, 독법, 서법, 작법, 번역 등을 다루었는데, 읽기, 쓰기, 말하기 순서로 중심을 둔 것은 1차와 같으며, 소재는 학생의 지식 정도에 따라 일상에서 선택하도록 하였다. 제3차 학부령기에는 회화, 독법, 서법, 짓기 등을 다루었는데, 언어 기능이나 언어 재료는 제2차와 같다.

학부령기는 2차부터 교과과정의 용어들이 완전히 다르게 기술되는 것이 특색이다. 1차에서 어, 구, 문법, 담화, 작문 식으로 기술되던 것이 기능 중심의 회화, 독법, 서법, 작법 등의 용어로 기술하고 있는 것이다. 또한, 2차의 '작법(作法)'이 3차에서는 '짓기(綴方)'로 바뀌었다. 읽기와 쓰기가 강조된 교육과정임을 알 수 있다.

제1차 학부령기의 **학생**의 입학연령은 만 7세~15세를 대상으로 하였으며, 수업일수 270일 이상, 수업시수는 3·4·3 체제였다. **교사**는 검정에 의하여 교원자격증을 얻고, 학부대신이나 감찰사에 의하여 국공립학교에 임용하였다. 한성사범부속소학교에서만 일어교육을 실시하였으며, 대부분의 교사가 일본인이었다. **교수법**으로 반복연습, 발음과 문법에 주의하고 국어로 정확하게 번역하도록 요구하였다. 제2차 학부령기에는 만 8세~12세(14세도 가능)를 대상으로, 3학기제였으며, 수업일수 200일, 수업시수는 6·6·6·6체제였다. 학령과 수업일수가 줄어들었고, 수업시수는 늘어났다. 교사가 되기 위해서는 시험검정과 무시험 검정의 두 가지가 있었는데, 무시험 검정은 사범학교 졸업자, 고등학교 이상 자격자, 사범학교·고등학교 교관 또는 교관이었던 자, 검정위원회가 인정하는 자에 한하였다. 실용을 위주로 발음에 주의하고, 국어와 연관지어 가르쳤다. 제3차 학부령기는 제2차와 크게 변화없이 진행되었다.

평가의 경우, 제1차 학부령기에는 수업연한이 끝날 때 학업성적을 평가하였으며, 제2차와 제3차에는 매학기 일반성적 고사를 수시로 실시하여 만 10점 만점에 4점은 과락, 평균 6점 이상은 합격 판정을 내렸으며, 학업성적과 평소의 근면성을 고려해 수료냐 졸업이냐를 결정하였다.

교과서의 경우, 제1차 학부령기에는 대부분 일본 문부성 검정교과서를, 제2차 학부령기에는 『일어독본』 권1~권4(1907.2), 『일어독본』 권5~권8(1908.3)을 편찬 사용하였으며, 제3차 학부령기에는 『일어독본』을 『보통학교학도용일어독본』 권1~권8(1909. 11)로 소수 개정하여 사용하였다.

학부령기의 또 다른 교육기관으로 앞에서 고찰했던 외국어학교의 일본어 교육의 추이를 총괄해 보면 다음과 같다.

법제의 경우, 제1차 학부령기(1895~1906)는 외국어학교 관제, 칙령 제88호(1895.5.10) 및 외국어학교 규칙, 학부령 제11호(1900.6.27)를, 제2차 학부령기(1906~1909)에는 외국어학교령(1906.8.27) 및 외국어학교령 시행규칙, 학부령 제22호(1906.8.27), 제3차 학부령기(1909~1911)에는 외국어학교령 개정, 칙령 제54호(1909.4·19) 및 외국어학교령 시행규칙, 학부령 제5호가 그 법제였다.

교육 **목표**의 경우, 제1차 학부령기에는 "모든 외국의 어학을 교수하는 곳으로서 일본어와 신지식을 가르쳐 각부 주사나 소학교 교원을 양성하는 것", 제2차 학부령기에는 "외국어를 갈고 익혀서 실무에 적합한 인재를 양성하는 것", 제3차 학부령기는 "외국어에 숙달하여 실무에 적합한 자를 양성하는 것"을 각각 목적으로 하였으며, 이것은 모두 실무 일본어가 목표가 된다. 그러나 과목명이나 각 과목의 수업시수 배분 등으로 살펴 볼 때, 일본어 교육을 통하여 외교를 담당하기 위한 전문인 양성 교육을 하였다기보다는, 일어를 통하여 보통학을 교육하였음을 알 수 있다.

교육 **내용**의 경우, 제1차 학부령기에는 독서, 번역, 서취(書取), 회화, 작문을 다루었으며, 기능 면에서 읽기, 쓰기, 말하기 순으로 무게중심을 두었고, 교육 소재를 보면, 외국어학교이면서도 일어를 통한 보통학 교육을 하는 데 더 주력한 것을 볼 수 있다. 제2·3차 학부령기에는 독방역해(讀方譯解)(19), 회화(12), 반역(反譯)(9), 서취(4), 작문문전(作文文典)(3)을 다루었고, 읽기 관계 과목의 시간수가 총47시간 중 28시간이며 쓰기가 17시간, 회화가 12시간인 것으로 보아, 1차 학부령기과 마찬가지로 읽기, 쓰기, 말하기 순서로 무게중심을 두었다.

제1차 학부령기에는 **학생**의 입학연령이 15세~20세이었으며 수업 연한은 3년으로, 역관집 자제, 양민, 상민이 주로 입학을 하였고 남자만 입학이 가능하였다. 입학시험은 봄·가을 학기초에 치렀고, 시험과목은 국문과 한문의 독서 작문이었다. 교관 4인, 부교관 3인이 담당하였다. 제2차 학부령기에는 12세 이상의 남자를 대상으로 교육하였다. 제3차 학부령기에는 12세 남자 중 보통학교 졸업 또는 동등학력을 가진 자로 제한하여, 점점 입학 조건이 강화되는 것을 알 수 있다. 제1차, 제2차, 제3차 모두 독해 중심 **교수법**으로 수업을 함으로써 기능 면에서 읽기를 중시하였다.

평가는 월말평가, 학기평가, 학년평가, 졸업평가 등이 있었다.

교과서는, 제1차 학부령기에는 아직 학부편찬 교과서가 없었으므로 대부분 일본 문부성 검정교과서를 사용하였다. 제2차는 자료가 없어 확실히는 알 수 없고 다만 3차 학부령기의 기록으로 추측이 가능하다. 1학년 때는『보통학교학도용일어독본』(권5~권8), 『심상소학독본』 전8권,『고등소학독본』 권1, 권2를, 2학년 때는『심상소학독본』 권8~, 『고등소학독본』 권4를, 3학년 때는『고등소학독본』 권5~권8,『실업보습대국민독본』을 사용하였다.

제3차 학부령기에 학부 2기(1909) 교과서인『보통학교학도용일어독본』 권5부터 배우기 시작하여 일본에서 발행된 심상소학이나 고등소학 등을 사용하고 있는 것으로 미루어 추측컨대, 제2차 학부령기에는 당시 학부에서 발행되었던 학부 1기(1907) 교과서인『일어독본』의 중간부터 시작하여 일본에서 발행된 심상소학이나 고등소학을 배웠을 것으로 추측된다.

3. 조선교육령기

1910년 8월 29일 '한일병합에 관한 조약'의 공포와 함께 조선총독부가 탄생하고 1911년에 제령을 발할 권리를 부여받은 총독이 1911년 교육관계법인 조선교육령을 공포한 시기부터 1945년 8월 15일 일본이 전쟁에서 패망하여 한국이 독립하고 새로운 교육관계 법령이 공포되기 전까지 실시된 시기이다. 모두 4차로 구분된다.

[제1차 조선교육령기] 조선총독은 1911년 법률 제30호에 의하여 제령을 발할 권리를 부여받았다. 조선의 교육에 관한 기초법령은 조선교육령으로 초등학교에서부터 대학에 이르기까지 조선교육령에 근거를 두어야만 하였다. 1910년 초대 총독이 된 寺內正毅의 1년여에 걸친 신중한 심의 끝에 1911년 8월 23일 식민지 통치의 기본노선이 구체화되어 제1차 조선교육령으로 공포되었다.

[제2차 조선교육령기] 齊藤實 총독의 교육방침에 따라 1921년 1월 임시교육조사위원회를 개최하고 일본 본토의 교육제도에 준거하여 학제의 개혁을 심의케 하여 1922년 2월에 교육령을 전면 개정하여 칙령 제19호로 제2차 조선교육령을 공포하였다. 또한, 성명서를 통하여, 제1차 조선교육령은 조선인에게만 통용되는 법령인 데 비하여 제2차 조선교육령은 조선인과 일본인의 차별을 두지 않은 학제와 형식상 동일한 법제라고 발표하고 융화책을 썼다. 그러나, 일어를 상용하지 않는 자는 보통학교에, 상용하는 자는 소학교에 다니게 함으로써 결국 구별을 둔 교육령이었다.

[제3차 조선교육령기] 1936년 8월 7대 총독으로 부임한 南次郎는 '황국신민화'를 보다 철저하게 추진하려는 의도에서 조선교육령을 개정하였다. 1938년 3월 칙령 제103호로 제3차 조선교육령이 공포되었으며, 3월 15일에 소학교 규정이 조선총독부령 제24호로 발표되어 시행되었다. 제2차 조선교육령이 '내선일체'면에서 과도기적 성격을 가지고 보통학교와 소학교로 이원화되어 있던 것에 반하여, 제3차 조선교육령의

개정은 조선인과 일본인의 공학을 현실화하였는데, 그에 따라 조선 내에서 이원화되어 있던 보통학교와 소학교를 일원화하여 교명을 소학교로 변경하였으며, 역시 보통학교와 소학교의 교원의 자격이 달랐던 것을 일원화하였다. 또한, 조선인 학생과 일본인 학생이 공학을 함에 있어서, 교수용어 통일 문제와 교육비 통일 등의 어려움이 있는데도 일제가 개정을 강행한 것은 중일전쟁에서 오는 복잡한 국내사정과 전쟁확대에서 벌어진 미묘한 국제정세의 영향 때문이었다. 시급한 조선민족의 황국신민화와 조선영토의 부역동화가 그들의 제국주의 팽창정책을 실현하는 데 결정적인 요인이 되었기 때문이다.

[제4차 조선교육령기] 일제가 태평양전쟁에서 전세가 기울어져 가는 상황에서 교육체제를 전쟁수행을 위하여 군사목적에 합치하게 개편하였다. 1943년 3월 제4차 조선교육령이 「교육에 관한 임시비상조치령」으로 공포되었다. 국민학교에 대해서는 대륙침략에 이용할 병사 준비와 관련해서 의무교육제의 준비를 실시할 것 등이었다. 국민학교라는 명칭을 사용하게 된 것은 1941년 2월 28일 칙령 제148호로 국민학교령이 공포되고, 조선총독부령 제90호로 국민학교령 규칙이 공포되면서부터이다. 그 각각의 교육 양상을 총괄해 보면 다음과 같다.

법제의 경우, 제1차는 조선교육령 칙령 제229호(1911.8.23) 및 보통학교 규칙 조선총독부령 제110호(1911.8.23)를, 제2차는 조선교육령 칙령 제229호(1922.2.4) 및 보통학교 규정 조선총독부령 제8호(1922.2.15)에 근거를 두었다. 제3차(심상소학교)는 조선교육령 칙령 제103호(1938.3.3) 및 소학교 규정 조선총독부령 제24호를, 제4차(국민학교)는 조선교육령 칙령 제113호(1943.2.28) 및 국민학교 규정 조선총독부령 제90호(1943.3.31)을 각각 그 근거로 하였다.

교육 **목표**는, 제1차는 "생활에 필요한 지식을 얻고 덕성 함양에 힘쓰기 위함"을 목적으로 "보통 언어, 문장을 이해하여, 타인의 언어를 이해하고 자유로이 사상을 발표하는 능력"의 배양을 목표로 삼았으며, 제2차와 제3차는 "국민으로서의 자각을 굳게 하여 지덕을 계발하는 것"을 목적으로 "보통 언어, 일상수지(日常須知)의 문자 및 문장을 이해하여 정확하게 사상을 발표할 수 있는 능력"의 배양을 목표로 삼았다. 제4차는 "국민적 사고 감동을 통하여 국민정신을 함양"하는 것을 목적으로, "일상수지의 일어를 습득시켜 이해력과 발표력 양성"을 목표로 삼았다.

교육 **내용**은, 제1차는 讀方, 解釋, 會話, 暗誦, 書取, 作文 및 習字를, 제2차와 제3차는 말하기(話方), 읽기(讀方), 쓰기(書方), 짓기(綴方)를 다루었는데, 모두 그 기능 면에서 읽기, 쓰기, 짓기, 말하기 순으로 무게중심을 두었다. 이때 와서 비로소 '듣기'가 처음 등장하고 기능으로서도 강조된 점을 주목할 수 있다. 한편 제1차, 제2차, 제3차, 제4차 모두 교육 소재를 타 교과에서 취하도록 하고 있다.

학생의 입학 연령은 제1차 때에 8세 이상이었다가, 제2차 때부터 6세 이상이 되어 조선교육령기 끝까지 6세 이상이었다. 수업연한은 4년에서 6년까지로 바뀌어 갔으며, 일본어 수업시수는 40시간(1차), 64시간(2·3차), 54시간(4차)으로 상황에 따라 바뀌었다. 3차부터는 한국내의 조선인 아동과 일본인 아동이 함께 수업을 받았다. 초등학교 **교원**양성기관인 사범학교는, 제1차에서는 불인정하고 남녀고등보통학교에 1년의 사범과·교원속성과를 두었으며, 제2차 때는 경성고등보통학교에 부설임시교원양성소를 두어 조선인교사와 일본인 교사를 양성하였다. 제3차에는 사범학교 보통과·심상과와 연습과가 있어 12세 이상이 입학하였으며, 제4차 때는 본과 3년, 예과 2년으로 수업연한이 연장되었다.

조선교육령기 전체를 통하여 규정상으로는 특별하게 기간을 정하여 시험을 실시하는 **평가** 제도는 부정되었다. 그러나 아동의 평소 성적을 고사하는 방법에 대해서는 학교장에게 일임되어 있었기 때문에 보통학교에서 시험이 없었다고는 할 수 없다. 상급학교에 진학하거나 취업시에 학교장의 소견서가 첨부되었으므로 어떤 방식으로든 공식적인 학습 평가가 이루어지지 않을 수 없었다. 특히 일본어와 산술 과목은 중등학교 입학시험 과목이었으므로 필답고사가 이루어졌으며, 기타 교과는 관찰 평가 형식으로 이루어졌을 것으로 보인다.

교과서의 경우, 제1차에서는『정정보통학교학도용 국어독본』(1911), 『보통학교 일어독본』전8권(1912),『보통학교 국어독본』전8권(1918) 순으로 교과서를 개정 또는 간행하여 교재로 사용하였으며, 제2차에서는『보통학교국어독본』전8권(1923),『보통학교 국어독본』전12권(1930),『국어독본』전12권(1937) 순으로 교과서를 발행 또는 개정하여 사용하였다. 제3차에서는『초등국어독본』(1939)을, 제4차(국민학교)에서는『초등국어』6권과 그 외의 교재를 사용하였다.

4. 교수요목기

교수요목기는 일제로부터 해방된 조선에 연합군이 진주하면서 미군정청에 의하여 교육관계 법령이 발령된 시기로 제1기와 제2기로 나누어진다. 1945년 9월 17일 일반명령 제6호에 의한 '신조선의 조선인을 위한 교육'을 비롯하여 9월 29일의 법령 제4호가 발령된 시기가 제1차 교수요목기(미군정기)이다. 제 2기는 1946년 3월 미군정청의 군정법령으로 군정청 학무국이 문교부로 개편되면서 문교부에서 교수요목을 발표하게 되는 시기로, 1946년 9월 1일 각급학교의 교육과정이 교수요목을 중심으로 발표된 시기를 제2차 교수요목기로 나누었다. 이 시기는 일본어 교육이 없는 시기이다.

5. 교육과정기

교육과정기는 편의상 고등학교, 중학교, 대학교, 전문대학의 순서로 간단히 기술한다. 고등학교를 먼저 서술하는 이유는 고등학교의 양상을 이해하면 대학교나 여타 각급 학교의 상황을 이해하는 데 용이하기 때문이다.

(고등학교)

[제1차 교육과정] 6·25전쟁과 휴전 성립 직후에 걸쳐 제정되었고, 그 후 상당한 시일이 경과되었다. 그 동안 문화는 발달되고 국내외 정세는 급격히 바뀌어 가고 사회 생활의 양상은 크게 변하였으며, 4·19, 5·16이라는 시대적 격변기를 맞아 비로소 이에 적응하기 위한 대대적인 교육과정 개편이 수행되었다. 1차 교육과정은 제정 당시의 비정상적인 사회 상태와 여러 가지 애로나 제약으로 충분한 내용 설정을 하지 못하였고 자주적이고 구체적인 한국 고유의 교육 목표도 설정하지 못하였다. 또한 교육 과정 운영에 있어서도 단편적인 지식 주입에 편중한 나머지 인격 도야에 소홀하였고, 학습활동도 당시에 표방했던 경험주의와는 달리 실생활과의 유리가 심하여 교육 개혁을 요구하는 소리가 높았다. 시대는 점점 자주적이고 능률적인 새 인간상 정립을 위하여 합리적 사고가 강조되고 생산성·유용성이 높이 평가되는 시대로 접어

들어 있었다. 교수요목기부터 일본어 교육이 없는 상황이 제1차 교육과정기에도 계속되었다.

[제2차 교육과정] 교육부가 1958년부터 교육과정 개정에 대한 기초조사를 하여 자료 수집에 힘쓰던 중, 5·16혁명을 계기로 하여 새로운 교육 과정으로 전면적 개편을 보게 되어, 1963년 2월 15일 문교부령 제121호를 제정 공포함으로써 시작되었다. 민족자주교육이 추진된 시기이다. 1973년에 일본어가 신설된 것은 한해 전인 1972년 7월 5일 박정희 대통령은 월간경제동향보고회의에서 일본어를 독어·불어와 마찬가지로 고등학교교과과정에서 제2외국어로 넣어, 배우고 싶은 사람에게 가르치라고 지시한 것에서 비롯되었다.

[제3차 교육과정] 1968년 12월 5일 국민교육헌장이 발표되어 우리의 교육이 지향해야 할 좌표로 제시되면서부터 변화가 모색되어 1974년에 이르러 확정되었다. 1970년대는 한반도를 둘러싼 미·소의 평화공존으로 다원화의 진전과 전반적인 구조변혁을 가져오게 되었다. 농촌의 생활수준을 끌어올리기 위한 전국적인 생활개선 운동인 새마을 운동이 1970년 11월부터 전개되어 자조·자립·협동정신이 강조되는 한편, 제3차 경제개발 5개년 계획의 중점 사업이 되었다. 1971년 7월 1일 박정희 대통령이 7대 대통령으로 취임하자, 12월 6일 국가비상사태가 선언되고 문교부는 이에 따라 국가 안보교육을 강화하는 일환으로 군사교육 제도의 강화, 교련교사 재교육, 안보특강, 대학생 특수훈련 등 전시교육체제를 강화하여 국민을 긴장시켰다. 1972년 10월의 유신헌법과 함께 제4공화국이 시작되었으며, 대학가는 유신반대 시위가 극심하여 군경투입과 함께 휴교령이 빈번히 내려졌다. 이러한 시대적 배경하에 생활중심 교육과정을 지양하고 지식 및 정보의 폭발적인 팽창에 효과적으로 대응하기 위한 학문 중심 교육과정이 1974년 12월 31일에

문교부령 제350호로 공포됨으로써 국적 있는 교육을 표방하는 제3차 교육과정이 마련되었다.

[제4차 교육과정] 제5공화국의 출범을 전후하여 유신체제의 몰락과 함께 당시의 정치·사회적 특수상황과 급격하게 변화하는 후기 산업 사회의 전망은, 이에 부응할 수 있는 교육적 개혁, 특히 적합성이 있는 새 교육과정의 개발이 절실히 요청되면서 마련되었다. 1982년 7월 13일 문교부는 해외 문호 확대 조치에 따라 중·고교 영어교육을 생활 영어 위주로 전환할 방침임을 밝혔다. 이에 따라 7월 18일에 '외국어 교육 개선 연구위원회'가 구성되었고, 10월 13일에는 1982학년도부터 특활시간에 국민학교 영어 교육이 공식화되었다. 11월 20일에는 내용을 쉽게 하고 학습량을 줄이는 것 등을 중심으로 하는 유·초·중·고교 교육과정 개편안이 마련되어 12월 31일에 교육부고시 제442호로 제4차 교육과정이 공포되어 국민 정신교육이 강화되었다.

[제5차 교육과정] 1987년 6월 항쟁과 헌법 개정 등을 거치면서 민주화의 추진과 정치·사회의 변화와 함께 1988년에 노태우 정부가 들어섰으며, 1988년 3월 31일에 '문교부 고시 제88-7호'로 고시된 교육과정이다. 개발의 범주는 전면적인 개정보다는 부분적인 개정에 국한한다는 방침으로 제5차 교육과정 개정 작업이 추진되었으며 분석 연구 결과를 토대로 미비점 보완에 들어갔다. 그 결과 이제까지 행해져 왔던 실제상황과 무관한 문법 중심의 학습을 지양하고 진정한 언어 사용을 반영하는 의사소통능력의 향상을 이루기 위한 구성으로 개발되어 문장에서 담화로, 정확성에서 유창성으로, 4개 언어 기능을 통합적 접근방법으로 다루게 되었다.

[제6차 교육과정] 제6차 교육과정은 제5차 교육과정의 철저한 분석에서 시작되었다. 우선 6차 교육과정에서 추구하는 인간상을 '건강한

사람, 자주적인 사람, 창의적인 사람, 도덕적인 사람'으로 잡았는데, 이러한 인간상을 추구하기에는 5차 교육과정은 부적합한 점이 많았다. 따라서, 새롭게 추구하고자 하는 인간상과 5차 교육과정 평가 결과 등을 토대로 하여, 결정의 분권화, 구조의 다양화, 내용의 적정화, 운영의 효율화에 중점을 두어 교육과정을 개정하였으며, 1992년 10월 30일 교육부 고시 제1992-19호로 고시되었다.

[제7차 교육과정] 개정의 배경 요인은 세계화·정보화·다양화를 지향하는 교육체제의 변화와 급속한 사회변동, 과학·기술과 학문의 급격한 발전, 경제·산업·취업 구조의 변혁, 교육 수요자의 요구와 필요의 변화, 교육여건 및 환경의 변화 등 교육을 둘러싸고 있는 내외적인 체제 및 환경, 수요의 대폭적인 변화 등을 들 수 있다. 이와 같은 변화는 그 질과 속도, 범위가 종래와는 비교하기 어려울 정도의 대변혁과 전환으로서 지금까지의 학교 교육에서 다루어 온 교육내용 전반에 걸친 근본적이고 종합적인 검토와 개혁을 요구하기에 이른 것이다. 즉, 21세기는 세계화·정보화 시대를 주도하며 살아갈 자율적이고 창의적인 한국인 육성이 요구되었으며, 교육과정은 각종 협의회, 세미나, 공청회, 그리고 시·도 교육청과 학교의 현장 검토, 심의 및 수정·보완을 거쳐 1997년 12월 30일, 제7차 초·중등학교 교육과정을 교육부 고시 제1997-15호로 확정, 고시되었다.

이상과 같이 교육과정기는 2차에서 7차로 구분되어 오늘에 이르러 있다.

고등학교 교육과정에 명시되어 있는 일본어 교육의 **목표** 항목은 크게 언어기능 항목과 문화 항목으로 대별된다. 언어기능 항목과 문화 항목의 변화를 살펴보면, 2차에서 7차 중 4차 교육과정을 중심으로 2차 3차까지는 문화 항목이 우세하고, 5차에서 7차까지는 언어기능 항목이 더 큰 비중을 보이고 있는 것을 알 수 있다. 일본어 교육의 목표를 일본어 의사소통능력을 기르는데 두기보다는, 경제적으로 앞서 가는 일본의 경제 문화를 받아들이기 위한 수단의 하나로 일본어 교육을 시작하였다는데 있다고 해석할 수 있겠다. 4차 교육과정에서는 언어기능 항목과 문화 항목이 1:1의 비율을 보이다가 5차 6차에서는 2:1, 그리고 7차에서는 언어 항목이 상당한 우위를 보이는 것은 일본어 교육의 목표가 점차적으로 의사소통 능력의 신장을 위한 목표로 발전하였다는 것을 알 수 있다. 7차 교육과정은 문화 항목이 목표에서뿐만 아니라 지도 내용에도 문화 항목이 있어, 문화가 강조되었으며 정보검색 목표는 일본어과에 만 있다.

언어 재료는 어휘/소재/문형·문법/의사소통기능/발음/문자/문체/문화 등으로 고시된다.

우선 어휘는, 교육과정이 바뀜에 따라 권장 어휘가 점점 줄어들었다. 최고치였던 제3차 교육과정의 3000어와, 최하치인 제7차 교육과정의 500어를 비교해 보면 1/6로 줄었다. 교과서에서 실제로 사용된 어휘수도 점점 줄어드는 경향을 보이고 있는데 자세한 것은 교과서 항목에서 다루기로 한다.

소재 면에서 보면 우선 눈에 띠는 것은 7차 교육과정에는 소재 항목이 없다는 것이다. 이는 문화 항목에서 일상생활에서 사용되는 일본어를 소재로 할 것을 제시한 것으로 보아, 7차 교육과정은 문화 자체가 소재가 되는, 문화를 중시한 교육과정이라고 해석된다. 문화 자체가 소재가 된다고 하는 것은 문화의 내용이 달라지는 것을 의미하는데, 지금까지는 스테레오 타입 문화를 소개하는 정도의 문화 교육이었으나 앞으로는 일상생활과 관련되는 보편적인 문화를, 이문화 이해라는 차원에서 다루어져야 하며 적극적으로 이해하는 태도를 기르도록 해야만

하는 것이다. 일본어 교육에 사용하기를 권장하는 소재도 시대적 배경을 많이 반영하고 있음을 알 수 있는데, 예를 들어, 고등학교에서 일본어 교육이 시작되는 초창기 교육과정에서는 '필수적인 어학 기초'나 사회·문화·경제 자료를 소재로 사용할 것을 권하고 있으며, 일본 또는 일본인의 생활 내용이 아니라 우리나라의 생활 내용에서 많이 소재를 선정할 것을 권하고 있는 것이다.

문형·문법 항목은, 2차 3차에서는 기본 문형을, 4차 5차에서는 기초적인 문형·문법을 다루게 되어 있다. 3차에서는 문법설명을 자세히 하고 있는데 이것은 교과서에도 반영되어 의사소통능력 신장을 위하기보다는 일본 이해를 위한 문법역독식 교육이 될 것임은 예측이 가능하다. 6차 7차에서는 의사소통기능 항목을 추가하여, 의사소통능력 신장을 꾀하고 있는데, 다만 6차에서는 문형·문법 항목을 없애고, 언어 기능의 의사소통기능 항목에서 [별표1]에 의사소통기능 예시문을 문형의 형태로 제시하고 문법은 이 범위 내에서 사용하도록 하였으며 문법에 제한을 두었다. 7차에서는 문법 항목이 있기는 하나 다루지 말아야할 문법 4개 항목을 예시하고 있을 뿐이다. 6차와 7차의 의사소통기능 예시문은 약간의 내용상의 차이를 보이는데, 6차에서 10범주 36항목이었던 것을 7차에서는 5범주 38항목으로 정리되었다.

발음 항목은 4차 교육과정부터 추가되었는데, 4·5·6차에서는 현대 일본어의 표준 발음을, 7차에서는 현대 일본어의 공통어 발음을 중심으로 교육하도록 하였다.

문자 항목은 5차 교육과정부터 추가되었는데, 히라가나, 가타카나, 한자(상용한자)를 사용하도록 하였으며 [별표Ⅲ]으로 한자를 제시하였다.

문체 항목은 7차에만 언급이 있다. 문장체와 구어체 및 남성어와 여성어, 공손한 표현을 고르게 사용하도록 하였다.

　문화 항목은 7차에만 언급되고 있는데, 교육 목표에 문화에 대한 언급이 있음에도 불구하고 지도 내용에서는 빠져 있던 것을 7차에서는 소재 항목을 없애고 문화를 강조하고 있다. 위에서도 언급했듯이 7차 교육과정은 문화가 강조된 교육과정임을 알 수 있다.

　교육과정이 고시될 때에 지도 **방법** 및 평가 항목에 대하여 다양한 용어를 사용하고 있다. 2차 3차에서는 '지도상의 유의점'으로, 4차 5차에서는 '지도 및 평가상의 유의점'으로 고시되었고, 6차에서는 교수 방법과 평가 항목을 분리 고시하였고, 7차에서는 6차와 마찬가지로 방법과 평가를 분리하였으나 표제어에 '교수' 방법에 '학습'을 추가하여 교수 학습 방법으로 고시하고 있다. 이것은 교사측에 중심을 둔 교수법과 학생측의 활동에 중심을 둔 학습법을 동시에 고려한 용어로서 7차 교육과정이 학습자의 활동을 중심으로 수업을 권하고 있고, 교사의 역할이 수업을 주도하고 지식을 전달하는 위치가 아니라 학생이 수업의 주체가 되어 활동을 할 때에 옆에서 도와주는 역할을 하는 커뮤니케이션 중심 수업의 반영인 것으로 보여서, 교사의 역할의 변화를 짐작케 하는 변화인 것이다. 7차 교육과정을 포함해서 현대의 교육사조는 교수·학습 상황에서 학습자를 위주로 보려는 견해가 팽배해 있다. 이것은 자주 현대 산업사회에서 소비자 중심 경영을 생각하는 경제활동에 비유되기도 하는데, 소비자를 중심으로 생각해야 좋은 물건이 나오고 잘 팔리듯이 학생을 중심으로 생각해야 질 좋은 교육이 나오고 교육기관도 잘 육성되어 나갈 것이라는 생각은 당연한 일이다. 그러나, 이러한 생각은 실제 경영에서는 그 반영이 쉽지 않아서, 어디까지나 현실적인 여건에 따라서 경영의 체제가 잡혀질 수밖에 없는 것이다. 현실적인 여건이란 회사로 보면 자본과 기술, 인력 등 현 상태의 여건을 말하는데 이 조건 아래서 수요자 중심 생산활동이 전개될 수밖에 없는 것이다. 교육현장도 마찬가지라고 볼 수 있다. 아무리 좋은 교육기술이 있어도 그 기술을 사용할 수 있는 물리적 환경과 기술인력이 없으면 무용지물이다. 교육현장에서는 교사와 교육기술, 그리고 행정지원 등이 물리적 여건으로 작용한다. 교육과정이 아무리 수요자 중심 교육이라고 하더라도 교사는 이미 교육의 체제 안에서 결정되어 있는 여건이다. 수요자에 맞추어 그때마다 교사를 채용하는 것이 아니라 이미 채용된 교사 안에서 수요자 중심의 교육을 실천하여야 하는 것이 여건인 것이다. 그러므로, 이러한 상황에서 최선의 방법이란 상황에 알맞은 교육방법을 선택하여 사용하되 결정여건인 교사가 새로운 교육방법에 적응하도록 하게 하는 것이다. 따라서 교육과정이 바뀔 때마다 교육에서의 결정여건인 교사가 새로운 교육방법을 실천 가능하도록 만들어 주어야 하며 그 방법의 하나로 교사 재 연수는 필연적인 것으로 사료되며, 다른 여건의 하나인 행정지원이 함께 이루어져야 할 것으로 본다.

평가에 대한 기술은 4차 교육과정부터 추가되었음을 언급하였다. 7차에서는 평가 항목의 기술이 자세한데, 4차·5차에서는 언어의 4기능을 고루 평가하여 학습동기를 유발시키도록 하며, 6차에서는 이해기능과 표현기능을 고루 평가하도록 하였으며, 7차에서는 의사소통중심 4기능을 평가하되, 의사소통 활동에 임하는 적극적인 태도도 평가의 대상이며, 면접법을 강조하고 있다. 7차 교육과정이 요구하는 평가 모형의 빠른 정착을 위하여 일본어과 전체의 차원에서 모형 개발이 고려되어야 한다고 사료된다. 수업은 커뮤니커티프 어프로치 식으로 하고 평가는 오디오 링걸식으로 한다면 현행교육과정의 실효를 크게 기대하기는 어려울 것이기 때문이다.

교과서는 교육과정별로 2차 35과, 3차 32과, 4차 25과, 5차 19과, 6차 16과, 7차 11과로 만들어지고 있어, 점점 줄어드는 경향을 보여 왔는데

35과로 만들어 졌던 2차 교육과정과, 11과로 만들어진 7차 교육과정을 비교해 보면 과수면에서는 1/3로 줄어들고 있으나 과수가 줄어들었다고 해서 교과서의 쪽수가 그것에 비례했다고는 말할 수 없다. 각 교육과정의 평균 교과서 쪽수는 2차 265쪽, 3차 180쪽, 4차 150쪽, 5차 148쪽, 6차 260쪽, 7차 208쪽으로 만들어졌는데, 5차 교과서까지는 교과서의 쪽수가 줄어오다가, 6차 7차에서 다시 늘고 있다. 6차 7차 모두 교과서의 과수는 줄어들었는데 쪽수가 늘고 있는 것이다. 그 이유의 하나로 의사소통능력 신장을 목표로 하는 교육과정의 실현을 위하여 교과서들은 상황 설정용이나 연습용, 활동용 등을 위한 많은 삽화를 포함하고 있으며, 활동에 대한 설명이나 자료를 위하여 교과서의 많은 쪽수를 할애하고 있는 것이다. 따라서 교과서의 쪽수는 늘어날 수밖에 없으며, 특히, 6차 교과서에서는 교사용지도서를 발행하지 않았으므로 지도서에 할애할 부분까지 교과서에 포함된 결과라고 보여진다.

역대 교육과정의 [어휘]의 변천을 중심으로 나타나는 경향은, 권장 어휘와 실제로 교과서 제작에 평균적으로 사용된 어휘는, 2차 2,500/2,076, 3차 3,000/1,630, 4차 2,200/2,171, 5차 1,800/1,846, 6차 800/803, 7차 500/557인 것으로 보아, 2차 3차 4차에서는 권장 어휘 보다 적은 수가 교재화 되었으며, 5차부터는 권장 어휘보다는 약간 윗도는 수의 어휘가 교과서 제작에 사용되었다. 권장 어휘는 3차를 제외하고 점차 줄어드는 경향을 보인다.

(중학교)

7차 교육과정기에 중학교에 생활외국어가 신설되었는데, 이는 세계화·개방화에 대응하는 외국어 교육의 강화에 따른 것이다. 생활외국어에는 7개 제2외국어(독일어, 프랑스어, 스페인어, 중국어, 일본어, 러시아어, 아랍어)가 속해 있는데, 그 중에 일본어가 포함되어 있다. 교과 재량활동의 선택과목으로 신설되었으며, 지역이나 학교, 학생의 요구·필요에 알맞게 선택 운영하도록 되어 있다.

(대학교)

1955년 8월 1일에 각급학교의 제1차 교육과정이 발표되고, 1955년 8월 4일에는 대통령령 제1063호로 대학설치기준령이 공포되었다. 이것은 50년대 초반의 대학 붐으로 말미암아 대학의 질 관리가 소홀히 된 사실에 비추어 대학을 설치함에 있어서 시설과 교원 등에 관한 소정의 기준에 도달해야 할 것임을 규정하고자 한 것이었다. 동 기준령은 후일 부분적인 보완을 거치고 대학설비년도별보충기준령(1970), 대학실험실습설비기준령(1970)등의 제정을 거쳐 오늘에 이르기까지 대학시설행정의 주요 근거로 작용해 왔다.

해방후 대학에서 일본어 교육이 시작된 것은 한일회담의 결렬과 중단, 회담반대를 위한 거센 학생시위가 반복되는 와중에 1961년 2월 민의원에서 대일 정책으로 선국교 후경제를 결의한 후가 된다. 제1차 교육과정기 후반인 1961년에 이르러 해방 후 15년 이상이 흐른 후에야 대학에서 일본어 교육이 시작되었던 것이다. 당시의 일어과 개설에 대한 미묘한 상황은 1960년 12월 20일자 '신입생모집요강'에 일어과가 없고, 1961년 2월 5일자에 일어과가 들어 있는 것에서도 알 수 있다. 민의원의 대일정책결의안인 선국교 후경제의 결정이 2월에 있었던 것과 때를 같이 하여 외대에서 신입생모집요강을 낼수 있었던 것이다. 설립인가를 4월 1일에 받았으므로 설립인가가 나오지 않은 상태에서 신입생을 모집한 것이다. 이것은 2년 후에 설립되는 국제대학의 경우도 마찬가지여서, 1962년 12월 5일의 '신입생모집공고'에는 일어일문학과가 없고, 1963년 2월 14일자 국제대학보의 '합격자 명단'에 일어일문학과 합격자가 실려있으며 문교부의 일문과에 대한 정원이 확정되지 않아서, 합격자 발표를 미루는 등 일본어 관계학과의 설치에 있어 당시의 미묘한 상황을 말해주고 있는 것이다.

2개 대학에서만 일본어 교육이 실시되는 상황이 10년 이상 계속되던 중 1973년 고등학교의 제2외국어에 일본어가 포함되면서 일대 전환을 갖게 되었다. 대학의 일본어관련학과는 60년대에 2개교, 70년대에 19개교, 80년대에 28개교, 90년대에 48개교, 2000년대에 3개교가 개설되었다. 대학은 교육법상 "국가와 인류사회에 공헌할 인격과 일본어의 이론과 응용방법을 교수 연구하는 사람"을 교육하는 곳으로 되어 있다. 교과과정의 변천에 대하여는 본문에서 자세히 고찰한바 있어 생략하나, 교과과정 분석에서 나타난 하나의 예로, 언어 기능이 말하기(12.9%), 읽기(10.6%), 쓰기(8.3%), 듣기(5.8%)순의 시간수 구성을 보여주고 있는데, 말하기와 읽기의 시간수가 많다고 해서 대학의 일본어 기능교육이 말하기와 읽기 중심의 교육으로 이루어지고 있다고 말하기에는 어색한 감이 있다. 그것은 듣고 말하는 커뮤니케이션 상황을 고려할 때, 말하기가 가장 많은 시간을 차지하는데 듣기가 가장 적은 시간수로 배당되고 있는 것은 하나의 문제점으로 지적되어야 할 것이다.

(전문대학)

전문대학은 몇 번의 체재 변경과 개칭을 거처 현재에 이르고 있다. 전문대학의 역사를 살펴보기 위해서는 초급대학, 실업고등전문학교, 전문학교, 전문대학, 대학(2년제)을 함께 고찰할 필요가 있다.

1950년 15개교의 2년제 '초급대학' 설립을 시작으로 초급대학의 설립인가, 증원이 계속되던 중, 1962년 7월 25일 문교부는 실업교육강화

방안을 발표하였으며, 1963년 3월 개정된 교육법 법률 제1326호에 의거 '실업고등전문학교'가 설치되었다. 실업고등전문학교의 증가와 함께, 초급대학의 통폐합과 단계적 폐쇄가 1965년부터 진행되었으며, 1970년에는 교육법이 개정되어 법률 제2175호로 '전문학교'가 설치되었는데, 이는 실업고등전문학교가 수학기간의 장기화로 중간 탈락자가 과다하며, 고교 졸업자의 취업교육을 위한 진학기회 부여의 필요성 때문에 고교 졸업자와 동등 학력인정자에 한해 응시할 수 있는 전문학교로 바뀌게 된 것이다. 전문학교의 설치와 함께 5년제 실업고등전문학교는 1973년 9월 22일에 2년제로 개편된다. 실업고등전문학교의 2년제 개편으로, 전문학교와 초급대학이 남게 되었는데, 1979년에는 고등교육을 필한 인력의 합리적 배분과 분야별 직업교육의 전문성 향상, 산업기술개발, 단기고등교육기관의 일원화를 위하여 초급대학과 전문학교를 일원화하면서 '전문대학'으로 개편을 보게 된다. 1998년 4월에는 교육부의 고등교육법 시행령에 의하여 그 명칭을 자유롭게 하여 전문대학을 '대학'으로 개칭할 수 있게 하여 현재에 이르고 있다.

6. 일본어 교육사 연표

다음은 지금까지의 연구 결과를 표로 정리한 '일본어 교육사 연표(1393~2005)'이다.

•본 연표는 한국의 일본어 교육사를 이해하는데 도움이 되도록 작성하였다.

년	월.일	내 용
1393	10.27	사역원을 설치하고 역학을 둠
1414	10	사역원에 정식으로 왜학을 설치하여 일본어역관양성을 시작함
1420		『老松堂日本行錄』(宋希璟). 조선인의 일본기행
1430	3.18	取才에 사용할 倭學書와 試取方法이 "세종실록"에 기록되다. 消息, 書格,伊路波, 本草, 童子教, 老乞大, 議論, 通信, 庭訓往來,鳩養勿語, 雜語, 書字 등의 倭學書에 대한 기록이다.
1469	5.21	4학에 節目을 頒布
1470	10.27	『經國大典』編纂完了
1471		『海東諸國記』지음(申叔舟). 한일 외교관계 연구 사료
1477	1.8	*일본국 통신사의 사목을 제정
	윤2.25	4학 교관의 久任法 제정
1486	5.15	*삼포거주 왜인이 1,000여호에 이르는 것으로 집계됨
1492		『伊路波』발간. 대일교섭의 필요로 생겨난 일본어학습서. 伊路波에 한글로 주를 달았으며 일본 당국자와의 교섭을 위한 練習文을 포함
		4학에 勤學敎를 내림
1494	2.25	*삼포거주 왜인의 경작지에 과세
1510	4.8	*삼포왜란 발생
1512	8.20	*삼포의 일본인 거류지를 폐함
1592	4.13	*임진왜란 일어남(일본침략군 15만 8천, 조선에 침입)
1592		*강우성, 일본군 포로로 끌려감
1597	1.14	*정유재란 일어남(약 20만의 일본군 다시 조선을 침략)
	2	*이순신 무고로 하옥됨
	9	*이순신, 13척의 전선으로 명량에서 왜선 130여척과 싸워 대승
1598	11.19	*이순신, 노량에서 왜적을 대파하고 전사. 일본군 전원 철수
1600		*강우성, 關が原전투 진중에 있었음
1604	6.22	승려 유정을 대마도에 보내어 일본사정을 알아보게 함
1605	4	유정, 일본에서 포로로 잡혀 있던 백성 3,000명을 쇄환해옴
	5.24	대마도주, 포로로 잡혀 있던 조선인 1,090명을 쇄환하고 일본과의 강화를 주선함
1604		*강우성, 피로인 쇄환시 귀환
1607	1.4	*여우길 등을 쇄환 및 회답사로 일본에 보내 포로를 쇄환하고 조총을 구입해 오게함(丁未통신사)
1609		강우성, 역과에 급제하여 일본어 역관이 됨
1609	6	*기유약조 정함. 일본 사절의 왕래에 관한 새로운 약조. 임진왜란후 일본과의 국교 재개
1613		강우성, 부산포에서 왜학훈도
1617	5.30	*회답사 오윤겸 등 428명 일본으로 감(丁巳통신사)
		강우성, 1차 도일

연도	월일	내용
1618		첩해신어 초고 일부 집필(강우성)
1624	5.11	*정립(鄭岦) 등 300명, 일본의 德川家光 취임을 축하(甲子통신사)
		강우성, 2차 도일
1936	8	*통신사 임광(任絖) 등 475명을 일본에 파견(丙子통신사)
		강우성, 3차 도일. 첩해신어 초고 완성
1643	1.20	*통신사 윤순지, 부사 조경 등 462명을 일본에 보냄(癸未통신사)
		왜학청 세워짐(교회청 남쪽)
1655	6	*일본통신사 조형(趙珩) 등 488명, 부산에서 대마도로 감(乙未통신사)
1671		제주에 왜학생도 15명 둠
	5	왜관을 옮길 것을 결정
1673		왜학청 중수
1676		『捷解新語』(康遇聖,안신휘,정상국)활자본. 조선의 역관들을 위한 일본어학습서로 만들어짐. 조선통신사의 일본 방문을 想定해서 그에 필요한 회화를 일본어와 조선어 譯文 대역으로 되어 있음
1678		『첩해신어』왜학 역과시험에서 필수학습서로 지정됨
1682	5	*통신사 윤지완(尹趾完) 등 475명 일본에 파견(壬戌통신사)
1698		『受敎輯錄』간행(이익 등)
1699		왜학 25명으로 규정(통문관지)
1700		첩해신어 복각본(박세영)
1701		홍순명, 왕명으로 대마도에 다녀옴
1703		『倭語類解』(洪舜明). 일본어 사전. 약3,400의 한자에 대한 일본어역을 한글로 나타냄
1705		홍순명, 역과 합격
1706	8	『典錄通考』12권 편찬(최석정)
1707		거제에 왜학생도 5명 둠
1711	5	*조태억(趙泰億) 등 500여명을 일본에 통신사로 보냄(辛卯통신사)
1719	6	*통신사 홍치중(洪致中) 등 475명 부산 출발(乙亥통신사)
1720		司譯院의 연혁과 중국·일본 및 기타 제국과의 외교관계 사항을 수록한 『通文館志』를 金指南, 金慶門부자가 편찬
?		『춘관지』 일본 등과의 국교관계가 수록되어 있음. 출판연대 미상(영조때로 예상)
?		『邊例集要』 선조 말년부터 순조때까지 약 200년간에 걸친 일본관계 사료 편찬. 편자 및 편찬연대 미상
1741		우어청에 일본어통역 양성을 위하여 30명으로 늘어남
1744	11	『續大典』완성
1746	4.11	『속대전』의 인본 완성
1748	7.30	*통신사, 홍계희(洪啓禧) 등 477명 일본 견문하고 돌아옴(戊辰통신사)
		첩해신어 1차 개수본(최학령등)
?		첩해신어 2차 개수본(최학령)

1764	7.8	*통신사 정사 조엄(趙曮), 부사 이인배(李仁培), 종사관 김상익(金相翊) 귀국(甲申통신사)
1781		첩해신어 중간본(이담)
1785	2.24	『大典通編』편찬(김치인 등)
1787		『典律通補』6권 4책 편찬(구윤명)
1796	2.4	『첩해신어 문석』12편을 간행키로 함(김건서)
1802	6	『增正交隣志』완성
1811	2.12	*통신사, 정사 김이교(金履喬), 부사 이면구(李勉求) 등 328명 일본에 감(辛未통신사)
1828	4.22	*과장에서 易書(서리가 답안지를 옮겨 쓰는 것) 폐지
1842	6	『통문관지』속간
1856	5.13	『통문관지 속편』완성
1864	11.15	왜학당상역관 이한기 등, 『交隣志 原編』증보 간행
1865	11.30	『大典會通』완성
1867	5·16	『六典條例』간행 반포(최후의 구식 법전)
	10	*통신사 폐절(德川慶喜, 大政奉還)
1869		4학에 동서 양제를 둠
1872	5.15	*왜관에 체류중이던 일외무성 관리, 과거의 예와 다른 형식의 서계접수를 거절당하고 철수
1873		*왜관접수(대일본 공관--외무성관할의 영사관), 朝日관계 끝
1874	6·25	*일본의 정한설에 긴장. 각 군영에 엄중 경계토록 지시
	6.29	*영의정 이유원 등, 일본과의 국교단절의 책임을 대원군에게 돌리고 동래부의 왜학 훈도 안동준의 처벌과 일본 국정탐지를 위한 역관의 파견을 주장
	7.3	*일본과의 국교단절 책임으로 경상도관찰사 김세호를 파면, 동래부사 정현덕을 유배
1875	1.19	*일본국 이사관 森山茂 등 외무성의 새 서계를 가지고 동래부에 도착. 서계 접수 불허
	2.26	『통문관지 속편』완성
1876	2.2	*한일수호조규
	4.4	*수신사(김기수 등 75명) 일본파견
	5.3	*일본, 대마도주의 직과 송사의 예를 폐지함에 따라 대마도주의 국서를 동래부에 환납
	7.12	*김기수, 도일 기행문인 『聞見事件』올림
1880	5.28	*수신사(김홍집 등 58명) 일본파견 서울출발
1881	4.10	*신사유람단(박정양 등 13명) 일본파견 부산출발
		*福澤諭吉가 한국유학생 3명을 받아들임
1882	8.1	*수신사로 박영효가 일본에 감. 김옥균, 서광범 동행,
1883	1.22	『통문관지 속편』간행
	1.27	태극기를 국기로 제정, 전국에 반포
	10	*한성순보 발행. 박문국. 김옥균, 관보를 주로하는 정부 간행물. 1년만에 갑신정변으로 폐간

		*한국인 유학생 44명 도일
		『交隣須知』간행
1884	10.17	*갑신정변 일으킴(김옥균·박영효)
	11.24	*한성조약 체결(김홍집·井上馨)
1885	8.3	배재학당 설립(아펜젤러, 1887 교명하사 받음)
1886	4.28	이화학당 설립(스크랜튼, 1886.10.22 왕후 교명하사)
	6.17	신 교육기관 육영공원 설립(개원 8.26) → 최초의 왕립 근대식 학교
1888	7.19	사역원의 건의로 왜학 5명을 증설
1889	8.9	*일기청을 두고『승정원 일기』편찬을 전담케 함
		유길준의『서유견문』완성(1895년 4월 1일 일본 東京에서 발간)
1890	12	*일기청에서 승정원 일기 개수 완료(361권)
1891	6.20	한성부에 일어학당 개설(?)
1894	1.10	*동학란
	6.21	내각 관보과, 관보 제1호 발행
	6·25	*군국기무처 설치에 관한 건
	7.3	*과거제 폐지
	7	학무아문 설치
	7.15	*제1차 김홍집 내각 성립
	7.27	*갑오경장, 김홍집 영의정 임명, 군국기무처 설치
	7.28	군국기무처, 소학교 교과서를 학무아문에서 편찬케 함
	8	*청·일전쟁(~1895. 3) 시작
	9	*신임 일공사 井上馨 부임
	10.23	*井上馨, 2차 내정개혁안 20개조 제안
	11.21	*제2차 김홍집 내각 성립
	12	관보에 국한문 혼용
	12.12	홍범14조 제정(공문서 사상 처음으로 한글로 반포)
1895	1.7	독립에 관한 서고문(고종)/홍범 14개조/홍범제11조
	2.2	고종의 교육입국에 관한 조칙(칙서)
	3	학무아문을 학부로 개칭
	3.13	계동(桂洞)에 일본어학교 개설
	3.25	학부 관제 공포(칙령 제46호, 4월 1일 시행)
	4.16	한성사범학교 관제 공포(칙령 제79호)
	5.1	외부, 주일공사관에 사범·소학교의 교과서 편찬에 참고키 위해 각종 일본교과서를 구입하여 보낼 것을 훈령
	〃	한인유학생 114명 慶應義塾에 집단입학(학부추천)
	5.10	외국어학교 관제 공포(칙령 제88호)

연도	월일	내용
	5.26	인천항에 일어학교분교 설립, 일본인 岩崎原太郎를 교사로 채용
	7.19	소학교령 공포(칙령 제145호, 8월 시행)
	7.23	한성사범학교 및 부속소학교 규칙 공포(학부령 제1호)
	8.12	소학교 교칙대강(학부령 제3호) 공포
1896	2	관립 소학교 설치(銅峴, 安洞) 학생모집
	4	*서재필 독립신문 창간
		*일본의 商館이 인천, 부산, 원산 등에 있었는데 1896년의 통계에 의하면 258상관중 210이 일본것이었다 함
1897	10.12	*황제즉위식을 원구단에서 거행하고 국호를 '대한제국'으로 고침
	11.13	외국어학교 관제 개정 공포
	12.2	*황제즉위일인 10월 12일을 계천기원절(繼天紀元節)로 정함
1899	4.4	한성사범학교 관제
	〃	중학교 관제 공포(칙령 제11호)
1900	6.27	외국어학교 규칙 공포(학부령 제11호)
	9.4	중학교 규칙 공포(학부령 제12호)
1904	2.8	*러·일 전쟁
	2.23	*한일협정서(제1차 한일협약)
1905	2.26	학부 관제 공포(칙령 제22호)
	11.17	*한일신협약(을사보호조약), 통감정치 실시, 외교권박탈, 보호국화
1906	2	*통감부 설치
	8.27	사범학교령 공포(칙령 제41호)
	〃	고등학교령 공포(칙령 제42호)
	〃	외국어학교령 공포(칙령 제43호)
	〃	보통학교령 공포(칙령 제44호)
	9	교동, 제동, 매동 등 8개 공립보통학교 설립
1907	2	학부 1기 교과서 『일어독본』권1~권4 발행
	7.24	*한일신협약(정미7조약), 차관정치 시작, 일본의 한국 내정감독권 확립
	11.5	각 외국어학교(일·영·불·중·독)를 동일 구내로 집결(1909.12.20. 관립한성외국어학교로 완전 통합)
1908	3	학부 1기 교과서 『일어독본』권5~권8 발행
	3.4	학부, 일본유학생 규정 공포
	4.1	관립한성고등여학교 설립(경기여고)
	4.5	고등여학교령 공포(칙령 제22호)
	4.29	외국어학교, 무단 결석한 학생 50명을 퇴학시키고 학부에 보고
	5.20	황후, 관립한성고등여학교의 창설에 즈음하여 여학장려 분부
	5.31	이화학당, 메이데이 행사로 메이퀸 대관식을 시작
	8.26	사립학교령 공포(칙령 제62호) (1910년초까지 100여교 폐교)

	8.28	교과용도서검정규정 공포(학부령 제16호)
	9.17	학부편찬교과용도서발매규정 공포(학부령 제18호)
	10	학회령 공포(칙령 제63호)
		사립학교보조규정 공포(학부령 제14호)
		공사립학교 인정규정 공포(학부령 제15호)
	12.3	규장각에 한일문 번역촉탁을 두기로 결정
1909	3.18	유길준[조선문전][대한문전] 간행. 최초의 문법서
	4.19	사범학교령 공포(칙령 제51호)
	〃	고등학교령 공포(칙령 제52호)
	〃	외국어학교령 공포(칙령 제53호)
	〃	고등여학교령 공포(칙령 제54호)
	〃	보통학교령 공포(칙령 제55호)
	4.26	실업학교령 공포(칙령 제56호)
	7.5	실업학교령시행규칙 공포(학부령 제1호)
	〃	고등여학교령시행규칙 공포(학부령 제2호)
	〃	사범학교령시행규칙 공포(학부령 제3호)
	〃	고등학교령시행규칙 공포(학부령 제4호)
	〃	외국어학교령시행규칙 공포(학부령 제5호)
	〃	보통학교령시행규칙 공포(학부령 제6호)
	7.6	*일각의, 「한국합병실행에 관한 건」의결
	11	*통감부, 임시 간도파출소를 폐쇄하고 일본총영사관을 개청
	〃	전국의 학교 총2216개교(고등:관립6,사립1, 실업:관립4,사립5, 보통:관립103,사립15,기타1226, 종교학교:828, 학회:28)
	〃	학부 2기 교과서 『보통학교학도용 일어독본』개정 발행
	12.4	*일진회, 한일합방 건의 성명서를 채택 발표
1910	8.22	*한일합방조약 조인, 山口喜一郎가 통치하의 조선으로 건너옴
	8.29	*'한일병합에 관한 조약' 공포
	10.1	*寺內正毅 1대 총독 취임
1911	8.23	제1차 조선교육령 공포(제1회 개정 1920.11.10)
	3.13	조선 1기 『(정정)보통학교학도용 국어독본』 전8권 인쇄. 조선강점후 새로운 교과서가 출판될 때까지 『보통학교학도용 일어독본』을 일부 정정하여 출판 사용함
1912	12.13	조선 2기 『보통학교국어독본』권1 발행, 권2는 1913년 1월 13일 발행. 차후 총8권 발행
1914	7	*제1차 세계대전 시작(大正 3년)
1915	3	전문학교 規則 공포. 개정 사립학교 規則 공포
1916	10.16	*長谷川好道 2대 총독 취임
1918	3.15	조선 3기 『(정정재판)보통학교국어독본』발행. 전8권
1919	3.1	*3.1독립 운동

	8.12	*齊藤實 3대 총독 취임
		3면1교 운동 시작
1920	3	사립학교령 개정 완화
1921	1.7	'임시교육조사위원회' 제1회 회합
1922	2.6	제2차 조선교육령 공포(제1회 개정:1929.4·19, 제2회 개정:1933.3.15, 제3회 개정:1935.4.6)
1923	1.15	조선 4기『보통학교 국어독본』권1 발행. 권3은 1922년 12월 15일 발행. 점차 전8권 발행
	5	경성제국대학 관제 공포
1924	5.2	경성제국대학 예과 개교
1925		山口喜一郎가 만주로 건너가서 일본어 교육에 종사
1926	4.1	경성제국대학 개설(법문학부, 의학부 2개학부)
1927	12.10	*山梨半造 4대 총독 취임
1928	6.23	임시교과서조사위원회 설치(위원장 정무총감)
1929	4·19	제2차 조선교육령 제1회 개정
	8.17	*齊藤實 5대 총독 재임
		1면1교 운동 시작
1930	2.5	조선 5기『보통학교 국어독본』권1 편찬을 시작으로 전12권이 점차 출판됨
1931	6.17	*宇垣一成 6대 총독 취임
1933	3.15	제2차 조선교육령 제2회 개정
1935	4.6	제2차 조선교육령 제3회 개정
1936	8.26	*南次郎 7대 총독 취임
1937	3	*총독부, 일어철저사용 강화 통첩을 각 기관에 발송
	8(2)	조선 6기『국어독본』개정. 교과서 혼란기
	7	*중일전쟁 발발
1938	3.4	제3차 조선교육령 공포
	3.15	소학교 규정 공포
1939		문부성 주최 국어대책협의회에 대만, 조선, 관동주, 만주국, 몽고,몽강, 화북, 화중의 일본어 교육관계 대표자가 출석.
	3.10	조선 7기『초등국어독본』권1 발행 시작으로 점차 6권발행. 권7~권12는 심상과용 사용
1941	3.31	제4차 국민학교령(칙령 제148호, 제1회 개정, 1943.3.1)
	12.8	*일본군, 하와이 진주만 공습 개시(오전 3시)
		제2회 국어대책협의회 개최. (일본)
		문부성의 외곽기관으로『일본어 교육진흥회』창립. 일본어교과서 간행,일본어 교육에 관한 연구, 일본어교원 연수, 양성 등을 사업내용으로 함.
1942	5.29	*小磯國昭 8대 총독 취임
1943	3.25	조선 7기 교과서『초등국어』제4학년 상권 발행을 시작으로 점차 6권 발행

	4.1	제4차 조선교육령 공포(칙령 제113호)
		현재 소학교는 관립 13, 공립 3717, 인정 126, 각종 226, 계 4082교. 간이학교 1563교 (이만규)
1944	7.24	*阿部信行 9대 총독 취임
1945	8.15	*포츠담 선언. 終戰. 해방. 조선건국준비위원회 발족(위원장 여운형, 부위원장 안재홍, 장덕수)
	8.17	각급학교는 연합군이 한국에 진주할 때까지 임시 휴교할 것을 결정
	8.20	*소련군 원산 상륙
	8.25	*미군 일부 인천 상륙, 조선어 학회 임시총회
	9.1	국어교재 편찬 착수
	9.2	*맥아더 장군, 북위 38도선 경계로 미·소 양군이 한국을 분담 점령한다고 발표
	9.7	*미 극동 사령부 남한에 군정 선포
	9.9	*총독부 항복 문서에 조인. 한국어방송 시작
	9.11	*미군 사령관, 교육부문 담당자로 로카드 대위 임명
	9.16	한국교육위원회(The Korean Committee on Education) 조직
	9.17	일반명령 제6호, '신 조선의 조선인을 위한 교육' 9월 10일부터 미 군정청은 행정기구 조직에 돌입하고 자문기관인 한국교육위원회를 두고, '신 조선의 조선인을 위한 교육'을 일반 명령 제6호를 공포
	9.22	교육방침과 교육상 유의점, 초등학교 교과목 등을 발표
	9.24	서울시내 초등학교 일제 개교
	9.29	법령 제4호, '신 조선의 조선인을 위한 교육' 수정 발표
	9.30	중등학교 수업과목 시간표 발표
	10.15	서울시내 국민학교 교원 400명에 대한 발령장 교부
	10.17	9월 1일을 신학기로 하는 연2회의 새학기 결정
	11.23	조선교육심의회(The National Committee on Educational Planning)
	12.5	교육심의회에서 학제를 새로 결정(6-6-4년제)
	12.16	초·중등 교과서 '한글 첫걸음'과 '한글 초등 교본'배부 시작
	12.17	교육심의회에서 추기를 신학기로 하는 연2학기제 결정
	12.21	조선 새교육 지침 발표
1946	2.21	군정청 학무국에서 의무 교육 실시 계획(1948~1951)을 발표
	2.22	군정청 학무국에서 학령을 발표: 국민학교(6~12세), 중학교(12~18세), 대학교(18~21세)
	3.7	우리나라 교육이념을 '홍익인간'으로 함.
	3.29	군정법령 제64호로 군정청 학무국이 문교부로 승격 개편됨.
	6.12	중학교 수업 연한4년을 5년으로, 전문대학 수업연한 3년을 4년으로 함
	9.1	각급학교의 교육 과정 제정 6-6-4제로 학제 변경, 국민학교 교과편제와 시간배당 발표, 교수요목기(군정청)
	9.12	신교육 연구 협의회

	9.20	초급중학교와 고급중학교 교과과정표 발표
	10.25	새 교수법 연구회 윤재천의 「신교육 서설」
	11.10	문교부 편수국 국민학교 교과서 배부(500만부)
	11.30	의무교육 전면적 실시
		조선교육연구회『조선교육』제1집 발행
1947	1.10	중등국어교본(중) 편찬
	6.28	군정청, 한국어를 공용어로 한다는 행정명령 제4호 공포
	7.16	초·중등 교과서 80% 확보
	11.23	대한교육연합회(당시조선교육연합회)창립총회개최 초대회장 최규동
1948	3.5	문교부장, 4월 1일부터 일부 의무교육 실시를 발표
	3.25	문교부, 초등학교 교과서 47만부 배부
	5.10	*남한만의 총선거(첫 국회의원 선거), 이승만 국회의장 선출
	5.21	중등입시에서 학과 시험제를 폐지하고, 지능검사 및 신체검사만을 실시토록 결정
	7.17	*헌법제정 공포
	7.24	*이승만, 제1대 대통령 취임, 부통령 이시영 취임
	8.3	초대 문교부 장관 안호상 임명 발표
	8.7	*정부기구 11부 4처 66국으로 결정
	8.15	*대한민국 정부수립. 하지 중장, 미군정폐지 발표
	9.9	*북한, 조선 민주주의 인민공화국 성립 선포
	10.9	한글전용법안 공포
	10.11	문교심의회, 중·고 불리방침의 신학제 6-4-2-4제 가결
	10.16	신학제 개혁 성안 6-3-3-4제 발표
1949	1.4	*주일 대표부 설치(동경)
	4.17	일본 유학생 선발위원회 구성
	4.29	대통령령 제336호로 국정교과용도서 편찬규정 공포
	5.26	국민학교 적령자를 만9세 이하로 단축
	5.28	문교부 특수교육과, 일본유학생 파견을 이공과계 학생에 국한할 것을 발표
	6.3	교육법 국회 문교사회위 제1회 심의
	9.6	일본유학 문제 SCAD에서 승인
	9.13	일본 파견 유학생 선정위원회 설치(문교부 각국장으로 구성)
	9.20	교육기본법 문교부안 6-3-3-4학제와 국회문교사회분과 위원회안 6-4-2-4학제와 대립
	11.26	교육법 국회완전통과(6-3-3-4기분학제확립)
	11.30	교육법 최종안 국회 통과
	12.17	*한·일 통상 비준, 21일 발효
	12.31	교육법 공포(학제 6-4-2-4제???????)
1950	2.10	정부 학제안(초6, 중4, 고3, 대4, 사범3)결정

연도	월일	내용
	2	전시하 교육특별조치(부족한 교육조건 극복하며 교육진행)'
	2.13	4월 1일을 학기 초로 정함
	3.5	*한·일 통상회의 개최
	3	교육법 개정(6.3.3제 신학제, 시간 배당 기준령 개정)
	3.27	문교부, 6-3-3-4 신학제 실시
	4.12	초급대학 15교(공립실계 7, 공립여자 3, 사립인문실계 5)설치
	5.8	백낙준 제2대 문교부 장관 취임
	5.17	덕성여자초급대학 설립인가
	6.1	6년제 의무교육 실시(신학년도 시작)
	6.26	6·25 사변으로 교육 일시 중단
	7.8	*휴전 예비회담 개성에서 개최
	7.10	*휴전회담 본회의 개성에서 시작
	10.6	*한·일 예비회담 개최(동경)
	10.16	서울시 초·중등학교 일제 개교
	10.20	*제1차 한·일 회담 개막(동경)
1951		교과 과정 연구 위원회
	10.21	한일회담 예비회담
1952	2.15	*제1차 한·일 회담 개시(이승만정부, 吉田茂정부 ~4.26결렬)
	4.8?	교육법 학교제도에 따라 중고등학교 완전 분리, 한강 이남지역 지방교육 자치제 실시
	4.26	*제1차 한·일 회담 결렬
	7.19	문교부장관이 외국어학교 창설을 언명
	7	근화여자초급대학 설립인가(명지대학 전신)
1953	1.5	*이 대통령 도일, 吉田수상과 회담
	3.11	문교부, 교수요목 제정 심의위원 위촉
	4.15	*제2차 한·일 회담 개최(~7.23결렬, 평화선, 재일교포 강제퇴거)
	4.20	국민학교 설치령 공포
	10.6	*제3차 한·일 회담 개최(15일 久保田망언"일본의 36년간의 한국통치는 한국인에게 유익했다", 21일 결렬)
1954	4.20	문교부령 제35호('교육과정 시간 배당 기준령')
	4.26	교육과정 시간배정 기준령 공포
	4	조양보육초급대학 개교(경기대학전신)
		「國費外國人留學生招致制度」 발족(제1기생 23명). 東京外大와 大阪에 1년제 留學生別科 설치.
	10.10	문교부, 반공·반일 교육강화 요강 시달
	12.30	문교부, 초·중·고교용 교과서 개편 작업 완료
1955	4.8	문교부, 각급 학교에 1000자 이내의 상용한자 교육을 실시하도록 지시
	8.1	제1차 교육과정(교과과정) 공포, 문교부령 제44, 45, 46호(각급학교 교과별 교과과정).

		대학설치 기준령(대통령령제1063호)
	8.1	문교부, 중·고등학교 교과서 개편을 공포
1957	5.4	대전보육초급대학 설립인가
	7	*한일회담 예비회담
		형설문화사편집부편『알기쉬운 일본어』출판, 대구 형설문화사
1958		교육과정 개정에 대한 기초 조사 시작
	4.15	*제4차 한일회담, 제일교포 북송문제로 난항, 이승만 정권 붕괴로 중단
1959	1	*한일회담 무기 연기
1960	4.20	『표준 일한사전』을 형설문화사에서 발행(장하린)
	10.25	*제5차 한일회담(면 내각), 5·16 사건으로 다시 중단
1961	2	*민의원, 대일정책결의안(선국교 후경제)
	2.1	한국외국어대학 일어과 '신입생모집요강'(1961년 외대학보 제43호 제1면)
	4.1	한국외국어대학에 일본어과 설립인가
	5·16	*박정희 군사 구테타 7월 최고회의 의장
	10.10	박성원 편저『표준일본어교본 1』발행(장문사)
	10.20	*제6차 한일회담(박정희 군사정부)
	11	*박정희 의장 이케다 일본수상과 일본에서 회담
1962		일본에서「外国人을 위한 日本語教育学会」발족.『日本語教育』창간.
	2.12	문교부, 5년제 실업전문학교 신설 방침
	3.8	문교부 22개 초급대학의 개편 및 설치를 인가
	3.20	박성원 편저『표준일본어교본 2』발행(장문사)
	4.16	문교부, 고등공민학교 개편추진
	5.9	문교부 장관, 5년제 실업고등전문학교 구상 언명
	6.16	『일본어 교육』창간준비호 발행. 일본어 교육학회(일본)
	7.25	문교부, 실업교육강화 방안 발표
	9.1	외대에 처음으로 어학실습실 설치
	9.15	정문웅 편저『최신 일본어연구』발행
	11.12	*김종필, 大平메모 교환
	12.10	『일본어 교육』제1호 발행. 일본어 교육학회(일본)
1963	2.28	제2차 교육과정 공포(문교부령 제121호)
	2.14	국제대학에 일어일문학과 설치. 63년도 신입생합격자 명단(1963년 2월 14일자 국제대학보)
	12.17	*박정희, 제5대 대통령 취임, 제3공화국
1964	3.9	*제6차 한일회담 본회의
	3.24	*한일회담반대 거센 학생시위
1965	6.22	*한일 기본조약 조인
		일본이 전후 처음으로 국비생을 한국에 할당

1966	4.10	『완벽 일한사전』을 휘문출판사에서 발행(박성원)
1966	9.5	문교부, 교과서의 원만한 생산과 적기 공급을 위해 국정교과서 회사를 설립하기로 결정
1967	7.1	*박정희, 제6대 대통령 취임
1968	1.20	문교부, 농고, 농전 출신에게도 국민학교 교사 자격 부여를 위한 관계 법령 개정 추진
	4.15	『새 한일사전』을 휘문출판사에서 발행(김소운)
	5.3	동아일보 한자 전폐 반대 사설
	10.15	3년제 통신대학 설치, 4개학과 방송으로 강의
	10.25	「대통령 지시 한글전용 촉진 7개 사항」을 문교부에 지시
	12.	「한글전용에 관한 총리 훈령」(68호)
	12.5	국민교육 헌장
1969		*삼선개헌. 박정희의 3선을 목적으로 추진되었던 제6차 개헌.
	9.	「국민학교 교육과정 개정령」(251호) 교과서에서 한자폐지
	9.4	제2차 교육과정령 개정령(문교부령 제251호), 에스파니아 추가
1970	1.1	교육법 개정(법률 제2175호), 전문학교 설치
	11	*새마을 운동 시작
1971	3.11	문교부, 고등학교의 한문교육 강화를 위해 실업고교에서도 선택과목으로서 전체 36~72시간에 걸쳐 한문을 가르치기로 결정
	7.1	박정희, 제7대 대통령 취임
1972	1.12	처음으로 연세대, 서강대, 이화여대 등 3개 대학교 대학원이 신학기부터 '상호교환수강제'를 실시하기로 함
	1.26	문교부, 해외 유학 대상국에 일본을 추가
	2.23	문교부, 1973학년도 고교(고등전문 포함) 입시전형요강을 확정 발표
	2.28	한문교과 신설
	5.5	문교부, '각종 학교의 학력 인정에 관한 규정'을 새로 제정
	5.13	문교부, 각종 학교에 대한 학력인정규정을 새로 마련하고, 학교법인이 설치된 곳에 한해서 상급학교 입학 자격을 인정
	5.31	문교부, '고교입학고사 내신을 위한 체력장제 실시 요강'을 확정 발표
	6.1	서울대학교 부설 방송통신대학개강
	6.7	문교부, 중·고등학교 한문교육용 기초한자(시안) 1781자를 선정 발표
	6.9	문교부, 박사학위 수여 규정 공포
	7.5	박정희 대통령 고등학교에서 일본어를 가르칠 것을 지시
	8.16	문교부, 2학기부터 가르치게 될 중·고등학교 한문 교육용 기초한자 1800자를 확정 발표
	8.25	대학교과 부전공제 시행
	8.30	한국교육개발원(KEDI) 정식 발족
	8.16	「한문 및 한자교육을 위한 교육용한자」(1천8백자)제정
	10.2	『국제교류기금』 발족

	10.17	*박정희 대통령이 장기집권을 목적으로 단행한 초헌법적 비상조치.
	11.21	*개헌국민투표 실시(유신헌법). 투표율 91.9%, 찬성 91.5%, 반대 7.6% → 제4공화국
		검정교과서 단일화(~1974)
1973	1.27	서울대학교 교수회관에서 한국일본학회 발기인 대회 개최
	2.1	서울대학교 교수회관에서 한국일본학회 창립 총회, 제1회 임원회(회장 구병삭, 부회장 정명환·이영구, 총무간사 민성홍, 학술간사 백기수, 편집간사 안병주, 감사 이석열), 학보 발간 연구위원 위촉(김치선, 송민, 오정열, 이치백, 전응열, 천혜봉)
	2.14	제2차 교육과정 2차 부분개정. 일본어 교육과정 발표, 문교부령 제310호
	3.6/1	한국외국어대학 대학원에 일본어과 석사과정 설치
	3.16	문교부, 2학기부터 고등학교에서 일본어 교육을 위한 일본어 교육과정을 발표(40년사)
	5.6	한국일본학회 제2회 임원회 개최, 신입회원 입회승인
	8.25	『일본학보』제1집 발행(한국일본학회)
	8.31	제3차 중학교 교육과정 공포(문교부령 제325호)
	11	『엣센스 일한사전』을 민중서관에서 발행(손낙범)
	4.10	『일한사전』을 휘문출판사에서 발행
1974	2.28	서울대 부설 한국방송통신대학 제1회 졸업식
	3.23	방송통신고등학교 개교
	6.18	문교부 인문계 고등학교 교육과정 개정안을 마련하여 발표
	7.11	문교부, 1970년이래 한글만을 전용해오던 중고교 교과서 체재를 개편, 한자를 한글과 병행키로 확정 발표
	9.1	한국외국어대학교 외국어 연수원에 일본어과 개설
	9.20	문교부 인문계 고등학교 교육과정 개정 최종안 확정 발표
	12.31	제3차 인문계 고등학교 교육과정 공포(문교부령 제350호)
1976		검인정 교과서 파동
	2.23	제3차 실업계 고등학교 교육과정 공포(문교부령 제379호)
	9.12	제2외국어 퇴조(인문고 졸업반 대학입시 제외로)
		예비고사에 일본어 추가, 본고사 1.1% 응시
1977	2.8	11개 방송통신고 첫 졸업식, 최고령자는 43세
	〃	교육법 시행령 개정
	2.28	제3차 인문계 고등학교 교육과정 개정령(문교부령 제404호)
	3.18	검인정 교과서 부정사건
	7.2	교육법 시행령 개정
	8.22	검인정 교과서 (대통령령 8660호), 교과용 도서에 관한 규정 개정(대통령령 8660호)
	9.1	1종도서 개발을 한국교육개발원, 학술단체 등에 위탁
		日本語教育學會가 사단법인이 됨
1978	5.29	문교부, 각급학교 신입생 전형 요강 확정발표, 대학 및 전문대에 예시 성적 50%반영 등

	4.21	문교부, 대입예비고사 개선과 과외 해소책 발표 (~1981년)
	3.1	한국외국어대학교에 야간강좌 개설
1979	9.1	한국외국어대학교에 동시통역대학원에 한일과 설치, 무역대학원 일본어
	10.26	*박정희 암살됨
	12.21	*최규하, 제10대 대통령 취임 ~1980
	12.30	『일어일문학연구』제1집 발행(한국일어일문학회)
	3.1	문교부, 중앙대 및 경상대에 교육대학원 시설 인가
	5.18	*계엄포고령 제10호 발령
	7.30	국보위, 1981학년도 입시부터 대학별 본고사제를 폐지, 출신교의 내신성적과 예비고사 성적으로 입학자를 선발하는 등 교육정상화방안을 발표(7.30 교육개혁)
1980	9.1	*전두환, 제11대 대통령 취임 → 통일주체 국민회의에서
	10.2	한국외국어대학교 용인캠퍼스에 일본어과 설치
	11.24	한국외국어대학교 대학원 일본어과에 박사과정(외대 40년 p.209) 설치
	12.19	국무회의 교육법 중 개정안 의결, 현행 대입예비고사제를 학력고사제로 전환
	12	『일본연구』제1집 발행(중앙대학교 일본연구소)
	1.27	문교부, 올해부터 새로 실시된 대학입시제도에 문제점이 있다고 판단, 보완책을 마련할 방침
	3.3	전두환, 제12대 대통령 취임 → 제5공화국, "평화적 정권교체"
	7.13	문교부, 해외 문호 확대 조치에 따라 중·고교 영어교육을 생활 영어 위주로 전환 방침
	7.18	문교부, 외국어 교육 개선 연구위원회 구성
1981	7.24	문교부, 고교 내신제 시행 지침 확정 발표
	10.13	문교부, 국민학교 영어 교육을 공식화, 1982학년도부터 특활시간에
	11.20	문교부, 유·초·중·고교 교육과정 개편안 마련, 내용 쉽게하고 학습량 줄임
	11.25	한국외국어대학교 교육대학원에 일어교육과 설치
	12.20	『일본학』제1집 발행(동국대학교 일본학연구소)
	12.31	제4차 교육과정 공포(문교부 고시 제442호)
1982		대입학력고사 일본어 선택학생 증가 (~1986년)
	1.5	문교부, 유·초·중·고교 새교육과정 확정 고시
1984		일본어능력시험(JLPT) 시행
1985	4.30	『일본문화연구』창간호 발행(한국외국어대학교 일본문화연구회)
	8	『일어교육』제1집 발행(대한일어교육연구회)
1986	11.25	대학입시제도 개선안 발표. 제1외국어, 제2외국어 구분이 시작됨. 제1외국어는 필수, 제2외국어는 선택, 일본어선택급증
1987	6.10	*유월 항쟁, 헌법 개정
	11.24	학력고사에서 제2외국어와 실업과목을 동일과목으로 해서 학생이 선택하도록 함 (4.4% 외국어 선택). 일본어 시험문제 난이도 올림
1988	2.25	제2외국어와 실업과목 선택 대학에 맡겨짐

	〃	*노태우, 제13대 대통령 취임(제6공화국 출범)
	3.31	제5차 교육과정 공포(문교부고시 제88-7호)
	9.17	*제24회 올림픽 개막(88서울 올림픽)
1992	6.30	*1992 한국문화통신사 기행, 가야문화전 개막식과 한국의 밤 행사를 개막(일본)
	10.30	제6차 교육과정 공포(교육부고시 제1992-19호)
	11.8	*노태우 대통령, 일본방문 중 宮澤총리와 정상회담(京都)
	11.27	*대덕연구단지 준공
1993	2.25	*김영삼, 제14대 대통령 취임
	4.1	*김영삼 대통령 조선 정궁인 경복궁의 완전 복원을 위해 국립중앙박물관을 이전토록 지시
	10.15	*청와대, 일제때의 총독관저 건물인 구본관의 철거공사 시작
1994	1.6	수학능력시험 및 본고사 실시. 대입 본고사 14년 만에 부활. 수학능력시험에서 제2외국어 제외. 서울대 제2외국어선택에서 일본어 제외
1995	5.31	신교육 개혁방안 발표
	8.11	교육부, 광복50주년을 맞아 '국민학교' 명칭을 '초등학교'로 변경한다고 발표
		영어가 학교선택교과가 됨
	12.27	『일본어문학』제1집 발행(한국일본어문학회)
		『Foreign Languages Education』창간호 발행(한국외국어교육학회)
1997	10.31	*새 국립중앙박물관 건물 착공
	12.30	제7차 교육과정 공포(교육부고시제1997-15호)
1998	1.4	교육부, 제7차 초·중등학교 교육과정 개정안 확정고시. 교과내용 30%축소하고 초·중·고에 능력별 수업도입
	2.25	*김대중, 제15대 대통령 취임
	5.17	교육부, 1999년부터 외국대학 설립 전면개방 발표
1999	12.31	『일본어학연구』제1집 발행(한국일본어학회)
2000	4.1	『국제일어일문학』창간호 발행(국제일어일문학 연구회)
	12.8	*김대중 대통령 노벨 평화상 수상(노르웨이 오슬로)
2001		대입수능에 일본어 추가
2001	4	『일본어 교육연구』창간호 발행(한국일어교육학회)
2002	4.9	일본 왜곡 역사교과서 파문
2003	2.26	*노무현, 제16대 대통령 취임
2007	2.28	2007년 개정 교육과정 공포(교육인적자원부 고시 제2007-79호)
2008	2.25	*이명박, 제17대 대통령 취임

•본 연표는 사역원이 두어진 시기부터 2008년까지를 포함한다.

•1895년 12월말까지는 음력으로 월일을 표기하고 그 이후는 태양

력으로 표기하였다.

•다음과 같은 자료를 중심으로 추출되었다.

○이만규(1947)「교육사연표」『조선교육사』하, 을유문화사, pp.460
~488
○이만열(1985)『한국사 연표』역민사
○문교부교육정책심의회 고등교육분과위원회(1973)「한국고등교
육사연표(1945~1972)」『한국고등교육의 실태』부록Ⅱ
○문교부40년사 편찬위원회(1988)「문교사 일지」『문교 40년사』문
교부
○한국정신문화연구원(2004)『한국사연표』동방미디어(주)
○본고의 기술에 사용된 내용
• 교육사 이외의 일반에는 ＊표시를 붙였다.
• 월·일이 공란인 것은 월·일이 확실하지 않다는 것이고, '〃'부
호는 위와 같은 월.일을 말한다. '?' 부호는 연도가 확실치 않을 때
사용하였다. ( )속의 숫자는 인용한 문헌에 따라 날짜가 다름을
의미한다.

제5장
결 어

　본 연구는 지금까지 한국의 학교현장에서 실천 되어온 일본어 교육사의 역사적 맥락을 이해하기 위해, 한국에서 이루어진 일본어 교육의 목표, 내용, 방법, 평가, 교과서 등을 중심으로 특성을 파악하고자 하였다. 그리고 그것이 어떤 측면에서 변화되어 갔는지에 대해서도 주목하였다.

　①일본어 교육의 **목적**을 시대별로 보면 경국대전기는 일본어 통역관 양성 교육이었으며, 학부령기는 신지식·신기술 습득을 위한 보통학 교육이었고 조선교육령기는 일본 식민화를 위한 보통 교육이었으며 교육과정기는 교양인 교육으로 바뀌면서 진행되었다.

　②일본어 **교육기관**으로는 경국대전기에는 사역원·지방왜학·우어청이 있었고, 학부령기는 소학교(심상과·고등과)·중학교·사범학교·외국어학교·실업학교가 있었으며, 조선교육령기에는 보통학교(소학교·초등학교)·실업학교·고등보통학교(중학교)·사범학교·전문학교·대학(2차 이후)이 있었으며 교육과정기에는 중학교(7차 이후)·고등학교(2차 이후)·대학교(1961년 이후)·전문대학(1972년 이후)·대학원(1973년 이후)이 있어서 일본어 교육을 담당하였다.

　③교육 **내용**은 경국대전기부터 1922년 제2차 조선교육령기 전까지

는 읽기·쓰기·말하기 순으로 비중이 두어지다가 제2차 조선교육령기에 짓기(綴方)가 추가되어 쓰기가 더욱 강조되고, 제4차 조선교육령기에 처음으로 듣기(聞方)가 일본어 교육에 추가된다. 교육과정기에는 4기능이 모두 제시되나 각 교육과정기에 따라 4기능의 비중이 달라졌는데, 2차 3차에서는 듣기→읽기→말하기→쓰기 순으로, 4차 이후부터는 듣기→말하기→읽기→쓰기 순으로 비중이 두어졌다. 특히, 학부령기에는 교수법보다는 교육 내용에 관심이 두어졌는데, 당시로서는 신교육을 통해 민족적 위기를 극복해야 한다는 대전제 때문에 "무엇을" 가르치고, 배워야 하는가가 훨씬 더 긴급한 문제로 부각되었기 때문으로 보인다.

④**교수법**에 대하여는, 경국대전기의 일본어 교육은 완전히 외울 때까지 반복 암송을 통하여 암기한 후, 교사와의 문답을 통하여 정착을 확인하고, 정착이 확인되면 다음단계로 진행하는 서당식 교수법이 주가 되었다. 따라서 교사와 학생간, 교사와 소집단별 개별학습이 중심이 되었고, 개인의 능력에 따라 학습량이 조절되었으며, 평가가 철저하여 앞의 단계를 완성할 때까지 다음 내용으로 진행하지 못하는 완전학습 방법이었다. 즉, 능력별 학습, 소집단 학습, 완전 학습이었다. 학부령기는 교육 내용에 관심이 집중되었던 시기로 교육 방법으로는 학급 전체를 대상으로 하는 설명식 교수법이었다. 교육내용이 '가까운 것에서 먼 것으로, 단순한 것에서 복잡한 것으로' 배열되어 있는 것으로 미루어 볼 때, 페스탈로찌의 실물 교수법 등의 변형인 소위 '개발주의 교수법'이 적용된 것으로 보인다. 이 시기부터 일본어 교육은 서당식 개별학습에서 대단위 집단을 대상으로 하는 설명식 교수법으로 바뀌기 시작하였다. 조선교육령기는 일본에서 풍미하던 '3단계 교수법'이 모든 과목에 적용되었다. 3단계 교수법이란 헤르바르트 주의의 5단계 교수법(분

석→총합→연합→계통→방법)을 라인이 교육자의 5단계 교수법(예비
→제시→비교→통합→응용)으로 적용하고 이것을 일본에서 받아들여
다시 3단 교수법(예비→교수→정리)으로 변형시킨 것이다. 3단계 교수
법은 '예비 단계'에서 교과서를 1회 읽힌 후 교사가 전체 학생을 대상으
로 예비문답을 하고, '교수 단계'에서 본시의 내용을 다시 2회 읽히고
교사의 어구 해석과 내용에 대한 질의응답을 한 후, '정리 단계'에서 다
시 교과서를 정독으로 1독하게 하는 것으로 구성된 주입식 교수법이
다. 식민지기의 전국 어느 교실에서나 동일하게 기계적인 수업이 진행
되었다. 판서도 일률적이어서 교사가 중요한 내용을 요약하여 판서한
후 쓰기를 지시하면 학생이 필기하는 방식으로 이루어졌다. 당시의 학
교 제도로 보아 교사의 수준이 낮았던 점과, 한국인을 효과적이고 일률
적으로 동화시키기 위해서는 교수방법의 조직화, 획일화가 필요하였을
것이다. 이와 같은 주입식, 일률적인 수업은 한국의 교육에 영향을 미
쳐서 오늘날까지 남아있는 병폐 중에 하나이다. 교육과정기는 제2차에
서 문법역독식 교수법이, 제3차에서 청화식 교수법이 추가되고, 제4차
에서 청화식 교수법과 인지주의적 교수법이 주가되었으며, 제5차에서
시청각 교수법이 추가되고, 제6차에서 의사소통중심 교수법과 인본주
의적 교수법이 추가되어 7차에 이르고 있다. 제6차와 제7차는 적용된
교수법은 비슷하나 교과서 실러버스에서 차이를 보이고 있다. 제6차는
기능(技能), 구조, 상황, 기능(機能) 실러버스로 구성된 것에 반하여 제
7차는 기능, 구조, 상황, 기능, 내용, 과제, 화제 실러버스로 구성되어
있다. 제7차에서는 거의 모든 교수법과 실러버스가 적용되어, 4기능 통
합 수업, 학습자 중심 활동 수업, 학습의욕을 높이는 흥미로운 수업, 소
집단·학생 상호간 수업, 실제 장면 체험 수업 등의 학습자 중심 수업
을 구성하고 있다.

⑤경국대전기의 **평가**는 교사 앞에서 전일에 배운 것을 암송하여 통과된 사람은 당일의 과제를 받는다. 평가가 철저하여 앞의 단계를 완성할 때까지 다음 내용으로 진행하지 못하는 완전학습 방법이었고 상·벌 또한 철저하였다. 학부령기의 평가는 교사 앞에 나아가서 외우는 방법으로 시험이 치러졌다. 만약 막히거나 틀리면 엄중하게 다뤄졌고, 갑, 을, 병, 정으로 등급을 받았다. 조선교육령기의 평가는 학교장에게 위임되어 있었으며 법제에 정해 평가는 없었다. 점수로 기록하는 통신표가 있었으며 낙제제도도 있었다. 시험지에는 교과서에 있는 대로 써야지만 낙제를 면하였다. 상급학교에 진학하기 위한 입시 경쟁이 치열하였던 시기가 있었던 만큼 평가는 엄중하였을 것이 예상된다. 교육과정기의 평가는 제4차 교육과정기부터 추가되었다. 제4차·5차에서는 언어의 4기능을 고루 평가하여 학습동기를 유발시키도록 하였으며, 제6차에서는 이해기능과 표현기능을 고루 평가하도록 하였고, 제7차에서는 의사소통중심 4기능을 평가하되, 의사소통 활동에 임하는 적극적인 태도도 평가의 대상이며 면접법을 강조하고 있다.

⑥**교과서**에 대해서는 경국대전기에는 왜학 14책·첩해신어가 있었으며, 학부령기에는 일어독본(1907)·보통학교학도용 일어독본(1909)이 발행되었다. 조선교육령기에는 정정보통학교 학도용 국어독본(1911)·보통학교국어독본(1912)·정정재판 보통학교 국어독본(1918)·보통학교 국어독본(1923)·보통학교국어독본(1930)·국어독본(1937)·초등국어독본(1939)·초등국어(1943)가 발행되었으며, 교육과정기에는 일본어독본(1973)·일본어(1979, 1984, 1990, 1996, 2002) 등의 교과서가 발행되었다.

이번 연구는 다음과 같은 일을 하였다.

첫째, 각각의 시대별로 연구되었던 선행업적들을 일정한 시대구분을 중심으로 하나로 모았다는 것에 가장 큰 의의를 둘 수 있다.

둘째, 각 시대별 교육상황을 일목요연하게 파악할 수 있도록 각 대목마다 표로 작성하여 제시한 점이다.

셋째, 국어학·국사학·다른 외국어 분야의 업적 중에서 일본어 관련 연구성과만을 발췌하여 한데 모아 제시하고 논의한 점도 처음 시도한 일이다.

넷째, 교육과정기의 대학교에 대한 기술 중 제1기에 대하여, 새로운 자료의 발굴과 교육사의 일부를 수정한 점이다.

다섯째, 교과 교육학의 기술 항목으로 일본어 교육사를 정립하였다는 점이다.

하지만 시대 전체를 다루다 보니 미진한 점 내지 앞으로 해결해야 할 문제들이 남아 있다. 몇 가지를 들어 차후의 과제로 제시하면 다음과 같다.

첫째, 우어청의 일본어 교육에 대하여 새로운 자료발굴이 필요하다. 사역원과는 달리 회화교육이 중심이 된 곳이 우어청이나, 현재까지는 자료의 부족으로 우어청의 회화교육에 대한 양상을 확인하기 어렵기 때문이다.

둘째, 일어학당에 대한 자료도 좀더 찾아낼 필요가 있다. 왜냐하면 필자가 보기에는 일어학당의 성격을 좀더 규명할 필요가 있다고 생각하기 때문이다.

셋째, 학부에서 편찬한 『일어독본』중에서 권1, 권2만 각각 두 종류가 있어, 삽화의 유무·표기법·신출자의 제시 위치 등을 비롯하여 그 체제를 약간씩 달리하고 있는데, 그 선후관계를 규명해야 한다.

넷째, 조선교육령기에 발행된 교과서 중 같은 날 발행되었으나 판권이 서로 다른 교과서가 발행된 이유를 포함하여 학부령기, 조선교육령기에 발행된 교과서의 전체적인 양상을 고찰할 필요가 있다. 특히, 한국과 일본에서 이루어진 연구와, 양국에 흩어져 있는 교과서를 종합하는 연구가 있어야 할 것이다.

다섯째, 학부령기와 조선교육령기에 대한 명칭 및 시작년도에 대하여 연구자간에 의견 접근이 필요하다. 연구자에 따라 제각기 다른 시대구분을 하고 있어서, 독자에게 혼란을 야기 시킬 가능성이 있기 때문이다.

여섯째, 사역원 말기부터 일어학교로 이어지는 과도기의 양상을 보여주는 자료를 추적 발굴해야 한다. 사역원에서 역관 교육을 하다가, 갑오경장 직전에 근대적인 교육이 등장하였을 때 사역원은 어떻게 없어지게 되었는지 등, 사역원의 마지막 상황을 알 수 있는 자료가 부족하기 때문이다.

일곱째, 일본어 교육에 대한 기록을 정확하게 남겨서 후학의 참고가 가능하도록 해야 한다.

참고문헌

- 본 참고문헌의 정리는 국가별 출판 중심으로 이루어졌다. 즉, '한국 문헌'이란 한국에서 출판된 문헌을 말하며, '일본 문헌'이란 일본에 서 출판된 문헌을 말한다.

한국 문헌

金沢庄三郎(1912)『国語教授上参考すべき事項』조선총독부내무부학무국

鹿子生儀三郎(1912)『国語教授法』조선총독부

강덕구(1989)「AL방식과 CL방식에 의한 일본어 교수법 고찰」『동래여자전문대논 문집』8, 동래여자전문대, pp.85~101.

강민경·이정숙(2001)「일본어교과 교육실습 현황에 관한 분석연구」『일어교육』제 19권, 한국일본어 교육학회, pp.71~90.

강성아(1999)『일본어 교재의 어휘 조사 연구』고려대학교 대학원 석사학위논문

강신항(1978)『이조시대의 역학정책과 역학자』(국어학연구선서4), 탑출판사

______(1992)「한·일 양국 역관에 대한 비교 연구」『인문과학』23, 성균관대 인문 과학연구소, pp.33~58.

______(2000)『한국의 역학』서울대학교 출판부

강윤호(1975)『개화기의 교과용도서』교육출판사

강인수(1980)『한국제헌국회의 교육법제정과정연구』고려대학교 교육대학원 석사 학위 논문

계명사편집국편(1991, 1992)『문교행정 법령전집』계명사

고임영 외(1999)「전국 고등학생 일본어 학력 경시대회 출제경향 분석」『일어교육』 15, 한국일본어 교육학회, pp.57~74.

곽대기(1985)「고등학교 일어과 평가문제에 나타난 출제경향분석」『일어교육』1, 대

한일어교육연구회 관립한성외국어학교, pp.31~42.

교육부(1992) 『고등학교 교육과정』교육부

______(1995) 『고등학교 외국어과 교육과정 해설(Ⅱ)』교육부 고시 제1992-19호
(1992.10.30 교육부 고시 제1992-19호)에 따른 (독일어Ⅰ·Ⅱ, 프랑
스어Ⅰ·Ⅱ, 에스파냐어Ⅰ·Ⅱ, 중국어Ⅰ·Ⅱ, 일본어Ⅰ·Ⅱ, 러시
아어Ⅰ·Ⅱ)

______(1998) 『교육 50년사(1948-1998)』청운인쇄

______(1998) 『교육 50년사(1948-1998)』청운인쇄

______(1998) 『고등학교 외국어과 교육과정(Ⅱ)』교육부 고시 제1997-15호[별책
14](교육부 고시 제1997-15호)에 따른 『고등학교 교육과정 해설
-12 외국어-』

______(1999) 『중학교 교육과정 해설(Ⅴ)』대한교과서

교육평론사(1977a) 「문교부 교과서제도 개선」 『교육평론』 통권226호, p.32.

_________(1977b) 「문교부 새교과서 정책」 『교육평론』 통권227호, p.19.

교학도서(1975) 『인문계 고등학교 교육과정』 문교부령 제350호

_______(1975a) 『인문계 고등학교 교육과정』교학도서

_______(1975b) 『인문계 고등학교 교육과정 해설』교학도서

_______(1977) 『중·고 새종합교육과정 및 해설(외국어)』3차(1973.2.14공포 문교
부령 제310호)(1973.8.31공포 문교부령 제325호)(1974.12.31공포 문
교부령 제350호)(1977.2.28공포 문교부령 제404호)

熊谷明泰(1987) 「太平洋戦争期の外国人に対する日本語教育-日本語教育振興会の
問題を中心として」『韓国外大論文集 20』韓国外国語大学校, pp.691
~710.

국립중앙도서관 디지털 『일어독본』디지털 국립중앙 朝12-B23-2-1-8(1909)

___________(1976) 『교과용도서전시목록:1880년대(구한말)~1945(해방전)』국립
중앙도서관

___________(1979) 『한국 교과서 목록(1945~79)』국립중앙도서관, pp.502~503

국제대학 『마이크로필름 19~19』국제대학 학보사

권만혁(1981) 「韓国における日本語教育の現況と問題点」 일어일문학회지 별책, 한

국일어일문학회, pp.29~54.

권은숙·황자인(1986)「전문대학 일어통역과 교육과정 개발에 관한 연구」『기전여
자전문대학 논문집』제6집, pp.92~93.

권해주(1987a)「日本語의「漢字語用言」과 韓国語의「用言 ~하다」의 대응관계 고
찰 -현행 고등학교 일본어교과서의 어휘를 중심으로」『日語教育』3,
大韓日語教育研究会, pp.87~103.

______(1987b)『현행 고등학교 일본어교과서 어휘의 빈도 및 분포에 관한 연구』경
상대학교 교육대학원 석사학위논문

______·松本修輔(1997)「韓国の初級日本語教材における文化語分析-現行高等学
校日本語教科書10種による」『慶尚大校論文集』36, 慶尚大学校, pp.1
9~38.

______·안병곤(1989)「고등학교 일본어 교육에 있어서의 기본어휘 선정에 대한
연구 -제5차 교육과정을 중심으로」『日語教育』5, 한국일본어 교육
학회, pp.5~101.

김광식(1972)「일본어 채택의 역사적 배경」『새교육』216, 대한교육련합회, pp.14~
19.

김광태·김계숙(2001)「중학교 일본어학습에 관한 현황 및 학습자의 욕구」『일본어
학연구』제4집 pp.49~62.

김규창(1967)『일제의 대한언어교육정책 -조선어 폐지와 일어교육보급』서울대교
육대학원 국어교육전공, 교육학석사학위논문

______(1972)「조선어과 시말과 일본어 교육의 역사적 배경」『서울教大論文集』5,
서울教育大学, pp.19~59.

______(1985)『조선어과 시말과 일어교육의 역사적 배경』김규창교수 유고논문집
간행위원회

김기민(2004)『첩해신어의 개수 과정과 어휘 연구』보고사, 부록 :『改修捷解新語
釈文』수록. 参考文献 (pp.320~327) 및 索引

김기서(2003)「교과과정에 나타난 일본고전어문학 교육의 실태와 과제」『일어일문
학연구』제44집, 한국일어일문학회, pp.187~204.

김남숙(1994)「외국인을 위한 일본어 교수법의 고찰」『한양여자전문대논문집』17,

한양여자전문대학, pp.13~40.

김덕준(1997a) 「效果的な日本語教授法に関する考察 -変化と動きを中心に」『勝山鄭致薫教授停年記念論文集』동 간행위원회, pp.57~78.

______(1997b) 「效果的な日本語教授法に関する考察」『일본어문학』4, 일본어문학회, pp.231~250.

김동완(1993) 「한국인의 일본어인식과 일본어교수법에 관한 연구 -특히 한·일양국어의 비교대조를 중심으로」『인문논총』3, 울산대학교, pp.25~49.

김두문(1987) 「일본어 새 교수 -학습자료의 개발을 통한 고교생의 듣기, 말하기 능력 신장」『일어일문학연구』제10집, 한국일어일문학회, pp.31~52.

______(1988) 「일본어 듣기, 말하기 능력 신장을 위한 새교수 -학습자료 개발」『일어교육』4, pp.2~25.

김만곤(1970) 「한말 일제 통감부의 언어정책」『전주교육대논문집』5, 전주교육대학, pp.383~406.

______(1972) 「조선총독부 초기의 언어정책에 대하여」『전주교육대논문집』7, 전주교육대학, pp.1~31.

______(1976) 「일제의 속령지에 대한 언어교육정책비교고」『전주교육대논문집』12-3, 전주교육대학, pp.19~37.

김방한(1966) 「『삼학역어』·『방언집석』」『백산학보』제1호, 백산학회, pp.91~132.

김숙자(1994) 「한국의 일본어 교육의 현황과 과제」『일어일문학연구』제25집, 한국일어일문학회, pp.351~377.

______(1996) 「한·일어의 바람직한 교재를 위하여」『일본학보』제37집, 한국일본학회, pp.13~26.

김양수(1983) 「조선후기 역관에 대한 일연구」『동방학지』39집, 연세대 동방학연구소, pp.31~63.

김영권(1995) 「일본어 교과과정에 대한 학습목표 설정을 위한 연구방법 소고」『한림전문대논문집』25, 한림전문대학, pp.73~91.

김영애(1996) 『현행 고등학교 일본어 교과서 어휘에 관한 연구』경상대학교 교육대학원, 석사학위논문

김영우(1997) 『한국개화기의 교육』교육과학사

김영황(1999)『조선 언어학사 연구』박이정

김은석(2001)「『첩해신어(捷解新語)』에 나타나는 2인칭대명사에 대하여 -「이쪽(こなた)」와 「그쪽(そなた)」를 중심으로」『일어일문학연구』제38집, 한국일어일문학회, pp.63~79.

김인숙·황영희(2001)「현행 고등학교 일본어 교과서의 어휘 조사 연구 -제6차 교육과정 『일본어(Ⅱ)』를 중심으로」『일본어학연구』제4집, 한국일본어학회, pp.77~92

김재우(1987)『조선총독부의 교육정책에 관한 분석적 연구』한양대학교 대학원 박사학위논문

김종학(1976b)「韓国の高校における日本語教育」『日本学報』4, 韓国日本学会, pp.151~160

김 철(1988)「전문대학 일본어과 수정 교육과정 개발·운용방안」『경남전문대논문집』16, 경남전문대학, pp.347~370.

김태호(1998)『멀티미디어를 활용한 일본어학습 효과에 관한 연구』고려대학교 교육대학원 석사학위논문

김현명(1983)「국어를 매체로 한 일본어 교육에 대한 소고」『호서대논문집』2, 호서대학, pp.169~206.

김홍수(1992)『한국역사교육사』교과서연구총서 12, 대한교과서주식회사

나성영(1984)「일·한 양언어의 음성적 일고찰」『일본학지』계명대학교 일본문화연구소, pp.105~134.

남창균(1995)『일제의 일본어 보급정책에 관한 연구-일제 말기를 중심으로』경희대대학원, 사학과 석사학위논문

노영택(1979)『일제하 민중교육운동사』탐구당

竹田恵子(1988)「学習者中心の教授法 -TPRについて」『日本学報』韓国日本学会, pp.127~146.

田中稔(1937)「第五學年綴方指導案」『朝鮮の教育制度』第101號, 朝鮮初等教育研究會, pp.285~291.

대한교과서(1988)『고등학교 교육과정』대한교과서

________(1990)『일본어 용례사전』대한교과서

帝國地方行政學會朝鮮本部編輯局 編(1932)『朝鮮公用文の研究』(朝鮮本)京城 : 帝
　　　　國地方行政學會

松浦鎭太郎(1933)「朝鮮敎育の發達」『朝鮮總覽』조선총독부, pp.643~660.

명지실업전문대학교육문제 연구소(1993)『전문대학 전공교육과정 개정에 관한 연
　　　　구』명지실업전문대학

문교40년사편찬위원회(1988)『문교40년사』문교부

문교법전편찬회(1978)「교과용 도서에 관한 규정」『1978년판 문교법전』교학사

문교부(1960)『한국국립고등교육기관 실태조사 보고서』문교부

＿＿＿(1962)『전국고등교육기관 일람』(등사본) 문교부학교관리국

＿＿＿(1962)『고등학교 교육과정(안)』문교부

＿＿＿(1963)『전국고등교육기관 일람』(등사본)문교부

＿＿＿(1974)『인문계 고등학교 교육과정(별책3)』문교부

＿＿＿(1974)『인문계 고등학교 교육과정(별책3)』문교부

＿＿＿(1979)『인문계 고등학교 교육과정(별책3)』문교부

＿＿＿(1981)『고등학교 교육과정(별책4)』문교부

＿＿＿(1982a)『고등학교 교육과정』대한교과서

＿＿＿(1982b)『연수자료 고등학교 새 교육과정 개요』문교부

＿＿＿(1984)『교육과정총람』법제연구원

＿＿＿(1988)『문교 40년사』대한교과서

＿＿＿(1988)『고등학교 외국어과 교육 과정 해설』문교부

＿＿＿(1989)『고등학교 교육과정 해설』삼진인쇄

＿＿＿(1946~1981)『교육과정 총론』pp.14~16

문교부중앙교육행정연수원편(1975~1990)『문교월보』문교부중앙교육행정연수원

문명제(1995)「일어일문 관련학과의 현행 교과과정과 개선안」『대학교육』77, 대학
　　　　교육협의회, pp.85~91.

문제안(1983)「제2언어 교육을 위한 교실구조에 관한 연구 -한국인 학생의 일본어
　　　　교실을 중심으로」『교육연구』2, 원광대교육문제연구소, pp.61~100.

문화정(1978)「일본어 교육에 대한 소고」『청주대학논문집』제11집, pp.247~259.

민광준·전병만·김현기(1996a)「퍼스컴을 이용한 외국어 억양교육 연구 -영어

불어 및 일본어를 중심으로」『Foreign Languages Education』2-1, 한국외국어교육학회, pp.5~24.

______·임민혜(1996b)「음성 교육의 관점에서 본 고등학교 일본어 교과서의 문제점」『일본학보』제37집, 한국일본학회, pp.85~104.

민성홍(1986)「일본어 작문 지도법과 그 제문제에 관한 연구 한국에 있어서의 일본어 교육이라는 관점에서」『외국어교육연구논총』3, 한국외대외국어교육연구소, pp.17~31.

민창문화사(1720/1991)『통문관지』(영인본)민창문화사(1944년 조선총복부 영인본)

박성신(1997)「문화교육을 통한 일본어 교육 향상방인에 관한 연구 일본문화 이해도 측정을 중심으로」『고대일어교육연구』1, 고려대일어교육연구회, pp.67~84.

박성의(1968)「학교교육에 나타난 일제의 어문정책」『아세아연구』6-1, 고려대아세아문제연구소, pp.31~64.

______(1982)「일제하 언어·문자정책」『일제문화침략사』민음사, pp.191~370.

박원희(1993)「한국고등학교 일본어교과서 조사사용분석」『同日語文研究』8, 동덕여자대학교, pp.52~77.

박장경·이광수(1995)「일본어 교육에 있어서의 학교문법」『일본학보』제34집, 한국일본학회, pp.71~90.

박재형(1998)「전문대학 관광일어과의 교육과정 연구 개발 안동과학대학 관광일어과의 교육과정을 중심으로」『일본어문학』제6집, 한국일본어문학회, pp.263~281.

박중화(1909)『精選 日語大海』광동서국

박차환(1994)「한국의 일본어 교육의 현황과 과제 고등학교의 실태를 중심으로」『일어일문학연구』제25집, 한국일어일문학회, pp.401~410.

박혜란(1998)「영상교재를 사용한「일본문화론」수업」『일어일문학연구』제33집, 한국일어일문학회, pp.241~265.

朴熙泰(1981)「第二外国語として日本語の位置」『シンポジウム日本語教育の諸問題発表論文』韓国日語日文学会, pp.61~64.

박희태(1990)「일본어 지도법의 연구 고등학교 학생을 대상으로」『外国語教育研

究論集』6, 한국외대부설 외국어교육연구소, pp.3~30.

배두본(2000)『외국어 교육 과정론』한국문화사

배두본(2001)「제7차 교육과정과 외국어 교육의 방향」『일어교육』제18권, 한국일본어 교육학회, pp.3~11.

배영사편(1970)『중·고등학교 교육과정 주석』배영사

법제처(1470/1978)『경국대전』일지사 (영인본 첨부)

______(1698/1964)『수교집록』법제자료 제16집, 법제처

______(1706/1974)『전록통고』법제자료 제68집, 법제처

______(1785/1963)『대전통편』법제자료 제8집, 법제처

______(1787/1971)『전률통보』법제자료 제47집, 법제처

______(1867/1974)『육전조례』법제자료 제65집, 법제처

斉藤明美(2004)「韓国における日本語教育の概観と問題点」『日本語教育研究』제6집, 한국일어교육학회, pp.41~52.

桜井恵子(1996)「한국 대학생의 일본어 학습 전략에 관한 연구」『Foreign Languages Education』2-1, 한국외국어교육학회, pp.98~115.

桜井恵子·趙文熙(1997)「친밀체 분석-제6차 교육과정하 고교일본어 교과서를 중심으로」『日本学報』39, 韓国日本学会, pp.197~210

佐藤友則(1977)「韓国の大学の日本語学習者に対するニーズ分析」『일본학보』제39집 한국일본학회, pp.211~224.

澤部裕子·金姫謙(2004)「高校生のコミュニケーション能力についての一考察 -インタビュータスクにおける生徒の日本語使用から」『日本學報』제60집, 한국일본학회, pp.97~111.

서영산(1993)「전문대학출신 여성의 고용실태 분석」『배화논총』 배화여자대학, pp.129~156.

서익환(1989)「고등학교 일본어 검인정 8종 교과서의 어휘분석」『일어교육』제5집, 한국일본어 교육학회, pp.103~125.

세종대왕기념사업회(1998)『국역 통문관지 1~4』외교사고전국역1, 신흥인쇄

손인수(1971)『한국근대교육사(1885~1945)』연세대학교 출판부

송기중(1987)「『경국대전』에 보이는 역학서 서명에 대하여(2)」『국어학』16, 국어학

회, pp.151~175.

송　민(1982)「조선통신사의 일본어 접촉」『어문학논총』5집, pp.37~51.

鹽飽訓治(1930)「讀方科指導案例」『朝鮮の敎育制度』第3卷　第1號, 朝鮮初等敎育硏究會, pp.125~130.

＿＿＿＿＿(1931)「普通學校第一學年讀方學習指導の實際」『朝鮮の敎育制度』第4卷　第9號, 朝鮮初等敎育硏究會, pp.98~106.

＿＿＿＿＿(1931)「讀方科成績考査について　-主として鑑賞力の考察」『朝鮮の敎育制度』第4卷　第7號, 朝鮮初等敎育硏究會, pp.38~46.

＿＿＿＿＿(1932)「國語科と入學試驗問題」『朝鮮の敎育制度』第5卷　第2號, 朝鮮初等敎育硏究會, pp.50~62.

＿＿＿＿＿(1933)「話方について思ふ」『朝鮮の敎育制度』第56號, 朝鮮初等敎育硏究會, pp.107~112.

＿＿＿＿＿(1933)「第三學年話方科指導案」『朝鮮の敎育制度』第54號, 朝鮮初等敎育硏究會, pp.91~97.

＿＿＿＿＿(1934a)「普二讀方指導の實例」『朝鮮の敎育制度』第73號, 朝鮮初等敎育硏究會, pp.139~142.

＿＿＿＿＿(1934b)「普一讀方『サムイアサ』指導の實際」『朝鮮の敎育制度』第75號, 朝鮮初等敎育硏究會, pp.239~241.

＿＿＿＿＿(1936)「普通學校　一年讀方『サムイアサ』の指導記錄」『朝鮮の敎育制度』第90號, 朝鮮初等敎育硏究會, pp.109~111.

＿＿＿＿＿(1937a)「實地授業記錄　第二學年一組讀方指導案」『朝鮮の敎育制度』第101號, 朝鮮初等敎育硏究會, pp.275~284.

＿＿＿＿＿(1937b)「普通學校國語讀本修正箇所とその考察」『朝鮮の敎育制度』第104號, 朝鮮初等敎育硏究會, pp.55~76.

＿＿＿＿＿(1937c)「普通學校國語讀本修正箇所とその考察(續)」『朝鮮の敎育制度』第105號, 朝鮮初等敎育硏究會, pp.23~28.

＿＿＿＿＿(1938)「國語科　要旨」『朝鮮の敎育制度』第126號, 朝鮮初等敎育硏究會, pp.31~32.

島內知彦(1999)『日本帝国支配下の朝鮮における日本語敎育』高麗大敎育大學院　日

　　　　　　　　語教育專攻, 교육학석사학위논문

신경애(2004)「대학에서의 통역교육 −한일통역교육의 사례보고와 앞으로의 방향
　　　　　성 제언」『일본학보』제58집 한국일본학회, pp.147~161.

신동로(1994)『교육과정과 교수방법(개정판)』교육과학사

신현하(1991)「일어과 교재연구 및 지도법 −운영의 실제와 문제점」『경상대중등교
　　　　　육연구』3, 경상대학교, pp.7~11.

신혜원(1994)「전문대학 일본어 교육의 현황과 과제」『한일문제 연구논문집』제2집,
　　　　　pp.99~112.

안귀덕외(1993)『한국 현대교육의 재조명』한국정신문화연구원

阿部洋(1987)『해방후 한국의 교육개혁』한국연구원

相澤由佳(2004)「한국의 원어민 일본어교사 수업 실태와 개선방안 연구 −교사의
　　　　　언어, 사용 교재, 수업 방법을 중심으로」『일본학보』제60집, 한국일
　　　　　본학회, pp.113~131.

안병곤(1986)「현행고등학교 일본어교과서 어휘분석」『일어교육』2집, 대한일어교
　　　　　육연구회, pp.33~225.

______・권해주(1989)「고등학교 일본어 교육에 있어서의 기본어휘 선정에 대한
　　　　　연구−제5차 교육과정을 중심으로」『日語教育』5, 한국일본어 교육
　　　　　학회, pp.5~101

______・양원석(1987)「日語教材開発을 위한 資料調査−現行 高等学校 日本語 教
　　　　　科書 分析을 通하여」『日語教育』3, 大韓日語教育研究会, pp.5~62.

안용주(2000)『WBI 일본어 학습 방법과 효과에 관한 연구』동덕여자대학교 박사학
　　　　　위논문

安田章・鄭光共編(1991)『改修捷解新語(解題・索引・本文)』太學社

양원석(1993)「현행 고등학교 일본어교과서의 발음지도에 대한 문제점분석」『日語
　　　　　教育』9, 한국일본어 교육학회, pp.5~32.

양원석 외(1987)「일어교재개발을 위한 자료조사 −현행 고등학교 일본어 교과서
　　　　　분석을 통하여」『일어교육』3, pp.5~62.

양찬우(1972)「문교・공보정책의 새 방향」『새교육』대한교육연합회, pp.42~53.

연구보고 RR 91-16(1991)『방송 통신고등학교 교육 제도 개선 연구(Ⅱ)』방송통신

고등학교

大野謙一(1936)『朝鮮敎育問題管見』朝鮮敎育會

오상훈(1992)「관광일어의 교수방법 및 기본표현」『주형손대준교수화갑기념일본학논총』정훈출판사, pp.431~452.

오성철(1996)『1930년대 한국 초등학교 연구』서울대학교대학원 교육학과 교육사회학전공 박사학위논문

______(2000)『식민지 초등교육의 형성』교육과학사

오세향(1981)『개화기와 일제시대의 영어교육』이화여자대학교 교육대학원 석사학위논문

奧山洋子(1997)「異文化間コミュニケーション敎育と日本語敎育」『日本硏究』12, 中央大學校 日本硏究所, pp.97~121.

오천석(1979)『한국근대교육사』고려서림

외국어교육개선 연구위원 보고서(1972)『한국민주주의 −각급학교 교육지침』

외대약사(1998)『외대 약사』한국외국어대학교

원영환(1977)「조선시대의 사역원제도」『현대사학의 제문제』일조각, pp.257~279.

유길동(1994)「일본어 평가의 현황과 과제 −일본어 교육의 현재와 미래」『일본학보』제33집, 한국일본학회, pp.113~134.

유봉호(1982)『일본식민지정책하의 초·중등학교 교육과정 변천에 관한 연구』중앙대학교 대학원 박사학위논문

______(1992)『한국교육과정사 연구』교학연구사

유은경(1990)『전문대학 관광경영과 교육과정 모형개발에 관한 연구』경희대학교 경영대학원 석사학위논문

유종근, 최용혁(1996)「전문대학 관광일본어회화 교재개발에 관한 연구」『전주간호보건전문대학 논문집』제19권 2호, pp.89~104.

유진우(1994)「한국의 일본어 교육 현황과 과제 −전문대학의 실태를 중심으로」『일어일문학연구』제25집, 한국일어일문학회, pp.379~399.

윤강구(1986)「일어과 평가 문항 분석」『일어교육』제2집, pp.5~31.

______(1995)「초급 학습자에 있어서 Communicative approach의 적용가능성」『일본학보』2, 경상대일본문화연구소, pp.151~176.

______, 우유정(2000) 「고등학교 교육과정 일본어교과의 기본어휘 분석 -기본어휘
　　　　의 타당성을 중심으로-」『일어교육』17, 한국일본어 교육학회, pp.3
　　　　~34.

윤대근(1997) 「레저산업에서 요구되는 일본어인터부 유형연구」『관광·레저연구』
　　　　9-2, 한국관광·레저학회, pp.203~210.

윤선영(1985) 『교육과정 평가』박영사

의정부(1973, 1894~) 『구한국 관보』아세아문화사영인

이건형(1981) 『조선조교육정책연구』형설출판사

이관수(1979, 1987) 『조선조의 어문정책 연구』홍익대학교 출판부

이광린(1994) 『개화기 연구』일조각

______(1999a) 『한국개화사 연구』일조각

______(1999b) 『한국근·현대사 논고』일조각

이남근(1988) 「일본어 교육에 있어서의 Illustrate 방법론」『원광대논문집』22-1, 원
　　　　광대학교, pp.211~230.

이덕봉(1986) 「제2외국어 교육의 전망」『월간 우리청소년』2, pp.71~77.

______(1994b) 「일본어 교육과정의 변천과정과 구성」『일본학보』제33집, 한국일본
　　　　학회, pp.45~70.

______(1996a) 「21世紀に向けての外国語教育」제2회 日韓合同教育研究会報告書,
　　　　서울중등일본어 교육연구회, pp.28~36.

______(1996c) 「해방후 일본어학의 연구 동향 및 과제」『인문과학연구』2, 동덕여대
　　　　인문과학연구소, pp.123~145.

______(1996d) 「대학 외국어 전공 학과의 교육과정 개선 연구」『Foreign Languages
　　　　Education』2-2, 한국외국어교육학회, pp.153~174.

______(1996e) 「제6차 교육과정에서 본 현행 일본어 교과서 체재」『일본학보』제37
　　　　집, 한국일본학회, pp.49~65.

______(1996f) 「일본어 교재 개발 현황과 과제」『출판연구』8, 출판협회, pp.135~
　　　　142.

______(1997a) 「22. 교육과정의 편성·운영」『중등1급 정교사 자격연수 교재 -일본
　　　　어과』, pp.31~42.

_____(1997b) 「대학 외국어 교육의 현황과 과제」『인문과학연구』3, 동덕여대인문
　　　　　과학연구소, pp.103~122.

_____(1997c) 「학습자 주도형 외국어 교수법 시론」『Foreign Languages Educatio
　　　　　n』3-2, 한국외국어교육학회, pp.155~174.

_____(1997d) 「수준별 일본어 교육의 구체적 방안, 창의력 신장 수준별 교수 학습
　　　　　개선을 위한 교사 연수」서울 중등일본어 교육연구회, pp.58~72.

_____(1998a) 『일본어 교육의 이론과 방법』 시사일본어사

_____(1998b) 「일본어 교육」『교육학 대백과 사전』 서울대학교 교육연구소 편, pp.
　　　　　2201~2202.

_____(2001) 「21세기 일본어 교육이 무엇을 원하는가」『일본어 교육연구』창간호,
　　　　　pp.9~16.

이도열(1985) 「文型小考 -文型教育を中心として」『전주우석대논문집』7(인문사회
　　　　　과학편), 전주우석대학교, pp.71~85.

이만규(1947) 『조선교육사』상·하, 을유문화사

이맹성 외(1975) 『외국어과 교육』교과교육전서 11, 능력개발사

이명희(1997) 「일어교육과 교육과정에 대한 연구」『교육과학연구』2, 부산여자대학
　　　　　교, pp.89~110.

이명희(2001) 「심포지움 大学の日本語教育」『일본어 교육연구』창간호, pp.50~52.

이병도 교감(1977) 『원문 삼국사기』을유문화사

이병호(1986) 『국어과 교육 변천사 연구 -광복 후의 국민학교 교육을 중심으로』성
　　　　　균관대학교 대학원 국어국문학과 국어학전공 박사학위논문

이복숙(1983) 「최근 일본어 교육에 대한 인식도 변천에 관한 조사연구」『건대학술
　　　　　지』제27집, pp.83~94.

이봉희(1984) 「일본어 교육에 대한 일고찰 -한국어의 입장에서 발음에 관하여」『일
　　　　　본학보』제13집 한국일본학회, pp.93~112.

_____(1992) 「일본어 교육의 현재와 미래」『大学教育』55, 대학교육협의회, pp.77~
　　　　　84

_____(1994c) 「한국대학에 있어서의 일본어 교육」『일본학보』제33집, 한국일본학
　　　　　회

이상복(1983)「일본학 연구를 위한 방법론 -일본어 교육분야를 중심으로」『경상대
　　　　논문집』22, 경상대학교, pp.23~42.

　　　　(1994)「일본어 관련학과 교과과정의 개선」『대학교육』9, 한국대학교육협의
　　　　회, pp.127~133.

이선희(1992)「일어학습에 있어서 문화교육의 필요성」『日語敎育』8, 한국일본어 교
　　　　육학회, pp.121~149.

이성무(1994)『한국의 과거제도(개정증보)』집문당

이성숙(2001)『제6차 교육과정에 있어서의 문형에 관한 일 고찰 -고등학교 일본어
　　　　교과서를 중심으로』외대 교육대학원 석사학위논문

이성연(1987)「일본의 식민지 언어정책의 역사적 전개과정」『언어와 문화』4, 목포
　　　　대언어연구소, pp.39~53.

이숙례 외(1989)「조선조에서 일제시대에 걸친 초등교육의 내용 및 방법연구」『초
　　　　등교육연구』제3집, pp.23~65.

李淑子(1984)「日本の対韓植民主義教育政策-言語教科書と人間形成に関する考察」
　　　　『慶熙大論文集』13(人文 社會科學篇), 慶熙大學校, pp.369~395.

이숙자(1989)「식민지 시대의 일본어 교육의 특징」『日本學年報』2, 일본문화연구회,
　　　　pp.71~90.

　　　　(1994)「한국에 있어서의 일본어 교육의 실제 및 개선방안 -4년제 대학을
　　　　중심으로」『비교문화연구』1, 경희대학교, pp.245~258.

이안나(1991)「일제치하의 일본어 교육 정책에 관한 연구 -국어로서의 강압적 지
　　　　도 실태파악을 중심으로」『同日語文研究』5·6합본, 동덕여자대학
　　　　교, pp.67~72.

李庸憲(1996)「조선총독부의 일본어 교육에 관한 一考 -조선교육령을 중심으로」
　　　　『日本學誌』16, 啓明大國際學研究所日本研究室, pp.165~188.

이원식(1991)『조선통신사』민음사

이원호(1983)『개화기교육정책사』문음사

이원희(1997)「일본어 교육의 문제점 -일본문화의 이해를 중심으로」『학교교육연
　　　　구』제1권 제1호, pp.133~145.

이윤경(1972)「제2외국어 교육과 일본어 교육」『새교육』No.216, 대한교육연합회,

pp.20~26.

이장우(2002) 「게임을 통한 일본어능력 신장 방안 모색」『한일어문논집』한일일어일문학회, pp.233~261.

이재희(1994) 「해방이후의 영어교육사에 관한 연구 -초·중등학교에서의 영어교육을 중심으로」『외국어연구』창간호, 한양여자전문대학 외국어교육연구소, pp.3~22.

이정수(1981) 「일본의 대한 식민지 언어정책 -초등 일본어 교육 정책과 오늘날 경남일원의 일본어 의식에 관한 분석」『경남대논문집 8(인문과학편)』경남대학교, pp.347~388.

______(1984) 「일제 피교육 연령층의 대일 의식조사 분석(1) -식민지 언어정책과 관련하여」『경남대논문집 11(인문과학편)』경남대학교, pp.339~369.

______(1985a) 「일제 피교육 연령층의 대일의식 조사분석(Ⅱ)」『경남대학교 논문집』12, 경남대학교, pp.235~259.

______(1985b) 『일본의 식민지 언어정책과 한국인의 대일의식』한국외대대학원, 일본어과석사학위논문 이종국(1991) 『한국의 교과서』대한교과서

이종배(1978) 「구한말의 영어교육과 교수법」『영어교육』제15호 한국영어교육학회, pp.1~29.

이창수(1995) 「국제화시대에 있어 일본어 교육의 실제 및 방향성에 관한 연구 -전문대 일본어 교육을 중심으로」『일본학논집』3 경희대대학원 일어일문학과, pp.107~123.

이춘임(2000) 『제6차 교육과정 고등학교 일본어 교과서의 감사·사죄표현에 관한 고찰』전북대 교육대학원, 석사학위논문

이태영(1997) 『역주 첩해신어』태학사

이창수(1995) 「국제화시대에 있어 일본어 교육의 실제 및 방향성에 관한 연구 -전문대학 일본어 교육을 중심으로」『일본학논집』제3집, 경희대학교 대학원 일어일문학과, pp.107~123.

이하준(1974) 『일제의 한국어 교육의 침탈과 그 수호운동의 연구』고려대교육대학원, 국어교육전공, 교육학석사학위논문

이한섭(1993) 「제6차 교육과정의 일본어과 기본어휘에 대하여」『만광박희태교수정

년퇴임기념논총』, pp.309~341.

이홍렬(1967) 「잡과시취에 대한 일고」『백산학보』3호, pp.323~377.

이홍수(1999) 『외국어습득 및 교육과정론』한국문화사

임남경(1982) 『일제전시체제하 초등교육에 관한 일고찰』이화여자대학교 교육대학
　　　　　원 석사학위논문

임영철(1994) 「일본어 교수법의 변천 -일본어 교육의 현재와 미래」『일본학보』제
　　　　　33집, 한국일본학회, pp.97~111.

任榮哲(1997) 「社会言語能力と日本語教育」『日本研究』12, 中央大學校 日本研究所,
　　　　　pp.15~29.

＿＿＿＿(2003) 「韓国における日本語の位相」『日本研究』18, 中央大學校 日本研究所,
　　　　　pp.7~16.

임재경(1992) 「한국대학의 전공외국어 교육에 대하여」『동일어문연구』7, 동덕여자
　　　　　대학, pp.136~144.

임창규(1998) 「『첩해신어(捷解新語)』의 자동사「あう」와 공기(共起)하는 조사「を」
　　　　　에 대하여 -한일 대조언어의 관점으로」『일어일문학연구』.32, 한국
　　　　　일어일문학회, pp.37~66.

장희걸(2000) 『제6차 교육과정 고등학교 일본어 교과서 비교 분석 -동사의 어휘와
　　　　　그 활용을 중심으로』중앙대 교육대학원

장명준(1979) 「일본어 교과연구(I) -연용형의 문형을 중심으로」『경상대논문집(인
　　　　　문·사회과학편)』18, 慶尚大学校, pp.29~41.

＿＿＿＿(1996) 「일본관계학과의 교과과정 분석」『일본학지』16, 계명대학국제학연구
　　　　　소일본연구실, pp.119~163.

＿＿＿＿(1997) 「일본관계학과의 교과과정 분석 II」『일본학지』17, 계명대학국제학연
　　　　　구소일본연구실, pp.131~167.

전국교직원노동조합교과위원회지음(1990) 『교과서 백서』푸른나무

전태중(1994) 「고등학교 일본어 교육의 흐름-일본어 교육의 현재와 미래」『日本学
　　　　　報』제33집, 한국일본학회, pp.193~207.

전해종(1972) 「日本語에 대한 우리의 姿勢-日本語教育」『새교육』216 大韓教育聯合
　　　　　会, pp.8~13.

전화자(1994) 「원간본 (첩해신어)의 경어접두사 (御)에 대하여」『일본학연구/일본
　　　　　　학지』일본연구학회, pp.197~216.

정　광(1978) 「유해류 역학서에 대하여」『국어학』NO.7, pp.159~188.

＿＿＿(1988) 『사역원 왜학 연구』태학사

＿＿＿(2002) 『역학서 연구』J&C

정승혜(2003) 『조선후기 왜학서 연구』태학사

정영민(1997) 「제6차 교육과정에 따른 일본어과 듣기・말하기의 지도 및 평가」『일
　　　　　　어교육』제13집, 한국일본어 교육학회, pp.103~143.

정예실(1993) 「日木語教育学の領域と課題に関して」『漢挐專門人論义集』16, 漢挐專
　　　　　　門大学, pp.453~466.

정운복(1910) 『일어대성』(검정교과용도서)

정일영(1987) 「日本語作文教育における類義語の問題」『경희호텔경영전문대호텔경
　　　　　　영논집』8, 경희호텔경영전문대학, pp.155~179.

＿＿＿(1990) 「日本語学習における言語の四技能と本校の日本語科のカリキュラム
　　　　　　及び諸問題」『경희호텔경영전문대호텔경영논집』11, 경희호텔경영
　　　　　　전문대학, pp.279~298.

정재철(1985) 『일제의 대한국식민지교육정책사 』일지사

정찬기오 외 1인(1998) 『교육과정 및 교육평가 특론』교육과학사

정찬희(1995) 『관광호텔 종사원의 외국어 교육에 관한 연구 -일본어 교육을 중심
　　　　　　으로』경희대학교 경영대학원 관광경영학과 호텔경영전공석사논문

정혜경(1997) 「일본어담화에 있어서 침묵의 유형과 그 기능에 관한 연구 -매체별
　　　　　　침묵의 유형 분석을 중심으로」『일본학보』38, 한국일본학회, pp.115
　　　　　　~132.

조남덕(1994) 『첩해신어의 개수분석』서광학술자료사

＿＿＿(2003) 『첩해신어의 변란상부내용 고찰 -전동표시.피음동표시 아음동표시의
　　　　　　경우를 중심으로』박이정

＿＿＿(2003) 『첩해신어의 행중내용례 분석 -무표시의 경우를 중심으로』박이정

조남성(1998a) 「한국인 일본어학습자의 질문 분석」『일본어문학』5, 일본어문학회,
　　　　　　pp.51~74.

______(1998b)「오용 평가」『일본어문학』4, 한국일본어문학회, pp.69~86.

조문제(1977)「한말의 일어학교 교육의 연구 -서울의 관립일어학교를 중심으로」
『서울교육대학논문집』10, 서울교육대학, pp.21~46.

조문희(1995)「중급코스디자인을 위한 초급교과서 분석」『일어일문학연구』제26집,
한국일어일문학회, pp.229~258.

______(1996)「문형분석 -현행 고등학교 일본어 교과서를 중심으로」『일본학보』
제37집, 한국일본학회, pp.177~198.

______(1997)「중학교 일본어 코스디자인을 위한 기초조사 및 분석」『일어일문학연
구』제31집, 한국일어일문학회, pp.121~155.

______(1999)「교재작성을 위한 기초연구」『일어일문학연구』제34집, 한국일어일문
학회, pp.431~452.

______(2001)「일본어 교과서 변천사 연구」『일본학보』제49집, 한국일본학회,
pp.601~615.

______(2000)「연소자를 위한 일본어 교재」『일본학보』제45집, 한국일본학회, pp.2
73~286.

______외(2002)「タスクを中心とした教室活動へのアプローチ」『일본어학연구』
제5집, 한국일본어학회, pp.185~193.

______(2002)「일본어 교육과정사 연구」『일어일문학연구』제41집, 한국일어일문학
회, pp.175~191.

______(2004)「조선시대 일본어 교육의 평가 고찰」『일본어학연구』제11집, 한국일
본어학회, pp.111~131.

朝鮮初等教育研究會(1938)『國語讀本改訂箇所の解説』附二所 讀方研究部, pp.96~
99.

朝鮮総督府(1913)『普通學校用假名遣法・普通學校用送假名法』조선총독부

조선총독부(1744/1935)『속대전』1935년 조선총독부중추원 간

________(1941)『교과서편집휘보』제8집 국민학교특집

________(1941)『교과서편집휘보』제9집 국민학교특집 제2

________(1941)『교과서편집휘보』제10집 국민학교특집 제3

________(1942)『교과서편집휘보』제11집 국민학교특집 제4

__________(1984, 영인)『施政 30年史』태산문화사

__________(1985)『조선총독부 관보목록』상·중·하, 보경문화사

__________ 중추원(1935)『대전속록』조선총독부 중추원

__________학무국(1943)『중학교교과교수 및 수련지도요목』

__________학무국(1944)『사범학교교과교수 및 수련지도요목』

조성범(1996)「고등학교 일본어 교과서의 의사소통 기능 반영실태 조사」『日本学報』 제37집, 한국일본학회, pp.139~159.

_____(1997)「제6차 일본어 교육과정 일본어 교과서의 의사소통기능 반영 실태 조사 -고등학교검인정 교과서 日本語를 中心으로」『高大日語教育研究』1, 高麗大日語教育研究会, pp.103~153.

조영호(1996)「高校日本語教科書における使用語彙の特徴」『일본학보』제37집, 한국 일본학회, pp.125~137.

조은진(1994)「일본어 관련학과의 교과과정 비교」『동일어문연구』9, 동덕여자대학 교, pp.141~160.

조찬백(1994)「전문대학 일본어 교육의 실태와 개선점」『일본학보』제33집, 한국일 본학회, pp.19~36.

朱秀雄(1985)「韓国における日本語教育に関する研究(I)-開化期の日本語教育」『京畿大論文集』17-1, 경기대학교, pp.273~302.

_____(1986a)「韓国における日本語教育に関する研究(Ⅱ)-統監府時代の日本語教育』『京畿大大學院論文集』3, 京畿大大學院, pp.125~161.

_____(1986b)「韓国における日本語教育に関する研究(Ⅲ)-日帝時代の日本語教育(1)」『京畿大論文集 19-1(人文・社會科學篇)』京畿大學校, pp.271~292.

_____(1987)「韓国における日本語教育に関する研究(Ⅲ)-日帝時代の日本語教育(2)」『京畿大論文集』20, 京畿大學校, pp.101~136.

_____(1988)「韓国における日本語教育に関する研究(Ⅲ)-日帝時代の日本語教育(3)」『京畿大論文集』22, 京畿大學校, pp.117~147.

중앙교육연구소(1969~)『교육과학』중앙교육연구소

____________(1953-1973)『중앙교육연구소 20년지』

지경래(2002)『『첩해신어』의 일본어 어휘 연구』전남대학교 출판부

채수경(1992)「현행 고등학교 일본어교과서의 실러버스 분석」『同日語文硏究』7, 동 덕여자대학, pp.1~21.

최광우(1996)「한국의 외국어교육의 과제」『日本語文学』2, 일본어문학회, pp.105~ 123.

최성오(1997)『독일어 교육과정사 연구』서강대학교 교육대학원 독어교육전공 석 사학위논문

최 연(1997)「일본어 교육에서의 문법지도(2)」『학교교육연구』제1권 제2호, pp.133 ~144.

최영복 외(1998)『한국 교과서 목록 작성 및 그 수집 방안에 관한 연구』한국교과 서연구소

최윤정(1997)『「효과적인 관광일어 교수방법에 관한 연구』경기대학교 대학원 관광 경영학전공 석사학위논문

최정태(1992)『한국의 관보』아세아문화사

최진권(1997)「실기평가를 통한 일본어 교육방법 연구」『일어교육』제13집, 한국일 본어 교육학회, pp.25~76.

津崎浩一(1997)「韓国人日本語学習者の「シミュレ-ション」に対する意識」『日本研 究』11, 韓国外大日本研究所, pp.467~483.

통감부편(1908, 9)『통감부공보』(영인본)제1~2권, 아세아문화사

하영숙(2000)『전문대학 관광일본어계열의 교육과정 구성 및 교재 유형에 관한 연 구』덕여자대학교대학원 석사학위논문

학부편집국(1910)『교과용도서일람』제5판

한각수(1970)「일제치하의 교육과정 -초등교원양성기관을 중심으로」『전주교육대 논문집』5, 전주교육대학, pp.193~211.

한국2종교과서협회편『교과서 개선 연구』한국2종교과서협회

한국교과서연구재단(2002)『교육과정 변천 및 편수 일반 연구』

한국교육개발원(1982)『한국의 교과서 변천사』

__________(1987)『교육과정 총론시안의 개발 연구』한국교육개발원

한국교육신문사 편(1964~2001)『한국 교육 연감』한국교육신문사

한국교육연구소 창립 10주년 기념학술대회(1999)『한국공교육체제의 평가와 전망』 한국교육연구소

한국대학교육협의회(1991)『일어일문학과 관련 교육과정 개발연구』한대교

한국법제연구원(1865/1994)『대전회통 호전·예전편』(주)한국컴퓨터산업

한국외국어대학교 학보사『외대학보』(1961~1973)

_______________(1985)「창간사」『일본문화연구』창간호, 창간사

_______________(1994)『외대 40년(1954~1994)』한국외국어대학교 출판부

한국외국어전문대학외국어과(1977)『전문대학외국어과 교육과정 모형개발에 관한 연구』

한국일본어 교육학회(1996)「고등학교 일본어 교육현황 조사 분석」『日語敎育』12, 한국일본어 교육학회, pp.21~101.

한국일어일문학회(1981)『일본어 교육실태조사 1981년』한국일어일문학회, 281개 교를 대상으로 조사

_______________(1985)『일본어 교육 및 연구실태조사 1985년』한국일어일문학회, 360개교를 대상으로 조사

_______________(1994)『한국의 일본어 교육실태 -일본어 교육기관조사 1993~ 1994년』한국일어일문학회, 878개교를 대상으로 조사

_______________(1999)『한국의 일본어 교육실태 -일본어 교육기관조사 1998~ 1999년』한국일어일문학회

한국정신문화연구원(1993)『한국교육사료집성』개화기편 Ⅳ, 한국정신문화연구원

한국학문헌연구소편(1977)『한국개화기 교과서 총서 v.1~8』아세아문화사

한기언·이계학(1993)『일제의 교과서 정책에 관한 연구』한국정신문화연구원

한만하(1990)『효과적인 관광영어 지도를 위한 교수법 연구』홍익대학교 교육대학 원 교육학과 영어교육전공 석사학위논문

한미경(1995)『「捷解新語」における敬語研究』박이정

_____(1995)『「捷解新語」における敬語形式用例集』박이정

한상진 외(1994)「21세기를 향한 우리 교육의 위상 -제2외국어 교육과 교과서」『교 과서연구』18, 2종교과서협의회, pp.26~54.

한준상 외(1990)『현대한국교육의 인식』청아출판사

한 원(1995) 『고등학교 일본어 교과서의 Syllabus 분석』중앙대학교 교육대학원
　　　　　일본어 교육전공 석사학위논문
한재룡(1991) 「고등학교 일본어 교육의 문제점」『논문집』제2권, 경남대교육문제연
　　　　　구소, pp.91~110.
한종하 외 2인(1982) 『한국의 교과서 변천사』한국교육개발원
＿＿＿＿ 외(1982) 『한국의 교과서 변천사』한국교육개발원
한중선(1994) 「개화기 일본어 학습서 소고」『日語日文學硏究』제25집, 한국일어일문
　　　　　학회, pp.139-168.
＿＿＿＿(1996) 「일본어 교과서의 한자・표기의 검토」『일본학보』제37집, 한국일본학
　　　　　회, pp.65~83.
＿＿＿＿(1997) 「개화기 일어교육에 관한 고찰 -학부편찬『日語讀本』을 중심으로」
　　　　　『日本學報』제38집, 한국일본학회, pp.133~148.
＿＿＿＿(1998) 「학부편찬일어독본의 한자고찰」『일본학보』제41집, 한국일본학회,
　　　　　pp.97~109.
＿＿＿＿(2000a) 「일제 식민지시기 교과서 비교연구」『일어일문학연구』36집, 한국일
　　　　　어일문학회, pp.159~172.
＿＿＿＿(2000b) 「일제식민지시대 일본어교과서 어휘연구」『일본어문학』8, 한국일본
　　　　　어문학회, pp.326~350.
＿＿＿＿(2000d) 「植民地時代 文法敎科書」『日本語學의 現況과 課題』보고사, pp.173
　　　　　~198.
함수곤(2000) 『교육과정과 교과서』대한교과서
함종규(1976) 『한국교육과정 변천사연구(전편)』숙명여자대학교출판부
＿＿＿＿(1984) 『미군정시대의 교육과 교과과정』한국교육개발원
허 초(1981) 「한국에 있어서 일본어 교육의 문제점 연구 -어휘와 문법 사항을 중
　　　　　심으로」『국제대논문집』9, 국제대학, pp.45~90.
홍웅선(1972) 「한국교육에 영향을 끼친 교수법의 고찰 -문제해결과 발견학습」『새
　　　　　교육』213, 대한교육연합회, pp.8~17.
황규선(1999) 『고등학교 일본어 평가문항의 구조에 관한 연구』동덕여자대학교 대
　　　　　학원 일어학 전공 석사학위논문

황성규(1982a) 「일본어 교육의 필요성과 당면 과제」『문리대학보』40, 중앙대문리과
　　　　대학학도호국단, pp.149~160.

　　　　(1985) 「한국현행고등학교 일본어교과서의 어휘분석」『일본연구』제3집, 중
　　　　앙대학교 일본연구소, pp.91~160.

황해도해주제2공립보통학교국어연구부편찬(1934) 『보통학교국어독본 어사유취』
　　　　조선인쇄주식회사

古川宣子(1996) 『일제시대 보통학교체제의 형성』서울대학교 교육학과 교육사교육
　　　　철학전공 교육학박사학위논문

古田和子(1993) 「『첩해신어』의 어휘와 어법에 대하여 - 원간본 , 개수본 , 숭간개
　　　　수본과의 비교」『일어일문학연구』22집, 한국일어일문학회, pp.77~
　　　　111.

日本 文献

李元植(1984) 「朝鮮通信使に随行した倭学訳官について －捷解新語の成立時期に関
　　　　する確証を中心に」『朝鮮學報』第111輯, 朝鮮學會, pp.53~117.

李玉順(1982) 「韓国における日本語教育」『日本語教育』48号, 日本語教育学会, pp.23
　　　　~30.

李康民(1991) 「捷解新語の成立と表現」『國語國文』第60卷 第12號, pp.33~57.

李光麟(1973) 「旧韓末の官立外国語学校」『韓2-9』韓國硏究院(東京), pp.91~122.

石川謙(1949) 『古往來についての研究』東京 講談社

　　　　(1953) 『語彙集型往來について』東京 講談社

　　　　(1959) 『古往來についての研究』東京 講談社

　　　　・石川松太郎(1967~1974) 『日本教科書大系』第1~15, 講談社

石川松太郎(1973) 『庭訓往来』東洋文庫

石田敏子(1986) 「視聴覚教材を利用した授業設計」『講座 日本語教育』第22分冊, 早
　　　　稲田大学語学教育研究所, pp.1~13.

李淑子(1975) 「日本統治下朝鮮における日本語教育-朝鮮教育令との関連において」
　　　　『朝鮮學報』75, 朝鮮學會, pp.97~114.

　　　　(1977a) 「日韓併合前後の朝鮮語教育 －教育令及び諸学校規則上ならびに教

科書内容上二方面からの考察」『日本の教育史学20』講談社, pp.38～66.

＿＿＿＿(1977b) 「第二次朝鮮教育令下言語教育教科書の内容 ‐低学年読本の語彙頻度から」『朝鮮學報』83, 朝鮮學會, pp.173～188.

＿＿＿＿(1980) 『朝鮮に おける 初等教科書の 推移(1895-1979年) ‐教科書の中の 朝鮮と日本』青山学院大大学院 文学研究科 博士学位論文

＿＿＿＿(1985) 『教科書に描かれた朝鮮と日本 ‐朝鮮における初等教科書の推移(1895-1979)』ほるぷ

李徳奉(1996b) 「韓国における日本語教育の現状と課題」『世界の日本語教育』第4号, 国際交流基金日本語国際センタ‐, pp.47～56.

＿＿＿＿ 外(2002) 『総合的日本語教育を求めて』國書刊行會

稲葉継雄(1976) 「韓国における日本語教育‐その推移と展望」『外国人と日本語』2 筑波大学文芸・言語学系内外国人に対する日本語教育プロジェクト, pp.35～59.

＿＿＿＿(1978) 「韓国の『高等学校日本語読本』について」『外国人と日本語』4, 筑波大学文芸・言語学系内外国人に対する日本語教育プロジェクト, pp.31～58.

＿＿＿＿(1979) 「韓末教育の構造 ‐言語教育を中心として」『韓』85号, 韓国研究院, pp.314～339.

＿＿＿＿(1983) 「韓国における戦中・戦後教育の史的考察(1937～) ‐言語教育を中心として」『現代アジア教育史研究』多賀出版, pp.227～291.

＿＿＿＿(1986a) 「韓南学堂について ‐旧韓末『日語学校』の一事例」『文芸言語研究』言語篇10, 筑波大学文芸・言語学系, pp.79～98.

＿＿＿＿(1986b) 「釜山開城学校について ‐旧韓末『日語学校』の一事例」『筑波大学地域研究』4, 筑波大学大学院地域研究科, pp.71～94.

＿＿＿＿(1986c) 「官立漢城外国語学校について ‐日語学校を中心に」『韓』103号, 韓国研究院, pp.133～182.

＿＿＿＿(1986d) 「韓国における日本語教育史」『日本語教育』60号, 日本語教育学会 pp.136～148

________(1987)「仁川日語学校について -旧韓末『日語学校』の一事例」『文芸言語研究』言語篇11, 筑波大学文芸・言語学系, pp.137~155.

________(1990a)「旧韓末の日語学校(補遺)」『文芸言語研究』言語篇17, 筑波大学文芸・言語学系, pp.99~132.

________(1990b)「旧韓末日語学校の諸特徴」『筑波大学地域研究』8, 筑波大学大学院地域研究科, pp.63~84.

________(1992)「旧韓国の日本語教育」『筑波大学地域研究』10, 筑波大学大学院地域研究科, pp.33~56.

________(1997)『旧韓末「日語学校」の研究』九州大学出版会

井上薫(1992)「日本帝国主義の朝鮮における植民地教育体制形成と日本語普及政策 -韓国統監府時代の日本語教育を通した官吏登用と日本人配置」『北海道大学教育学部紀要』第58号, 北海道大学, pp.163~195.

_____(1997)「日本統治下末期の朝鮮における日本語普及・強制政策 -徴兵制導入に至るまでの日本語常用・全解運動への動員」『北海道大学教育学部紀要』第73号, 北海道大学, pp.105~153.

李賢起(1980)「韓国における日本語教育 日本人と国際化」(第五回筑波国際シンポジウム実行委員会編) ぎょうせい, pp.203~212.

_____(1986)「特集・国際化する日本語の座標軸 アジア・オセアニアと日本語 -韓国と日本語その過去・現在・将来」『国際交流』11-1, 国際交流基金, 4p

_____(1988)「韓国にとって日本語は何であるか」『日本文化研究所報告』東北大学文学部附属日本文化研究施設, pp.357~360.

_____(1989)『韓国における日本語教育の現況と展望』『異文化理解と教育』北海道教育大学, pp.78~81.

李鳳姫(1990)「上級の日本語教育 -韓国人学習者の場合」『日本語教育』71号, 日本語教育学会, pp.33~43.

任昶淳(1996)「韓国における外国語の中の日本語教育の現状と展望」『世界の日本語教育』第4号, 国際交流基金日本語国際センター, pp.39~46.

岩波雄二郎編(1963~1976)『國書總目録』岩波書店

上田崇仁(2000a)『植民地朝鮮における言語政策と「国語」普及に関する研究』広島大学博士学位論文、社会科学研究科国際社会論専攻

上田崇仁(2000b)「日語読本に関する一考察」『アジア社会文化研究 』1号

馬越徹(1981)『現代韓国教育研究』高麗書林

大友信一(1957)「捷解新語の成立時期私見」『文芸研究』第26集, 日本文芸研究会

大村益夫(1965)「中国人・朝鮮人に対する漢字語彙教育について」『講座日本語教育』第1分冊、早稲田大学語学教育研究所, pp.61〜77.

_______(1969)「朝鮮語の発音と構造」『講座日本語教育』第5分冊、早稲田大学語学教育研究所, pp.113〜129.

_______(1979)「日本語・朝鮮人の表現について」『講座日本語教育』第15分冊、早稲田大学語学教育研究所, pp.123〜150.

岡村金太郎(1920/1925)『往來もの分類目錄(同增訂版)』啓文會(東京)

小倉進平(1920)『朝鮮語學史』刀江書院

_______(1940)『贈訂 朝鮮語學史』刀江書院

_______(1964)『贈訂補注 朝鮮語學史』刀江書院

小野正樹(1997)「初級日本語教科書の情報提供場面に関する分析」『日本語教育』92号, 日本語教育学会, pp.72〜82.

笠原ゆう子外4人(1994)「聴解テストの条件」『日本語国際センター紀要』第4号, 国際交流基金 日本語国際センター, pp.35〜60.

梶井陟(1978)「朝鮮人児童の日本語教科書 −朝鮮語を考えるその(8)」『季刊三千里』第15号, pp.92〜101.

片山隆裕(1988)「アジア8か国における大学教授の日本留学観(上) −韓国からみた日本留学」『日本研究ノート』第70号 広島大学大学教育研究センター, pp.1〜44.

加藤麹子(1978)「韓国人に対する日本語教育」『日本語教育』35号, 日本語教育学会, pp.65〜78.

唐澤富太郎(1980)『教科書の歴史』創文社

川本喬(1978)「オーディオリンガル方式と認知学習方式」『講座日本語教育』第14分冊、早稲田大学語学教育研究所, pp.10〜23.

______(1986)「初級文型問題集」『講座日本語教育』第22分冊、早稲田大学語学教育研究所, pp.109~120.

金光植(1973)「日本語採択の歴史的背景」『韓』2-9, 韓國研究院(東京), pp.11~18.

金敏洙(1973)「日帝の対韓侵略と言語政策」『韓』2-5, 韓國研究院, pp.81~102.

金淑子(1995)「韓国における日本語教育 1993-1994年」『世界の日本語教育』3, 国際交流基金 日本語国際センター, pp.1~14.

金永佑(1977)「韓国における日本語教育の現状と問題点」『日本語教育』32, 日本語教育学会, pp.102~110.

金鍾学(1976a)「特集・初等中等教育における日本語教育-韓国高校における日本語教育の展望」『日本語教育』30 日本語教育学会, pp.67~72.

木村宗男(1969)「日本語教授法の問題 -聴解指導をめぐって」『講座日本語教育』第5分冊, 早稲田大学語学教育研究所, pp.58~71.

京都大學文學部國語學國文學研究室編(1957)『捷解新語』京都大學國文學會

______(1960)『重刊改修捷解新語』京都大學國文學會

______(1963)『捷解新語文釋』京都大學國文學會

______(1972)『三本對照捷解新語 本文編』京都大學國文學會

______(1973)『三本對照捷解新語 釋文・索引 解題編』京都大學國文學會

______(1987)『改修捷解新語 本文編』京都大學國文學會

郭永哲(1979)「韓国における漢字教育」『解釈』25-5, 解釈学会, pp.35~39.

櫻井義之(1976)「『官立仁川日語學校』について」『朝鮮學報』81輯, pp.155~167.

関正昭(1997)『日本語教育史研究序説』スリーエーネットワーク

宋晩翼(1987)『韓日併合後の朝鮮における日本語教育-主に「国語」教科書の分析を通して』『学芸国語教育研究』2, 東京学芸大大学院 教育研究科, 修士学位論文

______(1989)「日本語教育基礎論研究 -山口喜一郎の日本語教授法の考察を通して」『教育学研究紀要』34, 中国四国教育学会, pp.113~118.

高橋俊三 外3人(1982) 「国語教育に群読を取り入れることの意義 －群読の教育的効果をはかる」『研究紀要』東京学芸大学教育学部付属世田谷中学校, pp.27～69.

朱秀雄(1989) 「開化期の韓国における日本語教育に関する一研究」『日本教育史学会紀要』32, 日本教育史学会, pp.124～142.

趙南星(1995) 「韓国の高校の日本語教科書に見られる文法の誤りについて」『日本語教育』86号, 日本語教育学会, pp.116～127.

曹永湖(1994) 「談話における相づちの運用と機能」『東北大文学部日本語学科論集』4, 東北大文学部日本語学科, pp.63～74.

＿＿＿＿(1995) 「韓国高校日本語教科書における使用語彙に見られる特徴」『東北大文学部日本語学科論集』5, 東北大文学部日本語学科, pp.61～72.

全基定(1973) 「日本語教師養成の問題」『韓』2-9, 韓国研究院(東京), pp.11～18

中村榮孝(1969) 『日鮮関係史の研究 下』吉川弘文館

西川末吉(1935) 『各科教育の動向』上田印刷所

朴英淑(2002) 『朝鮮植民地時代"普通学校国語読本"の研究 －初等教育における漢字教育を中心に』博士学位論文、久留米大学比較文化研究科

朴熙泰(1994) 「韓国の日本語教育現況」『世界の日本語教育』第1号, 国際交流基金日本語国際センタ－, pp.21～35.

黄聖圭(1982b) 「韓国における日本語教育」『日本語教育』48号 日本語教育学会, pp.14～22.

許卿姫(1991a) 「日本語学習に関する韓国大学生の意識調査研究」『日本語教育』74, 日本語教育学会, pp.134～149.

＿＿＿＿(1991b) 「韓国語話者の日本語」『日本語学』10-5, 明治書院, pp.94～102.

堀江与一(1936) 『小学読本に基ける語法と文法』富山房

森田芳夫(1982) 「韓国における日本語教育の歴史」『日本語教育』48号 日本語教育学会, pp.1～13.

＿＿＿＿＿(1987) 『韓国における国語・国史教育』原書房

安田章(1980) 『朝鮮資料と中世国語』笠間書院

＿＿＿＿(1987b) 「改修捷解新語解題」『改修捷解新語』京都大学文学部国語学国文学研

究室, pp.1~27.

山田幸宏(1963)「朝鮮人の日本語認知における難易度の測定について」『日本語教育』
　　　　3号, 日本語教育学会, pp.19~33.

渡部學(1941)「朝鮮の日語教育變遷」『朝鮮』316號、朝鮮總督部, pp.49~55.

＿＿＿(1973)「韓国における二言語主義」『韓2-9』韓國研究院, pp.57~90.

渡部学・阿部洋共編(1990)『日本植民地朝鮮教育政策史料集成編』第18巻, 龍渓書舎

서양 문헌

CCTE Conference(1983) 『Learning to write : first language/second language :
　　　　selected papers from the 1979　Ottawa, Canada』Longman

Yalden, Janice(1983) 『The communicative syllabus : evolution, design, and
　　　　implementation / 1st ed』Pergamon

　　　　　　　(1987) 『Principles of course design for language teaching』
　　　　Cambridge University Press

William T. Littlewood,(김남국 옮김)(1994) 『외국어 학습』강원대 출판부

그 외

李賢起(1993)「韓国における日本語教育の展開 －その過去・現在・将来」『日本語教
　　　　育研究』台湾東呉大日本文化研究所, pp.21~30.

中野まこと(なかのまこと)

　　http://www.geocities.jp/nakanolib/etc/colony/chosen.htm 법령원문

泉史生(いずみふみお)

　　http://www.bl.mmtr.or.jp/~idu230/index.htm 일어교육사강의

上田崇仁(うえだ)

　　http://homepage3.nifty.com/TAKA730/ 논문, 조선독본 목록

〈일본어 교육사 관계 법령(하)〉

4. 교육과정기

4-1. 제2차 교육과정(문교부령 제310호, 1973. 2. 14)

1. 日本語 教育課程 指導目標

(1) 현대 일본어의 발음과 기본 어법을 익히게 하여, 일상 생활에서 사용하는 쉬운 말과 글을 이해하는 능력과 아울러 간단한 발표력을 기른다.

(2) 장차 실업 생활에서 일본어를 유익하게 활용하여, 우리 나라의 경제 발전에 이바지할 수 있는 어학적 소양을 기른다.

(3) 일본의 문화, 경제 등에 대한 이해를 증진시켜, 국제적 협조심을 기르는 동시에, 우리 스스로에 대한 자각을 다지게 한다.

(4) 폭 넓은 전문적 지식을 갖추기 위해 자진하여 일본어로 된 자료 및 문헌 등을 연구하는 태도를 기른다.

2. 指導 內容

(1)언어 기능

　〈듣기와 말하기〉

　①일본어의 음운 체계를 익히기

　　가. 「1자음+1모음」중심의 음절과 50음

　　나. 청음, 탁음, 반탁음, 요음, 발음, 촉음, 장음

　②일상 관용의 인사말 교환하기

　③그림이나 실물을 보고 문답하기

　④신변에 관한 말을 묻고 대답하기

　⑤교사의 지시에 대해 학생이 동작과 말로 응대하기

　⑥듣고 읽은 내용을 간추려 말하기

⑦문장의 일부를 다른 말로 바꾸어 말하기
⑧일정한 문형을 의문문과 부정문으로 바꾸어 말하기
⑨교사의 이야기를 들어서 이해하기
⑩말하는 어조에 관한 연습
⑪간단한 행동 경험을 말하고 듣기
⑫간단한 연설하기
⑬쉬운 내용에 관해서 토의하기

<읽기>
①히라가나, 가다까나를 식별하여 읽기
②발음 연습이 단어를 가나도 읽어 정확한 음성을 익히기
③당용 한자의 음독과 훈독
④교사의 범독에 따라 음독하기
⑤스스로 교재를 음독 또는 묵독하여 이해하기
⑥간단한 대화를 실감 있는 어조로 번갈아 읽기
⑦신속히 읽고 내용을 요약하여 대의를 발표하기
⑧사전을 활용하여 여러가지 형식의 문장을 해득하기

<쓰기>
①히라가나, 가다까나를 익혀 쓰기
②당용 한자(약자, 일본 한자 포함)쓰기
③읽기 교재를 보고 쓰기
④읽기 교재를 외어 쓰기
⑤교사가 부르는 말을 받아 쓰기
⑥미완성 문장을 보충하기
⑦틀린 문장을 고쳐 쓰기
⑧읽은 내용의 대의를 쓰기
⑨주어진 단어, 관용구, 문형을 사용하여 예문을 만들기
⑩간단한 편지 쓰기
⑪간단한 국문을 일본어로 옮겨쓰기
(2)언어재료
<어휘>
　사용의 빈도가 높은 일상 상용어 가운데서 2,500어 내외를 점차로 반복 사용하도
록 하며, 그밖에 전문적 기술용어로서 300~500어 정도를 추가 사용할 수 있다.
한자는 당용 한자(1,850자)범위 안에서 사용함을 원칙으로 하되, 고유명사에 한해
서는 예외로 한다.

<소재>

소재는 필수적인 어학 기초 자료 이외에 일본의 사회, 문화, 경제 등을 다룬 자료를 포함하되, 실업 전문 교육의 계별 특수성을 고려하여 실업 및 과학 기술에 관한 내용을 아울러 지도한다.

①간단한 인사교환을 할 수 있는 내용

②구체적인 실물과 그림을 놓고 간단한 문답을 할 수 있는 내용

③수업을 중심으로 한 학교 생활에 관한 내용

④가족 및 가정 생활에 관한 내용

⑤가까운 생활 주변에 관한 내용

⑥자기 또는 제3자를 간단히 소개할 수 있는 내용

⑦신체, 계절, 일기, 행사 또는 기타 생활 주변의 일에 관하여 문답할 수 있는 내용

⑧우리 나라의 사회, 역사, 인물 등에 관한 내용

⑨일본 또는 다른 나라의 문화, 사회, 경제 등 국제 이해에 도움이 되는 내용

⑩현대인의 취미, 오락 및 과학 기술의 발전 등 현대에 관한 내용

⑪실업 생활에 관한 간단한 내용

⑫쉬운 문예 작품

⑬간단한 편지를 읽고 쓸 수 있는 내용

⑭국내의 여행 및 관광에 관한 내용

⑮우리 나라의 경제 발전에 관한 내용과 새마을 운동의 모습

⑯기타 사회 생활 또는 실업 생활에서 자주 언급되는 소재

<문형>

언어 요소 중에서 가장 굴대가 되는 기본 문형을 조직적으로 가르친다.

기본적으로 일상 회화에 필요한 간단한 문형을 먼저 가르치고, 그 기초에서 출발하여 발전적인 문형을 단계적으로 가르친다.

①처음에는 대체로 단문의 기초 문형을 가르치고 그 다음에 중문을 익히게 한다.

②단문, 중문의 반복 학습을 거친 다음에 복문과 응용 문형인 혼문을 가르친다.

③직접적인 방법으로 훈련을 하기 위하여 희망 문형을 자주 사용한다.

④듣고 말하기 훈련의 기초 기능으로 삼기위하여 의문문형과 응대문형을 중심적으로 가르친다.

<문법사항>

문법은 일본어의 이해력과 표현력을 뒷받침하는 한도에서, 기본적인 사항을 문장에 따라 귀납적으로 지도한다.

지도에 있어서는 다음 사항을 포함할 수 있다.

①동사의 활용

　가. 활용형 - 미연, 연용, 종지, 연체, 가정, 명령

　나. 활용의 종류 - 5단, 상1단, 하1단, カ행변격, サ행변격
②형용사와 형용 동사의 활용
　활용형 - 미연, 연용, 종지, 연체, 가정
③명사와 대명사
　가. 지시 대명사 - 근칭, 중칭, 원칭, 부정칭,
　나. 인칭 대명사 - 자칭, 대칭, 타칭(근·중원칭), 부정칭
④조사의 용법
　가. 격조사　　나. 접속 조사　　다. 부조사　　라. 종조사
⑤조동사의 용법과 활용
가. 종류 - 부정. 희망, 가능, 수동, 정중, 과거, 사역, 존경, 자발, 전문, 양태, 단정, 추측, 의지
　나. 활용형 - 미연, 연용, 종지, 연체, 가장, 명령
⑥부사
　종류 - 상태, 정도, 부정, 희망, 비유, 추측, 의문, 반어, 강조, 단정
⑦연체사
⑧접속사
　가. 병열　　나. 첨가　　다. 선택　　라. 순접　　마. 역접
⑨감동사
　가. 감동　　나. 부름　　다. 응답
⑩경어의 용법
　가. 존경　　나. 겸양　　다. 정중
⑪음편

3. 지도상의 유의점

(1)항상 듣기와 말하기 훈련을 중시하면서 점진적으로 읽고 쓰는 능력을 개발하도록
　수업을 전개하여야 한다.
(2)문법 설명 및 번역 위주의 강의식 수업방법은 피하여야 한다.
(3)발음 지도에 있어서는 일본의 특유의 청음 탁음의 구별과 억양 등을 정확히 하도
　록 유의한다.
(4)정확한 발음과 듣기의 지도를 위하여 시청각 자료를 될 수 있는대로 많이 이용하
　도록 한다.
(5)학습 지도에 있어서는 새로운 단어나 지식의 암기 이해 보다 이미 습득한 언어 자
　료에 의한 반복 수련과 응용에 중점을 두어야 한다.
(6)일본어 사전의 사용 방법을 지도하여 학생이 자습할 수 있는 기틀을 마련해 주어
　야 한다.

(7)실업전문 교육의 특수성과 전문성을 고려하여 계별 실업 내용에 관한 설명문, 시사문, 서한문 등을 아울러 지도하되 어떠한 부문에만 치우치지 않도록 전체적인 균형을 고려하여야 한다.

4-2. 제3차 교육과정(문교부령 제350호, 1974. 12. 31)

Ⅷ. 일본어

1. 목표

가. 표준적인 현대 일본어의 기본 어법을 익히게 하여, 듣기, 읽기, 말하기, 쓰기의 기초적인
 기능을 기른다.
나. 일본인의 생활과 그 나라의 문화, 경제 등에 대한 이해를 증진시켜, 국제적 협조심과
 안목을 기르고, 우리 스스로의 발전에 도움이 되도록 한다.
다. 일본어를 통하여 우리 나라의 문화와 현황에 대한 개략적인 소개를 할 수 있는 기초적
 능력을 기른다.

2. 내용

가. 언어 기능
  (1) 듣기와 말하기
      (가) 일본어의 음운 체계를 익히기
          ① 「1자음+1모음」 중심의 음절과 50음
          ② 청음, 탁음, 반탁음, 요음, 발음, 촉음, 장음
      (나) 일상 관용의 인사말 교환하기
      (다) 그림이나 실물을 보고 문답하기
      (라) 신변에 관한 말을 묻고 대답하기
      (마) 교사의 지시에 대해 학생이 동작과 말로 응대하기
      (바) 듣고 읽은 내용을 간추려 말하기
      (사) 문장의 일부를 다른 말로 바꾸어 말하기
      (아) 일정한 문형을 의문문과 부정문으로 바꾸어 말하기
      (자) 교사의 이야기를 들어서 이해하기
      (차) 말하는 어조에 관한 연습
      (카) 간단한 행동 경험을 말하고 듣기
      (타) 간단한 연설하기
      (파) 쉬운 내용에 관해서 토의하기
  (2) 읽기
      (가) 히라가나 · 가다까나를 식별하여 읽기
      (나) 발음 연습의 단어를 가나로 읽어 정확한 음성을 익히기

(다) 당용한자의 음독과 훈독
(라) 교사의 범독에 따라 음독하기
(마) 스스로 교재를 음독 또는 묵독하여 이해하기
(바) 간단한 대화를 실감 있는 어조로 번갈아 읽기
(사) 신속히 읽고 내용을 요약하여 대의를 발표하기
(아) 사전을 활용하여 여러 가지 형식의 문장을 해득하기
(3) 쓰기
(가) 히라가나 · 가다까나를 익혀 쓰기
(나) 당용한자(약자, 일본 한자 포함) 쓰기
(다) 읽기 교재를 보고 쓰기
(라) 읽기 교재를 외어 쓰기
(마) 교사가 부르는 말을 받아 쓰기
(바) 미완성 문장을 보충하기
(사) 틀린 문장을 고쳐 쓰기
(아) 읽은 내용의 대의를 쓰기
(자) 주어진 단어 · 관용구 · 문형을 사용하여 예문을 만들기
(차) 간단한 편지 쓰기
(카) 간단한 국문을 일본어로 옮겨쓰기

나. 언어 재료
(1) 어휘
기본 어휘 3,000어 내외를 점차로 반복 이수하도록 하며, 그 밖에, 전문적, 기술적 용어 등을 포함하여 200어 이내를 추가 사용할 수 있다.
한자는 당용한자 범위 안에서 그 일부를 사용함을 원칙으로 하되 고유 명사에 한해서는 예외로 한다.
(2) 소재
소재는 될 수 있는 대로 우리 나라의 생활 내용에서 많이 선정하도록 한다.
(가) 간단한 인사 교환을 할 수 있는 내용
(나) 구체적인 실물과 그림을 놓고 간단한 문답을 할 수 있는 내용
(다) 수업을 중심으로 한 학교 생활에 관한 내용
(라) 가족 및 가정 생활에 관한 내용
(마) 가까운 생활 주변에 관한 내용
(바) 자기 또는 제3자를 간단히 소개할 수 있는 내용
(사) 신체, 계절, 일기, 행사 또는 기타 생활 주변의 일에 관하여 문답할 수 있는 내용
(아) 우리 나라의 문화와 전통 및 사회, 역사, 인물 등에 관한 내용
(자) 일본인의 생활 및 일본의 문화, 사회, 경제 등에 관한 내용과 기타 국제 이해에

　도움이 되는 내용
(차) 현대인의 취미, 오락 및 과학 기술의 발전 등 현대 생활에 관한 내용
(카) 실업 생활에 관한 간단한 내용
(타) 쉬운 문예 작품
(파) 간단한 편지를 읽고 쓸 수 있는 내용
(하) 국내외 여행 및 관광에 관한 내용
(거) 우리 나라의 경제 발전에 관한 내용 및 새마을 운동의 모습
(너) 기타 사회 생활에서 자주 언급하는 소재
(3) 문형
　언어 요소 중에서 가장 굴대가 되는 기본 문형을 조직적으로 가르친다.
　기본적으로 일상 회화에 필요한 간단한 문형을 먼저 가르치고, 그 기초에서 출빌하여 발전적인 문형을 단계적으로 가르친다.
(가) 처음에는 대체로 단문의 기초 문형을 가르치고, 그 다음에 중문을 익히게 한다.
(나) 단문, 중문의 반복 학습을 거친 다음에 복문과 응용 문형인 혼문을 가르친다.
(다) 직접적인 방법으로 훈련을 하기 위하여 희망 문형을 자주 사용한다.
(라) 듣고말하기를 훈련의 기초 기능으로 삼기 위하여 의문 문형과 응대 문형을 중점적으로 가르친다.
(4) 문법 사항
　문법은 일본어의 이해력과 표현력을 뒷받침하는 한도 내에서 기본적인 사항을 문장에 따라 귀납적으로 지도한다.
　지도에 있어서는 다음 사항을 포함한다.
(가) 동사의 활용
　　① 활용형…………미연, 연용, 종지, 연체, 가정, 명령
　　② 활용의 종류……5단, 상1단, 하1단 カ행변격, サ행변격
(나) 형용사의 형용 동사의 활용
　　활용형…………미연, 연용, 종지, 연체, 가정
(다) 명사와 대명사
　　① 지시 대명사…………근칭, 중칭, 원칭, 부정칭
　　② 인칭 대명사…………자칭, 대칭, 타칭(근·중·원칭) 부정칭
(라) 조사의 용법
　　① 격조사
　　② 접속 조사
　　③ 부조사
　　④ 종조사
(마) 조동사의 용법과 활용
　　① 종류…………부정, 희망, 가능, 수종, 정중, 과거, 사역, 존경, 자발, 전문,

양태, 추측, 의지

    ② 활용형··············미연, 연용, 종지, 연체, 가정, 명령
  (바) 부사
    종류···········상태, 정도, 부정, 희망, 비유, 추측, 금지, 가정, 부정 추측, 의
          문, 반어, 강조, 단정
  (사) 연체사
  (아) 접속사
    ① 병렬
    ② 첨가
    ③ 선택
    ④ 순접
    ⑤ 역접
  (자) 감동사
    ① 감동
    ② 부름
    ③ 응답
  (차) 경어의 용법
    ① 존경
    ② 겸양
    ③ 정중
  (카) 음편

3. 지도상의 유의점

가. 내용의 제시에 있어서는 특히 문장의 길이와 복잡성 등을 고려하여 쉬운 것에서 어려운 것으로, 구체적인 것에서 추상적인 것으로의 순서를 지켜야 한다.

나. 초기 단계에서는 구두 훈련을 통한 언어 학습을 중시하며, 불가피한 경우를 제외하고는 문법 용어의 도입을 피하여야 한다.

다. 문법은 이해력과 표현력을 뒷받침하는 한도 내에서 기본적인 사항을 문장에 따라 귀납적으로 지도한다.

라. 정확한 발음과 듣기의 지도를 위하여 시청각 자료를 적절히 이용하도록 한다.

마. 지도에 있어서는 이미 습득한 언어 재료에 위한 반복 수련과 응용에 중점을 두어야 한다.

바. 사전의 사용 방법을 지도하여 학생이 자습할 수 있는 기틀을 마련해 주도록 한다.

4-3. 3차 교육과정(완전시행)(문교부 고시 제424호, 1979.3.1)

<일본어>

가. 목표
1) 표준적인 현대 일본어의 기본 어법을 익히게 하여, 듣기, 읽기, 말하기, 쓰기의 기초적인 기능을 기른다.
2) 일본인의 생활과 그 나라의 문화, 경제 등에 대한 이해를 증진시켜, 국제적 협조심과 안목을 기르고, 우리 스스로의 발전에 도움이 되도록 한다.
3) 일본어를 통하여 우리 나라의 문화와 현황에 대한 개략적인 소개를 할 수 있는 기초적 능력을 기른다.

나. 내용
1) 언어 재료
　가) 어휘
　　기본 어휘 3,000어 내외를 점차로 반복 이수하도록 하며, 그 밖에, 전문적, 기술적 용어 등을 포함하여 200어 이내를 추가 사용할 수 있다.
　　한자는 당용한자 범위 안에서 그 일부를 사용함을 원칙으로 하되 고유 명사에 한해서는 예외로 한다.
　나) 소재
　　소재는 될 수 있는 대로 우리 나라의 생활 내용에서 많이 선정하도록 한다.
　　(1) 간단한 인사 교환을 할 수 있는 내용
　　(2) 구체적인 실물과 그림을 놓고 간단한 문답을 할 수 있는 내용
　　(3) 수업을 중심으로 한 학교 생활에 관한 내용
　　(4) 가족 및 가정 생활에 관한 내용
　　(5) 가까운 생활 주변에 관한 내용
　　(6) 자기 또는 제3자를 간단히 소개할 수 있는 내용
　　(7) 신체, 계절, 일기, 행사 또는 기타 생활 주변의 일에 관하여 문답할 수 있는 내용
　　(8) 우리 나라의 문화와 전통 및 사회, 역사, 인물 등에 관한 내용
　　(9) 일본인의 생활 및 일본의 문화, 사회, 경제 등에 관한 내용과 기타 국제 이해에 도움이 되는 내용
　　(10) 현대인의 취미, 오락 및 과학 기술의 발전 등 현대 생활에 관한 내용
　　(11) 실업 생활에 관한 간단한 내용
　　(12) 쉬운 문예 작품

(13) 간단한 편지를 읽고 쓸 수 있는 내용

(14) 국내외 여행 및 관광에 관한 내용

(15) 우리 나라의 경제 발전에 관한 내용 및 새마을 운동의 모습

(16) 기타 사회 생활에서 자주 언급하는 소재

다) 문형

언어 요소 중에서 가장 중심이 되는 기본 문형을 조직적으로 가르친다.

기본적으로 일상 회화에 필요한 간단한 문헌을 먼저 가르치고, 그 기초에서 출발하여 발전적인 문헌을 단계적으로 가르친다.

(1) 처음에는 대체로 단문의 기초 문헌을 가르치고, 그 다음에 중문을 익히게 한다.

(2) 단문, 중문의 반복 학습을 걸친 다음에 복문과 응용 문형인 혼문을 가르친다.

(3) 직접적인 방법으로 훈련을 하기 위하여 희망 문형을 자주 사용한다.

(4) 듣고 말하기의 기능을 기르기 위하여 의문 문형과 응답 문형을 중점적으로 가르친다.

라) 문법 사항

문법은 일본어의 이해력과 표현력을 뒷받침하는 한도 내에서 기본적인 사항을 문장에 따라 지도한다.

지도에 있어서는 다음 사항을 포함한다.

(1) 동사의 활용

   ㈎ 활용형··············미연, 연용, 종지, 연체, 가정, 명령

   ㈏ 활용의 종류······5단, 상1단, 하1단 カ행변격, サ행변격

(2) 형용사의 형용 동사의 활용

   활용형··············미연, 연용, 종지, 연체, 가정

(3) 명사와 대명사

   ㈎ 지시 대명사··············근칭, 중칭, 원칭, 부정칭

   ㈏ 인칭 대명사··············자칭, 대칭, 타칭(근·중·원칭) 부정칭

(4) 조사의 용법

   ㈎ 격조사

   ㈏ 접속 조사

   ㈐ 부조사

   ㈑ 종조사

(5) 조동사의 용법과 활용

   ㈎ 종류··············부정, 희망, 가능, 수종, 정중, 과거, 사역, 존경, 자발, 전문, 양태, 추측, 의지

   ㈏ 활용형··············미연, 연용, 종지, 연체, 가정, 명령

(6) 부사

　　　　종류…………상태, 정도, 부정, 희망, 비유, 추측, 금지, 가정, 부정 추측, 의
　　　　　　　　문, 반어, 강조, 단정
　(7) 연체사
　(8) 접속사
　　　㈎ 병렬
　　　㈐ 첨가
　　　㈑ 선택
　　　㈒ 순접
　　　㈓ 역접
　(9) 감동사
　　　㈎ 김동
　　　㈐ 부름
　　　㈑ 응답
　(10) 경어의 용법
　　　㈎ 존경
　　　㈐ 겸양
　　　㈑ 정중
　(11) 음편

2) 언어 기능
　가) 듣기와 말하기
　　(1) 일본어의 음운 체계를 익히기
　　　㈎ 「1자음+1모음」중심의 음절과 50음
　　　㈐ 청음, 탁음, 반탁음, 요음, 발음, 촉음, 장음
　　(2) 일상 관용의 인사말 교환하기
　　(3) 그림이나 실물을 보고 문답하기
　　(4) 신변에 관한 말을 묻고 대답하기
　　(5) 교사의 지시에 대해 학생이 동작과 말로 응대하기
　　(6) 듣고 읽은 내용을 간추려 말하기
　　(7) 문장의 일부를 다른 말로 바꾸어 말하기
　　(8) 일정한 문형을 의문문과 부정문으로 바꾸어 말하기
　　(9) 교사의 이야기를 들어서 이해하기
　　(10) 말하는 어조에 관한 연습
　　(11) 간단한 행동 경험을 말하고 듣기
　　(12) 간단한 연설하기
　　(13) 쉬운 내용에 관해서 토의하기

나) 읽기
    (1) 히라가나・가다까나를 식별하여 읽기
    (2) 발음 연습의 단어를 가나로 읽어 정확한 음성을 익히기
    (3) 당용한자의 음독과 훈독
    (4) 교사의 독법 따라 음독하기
    (5) 스스로 교재를 음독 또는 묵독하여 이해하기
    (6) 간단한 대화를 실감 있는 어조로 번갈아 읽기
    (7) 신속히 읽고 내용을 요약하여 대의를 발표하기
    (8) 사전을 활용하여 여러 가지 형식의 문장을 해득하기

다) 쓰기
    (1) 히라가나・가다까나를 익혀 쓰기
    (2) 당용한자(약자, 일본 한자 포함) 쓰기
    (3) 읽기 교재를 보고 쓰기
    (4) 읽기 교재를 외어 쓰기
    (5) 교사가 부르는 말을 받아 쓰기
    (6) 미완성 문장을 보충하기
    (7) 틀린 문장을 고쳐 쓰기
    (8) 읽은 내용의 대의를 쓰기
    (9) 주어진 단어, 관용구, 문형을 사용하여 예문을 만들기
    (10) 간단한 편지 쓰기
    (11) 간단한 국문을 일본어로 옮겨 쓰기

다. 지도상의 유의점
○ 내용의 제시에 있어서는 특히 문장의 길이와 복잡성 등을 고려하여 쉬운 것에서 어려운 것으로, 구체적인 것에서 추상적인 것으로의 순서를 지키도록 한다.
○ 초기 단계에서는 구두 훈련을 통한 언어 학습을 중시하며, 불가피한 경우를 제외하고는 문법 용어의 도입을 피하도록 한다.
○ 정확한 발음의 듣기의 지도를 위하여 시청각 자료를 적절히 이용하도록 한다.
○ 이미 습득한 언어 재료에 의한 반복 수련과 응용에 중점을 둔다.
○ 사전의 사용 방법을 지도하여 학생이 스스로 학습할 수 있는 기틀을 마련해 주는 한편, 문법은 표현력과 이해력을 뒷받침하는 한도내에서 기본적인 사항을 문장에 따라 지도한다.

4-4. 제4차 교육과정(문교부 고시 제442호, 1981. 12. 31)

일본어

가. 목표

일본어 사용 능력을 기르고, 일본인의 문화를 이해시킴으로써 우리 문화 발전에 기여하게 한다.

1) 일상 생활과 일반적인 화제에 관한 비교적 쉬운 말을 듣고, 말하고, 읽고, 쓰는 능력을 기른다.
2) 일본인의 생활 및 문화에 관하여 폭넓게 이해한다.

나. 내용

1) 언어 기능

　가) 듣기와 말하기

　　(1) 발음을 익힌다.

　　(2) 쉬운 말의 내용을 듣고 이해한다.

　　(3) 인사말 등 간단한 대화를 나눈다.

　　(4) 잘 아는 소재에 관하여 말한다.

　나) 읽 기

　　(1) 글을 소리내어 읽는다.

　　(2) 카나 문자와 교육 한자의 음독과 훈독을 식별하여 읽는다.

　　(3) 글의 대의를 파악한다.

　다) 쓰기

　　(1) 카나 문자와 교육 한자를 익혀 쓴다.

　　(2) 간단한 말을 받아 쓴다.

　　(3) 구두로 익힌 쉬운 말을 글로 쓴다.

　　(4) 제한된 문형 및 어휘를 이용하여 간단한 글을 짓는다.

　　(5) 간단한 우리말을 일본어로 옮긴다.

　　(6) 학생 주변에 관한 것을 글로 쓴다.

2) 언어 재료

　가) 소 재

　　(1) 일본인의 생활과 우리 일상 생활 및 문화 전반에 관한 것을 선택하되, 올바른 가치관 형성에 도움이 되는 것으로 한다.

　　　◦ 학교 생활에 관한 것

　　　◦ 일상 가정 생활에 관한 것

　　∘ 기타 사회 생활 주변에 관한 것
　(2) 글의 형식은 대화체, 서술체 등 다양하게 선정하되, 내용 구성에 있어서는 다음 사항에 유의한다.
　　∘ 학생들의 흥미, 필요, 지적 수준 등을 고려하여, 학습 동기를 유발할 수 있는 것
　　∘ 내용이 정확하고 실용적인 것
나) 발　음
　　∘ 현대 일본어의 표준 발음으로 한다.

다) 어　휘
　　∘ [별표 1]의 기본 어휘를 포함하여 사용 빈도가 높은 2,200 내외의 어휘를 선정하여 사용한다.
라) 문형·문법
　　∘ 문형·문법 사항은 사용 빈도와 활용도를 고려하여 기초적인 것으로 한다.

다. 지도 및 평가상의 유의점
1) 지　도
　가) 초기 단계에서는 구두 훈련을 통한 언어 학습에 중점을 두고, 가급적 문법 용어의 도입을 피한다.
　나) 학습한 내용을 활용할 수 있는 단계에까지 반복하여 익히도록 한다.
　다) 어휘와 글을 자연스러운 문맥 속에서 제시하여 익히도록 한다.
　라) 문법 위주의 수업 방법을 피한다.
　마) 직독, 직해의 습관을 기르도록 한다.
　바) 각종 시청각 자료 및 기구를 충분히 사용하여 학습 효과를 높이도록 한다.
2) 평　가
　가) 언어 기능의 네 영역을 고루 평가하도록 한다.
　나) 언어 기능의 각 영역을 효과적으로 평가할 수 있는 형식과 방법을 사용한다.
　다) 평가 방법은 학생의 학습 동기를 유발시킬 수 있도록 구성하여 실시한다.
　라) 지엽적이고 예외적인 것을 피하고, 기본적인 사항과 기초적인 능력을 평가한다.
　마) 평가 결과를 바탕으로 다음 단계의 지도가 적절히 이루어지도록 한다.

[별표 1]

어 휘 표

1. 이 표에 제시된 754개의 어휘는 이수해야 한다.
2. 동사, 형용사는 기본형, 형용 동사는 어간만을 제시하였다. 그러므로, 그의 활용형은 새로운 어휘로 간주하지 않는다.
3. 동일어의 파생 또는 의미상의 변화 및 문법상의 차이가 있는 경우라도 동일어로 취급한다.
4. 인명, 지명 등의 고유 명사 이외의 한자는 교육 한자 범위 안에서 사용한다.

-あ-	あたためる	ありがたい
	あたま	ある
ああ	あたらしい	歩く
間	あたる	あわせる
あう(合う・会う)	あつい	安全
青い	あつかう	案内
赤い	あつまる	
あがる	あつめる	-い-
あかるい	あてる	
秋	あと	いい
あきらか	あな	いう
あきらめる	兄	いえ
あく(開く・明く)	姉	いきおい
あける	あぶない	いきる
あげる	あぶら	いくつ
朝	あまい	いけない
あさい	あまり	意見
あさって	雨	石
足	あやしい	医者
味	あやまる	いす
あした	あらう	いそがしい
あせ	あらそう	いそぐ
あそぶ	あらためる	いたい
あたたかい	あらわれる	いただく

いち
一切
いっしょ
一致
いっぱい
一般
いつも
糸
いなか
いぬ
いのる
今
意味
いもうと
いや
いる
入れる
色
祝う
印刷

-う-

上
うかがう
うかぶ
浮く
受ける
動かす
動く
後ろ
うすい
うそ
うた
うたう
うたがう

うち
打つ
美しい
うつす
うつる
うで
うまい
うまれる
海
生む
うら
売る
うるさい
うれしい
運転
運動場

-え-

絵
映画
駅(員)
えらい
えらぶ
鉛筆
遠慮

-お-

おいしい
おおい
大きい
おおぜい
わかげ
おかしい
起きる

置く
奥
おくる
おくれる
おこす
おこなう
おこる
おしい
教える
おじぎ
押す
おそい
おそれる
おそろしい
おだやか
お茶
おちる
夫
音
おとうと
男
おとす
おととい
おとな
おどろく
おなじ
おぼえる
重い
思う
おもしろい
主に
親
泳ぐ
おりる
おわる
音楽

女

-か-

外国
会社
買い物
買う
科学
かかる
かぎ
かく
学生
学問
かくれる
菓子
かず
かぜ
家族
肩
かたい
形
勝つ
学校
かって
家庭
かなしい
必らず
かなり
金
かばん
かぶる
かべ
がまん
紙
神

髪
かむ
からい
体
かりる
かるい
川
かわいい
かわる
考える
関係
感謝
勘定
感じる
完全
かんたん
がんばる

-き-

木
気
黄色い
きえる
機械
きく
きこえる
汽車
技術
きず
季節
基礎
規則
折
期待
きたない

切手
きっと
きっぷ
記念
きのう
希望
きまる
義務
きめる
気持ち
着物
客
急
今日
教育
競技
兄弟
去年
きらい
着 る
切る
きれい
記録
銀行

-く-

ぐあい
空気
草
くさい
くさる
薬
果物
口
くつ

国	建築	-さ-
首		
工夫	-こ-	最近
区別		材料
雲	子	坂
くもる	濃い	さがす
暗い	公園	魚
くらい	工業	先
くらす	広告	咲く
くらべる	工場	さけぶ
来る	交通	さす
苦しい	幸福	させる
車	声	さそう
黒い	こえる	雑誌
苦労	こおる	さっそく
くわしい	国民	さっぱり
	午後	砂とう
-け-	午前	さびしい
	答える	さむい
毛	事	さら
経験	今年	ざんねん
経済	ことば	散歩
けが	子供	
今朝	ことわる	-し-
景色	ごはん	
けす	こまかい	字
月給	こむ	しお
結構	米	しかし
けっして	こわい	しかる
ける	こわす	時期
けれども	今度	試験
原因	今晩	事故
玄関	今夜	仕事
元気		辞書
健康		しずか(だ)
建設		しずむ

自然	**-す-**	世話
下		先生
次第	図	ぜんぜん
時代	ずいぶん	専門
したがう	吸う	
支度	姿	**-そ-**
したしい	好き(だ)	
しっかり	すぎる	掃除
実験	少ない	そだてる
質問	すこし	卒業
失札	すごす	外
死ぬ	すずしい	そば
しばらく	すすむ	空
自分	すすめる	
島	ずっと	**-た-**
しまう	すっぱい	
しまる	すでに	大丈夫
しめす	すてる	たいせつ
しめる	砂	だいたい
社会	すばらしい	たいてい
写真	すべて	台どころ
じゃま	すべる	だいぶ
自由	住む	たいへん
習慣	済む	たおれる
住所	する	高い
主人	すわる	たくさん
出発		出す
商業	**-せ-**	たすける
上手		たずねる
しらべる	生活	ただ
知る	性質	戦う
白い	世界	ただしい
信じる	席	立つ
親切	せっかく	建物
心配	ぜひ	たてる
新聞	狭い	たのしい

たのむ	つける	とくに
たぶん	都合	時計
食べる	つたえる	ところ
たまる	つづく	年
だまる	つとめる	図書
ため	つまらない	とじる
だめ	つめたい	とても
たよる	つもり	とどける
たりる	つよい	となり
だんだん	つらい	とにかく
		飛ぶ
-ち-	**-て-**	とまる
		とめる
小さい	手	ともだち
近い	ていねい	鳥
ちがう	出かける	取りあつかう
力	手紙	取る
地図	適当	
父	できる	**-な-**
注意	てつだう	
ちょうど	鉄道	ない
ちょっと	出る	なおす
地理	天気	なおる
散る	電気	中
	電車	ながい
-つ-	電話	ながす
		なかなか
通じる	**-と-**	ながめる
使う		ながれる
つかむ	どうぞ	なく
つかれる	動物	なくなる
月	とおい	なぐる
次	とおす	なげる
着く	とおる	なぜ
付く	時	夏
つくえ	解く	なつかしい

名まえ

なみだ

なやむ

ならう

ならぶ

ならべる

なる

-に-

におい

にがい

にがつ

にぎやか

肉

にげる

西

荷物

庭

人間

-ぬ-

ぬく

脱ぐ

ぬれる

-ね-

ね

ねがう

ねこ

値段

寝る

-の-

農業

のこす

のこる

のばす

のびる

のぼる

のむ

乗る

-は-

葉

歯

場合

はいる

はく

はげしい

箱

はこぶ

はじまる

はじめる

はしる

はずかしい

はたらく

はっきり

発見

花

鼻

はなす

母

はやい

はらう

春

-ひ-

日

火

比較

東

ひかる

引く

ひくい

左

人

ひどい

ひま

ひやす

病院

病気

ひらく

ひる

ひるま

広い

拾う

-ふ-

ふえる

ふかい

吹く

ふくむ

ふせぐ

ぶつかる

ふとい

船

ふむ

冬

ふる

古い

ふろ	まじめ	むかし
文化	まじる	むずかしい
文学	また	むすぶ
	まだ	むすめ
-へ-	町	むね
	まちがう	村
下手	待つ	
べつ	まったく	**-め-**
部屋	まど	
へる	まめ	目
変化	まもる	命令
勉強	まるい	めいわく
返事	まわる	めがね
便利	まん中	めずらしい
-ほ-	**-み-**	**-も-**
貿易	みえる	もう
ぼうし	みがく	持つ
放送	右	もっと
方法	みじかい	もとめる
ほがらか	水	もどる
星	店	もの
ほしい	みせる	もらう
ほそい	道	問題
ほとんど	みとめる	
骨	みどり	**-や-**
ほめる	南	
本	耳	やかましい
本当	みる	やける
	みんな	野菜
-ま-		やさしい
	-む-	やすい
まかせる		やすむ
まける	むかう	やはり
まげる	むかえる	山

やめる
やる
やわらかい

-ゆ-

ゆうがた
郵便
雪
ゆっくり
ゆび
ゆめ

-よ-

よい
よう
洋服
横
よごれる
よぶ
よむ
夜
よろこぶ
よわい

-ら-

来年

-り-

りっぱ
両親
料理
旅行

-れ-

練習

-わ-

わかい
わかる
わかれる
わけ
わける
わすれる
わたす
わたる
わらう
わるい

4-5. 제5차 교육과정(문교부 고시 제88-7호, 1988. 3. 31)

12-7. 일본어

가. 목표
1) 일상 생활 및 주변의 일반적인 화제에 관한 쉬운 말을 들어 이해하고, 간단한 대화를 나눌 수 있게 한다.
2) 일상 생활 및 주변의 일반적인 소재에 관한 쉬운 글을 읽어 이해하고 쓸 수 있게 한다.
3) 일본인의 생활 양식과 사고 방식을 폭넓게 이해시킨다.

나. 내용
1) 언어 기능
(1) 듣기와 말하기
  ① 말소리를 식별하고 정확하게 발음하기
  ② 쉬운 내용의 말을 듣고 이해하기
  ③ 구두로 문형 연습하기
  ④ 실물이나 그림을 보고 간단히 말하기
  ⑤ 학습한 내용을 중심으로 간단히 말하기
  ⑥ 일상적인 화제에 관하여 간단히 말하기
  ⑦ 주변의 일반적인 소재에 관한 이야기를 듣고 요약해서 말하기
(2) 읽 기
  ① 가나 문자와 상용 한자 범위 내의 한자를 바르게 읽기
  ② 문장을 정확하게 읽기
  ③ 글의 내용을 이해하면서 읽기
  ④ 쉬운 글의 대의 및 요지를 파악하기
  ⑤ 읽은 글의 내용을 요약하고 결론 내리기
(3) 쓰 기
  ① 가나 문자와 상용 한자 및 정서법 익히기
  ② 간단한 말을 듣고 정확하게 받아쓰기
  ③ 문형 연습을 통하여 문장을 만들어 쓰기
  ④ 간단한 우리말을 일본어로 옮겨쓰기
  ⑤ 일상적인 소재에 관한 생각이나 느낌이나 쉬운 글을 표현하기
  ⑥ 학습한 내용을 요약해서 쓰기
2) 언어 재료
(1) 소 재
  ① 소재는 일상 생활과 일반적인 화제 중에서 선택하되, 언어의 4기능 학습 및 올바른

가치관 형성에 도움이 되는 것으로 한다.
  ○ 개인, 가정, 학교, 사회 생활에 관한 것
  ○ 취미, 오락, 운동 등 여가 선용에 관한 것
  ○ 예절, 풍속, 지리, 역사, 예술 등 문화 이해에 도움이 되는 것
② 글의 내용에 있어서는 다음 사항에 유의한다.
  ○ 학생들의 흥미, 필요, 지적 수준 등을 고려하여 학습 동기를 유발할 수 있는
    것으로 한다.
  ○ 정확하고 실용적인 것으로 하되, 특정 분야에 편중됨이 없도록 한다.
(2) 발 음
  ○ 현재 일본어이 표준 발음으로 한다.
(3) 문 자
  문자는 히라가나, 가타카나, 한자를 사용하되, 한자는 일본의 상용 한자 범위 내로
  한다.
(4) 어 휘
  ○ [별표 1]의 기본 어휘를 포함하여 사용 빈도가 높은 1800 내외의 단어를 선정하
    여 사용한다.
  ○ 단어는 사용 빈도와 활용도를 고려하여 선정한다.
  ○ 기본 어휘표에 제시되지 않은 조사, 조동사는 이해의 범위를 넘지 않도록 한다.
(5) 문형·문법
  문형·문법 사항은 사용 빈도와 활용도를 고려하여 기초적인 것으로 한다.

다. 지도 및 평가상의 유의점
1) 지 도
(1) 언어의 4기능을 상호 유기적으로 지도하여 각 기능의 상호 보완될 수 있게 한다.
(2) 단어와 구문은 자연스러운 문맥과 상황 속에서 제시하도록 한다.
(3) 의사 소통 중심의 연습을 많이 시켜 학습한 내용을 충분히 활용할 수 있도록 지도
  한다.
(4) 문법 설명 위주의 수업 방식은 피하도록 하되, 문장 구성과 뜻을 이해시키는 데
  필요한 경우에는 용례를 통해서 지도한다.
(5) 말하기 연습시 초기 단계에서는 의사 전달에 중점을 두며, 점진적으로 정확도를
  높여 가도록 한다.
(6) 직독 직해의 습관을 기르도록 한다.
(7) 작문 지도는 통제 작문 중심으로 한다.
(8) 각종 시청각 기자재를 충분히 활용하여 학습 효과를 높이도록 한다.
(9) 학습자의 필요와 능력에 알맞은 개별 학습 및 분단 학습의 기회를 가지게 하여,
  학습 활동에 적극적으로 참여하도록 유도한다.

⑽ 일본 문화를 이해시킴으로써 다른 문화에 대한 이해심과 국제적인 협조심을 높인다.

2) 평 가

(1) 언어 기능의 4영역을 고루 평가하도록 한다.

(2) 각 언어 기능을 효과적으로 평가할 수 있는 형식과 방법을 사용하도록 한다.

(3) 지엽적이고 예외적인 것을 피하고 기본적이고 중요한 사항을 평가한다.

(4) 평가 목표에 따라 부분 평가와 전체 평가를 적절하게 실시한다.

(5) 듣기 평가에서는 말소리의 식별 및 의미의 파악 등에 대한 능력을 평가한다.

(6) 말하기 평가에서는 발음, 어휘, 구문 등의 정확도에 대하여 평가한다.

(7) 읽기 평가에서는 바르게 낭독하고, 글의 줄거리, 요지 등을 파악하는 능력을 평가하는 데에 비중을 둔다.

(8) 쓰기 평가에서는 정확한 단어와 구문을 사용하여, 전달하고자 하는 내용을 바르게 표현할 수 있는 능력을 평가한다.

(9) 평가는 학생의 학습 의욕이 올바르게 촉진될 수 있도록 한다.

⑽ 평가 결과를 바탕으로 다음 단계의 지도가 적절히 이루어지도록 한다.

[별표 1]

기본 어휘표

1. 이 표에 제시된 846 개의 단어(46개의 조사, 조동사 포함)는 이수하게 한다.
2. 동일어의 파생이나 문법적인 변화 및 문맥에 의한 의미상의 차이가 있는 경우라도 동일어로 취급한다.

-あ-

あいさつ
あいだ(間)
あいにく
あう(合う)
あう(会う)
あおい(青い)
あかい(赤い)
あがる(上がる)
あかるい(明るい)
あき(秋)
あく(開く)
あける(開ける)
あげる(上げる)
あさ(朝)
あさい(浅い)
あさって
あし(足)
あじ(味)
あした
あせ(汗)
あそぶ(遊ぶ)
あたたかい(暖かい)
あたためる(暖める)
あたま(頭)
あたらしい(新しい)
あたる(当たる)
あつい(厚い)

あつい(熱い)
あつい(暑い)
あつまる(集まる)
あつめる(集める)
あてる(当てる)
あと(後)
あな(穴)
あに(兄)
あね(姉)
あぶない(危ない)
あまい(甘い)
あまり
あめ(雨)
あやまる(謝る)
あらう(洗う)
あらわれる(現われる)
ありがたい
ある(有る)
あるく(歩く)
あわせる(合わせる)
あんぜん(安全)
あんない(案内)

-い-

いい
いう(言う)
いえ(家)
いきる(生きる)

いく(行く)
いくつ(幾つ)
いけない
いけん(意見)
いし(石)
いしゃ(医者)
いす(椅子)
いそがしい(忙しい)
いそぐ(急ぐ)
いたい(痛い)
いたす(致す)
いただく(頂く)
いち(位置)
いっしょ(一緒)
いっぱい(一杯)
いつも
いなか(田舎)
いぬ(犬)
いのる(祈る)
いま(今)
いみ(意味)
いもうと(妹)
いや(嫌)
いらっしゃる
いる(居る)
いれる(入れる)
いろ(色)
いわう(祝う)

-う-

うえ(上)
うかがう(伺う)
うかぶ(浮かぶ)
うく(浮く)
うける(受ける)
うごかす(動かす)
うごく(動く)
うしろ(後ろ)
うすい(薄い)
うそ
うた(歌)
うたう(歌う)
うたがう(疑う)
うち(内)
うつ(打つ)
うつくしい(美しい)
うつす(移す)
うつす(写す)
うつる(写る)
うで(腕)
うまい
うまれる(生まれる)
うみ(海)
うむ(生む)
うら(裏)
うる(売る)
うるさい
うれしい
うんてん(運転)
うんどうじょう(運動場)

-え-

え(絵)

えいが(映画)
えき(駅)
えらぶ(選ぶ)
えん(円)
えんぴつ(鉛筆)
えんりょ(遠慮)

-お-

おいしい
おおい(多い)
おおきい(大きい)
おおぜい(大勢)
おかげ
おかしい
おきる(起きる)
おく(置く)
おく(奥)
おくる(送る)
おくれる(遅れる)
おこす(起こす)
おこなう(行なう)
おこる(起こる)
おしえる(教える)
おす(押す)
おそい(遅い)
おそれる(恐れる)
おちゃ(お茶)
おちる(落ちる)
おっしゃる
おっと(夫)
おと(音)
おとうと(弟)
おとこ(男)
おとす(落とす)
おととい

おとな(大人)
おどろく(驚く)
おなか
おなじ(同じ)
おぼえる(覚える)
おもい(重い)
おもう(思う)
おもしろい
おもて(表)
おもに(主に)
おや(親)
およぐ(泳ぐ)
おりる(降りる, 下りる)
おわる(終わる)
おんがく(音楽)
おんな(女)

-か-

がいこく(外国)
かいしゃ(会社)
かいだん(階段)
かいもの(買い物)
かう(買う)
かえる(帰る)
かお(顔)
かがく(科学)
かかる(掛かる)
かぎ
かく(書く)
がくせい(学生)
かくれる(隠れる)
かける(掛ける)
かさ(傘)
かし(菓子)
かす(貸す)

かず(数)
かぜ(風)
かぞく(家族)
かた(肩)
かたい(固い)
かたち(形)
かつ(勝つ)
がっこう(学校)
かてい(家庭)
かな(仮名)
かなしい(悲しい)
かならず(必ず)
かなり
かね(金)
かばん
かぶる
かべ(壁)
がまん(我慢)
かみ(紙)
かみ(神)
かみ(髪)
かむ
かよう(通う)
からい(辛い)
からだ(体)
かりる(借りる)
かるい(軽い)
かわ(川)
かわいい
かわる(変わる)
かんがえる(考える)
かんけい(関係)
かんじ(漢字)
かんしゃ(感謝)
かんじる(感じる)
かんぜん(完全)

かんたん(簡単)
がんばる

-き-

き(木)
き(気)
きいろい(黄色い)
きえる(消える)
きかい(機械)
きく(聞く)
きこえる(聞こえる)
ぎじゅつ(技術)
きず(傷)
きせつ(季節)
きそ(基礎)
きそく(規則)
きた(北)
きたい(期待)
きたない(汚い)
きって(切手)
きっと
きっぷ(切符)
きねん(記念)
きのう
きぼう(希望)
きまる(決まる)
ぎむ(義務)
きめる(決める)
きもち(気持ち)
きもの(着物)
きゃく(客)
きゅうに(急に)
ぎゅうにゅう(牛乳)
きょう(今日)
きょういく(教育)

きょうぎ(競技)
きょうしつ(教室)
きょうだい(兄弟)
きょねん(去年)
きらい(嫌い)
きる(着る)
きる(切る)
きれい
きろく(記録)
ぎんこう(銀行)

-く-

ぐあい(具合)
くうき(空気)
くさ(草)
くさる(腐る)
くすり(薬)
くださる
くだもの(果物)
くち(口)
くつ(靴)
くに(国)
くび(首)
くべつ(区別)
くも(雲)
くもる(曇る)
くらい(暗い)
くらす(暮らす)
くらべる(比べる)
くる(来る)
くるしい(苦しい)
くるま(車)
くれる
くれる(暮れる)
くろい(黒い)

くろう(苦労)
くわしい(詳しい)

-け-

け(毛)
けいけん(経験)
けいざい(経済)
けいさん(計算)
けが
けさ(今朝)
けしき(景色)
けす(消す)
けっか(結果)
けっこう(結構)
けっこん(結婚)
けっして(決して)
ける
げんいん(原因)
げんかん(玄関)
げんき(元気)
けんこう(健康)
けんせつ(建設)

-こ-

こ(子)
こい(濃い)
こうえん(公園)
こうぎょう(工業)
こうこうせい(高校生)
こうこく(広告)
こうじょう(工場)
こうつう(交通)
コーヒー
こうふく(幸福)

こえ(声)
こえる(越える)
こおる(凍る)
こくみん(国民)
ごご(午後)
こころ(心)
ごぜん(午前)
こたえる(答える)
こと(事)
ことし(今年)
ことば(言葉)
こども(子供)
ことわる(断わる)
ごはん(御飯)
こまかい(細かい)
こまる(困る)
こむ(込む)
こめ(米)
こわい(恐い)
こわす(壊す)
こんど(今度)

-さ-

さいきん(最近)
ざいりょう(材料)
さがす(捜す)
さかな(魚)
さき(先)
さく(咲く)
さす(指す)
さそう(誘う)
ざっし(雑誌)
さとう(砂糖)
さびしい(寂しい)
さむい(寒い)

さら(皿)
さんぎょう(産業)
ざんねん(残念)
さんぽ(散歩)

-し-

じ(字)
しお(塩)
しかる
じかん(時間)
しけん(試験)
しごと(仕事)
じしょ(辞書)
しずか(静か)
しずむ(沈む)
しぜん(自然)
した(下)
じだい(時代)
したがう(従う)
したく(支度)
したしい(親しい)
しっかり
じっけん(実験)
しつもん(質問)
しつれい(失礼)
しぬ(死ぬ)
しばらく
じぶん(自分)
しま(島)
しまう
しまる(閉まる)
しめる(閉める)
しゃかい(社会)
しゃしん(写真)
じゃま

じゆう(自由)
しゅうかん(習慣)
じゅうしょ(住所)
じゅうぶん(十分)
じゅうよう(重要)
しゅじん(主人)
しゅっぱつ(出発)
しゅみ(趣味)
しょうかい(紹介)
しょうぎょう(商業)
じょうず(上手)
しょくじ(食事)
しょくどう(食堂)
しらべる(調べる)
しる(知る)
しろい(白い)
しんじる(信じる)
しんせつ(親切)
しんぱい(心配)
しんぶん(新聞)

-す-

ず(図)
ずいぶん
すう(吸う)
すがた(姿)
すき(好き)
すぎる(過ぎる)
すぐ
すくない(少ない)
すこし(少し)
すごす(過ごす)
すずしい(涼しい)
すすむ(進む)
すすめる(勧める)

すすめる(進める)
すっかり
ずっと
すてる(捨てる)
すばらしい
すべて
すべる(滑る)
すむ(住む)
すむ(済む)
する
すわる(座る)

-せ-

せ(背)
せいかつ(生活)
せいしつ(性質)
せいせき(成績)
せいと(生徒)
せかい(世界)
せき(席)
せっかく
せつめい(説明)
ぜひ
せまい(狭い)
せわ(世話)
せんせん(先生)
ぜんぜん(全然)

-そ-

そうじ(掃除)
そうだん(相談)
そだてる(育てる)
そつぎょう(卒業)
そと(外)

そば
そら(空)

-た-

だいがくせい(大学生)
だいじょうぶ(大丈夫)
たいせつ(大切)
だいたい(大体)
たいてい
だいどころ(台所)
だいひょう(代表)
だいぶ(大分)
たいへん(大変)
たおれる(倒れる)
たかい(高い)
たくさん
タクシー
だす(出す)
たすける(助ける)
たずねる(尋ねる)
ただ
たたかう(戦う)
ただしい(正しい)
たつ(立つ)
たてもの(建物)
たてる(立てる)
たとえば(例えば)
たのしい(楽しい)
たのむ(頼む)
たぶん(多分)
たべもの(食べ物)
たべる(食べる)
たまご(卵)
ため(為)
だめ

たりる(足りる)
たんじょうび(誕生日)
だんだん

-ち-

ちいさい(小さい)
ちかい(近い)
ちがう(違う)
ちかてつ(地下鉄)
ちから(力)
ちず(地図)
ちち(父)
ちゅうい(注意)
ちょうど
ちょっと
ちり(地理)
ちる(散る)

-つ-

つかう(使う)
つかむ
つかれる(疲れる)
つき(月)
つぎ(次)
つく(着く)
つく(付く)
つくえ(机)
つくる(作る)
つける(付ける)
つごう(都合)
つたえる(伝える)
つち(土)
つづく(続く)
つとめる(勤める)

つまらない
つめたい(冷たい)
つもり
つよい(強い)
つれる(連れる)

-て-

て(手)
ていねい(丁寧)
テーブル
でかける(出かける)
てがみ(手紙)
てきとう(適当)
できる(出来る)
てつだう(手伝う)
てつどう(鉄道)
デパート
でる(出る)
テレビ
てんき(天気)
でんき(電気)
でんしゃ(電車)
でんわ(電話)

-と-

どうぞ
どうも
とおい(遠い)
とおる(通る)
とき(時)
とく(解く)
とくに(特に)
とけい(時計)
ところ(所)

としょかん(図書館)
とじる(閉じる)
とても
とどける(届ける)
となり(隣)
とにかく
とぶ(飛ぶ)
とまる(止まる)
とめる(止める)
とめる(泊める)
ともだち(友達)
とり(鳥)
とりあつかう(取り扱う)
どりょく(努力)
とる(取る)

-な-

ない(無い)
なおす(直す)
なおる(直る)
なか(中)
ながい(長い)
ながす(流す)
なかなか
ながめる(眺める)
ながれる(流れる)
なく(泣く)
なくなる(無くなる)
なげる(投げる)
なさる
なぜ
なつ(夏)
なつかしい(懐かしい)
なまえ(名前)
なみだ(涙)

ならう(習う)
ならぶ(並ぶ)
ならべる(並べる)
なる
なる(鳴る)

-に-

におい
にぎやか
にく(肉)
にげる(逃げる)
にし(西)
にもつ(荷物)
にる(似る)
にわ(庭)
にんぎょう(人形)
にんげん(人間)

-ぬ-

ぬく(抜く)
ぬぐ(脱ぐ)
ぬれる

-ね-

ねがう(願う)
ねこ(猫)
ねだん(値段)
ねつ(熱)
ねっしん(熱心)
ねる(寝る)

-の-

のうぎょう(農業)
ノート
のこす(残す)
のこる(残る)
のばす(伸ばす)
のびる(伸びる)
のぼる(上る)
のぼる(登る)
のむ(飲む)
のる(乗る)

-は-

は(葉)
は(歯)
ばあい(場合)
はいる(入る)
はく(履く)
はげしい(激しい)
はこ(箱)
はこぶ(運ぶ)
はし(橋)
はじまる(始まる)
はじめる(始める)
ばしょ(場所)
はしる(走る)
バス
はずかしい(恥しい)
はたらく(働く)
はっきり
はっけん(発見)
はったつ(発達)
はな(花)
はな(鼻)

-の-

はなす(話す)
はは(母)
はやい(速い)
はらう(払う)
はる(春)
はれる(晴れる)
パン
はんたい(反対)
はんぶん(半分)

-ひ-

ひ(日)
ひ(火)
ピアノ
ひがし(東)
ひかる(光る)
ひく(引く)
ひくい(低い)
ひこうき(飛行機)
ひじょうに(非常に)
ひだり(左)
ひつよう(必要)
ひと(人)
ひま(暇)
ひやす(冷やす)
びょういん(病院)
びょうき(病気)
ひょうげん(表現)
ひらく(開く)
ひる(昼)
ひろい(広い)
ひろう(拾う)

-ふ-

ふえる(増える)
ふかい(深い)
ふく(吹く)
ふくむ(含む)
ふせぐ(防ぐ)
ふつう(普通)
ふとい(太い)
ふね(船)
ぶぶん(部分)
ふむ(踏む)
ふゆ(冬)
ふる(降る)
ふるい(古い)
ふろ(風呂)
ぶんか(文化)

-へ-

へいわ(平和)
へた(下手)
べつ(別)
へや(部屋)
へる(減る)
へんか(変化)
べんきょう(勉強)
へんじ(返事)
べんとう(弁当)
べんり(便利)

-ほ-

ぼうえき(貿易)
ぼうし(帽子)
ほうそう(放送)

ほうほう(方法)
ほうもん(訪問)
ボールペン
ほし(星)
ほしい(欲しい)
ほそい(細い)
ほとんど
ほね(骨)
ほめる(褒める)
ほん(本)
ほんとう(本当)

-ま-

まいる(参る)
まえ(前)
まける(負ける)
まじめ
また(又)
まだ
まち(町)
まちがう(間違う)
まつ(待つ)
まったく(全く)
まど(窓)
まにあう(間に合う)
まもる(守る)
まるい(丸い)
まわる(回る)

-み-

みえる(見える)
みがく(磨く)
みぎ(右)
みじかい(短い)

みず(水)
みせ(店)
みせる(見せる)
みち(道)
みつける(見つける)
みとめる(認める)
みどり(緑)
みなみ(南)
みみ(耳)
みやげ(土産)
みる(見る)
みんな

-む-

むかう(向かう)
むかえる(迎える)
むかし(昔)
むずかしい(難しい)
むすこ(息子)
むすぶ(結ぶ)
むすめ(娘)
むね(胸)
むら(村)

-め-

め(目)
めいし(名刺)
めいれい(命令)
めいわく(迷惑)
めがね(眼鏡)
めずらしい(珍しい)

-も-

もう
もうす(申す)
もくてき(目的)
もつ(持つ)
もっと
もとめる(求める)
もどる(戻る)
もの(物)
もらう
もんだい(問題)

-や-

やかましい
やく(焼く)
やくそく(約束)
やさい(野菜)
やさしい(易しい)
やさしい(優しい)
やすい(安い)
やすい
やすむ(休む)
やはり
やま(山)
やめる(止める)
やる
やわらかい(柔らかい)

-ゆ-

ゆうがた(夕方)
ゆうびん(郵便)
ゆうべ

ゆうめい(有名)
ゆき(雪)
ゆしゅつ(輸出)
ゆっくり
ゆび(指)
ゆめ(夢)
ゆるす(許す)

-よ-

よい(良い)
ようじ(用事)
ようす(様子)
ようふく(洋服)
よこ(横)
よごれる(汚れる)
よぶ(呼ぶ)
よむ(読む)
よる(夜)
よろこぶ(喜ぶ)
よわい(弱い)

-ら-

らいねん(来年)
ラジオ

-り-

りっぱ(立派)
りよう(利用)
りょうしん(両親)
りょうり(料理)
りょこう(旅行)

-る-

るす(留守)

-れ-

れきし(歴史)
れんしゅう(練習)

-わ-

わかい(若い)
わかる(分かる)
わけ(訳)
わける(分ける)
わすれる(忘れる)
わたす(渡す)
わたる(渡る)
わらう(笑う)
わるい(悪い)

―조사(助詞)―

<か>

① 教室の中にだれかいますか.

② 行くか行かないかあしたお返事します.

③ これはだれのですか

<が>

① 花が美しく咲いています.

② 私は水が飲みたいです.

③ 十二月ですがまだ寒くありません.

④ 野球も好きですが, テニスも好きです.

⑤ 私も見ましたがとてもすばらしかっです.

<から>

① きょうから新学期が始まります.

② その駅からバスに乗りかえます.

③ チ−ズは牛乳から作ります.

④ 私の不注意から起ったことです.

⑤ 音楽家だから感情が細かいです.

<くらい>

① 五メ−トルくらいはあります.

② 手紙ぐらいくれてもよさそうですが.

<けれど(も)>

① 風はまだ強いけれど(も)雨は止みません.

<さえ>

① こんなことは小学生さえわかります.

② 雨さえ降らなければ, 出かけます.

<し>

① 彼は頭もいいし, 力も強いです.

<しか>

① まだ半分しか読んでいません.

＜ずつ＞

① この中に二つ<u>ずつ</u>入れて下さい.

＜だけ＞

① 言う<u>だけ</u>でいいですか.

② できる<u>だけ</u>調べてみましょう.

＜たり＞

① 歌っ<u>たり</u>おどっ<u>たり</u>しています.

② 雨が降っ<u>たり</u>止ん<u>だり</u>しています.

＜て(で)＞

① 大根は太く<u>て</u>丸いです.

② からすがとん<u>で</u>行きます.

③ 雨が降っ<u>て</u>います.

④ この部屋は明るく<u>て</u>いいです.

＜で＞

① いすは木<u>で</u>作ります.

② 東京<u>で</u>働いています.

③ きのうはかぜ<u>で</u>休みました.

＜ても(でも)＞

① よく見<u>ても</u>わかりません.

② 読ん<u>でも</u>わかりません.

③ 行かな<u>くても</u>よい.

＜でも＞

① 野球<u>でも</u>見に行きませんか.

② これは子供<u>でも</u>できることです.

＜と＞

① この夏は友達<u>と</u>キョンジュへ行きます.

② あれ<u>と</u>これ<u>と</u>どっちを買いましょうか.

③ 先生<u>と</u>会います.

④ ケーキ<u>と</u>紅茶を頼む.

⑤ では, また<u>と</u>いって別れました.

⑥ 早く行く<u>と</u>まにあいます.

⑦ 春になる<u>と</u>暖かくなります.

⑧ 家に帰る<u>と</u>だれもいなかった.

<ながら>

① 歩き<u>ながら</u>話しましょう.

<など>

① 机の上にはノートやえんぴつ<u>など</u>が置いてあります.

<に>

① 先生は運動場<u>に</u>いらっしゃいます.

② 毎日6時<u>に</u>起きます.

③ もうソウル駅<u>に</u>着いたころでしょう.

④ 先生<u>に</u>もうしあげましょうか.

⑤ 弟も中学生<u>に</u>なりました.

⑥ 本を買い<u>に</u>行きます.

⑦ この時計は一日<u>に</u>二秒すすみます.

<ね>

① あれはあなたの本です<u>ね</u>.

② この夏コンジュへ行きませんか.

  そうです<u>ね</u>. まだ行ったことがないから行きたいです<u>ね</u>.

<の>

① これは私<u>の</u>人形です.

② さくら<u>の</u>咲くころ参ります.

③ 私<u>の</u>はこれです.

<のに>

① 三月な<u>のに</u>少しも春らしくないです.

<ので>

① 気候がよい<u>ので</u>くらしやすいです.

<は>

① 私は学生です.

② 京都へは行きません.

<ば>

① 雨が降れば中止します.

② 夏になればあつくなります.

<ばかり>

① 十日ばかり南海の旅をした.

② 学校では英語ばかりならっています.

③ いまついたばかりです.

<へ>

① どこへ行きますか.

② 兄はきのうプサンへ着きました.

<ほど>

① 三人ほど来ました.

② 彼ほどうまい人はありません.

③ 読めば読むほどおもしろくなります.

<まで>

① 東京まで行きます.

② 三時までに来ます.

③ 雨が降っている上に風まで吹いてきました.

<も>

① きょうも朝から雨です.

② 三十分も歩きました.

③ 本もノートもあります.

<や>

① みかんやりんごや柿などがあります.

<より>

① 私は英語より日本語の方が好きです.

<を>

① 本を二冊買ってきました.

② 道を歩きます.

③ 家を出ました.

④ 上を向いて歩きました.

—조동사(助動詞)—

<せる, させる>

① あの人にその仕事をつづけさせることはできません.

<そうだ>

① 雨が降りそうです.

② あしたは雨だそうです.

<た>

① もう春になりました.

② あしたお会いしたとき, 申し上げます.

③ めがねをかけた人はだれですか.

④ 雨が降ったら止めます.

<だ, です>

① これは本で, それはノートです.

② あなたが 行く(の)なら, 私も行きます.

③ あれは学校だそうです.

<たい>

① 早くスキーに行きたいです.

<たがる>

① 私の友だちはソラク山へ行きたがっています.

<ない, ん(ぬ)>

① 戸があかなければ, 中に入れません.

② 行かなくてもかまいません.

③ あついから窓をしめないで下さい.

④ 待た<u>ず</u>に, 帰るのですか.

<ます>

① 彼は今本を読んでい<u>ます</u>.

<みたいだ>

① 子供<u>みたい</u>に喜んでいる.

② あの人は学校をやめた<u>みたい</u>です.

<(よ)う>

① あしたは天気だろ<u>う</u>.

② 私がやりましょ<u>う</u>.

③ お互いによく考えましょ<u>う</u>.

<よりだ>

① きょうは寒くて冬の<u>よう</u>です.

② あの人は病人の<u>ような</u>顔をしている.

③ 彼の<u>ような</u>失敗はしません.

④ 先生は次の<u>ように</u>説明されました.

<らしい>

① 雨は止んだ<u>らしい</u>です.

<れる, られる>

① 彼に教え<u>られる</u>ことが多いです.

② あした上京さ<u>れる</u>そうです.

③ 私は何人でも食べ<u>られ</u>ます.

4-6. 제6차 교육과정(교육부 고시 제1992-19호, 1992. 10. 30)

12-5. 일본어 Ⅰ

1. 성격

'일본어 Ⅰ' 과목은, 여러 분야에서 영향력이 날로 증가하고 있는 일본어를 익혀, 첨단 과학 기술 및 정치·경제면에서 점점 높아지고 있는 일본의 국제적 지위에 대응하고, 우리 나라와의 지리, 역사적 관계에서 요구되는 상호 협력 교류를 지속하는 데 도움을 주는 것이다.

'일본어 Ⅰ' 과목은 이해 기능과 표현 기능을 고르게 기르되, 듣기와 말하기에 중점을 두어 의사 소통 능력을 신장하는 기초 과정이며, 이러한 과정을 통하여 학생들이 일본어와 일본에 흥미와 관심을 가질 수 있도록 도와 줄 것이다.

'일본어 Ⅰ' 과목은 단순한 의사 소통 도구로만 가르치는 것이 아니라, 자신의 생각과 느낌 등을 일본어로 표현할 수 있는 기초 능력을 기르고, 동시에 건전한 사고 방식을 가진 성숙한 민주 시민으로서 자라도록 탐구하고 사고하는 바탕을 배양하며, 나아가 일본 문화의 이해를 통하여 국제화 시대에 능동적으로 대처할 수 있는 기초적 역량을 기르도록 한다. 따라서, '일본어 Ⅰ' 과목은 대학에 진학하여 학문을 연마할 학생들에게는 물론, 실업계 학생에게도 선택 과목으로 권장하도록 한다.

2. 목표

가. 일상 생활과 관련된 쉬운 말과 글을 이해할 수 있게 한다.

나. 일상적인 화제와 관련된 내용을 간단하게 표현할 수 있게 한다.

다. 일본인의 일상 생활과 관습을 이해하게 한다.

3. 내용

가. 언어 기능

(1) **이해 기능**

　(가) 소리와 문자의 관계를 이해하기

　(나) 간단한 말을 듣고 행동하기

　(다) 간단한 질문이나 대답을 이해하기

　(라) 간단한 대화의 내용을 이해하기

　(마) 쉬운 내용의 말과 글의 대의를 파악하기

(2) **표현 기능**

　(가) 소리와 문자를 식별하여 발음하기

　(나) 학습한 내용을 간단한 말로 표현하기
　(다) 실물이나 그림을 보고 간단히 대화하기
　(라) 간단한 질문이나 대답하기
　(마) 일상 생활에 관하여 쉬운 말과 글로 표현하기

나. 의사 소통 기능
　(1) [별표 1]에 제시된 의사 소통 기능 항목을 참고로 한다.
　(2) 문법에 관한 내용은 [별표 1]에 있는 예시문의 해당 사항을 참고한다. 다만, 다음
　　　문법 사항은 다루지 않기로 한다.
　(가) 고어적인 표현(<예> べし, まい 등)
　(나) 사역+피동형 표현(<예> 歌わせられる 등)

다. 언어 재료
(1) 소 재
　(가) 일상 생활에 관한 소재를 위주로 선택하되, 의사 소통 기능 지도에 도움이 되는
　　　것으로 한다.
　　① 개인 생활과 인간 관계에 관한 것
　　② 교우 관계와 학교 생활에 관한 것
　　③ 취미, 오락, 운동, 여행 등 여가 선용에 관한 것
　　④ 건전한 사고와 협동 정신을 기르는 데 도움이 되는 것
　　⑤ 일본인의 일상 생활을 이해하는 데 도움이 되는 것
　(나) 내용 구성에 있어서는 다음 사항에 유의해야 한다.
　　① 학생들의 흥미, 필요, 지적 수준 등을 고려하여 학습 의욕을 유발할 수 있는 것으
　　　로 한다.
　　② 학습 활동을 통하여 학생들의 의사 소통 의욕을 유발할 수 있는 것으로 한다.
　　③ 내용은 실용적인 것으로 한다.
(2) 발 음
　현대 일본어의 표준 발음으로 한다.
(3) 문 자
　문자는 히라가나, 가타카나, 한자를 사용하되, 한자는 일본의 상용 한자 범위 내로 한다.
(4) 어 휘
　[별표 2]에 제시된 어휘를 중심으로 하여 600 낱말 내외를 사용한다.

4. 방법
가. 교수·학습 계획
　(1) 듣기와 말하기에 중점을 두어, 언어 기능의 자연스러운 습득이 가능하도록 수업을
　　　계획한다.

(2) 언어 기능을 효율적으로 기를 수 있도록 학습 지도 계획을 사전에 짜도록 한다.

(3) 학생의 필요와 지적 발달을 고려하여, 언어 기능과 의사 소통 기능이 나선형으로 구성 되게 한다.

(4) 학생의 흥미와 동기를 유발할 수 있도록 학생 중심의 학습 활동이 되도록 계획한다.

(5) 각종 시청각 자료 및 기구를 충분히 활용하여 학습 효과를 높이도록 수업을 계획한다.

나. 교수·학습 방법

(1) 교사와 학생 및 학생과 학생 간의 활동을 전개하여, 의사 소통 기능을 이해하고 이를 적용할 수 있도록 한다.

(2) 듣기 지도는 반복 연습을 통하여 문장의 의미를 충분히 이해하도록 도와 준다.

(3) 말하기 지도는 개인별 및 분단별로 역할놀이, 게임 등을 통하여 하되, 학생들에게 능동적으로 표현할 수 있는 기회를 많이 주도록 한다.

(4) 읽기 지도는 자연스러운 발화에 역점을 두어 낭독하게 하여 유창성을 기르도록 한다.

(5) 쓰기 지도는 통제 작문을 중심으로 지도한다.

(6) 문화에 관한 내용은 적절한 자료를 사용하여, 편협하지 않은 사고 방식과 올바른 가치관을 기르도록 한다.

(7) 목표와 내용에 따라서는 일본어로 수업을 진행할 수 있게 한다.

(8) 개별 학습과 자율 학습이 가능하도록 도움 자료(테이프, 워크북)를 활용한다.

(9) 교과용 도서의 내용은 학생의 수준과 지역 환경 및 상황에 따라 재구성하여 지도할 수 있다.

(10) 학생의 의사 소통 의욕을 높이기 위하여 오류의 즉각적인 수정을 피하도록 한다.

5. 평가

가. 평가 지침

(1) 학습한 내용을 중심으로 이해 기능과 표현 기능을 고루 평가한다.

(2) 이해 기능은 듣기와 읽기 능력을 평가한다.

(3) 표현 기능은 말하기와 쓰기 능력을 평가한다.

(4) 학습 과정과 단계별 목표의 성취도를 종합적으로 평가한다.

(5) 타당성, 신뢰성, 객관성을 갖춘 평가가 되도록 한다.

(6) 평가의 결과는 이해 기능과 표현 기능으로 구분하여 처리한다.

(7) 표현 기능의 평가는 5단계 정도로 나누어 처리한다.

나. 평가 목표

(1) 언어 기능

(가) 이해 기능

① 소리와 문자의 식별 능력
② 간단한 대화의 내용 이해
③ 간단한 질문이나 대답의 이해
④ 쉬운 대화의 내용, 목적, 상황 등에 대한 이해
⑤ 일본인의 일상 생활과 관습에 대한 이해

(나) 표현 기능

① 소리와 문자의 식별과 발음
② 간단한 질문이나 대답
③ 실물이나 그림을 이용한 간단한 대화
④ 상황에 따른 간단한 대화
⑤ 인사, 소개, 초청, 감사 등 의사 소통 기능의 직절한 표현

(2) 의사 소통 기능

학습한 의사 소통 기능의 이해와 적용

다. 평가 방법

(1) 평가 목표에 따라 분리 평가와 통합 평가를 적절하게 실시하면서 통합 평가의 비중을 높여 간다.
(2) 언어 기능과 의사 소통 기능을 효과적으로 평가할 수 있는 방법을 사용하도록 한다.
(3) 단편적이고 지엽적인 문법 지식 중심의 평가를 피하고, 언어 능력을 종합적으로 평가할 수 있는 방법을 활용하도록 한다.
(4) 의사 소통 의욕과 의사 소통 활동의 참여도 등을 관찰하여 평가한다.

12-16. 일본어 Ⅱ

1. 성격

'일본어Ⅱ' 과목은, 여러 분야에서 영향력이 날로 증가하고 있는 일본어를 익혀, 첨단 과학 기술 및 정치·경제면에서 점점 높아지고 있는 일본의 국제적 지위에 대응하고, 우리 나라와의 지리, 역사적 관계에서 요구되는 상호 협력 교류를 지속하는 데 도움을 주는 과목이다.

'일본어Ⅱ' 과목은' 일본어 Ⅰ'과목의 심화 과정으로, 이해 기능과 표현 기능을 고르게 기르되, 읽기와 쓰기에 중점을 두어 의사 소통 능력을 신장하는 기초 과정이며, 이러한 과정을 통하여 학생들이 일본에 눈을 뜨고 일본을 새롭게 인식할 수 있도록 도와 줄 것이다.

'일본어Ⅱ' 과목은 단순한 의사 소통 도구로만 가르치는 것이 아니라, 자신의 생각과 느낌 등을 일본어로 표현할 수 있는 기초 능력을 기르고, 동시에 건전한 사고 방식을 가진

성숙한 민주 시민으로 자라도록 탐구하고 사고하는 바탕을 배양하며, 나아가 일본 문화의 이해를 통하여 국제화 시대에 능동적으로 대처할 수 있는 기초적 역량을 기르도록 한다. 따라서 '일본어Ⅱ' 과목은 대학에 진학하여 학문을 연마할 학생에게는 물론, 가급적 실업계 학생에게도 선택 과목으로 권장하도록 한다.

2. 목표

가. 일반적인 화제와 관련된 글을 이해할 수 있게 한다.

나. 일반적인 화제와 관련된 내용을 표현할 수 있게 한다.

다. 일본인의 생활과 문화를 이해하고 올바른 가치관 형성에 도움이 되게 한다.

3. 내용

가. 언어 기능

(1) 이해 기능

(가) 소리와 문자의 관계를 추론하여 이해하기

(나) 쉬운 내용의 말과 글을 이해하기

(다) 쉬운 질문이나 대답을 이해하기

(라) 쉬운 글의 대의를 파악하기

(마) 내용이나 사건의 전개 과정을 이해하기

(2) 표현 기능

(가) 간단한 말을 듣고 받아쓰기

(나) 학습한 내용을 적용하여 간단하게 표현하기

(다) 쉬운 우리말을 일본어로 옮겨쓰기

(라) 실물이나 그림을 보고 간단히 대화하기

(마) 일상 생활과 일반적인 화제에 관하여 간단하게 표현하기

나. 의사 소통 기능

'일본어Ⅰ' 과목에 준한다.

다. 언어 재료

(1) 소 재

(가) 일반적인 화제를 위주로 선택하되, 의사 소통 기능 지도에 도움이 되는 것으로 한다.

① 사회 생활과 국가에 관한 것

② 취미, 오락, 운동, 여행 등 여가 선용에 관한 것

③ 공동 생활과 관련한 도덕과 질서 등 가치관 확립에 도움이 되는 것

④ 문화와 환경 문제 등을 이해하는 데 도움이 되는 것

⑤ 일본 문화와 우리 문화를 바르게 이해하는 데 도움이 되는 것

(나) 내용 구성에 있어서는 다음 사항에 유의해야 한다.

① '일본어 I' 과목에서 배운 것을 응용하고 심화할 수 있도록 한다.

② 학생들의 흥미, 필요, 지적 수준 등을 고려하여 학습 의욕을 유발할 수 있는 것으로 한다.

③ 내용은 실용적이며 적합한 것으로 한다.

(2) 발 음

'일본어 I' 과목에 준한다.

(3) 문 자

'일본어 I' 과목에 준한다.

(4) 어 휘

(가) '일본어 I' 과목에서 사용된 어휘를 다시 사용할 수 있다.

(나) [별표 2]에 제시된 어휘를 중심으로 하여 800낱말 내외를 추가하여 사용한다.

4. 방법

가. 교수·학습 계획

(1) '일본어 I' 과목에서 배운 내용을 심화하되, 읽기와 쓰기에 중점을 두어 수업을 하도록 계획한다.

(2) 기타 사항은 '일본어 I' 과목에 준한다.

나. 교수·학습 방법

(1) 듣기 지도는 반복 연습을 통하여 문장의 의미를 충분히 이해하도록 한다.

(2) 말하기 지도는 상황에 따라 적절히 표현할 수 있게 한다.

(3) 읽기 지도는 구와 절, 문장의 구조 등의 문법적인 설명을 피하고 의미를 파악하도록 도와 준다.

(4) 쓰기 지도는 점진적으로 쉬운 자유 작문을 할 수 있게 한다.

(5) 문화에 관한 내용은 적절한 자료를 사용하여, 편협하지 않은 사고 방식과 올바른 가치관을 기르도록 한다.

5. 평가

가. 평가 지침

'일본어 I' 과목에 준한다.

나. 평가 목표

(1) 언어 기능

(가) 이해 기능

① 쉬운 글의 의미 파악

② 쉬운 글의 줄거리, 주제, 소재 등의 이해

③ 쉬운 작품의 독해

④ 일본 문화에 대한 이해

(나) 표현 기능

① 학습한 내용을 받아쓰기

② 주어진 낱말로 문장 만들기

③ 간단한 용건을 글로 쓰기

④ 생각이나 느낌, 경험 등을 간단히 표현하기

(2) 의사 소통 기능

'일본어 I' 과목에 준한다.

다. 평가 방법

'일본어 I' 과목에 준한다.

[별표 1]

의사 소통 기능과 예시문

1. 다음은 고등 학교 일본어 교육 과정에서 우선적으로 이수하기를 권장하는 의사 소통 기능 항목이다. 그러나 여기에 제시되지 않은 항목도 필요에 따라 적절히 포함시킬 수 있다.
2. 다음 예시문은 고등 학교 일본어 교육 과정에 필요한 문장의 구조, 문장의 종류, 기타 어법에 관한 사항을 참고할 수 있도록 하였으며, 또 예시문에 나타나 있지 않은 사항도 필요에 따라 적절히 포함시킬 수 있다.

<개인의 생각>

○ 가능성
  あなたは運転ができますか。
  雨が降りそうです。
○ 소망과 의지
  カメラがほしいです。
  私もぜひ行きたいです。
  もっとがんばります。
○ 확 신
  あしたはきっと会えるでしょう。
  急げば間に合うと思います。
○ 추 측
  吉田さんは来ないかも知れません。
  彼も行くだろうと思います。
  つかれているようですね。

<개인의 느낌>

○ 희로애락
  お会いできてうれしいです。
  きのうの映画はとてもおもしろかったです。
○ 감각적 느낌
  これはおいしいですね。
  とてもいいにおいです。
○ 좋거나 싫음
  夏はあつくてきらいです。
  私は山にのぼるのが好きです。

∘ 정서적 느낌
　ひとりでさびしかったでしょう。
　道が暗くてこわかったです。

<친교 활동>
∘ 인 사
　お元気ですか。　では、失礼します。
∘ 초 대
　あしたあそびにいらっしゃいませんか。
　あなたもぜひ来て下さい。
∘ 약 속
　今度の日曜日はどうですか。
　あしたの午後三時に郵便局の前で会いましょう。
∘ 칭찬이나 격려
　金さんは本当に歌が上手ですね。
　がんばって下さい。
∘ 말의 중단이나 끝맺음
　すみません。ちょっと待って下さい。
　では、これで失礼します。

<일상적 대인 관계>
∘ 소 개
　はじめまして、ユンヒです。
　どうぞよろしく。
∘ 전 화
　もしもし、山田先生いらっしゃいますか。
　もしもし、山本ですが李さんお願いします。
∘ 감 사
　ありがとうございます。
　いろいろお世話になりました。
∘ 사과나 변명
　遅くなってすみません。
　試験があったので行けませんでした。

<권유와 의뢰>
∘ 부탁과 요청

金さんの住所を教えていただけませんか。
私に行かせてください。
◦ 승낙과 거절
はい、いいですよ。
けっこうです。
それはちょっと困ります。

＜지시와 명령＞
◦ 주의나 경고
遅れないようにして下さい。
この水は飲まないで下さい。
◦ 허 용
鉛筆で書いてもいいですか。
もう帰ってもいいです。
◦ 충 고
人に迷惑をかけてはいけませんよ。
薬を飲んだほうがいいですよ。
◦ 제안과 설득
先生に相談してみたらどうですか。
もう遅いから帰ったほうがいいんじゃありませんか。
◦ 의 무
約束は守らなければなりません。
もう一度行かなければいけません。

＜정보 교환＞
◦ 사실 확인
きょうは水曜日ですね。
朴さんが先生にしかられたというのは本当ですか。
◦ 설 명
うちから学校まで歩いて30分です。
今度の旅行には山本さんも行くらしいです。
◦ 경 험
あなたは日本に行ったことがありますか。
いいえ、私はまだ日本に行ったことがありません。
◦ 비 교
バスと地下鉄とどちらが便利ですか。

地下鉄のほうが便利です。

<의견 교환>

∘ 의사 표시

その問題は難しすぎると思います。

お名前を教えてもらいたいんですが。

∘ 동의나 반대

それでいいと思います。

そうですね。

<문제 해결>

∘ 물건 사기

これはいくらですか。

もう少し大きいのはありませんか。

∘ 안 내

駅へ行くにはどうしたらいいでしょうか。

3番バスに乗れば駅へ行けます。

∘ 보 고

とても静かでいい所でした。

先生はもうお帰りになったそうです。

<창조적 활동>

∘ 가 설

もしだれもいなかったらどうしましょう。

安ければ、私も買います。

∘ 상 상

あの子はいくつぐらいでしょう。

∘ 편지쓰기

お元気でいらっしゃいますか。

では、お体に気をつけてください。

[별표 2]────────────────────────────────

기본 어휘표

1. 이 표에 제시된 771개의 어휘는 이수하도록 한다.
2. 활용하는 낱말은 기본형을 표제어로 삼았다. 표제어는 히라가나로 표기하고, 필요한 경우에는 괄호 속에 한자를 넣었다.
3. 조사 및 조동사도 일본어 교육의 편의를 위하여 포함시켰다. 조사는 표제어 뒤에 [助]로 표시하였으며, 조동사는 앞에 '~'를 붙였다.
4. 동일어의 다른 형태는 같은 표제어 내에 포함시켰다.
5. 사용 빈도가 높은 접사류도 일부 포함시켰다.
6. 인명 및 지명 등 고유 명사는 포함시키지 않았다.
7. 수사는 '一'와 '一つ'만을 포함시켰다.

<ア>

ああ
あいさつ
あいだ(間)
あう(合)
あう(会)
あおい(青)
あかい(赤)
あがる(上)
あかるい(明)
あき(秋)
あく(開)
あける(開)
あける(明)
あげる(上)
あさ(朝)
あさって
あし(足)
あした
あそこ
あそぶ(遊)
あたたかい

あたま(頭)
あたらしい(新)
あちら/あっち
あつい(熱)
あつい(暑)
あつまる(集)
あつめる(集)
あと(後)
あなた
あに(兄)
あね(姉)
あの
あぶない(危)
あまい(甘)
あまり(余)
あめ(雨)
あらう(洗)
あらわれる(現)
ありがとう(ございます)
ある(有)
ある(或)
あるく(歩)
あれ

あんな
あんない(案内)

<イ>

いい/よい
いいえ
いう(言)
いえ(家)
いきる(生)
いく(行)
いくつ(幾)
いくら
いけない
いしゃ(医者)
いす
いそがしい(忙)
いそぐ(急)
いたい(痛)
いたす(致)
いただく
いち(一)
いつ

いっしょ(一緒)
いっしょうけんめい
いっぱい(一杯)
いつも
いなか(田舎)
いぬ(犬)
いま(今)
いみ(意味)
いもうと(妹)
いや(嫌)
いらっしゃる
いる(居)
いる(要)
いれる(入)
いろ(色)
いろいろ

<ウ>

～う/よう
うえ(上)
うかがう(伺)
うける(受)
うごく(動)
うしろ(後)
うすい(薄)
うた(歌)
うたう(歌)
うち(内)
うつ(打)
うつくしい(美)
うつる(移)
うで(腕)
うまれる(生)
うみ(海)
うむ(生)

うら(裏)
うる(売)
うるさい
うれしい
うんてん(運転)
うんどう(運動)

<エ>

え(絵)
えいが(映画)
ええ
えき(駅)
えらぶ(選)
えん(円)
えんぴつ(鉛筆)

<オ>

お～
おいしい
おおい(多)
おおきい(大)
おかあさん
おかしい
おきる(起)
おく(置)
おくる(送)
おくる(贈)
おくれる(遅)
おこす(起)
おこる(起)
おしえる(教)
おす(押)
おそい(遅)
おちゃ(茶)

おちる(落)
おっしゃる
おと(音)
おとうさん
おとうと(弟)
おとこ(男)
おとす(落)
おととい
おとな(大人)
おどろく(驚)
おなか
おなじ(同)
おはよう(ございます)
おぼえる(覚)
おめでとう(ございます)
おもい(重)
おもう(思)
おもしろい
おや(親)
おやすみ(なさい)
およぐ(泳)
おりる(降, 下)
おわる(終)
おんがく(音楽)
おんな(女)

<カ>

か[助]
が[助]
がいこく(外国)
かいしゃ(会社)
かいもの(買物)
かう(買)
かえる(帰)
かお(顔)

かかる(掛)
かく(書)
がくせい(学生)
かける(掛)
かさ(傘)
かす(貸)
かぜ(風)
かぜ(風邪)
かぞく(家族)
かた(方)
かたい(固)
かたかな(片仮名)
かたち(形)
かつ(勝)
～がつ(月)
がっこう(学教)
かなしい(悲)
かならず(必)
かね(金)
かばん
かべ(壁)
かみ(さま)(神様)
かみ(紙)
かみ(髪)
カメラ
かよう(通)
かようび(火曜日)
から[助]
からい(辛)
からだ(体)
かりる(借)
かるい(軽)
かわ(川)
かわいい
かわる(変)
かんがえる(考)

かんじ(漢字)
かんたん(簡単)
がんばる

<キ>

き(木)
き(気)
きいろい(黄色)
きえる(消)
きかい(機械)
きく(聞)
きこえる(聞)
ぎじゅつ(技術)
きず(傷)
きせつ(季節)
きた(北)
きたない(汚)
きって(切手)
きっと
きっぷ(切符)
きのう
きまる(決)
きみ(君)
きめる(決)
きもち(気持)
きもの(着物)
きゃく(客)
きゅう(急)
ぎゅうにゅう(牛乳)
きょう(今日)
きょういく(教育)
きょうしつ(教室)
きょうだい(兄弟)
きょねん(去年)
きらい(嫌)

きる(着)
きる(切)
きれい
ぎんこう(銀行)
きんようび(金曜日)

<ク>

くうき(空気)
くさ(草)
くすり(薬)
くださる(下)
くだもの(果物)
くち(口)
くつ(靴)
くに(国)
くび(首)
くも(雲)
くもる(曇)
くらい(暗)
～くらい／ぐらい
くらべる(比)
くる(来)
くるま(車)
くれる
くろい(黒)
くわしい(詳)
～くん(君)

<ケ>

けいざい(経済)
けさ(今朝)
けしき(景色)
けす(消)
けっこう(結構)

けっこん(結婚)
げつようび(月曜日)
けれども
げんかん(玄関)
げんき(元気)
けんきゅう(研究)

<コ>

ご～
こ(子)
ご(語)
こう
こうえん(公園)
こうこう(高校)
こうじょう(工場)
こえ(声)
コーヒー
ここ
ごご(午後)
こころ(心)
ごぜん(午前)
こたえる(答)
こちら/こっち
コップ
こと(事)
ことし(今年)
ことば(言葉)
こども(子供)
この
ごはん(御飯)
コピー
こまかい(細)
こまる(困)
こむ(込)
こめ(米)

これ
これから
～ころ/ごろ
こわい(恐)
こんげつ(今月)
こんしゅう(今週)
こんど(今度)
こんな
こんにちは
こんばんは
コンピューター

<サ>

さえ[助]
さがす(捜)
さかな(魚)
さがる(下)
さき(先)
さく(咲)
～させる/～せる
～さつ(冊)
ざっし(雑誌)
さとう(砂糖)
さびしい(寂)
～さま/さん
さむい(寒)
さようなら
さら(血)
ざんねん(残念)
さんぽ(散歩)

<シ>

し[助]
じ(字)

～じ(時)
しお(塩)
しか[助]
しかし
しかる(叱)
じかん(時間)
しけん(試験)
しごと(仕事)
じしょ(辞書)
しずか(静)
しぜん(自然)
した(下)
じだい(時代)
したく(支度)
しっかり
しつもん(質問)
しつれい(失礼)
じてんしゃ(自転車)
じどうしゃ(自動車)
しぬ(死)
しばらく
じぶん(自分)
しま(島)
しまう
しまる(閉)
しめる(閉)
しゃかい(社会)
しゃしん(写真)
シャツ
じゃま(邪魔)
じゆう(自由)
しゅうかん(習慣)
じゅうしょ(住所)
じゅうぶん(十分)
じゅぎょう(授業)
しゅっぱつ(出発)

しょうかい(紹介)	すわる(座)	**＜タ＞**
しょうがつ(正月)		～た
じょうず(上手)	**＜セ＞**	～だ/～です
しょくじ(食事)		～たい
しょくどう(食堂)	せい/せ(背)	だいがく(大学)
しらべる(調)	せいかつ(生活)	だいじょうぶ(大丈夫)
しる(知)	せいと(生徒)	たいせつ(大切)
しろい(白)	せかい(世界)	だいたい(大体)
～じん(人)	せき(席)	たいてい
しんせつ(親切)	せつめい(説明)	だいぶ(大分)
しんぱい(心配)	ぜひ	たいへん(大変)
しんぶん(新聞)	せまい(狭)	たおれる(倒)
	せわ(世話)	たかい(高)
＜ス＞	せんせい(先生)	～たがる
	ぜんぜん(全然)	たくさん
すいようび(水曜日)		タクシー
すう(吸)	**＜ソ＞**	～だけ[助]
スーパー		だす(出)
スカート	そう	たずねる(訪, 尋)
すき(好)	そうじ(掃除)	ただしい(正)
すぎる(過)	そうして/そして	たつ(立)
すく	～そうだ	たてもの(建物)
すぐ(に)	そうだん(相談)	たてる(立)
すくない(少)	そこ(底)	たとえば(例)
すこし(少)	そだてる(育)	たのしい(楽)
すずしい(涼)	そつぎょう(卒業)	たのむ(頼)
すすむ(進)	そちら/そっち	たぶん(多分)
すっかり	そと(外)	たべもの(食物)
ずっと	その	たべる(食)
すてる(捨)	そば(側)	たまご(卵)
すばらしい	そら(空)	ため(為)
スポーツ	それ	～たら
すみません	それから	～たり/だり
すむ(住)	そんな	だれ
すむ(済)		たんじょうび(誕生日)
する		

なまえ(名前)
ならう(習)
ならぶ(並)
ならべる(並)
なる

<ニ>

に[助]
にいさん/おにいさん
におい
にぎやか
にく(肉)
にげる(逃)
にし(西)
にちようび(日曜日)
にもつ(荷物)
ニュース
にわ(庭)
にんぎょう(人形)

<ヌ>

ぬぐ(脱)

<ネ>

ね[助]
ねえさん/おねえさん
ねがう(願)
ネクタイ
ねこ(猫)
ねだん(値段)
ねる(寝)
～ねん(年)

<ノ>

の[助]
ノート
のこる(残)
ので[助]
のに[助]
のびる(伸)
のびる(延)
のぼる(登)
のむ(飲)
のる(乗)

<ハ>

は[助]
は(葉)
は(歯)
はい
はいる(入)
はこ(箱)
はこぶ(運)
はし(箸)
はし(橋)
はじまる(始)
はじめる(始)
はしる(走)
バス
はずかしい(恥)
はたらく(働)
はっきり
はな(花)
はな(鼻)
はなし(話)
はなす(話)
はは(母)

はやい(早)
はらう(払)
はる(春)
はれる(晴)
ばん(晩)
パソコン
ハンカチ
はんたい(反対)
はんぶん(半分)

<ヒ>

ひ(日)
ひ(火)
ひがし(東)
ひく(引)
ひくい(低)
ひこうき(飛行機)
ひだり(左)
ひつよう(必要)
ひと(人)
ひとつ(一つ)
ひま(暇)
びょういん(病院)
びょうき(病気)
ひらがな(平仮名)
ひらく(開)
ひる(昼)
ひろい(広)

<フ>

ふえる(増)
ふかい(深)
ふく(吹)
ふつう(普通)

ふとい(太)
ふね(船)
ふべん(不便)
ふむ(踏)
ふゆ(冬)
ふる(降)
ふるい(古)
ふろ(風呂)
～ふん/ぷん(分)
ぶんか(文化)

<ヘ>

へ[助]
へた(下手)
へや(部屋)
へる(減)
べんきょう(勉強)
へんじ(返事)
べんとう(弁当)
べんり(便利)

<ホ>

ほう(方)
ぼうし(帽子)
ほうそう(放送)
ほか(外, 他)
ぼく(僕)
ほし(星)
ほしい(欲)
ほそい(細)
ほど[助]
ほとんど
ほめる(誉)
ほん(本)

ほんとう(本当)

<マ>

まいる(参)
まえ(前)
まじめ
～ます
また
まだ
まち(町)
まちがう(間違)
まつ(待)
まで[助]
まど(窓)
まにあう
まもる(守)
まるい(丸)
まわる(回)

<ミ>

みえる(見)
みがく(磨)
みぎ(右)
みじかい(短)
みず(水)
みせ(店)
みせる(見)
～みたいだ
みち(道)
みどり(緑)
みな/みんな(皆)
みなみ(南)
みみ(耳)
みやげ(土産)

みる(見)

<ム>

むかし(昔)
むずかしい(難)
むすこ(息子)
むすぶ(結)
むすめ(娘)
むね(胸)
むら(村)

<メ>

め(目)
めいわく(迷惑)
めがね(眼鏡)
めずらしい(珍)

<モ>

も[助]
もう
もうす(申)
もくようび(木曜日)
もし
もつ(持)
もっと
もどる(戻)
もの
もらう(貰)
もんだい(問題)

<ヤ>

や[助]

やく(焼)　　　　より[助]　　　　を[助]
やくそく(約束)　　よる(夜)
やさい(野菜)　　　よろこぶ(喜)
やさしい(優)　　　よろしい/よろしく
やさしい(易)　　　よわい(弱)
やすい(安, 易)
やすむ(休)　　　　<ラ>
やはり/やっぱり
やま(山)　　　　　らいねん(来年)
やめる　　　　　　～らしい
やる　　　　　　　ラジオ
やわらかい(柔)　　～られる/～れる

<ユ>　　　　　　<リ>

ゆうびんきょく(郵便局)　りっぱ(立派)
ゆうべ　　　　　　りょうしん(両親)
ゆうめい(有名)　　りょうり(料理)
ゆき(雪)　　　　　りょこう(旅行)
ゆしゅつ(輸出)
ゆっくり　　　　　<レ>
ゆにゅう(輸入)
ゆび(指)　　　　　れきし(歴史)
ゆるす(許)　　　　れんしゅう(練習)

<ヨ>　　　　　　<ワ>

ようじ(用事)　　　ワープロ
ようす(様子)　　　わかい(若)
～ようだ　　　　　わかる(分)
ようふく(洋服)　　わすれる(忘)
よく　　　　　　　わたし/わたくし
よこ(横)　　　　　わたす(渡)
よごれる(汚)　　　わたる(渡)
よぶ(呼)　　　　　わらう(笑)
よむ(読)　　　　　わるい(悪)

4-7. 제7차 교육과정(교육부 고시 제1997-15호, 1997. 12. 30)

10-15 일본어 I

1. 성격

　일본어는 조선 중엽의 사역원에서 통역관 양성용으로 일본어 교재가 간행된 사실에서 알 수 있듯이, 일찍부터 교육적 필요성이 높았던 언어이다.

　현재의 한국과 일본은 정치, 경제, 사회, 문화적으로 긴밀한 상호 협력 관계에 있지만, 오랜 선린의 관계가 깨어진 바 있는 근대사의 영향으로 양 국민의 감정의 골은 아직 깊다. 바야흐로 세계는 인접 국가 간의 결속이 강화되어 지역 단위로 통합 또는 협력 체제를 구축하고 있으며, 문화 간 교류를 통해 서로를 이해하고 협력하는 국제화 활동이 활발하게 전개되고 있다. 이러한 시대적 요구를 배경으로 '일본어 I'과목은 한일 간의 각종 교류 활동의 일익을 담당할 수 있는 인재를 기르기 위한 기초 과정으로서, 언어의 네 기능을 기초적인 수준에서 모두 다루어, 균형 잡힌 의사 소통 능력을 기르는 기초적인 과목이다.

　일본어는 경제력과 정보력 면에서 언어 세력이 큰 대표적인 언어이다. 현대와 같은 정보의 대량 유통 시대에 있어서 인쇄 매체와 인터넷을 통한 신속한 정보의 수집은 일본의 이해는 물론이고 한국의 발전을 위해서 매우 유익하다. 따라서, '일본어 I'과목은 정보 수집 능력의 바탕을 이루기 위하여, 일본어에 대한 흥미와 관심을 높이고 일본어에 의한 정보 수집에 흥미를 가질 수 있도록 도움을 주는 과목이다.

　'일본어 I'과목은 일본어를 통해 일본 문화의 특징을 이해하고, 한국의 문화를 일본에 소개하여 한일 양 국민의 상호 이해를 돈독히 하며, 양국 간의 정치, 경제, 사회, 문화적 교류에 긍정적이고 적극적으로 참여할 수 있는 기초적 역량을 기르는 데에 역점을 두고 있는 과목이다.

2. 목표

　일상 생활에서 사용되는 쉬운 일본어를 이해하고, 쉬운 일본어로 의사 소통을 할 수 있는 기초적인 능력을 기른다. 일본어의 말하기 능력의 신장과 일본어에 의한 정보 검색에 적극적이며, 일본인의 일상 언어 생활과 문화에 대한 관심과 이해를 깊게 하여 일본인과의 의사 소통에 능동적으로 참여하는 태도를 기른다.

　가. 일상의 의사 소통 기능 수행 과정에서 사용되는 쉬운 일본어를 알아들을 수 있고, 일본어 듣기 학습의 중요성을 깨달아, 듣기 학습 활동에 능동적으로 참여하는 태도를 가진다.

　나. 일상의 의사 소통 기능 수행 과정에서 사용되는 쉬운 일본어를 원어민이 알아들을 수 있도록 말할 수 있고, 일본어 말하기 학습의 필요성을 깨달아, 말하기 학습 활동에 적

극적으로 참여하는 태도를 가진다.

　다. 일상의 의사 소통 기능 수행 과정에서 사용되는 쉬운 일본어를 읽어 그 뜻을 알 수 있고, 일본어 읽기 학습의 필요성을 깨달아, 쓰기 학습 활동에 스스로 참여하는 태도를 가진다.

　라. 일상의 의사 소통 기능 수행 과정에서 사용되는 쉽고 간단한 일본어를 글로 쓸 수 있고, 일본어 쓰기 학습의 필요성을 깨달아, 쓰기 학습 활동에 스스로 참여하는 태도를 가진다.

　마. 인터넷을 통하여 일본어에 의한 정보 검색의 기초적인 방법을 알고, 정보 검색에 흥미를 가진다.

　바. 일본의 일상 생활 문화에 대해 깊은 관심을 가지고, 일본 문화를 이해하고자 하는 자세를 기르며, 일본과의 국제 교류에 적극적으로 참여하는 태도를 가진다.

3. 내용
가. 의사 소통 활동

　일본어에 의한 의사 소통 능력과 대화에 적극적으로 임하는 태도를 기르기 위하여 다음과 같은 언어 활동을 전개한다.

--듣 기--
(1) 간단한 어구나 문장을 듣고 그 뜻을 알아본다.
(2) 짧은 말이나 글을 듣고 그 뜻을 알아본다.
(3) 의사 소통 기능에 관한 표현을 듣고 그 뜻을 알아본다.
(4) 의사 소통 기능에 관한 표현을 듣고 그대로 행동하여 본다.
(5) 상대편의 말을 바른 태도로 듣는다.

--말하기--
(1) 간단한 어구나 문장을 자연스럽게 말하여 본다.
(2) 모범 대화의 어조를 따라서 말하여 본다.
(3) 의사 소통 기능에 관한 표현을 자연스럽게 말하여 본다.
(4) 일상의 대화와 관련된 언어 행동을 알고 말하여 본다.
(5) 여러 사람 앞에서 자신의 생각을 자신 있게 말하여 본다.

--읽 기--
(1) 가나와 한자로 된 간단한 어구나 문장을 낭독하여 본다.
(2) 글을 보며 말하듯이 낭독하여 본다.
(3) 간단한 설명을 읽고 그 뜻과 요점을 알아본다.
(4) 의사 소통 기능에 관한 표현을 읽고 그 뜻을 알아본다.

(5) 영상 문자로 된 글을 읽고 그 뜻을 알아본다.
(6) 인터넷을 통하여 일본어로 간단한 정보를 검색하여 본다.

--쓰 기--
(1) 가나와 한자를 바르게 써 본다.
(2) 간단한 어구나 문장을 듣고 그대로 적어 본다.
(3) 간단한 의사 소통 기능에 관한 표현을 쉬운 글로 적어 본다.
(4) 자신의 생각을 영상 문자로 전달하여 본다.
(5) 일상 생활과 자신의 생각을 기록하는 습관을 기른다.

나. 언어 재료

(1) 의사 소통 기능

　　다음과 같은 의사 소통 기능 중에서 '일본어 I '과목의 수준에 맞는 언어 능력을 효율적
으로 기른다. 보다 자세한 내용은 【별표 I 】에 제시된 의사 소통 기능 및 예시문을 참조
한다.
(가) 인사 기능 : 인사, 소개, 안부, 칭찬, 격려, 축하, 감사, 위로 등의 표현
(나) 정보 전달의 기능 : 설명, 정보 전달, 제안, 조언, 안심, 사과, 대답, 추측, 주장 등의
표현
(다) 요구의 기능 : 질문, 허가, 확인, 선택, 설명, 의뢰, 지시 등의 표현
(라) 의사 및 태도의 전달 기능 : 반론, 의문, 제기, 부정, 비난, 놀람, 희로애락, 반문, 유감
등의 표현
(마) 담화의 전개 기능 : 담화의 시작, 전개, 전환, 종결과 관련된 표현

(2) 발 음

　　현대 일본어의 공통어 발음으로 한다.

(3) 문 자

　　문자는 기본적으로 히라가나, 가타카나, 한자를 사용하되, 한자는 일본어의 상용 한자
용 글자체를 사용하며, 【별표Ⅲ】에 제시한 표기 한자의 범위 내에서 사용한다. 다만, 고
유명사에 사용되는 한자는 예외로 하며, 【별표Ⅲ】에 제시된 한자는 학습량을 고려하여
읽기와 쓰기를 구분하여 적절히 선택하여 사용하도록 한다.

(4) 어 휘

　　【별표Ⅱ】에 제시된 기본 어휘를 중심으로 500낱말 내외를 사용한다.

(5) 문 법

문법에 관한 사항은 【별표Ⅰ】에 제시된 예시문의 해당 사항을 참고한다. 다만, 다음 문법 사항은 다루지 않기로 한다.
  (가) 고어적인 표현(예 : べし, まい)
  (나) 지나치게 복잡한 문법 사항(예 : 사역+수동;歌わせられる, ださせていただく)
  (다) 지나치게 존비어(예 : さようでございますか)
  (라) 지나치게 격식 차린 구어 표현(예 : ほんじつは, ～であります)

(6) 문 체
  문장체와 구어체 및 남성어와 여성어, 공손한 표현을 고르게 사용한다.

(7) 문 화
  (가) 일상적인 생활 문자를 소재로 선택하되, 의사 소통 능력 습득에 도움이 되는 것으로 한다.
    ① 개인 생활과 일상적인 인간 관계에 관한 것
    ② 교우 관계나 학교 생활에 관한 것
    ③ 기본적인 사회 생활에 관한 것
    ④ 취미, 오락, 관광 등 여가 선용에 관한 것
    ⑤ 일본인의 언어 행동을 이해하는 데 도움이 되는 것
    ⑥ 일본인의 일상 생활을 이해하는 데 도움이 되는 것
    ⑦ 우리 문화에 관한 것
  (나) 내용 구성에 있어서는 다음 사항에 유의한다.
    ① 학생의 흥미, 필요, 지적 수준 등을 고려하여 의사 소통 의욕을 유발할 수 있는 것으로 한다.
    ② 내용은 실제 생활에서 사용될 수 있는 것으로 한다.
    ③ 듣기, 말하기, 읽기, 쓰기는 연계성을 가지도록 구성한다.

4. 교수·학습 방법

가. 수업의 전 과정을 의사 소통 기능의 습득을 중심으로 구성한다.
나. 의사 소통 기능별로 듣기, 말하기, 읽기, 쓰기의 네 기증이 상호 연계성을 가지도록 수업을 구성한다.
다. 듣기와 말하기 활동은 따로 분리하지 말고 통합 기능으로 진행될 수 있도록 수업을 계획한다.
라. 수업의 전 과정을 통해 청각인지에 의한 일본어 습득에 역점을 두어, 구두 언어 습득의 효율성을 높이는 수업이 되도록 구성한다.
마. 창의력 신장을 위하여 학생의 자율성을 최대로 반영할 수 있는 수업을 계획한다.
바. 학생의 흥미와 욕구를 충분히 반영하여, 학습 의욕을 높이는 수업이 되도록 구성한다.

사. 일본어 자료를 통하여 표현 형식과 사용상의 특징을 학습자 스스로가 발견하고 학습 계획을 세워 가는 학생 중심의 수업을 계획한다.

아. 학생의 동작과 체험을 통하여 습득 효과를 높일 수 있도록 수업을 계획한다.

자. 학생 개개인의 습득 수준에 맞는 학습을 전개하도록 한다.

차. 소집단의 구성원끼리 협력 학습이 가능한 수업이 되도록 구성한다.

카. 각종 시청각 자료와 멀티미디어 교수·학습 자료를 활용하여 학습 효과를 높일 수 있는 수업을 구성한다.

타. 실제 장면의 체험을 통하여 의사 소통 기능의 현장 적용력을 키운다.

파. 듣기 지도는 반복 시행을 통하여 많은 학생이 이해할 수 있도록 한다.

하. 문자 단위의 발음보다 문장 전체의 음조를 중시한다.

갸. 말하기 지도는 교사와 학생간의 대화만이 아니고, 학생 상호간의 대화를 활성화하여 개인의 대화량을 늘리도록 한다.

냐. 읽기 지도는 문장 전체의 의미를 요약하는 능력을 키우도록 지도한다.

댜. 쓰기 지도는 간단한 문장을 통제 작문 중심으로 지도한다.

랴. 학생의 학습 의욕을 높이기 위하여 즉각적인 오류의 수정은 피하도록 한다.

먀. 목표와 내용에 따라서는 일본어로 수업을 진행한다.

뱌. 개별 학습과 자율 학습이 가능하도록 개별화된 자료를 적극 활용한다.

샤. 교과용 도서의 내용은 학생의 능력과 지역 환경 및 상황에 따라 재구성하여 지도할 수 있다.

야. 일본인의 행동 양식에 대한 이해를 깊게 할 수 있는 영상 장면을 적극 활용한다.

5. 평가

가. 평가 지침

일상 생활에서 사용되는 일본어의 의사 소통 기능을 중심으로 언어의 네 기능을 모두 평가하되, 말하기와 듣기에 중점을 두고 요점 파악 능력과 능동적 태도 등을 평가한다.

나. 평가 내용

--듣 기--

(1) 간단한 어구나 문장을 듣고 그 뜻과 이해하는 능력

(2) 짧은 말과 들을 듣고 그 뜻을 이해하는 능력

(3) 의사 소통 기능에 관한 표현을 듣고 그 뜻을 이해하는 능력

(4) 의사 소통 기능에 관한 표현을 듣고 그대로 행할 수 있는 능력

(5) 상대편의 말을 바른 태도로 듣는 자세

--말하기-
(1) 간단한 어구나 문장을 자연스럽게 말하는 능력
(2) 의사 소통 기능에 관한 표현을 자연스럽게 말하는 능력
(3) 일상의 대화와 관련된 언어 행동을 알고 말하는 능력
(4) 여러 사람 앞에서 자신의 생각을 자신 있게 말하는 능력
(5) 일본어 대화에 적극적으로 참여하는 자세

--읽 기--
(1) 가나와 한자가 섞인 간단한 어구나 문장을 자연스럽게 낭독하는 능력
(2) 인쇄 문자와 영상 문자를 말하듯이 낭독하는 능력
(3) 간단한 글을 읽고 그 뜻과 요점을 이해하는 능턱
(4) 의사 소통 기능에 관한 표현을 읽고 그 뜻을 이해하는 능력
(5) 영상 문자로 된 글을 읽고 그 뜻을 이해하는 능력
(6) 일본어에 의한 정보 검색의 기초적인 능력

--쓰 기--
(1) 가나와 한자를 바르게 쓰게 능력
(2) 간단한 어구나 문장을 듣고 그대로 적는 능력
(3) 간단한 의사 소통 기능에 관한 표현을 글로 적는 능력
(4) 자신의 생각을 영상문자로 전달하는 능력
(5) 일상 생활과 자신의 생각을 기록하는 습관

다. 평가 방법
(1) 학생을 서열화하는 평가보다 학습 진단을 위한 평가가 되도록 한다.
(2) 객관성, 타당성, 신뢰성을 갖춘 평가가 되도록 한다.
(3) 평가 목표와 내용에 따라 분리 평가와 통합 평가를 실시하되, 특히 말하기, 듣기를 중심으로 한 통합 평가에 비중을 두도록 한다.
(4) 말하기 평가에 있어서는 필답식 평가를 지양하고, 면접법에 비중을 두어 실제의 의사 소통 능력을 효과적으로 평가하도록 한다.
(5) 의사 소통 활동과 문화 이해에 대한 적극적인 참여도를 평가하도록 한다.
(6) 일본어에 의한 정보 검색 및 통신과 같은 언어 능력의 응용력을 평가에 반영하도록 한다.
(7) 모든 평가의 결과는 질적 결과와 양적 결과를 분석하여 다음 단계의 학습 및 개별 학습지도에 반영하도록 한다.

10-16. 일본어 Ⅱ

1. 성격

일본어는 조선 중엽의 사역원에서 통역관 양성용으로 일본어 교재가 간행된 사실에서 알 수 있듯이, 일찍부터 교육적 필요성이 높았던 언어이다. 현재의 한국과 일본은 정치, 경제, 사회, 문화적으로 긴밀한 상호 협력 관계에 있지만, 오랜 선린의 관계가 깨어진 바 있는 근대사의 영향으로 양 국민의 감정의 골은 아직 깊다. 바야흐로 세계는 인접 국가 간의 결속이 강화되어 지역 단위로 통합 또는 협력 체제를 구축하고 있으며, 문화 간 교류를 통해 서로를 이해하고 협력하는 국제화 활동이 활발하게 전개되고 있다. 이러한 시대적 요구를 배경으로 '일본어Ⅱ' 과목은 일본인의 행동 양식과 일본의 문화를 이해하여 한일 간의 각종 교류 활동의 일익을 담당할 수 있는 인재를 기르기 위한 과목이며, '일본어 Ⅰ' 과목의 심화 과정으로, '일본어 Ⅰ' 과목보다 다양하고 높은 수준의 의사 소통 능력을 기르는 과정이다.

일본어는 경제력과 정보력 면에서 언어 세력이 큰 대표적인 언어다. 현대와 같은 정보의 대량 유통 시대에 있어서 인쇄 매체와 인터넷을 통한 신속한 정보의 수집은 일본의 이해는 물론이고 한국의 발전을 위해서도 매우 유익하다. '일본어Ⅱ' 과목은 정보 수집 능력의 바탕을 이루기 위하여 일본어에 대한 흥미를 높이고, 일본어에 의한 정보의 수집과 통신에 흥미와 관심을 가질 수 있도록 도움을 주는 과목이다.

'일본어Ⅱ' 과목은 일본어를 통해 일본 문화의 특징을 이해하고, 한국의 문화를 일본에 소개하여 한일 양 국민의 상호 이해를 돈독히 하며, 국제 관계의 이해를 바탕으로 정치, 경제, 사회, 문화 분야의 한일 교류에 능동적이고 적극적으로 참여하는 태도를 기르는데 중점을 두고 있다.

2. 목표

일상 생활에서 사용되는 일본어를 이해하고, 일본어로 의사 소통을 하고 정보를 검색할 수 있는 능력을 기르며, 일본어 학습의 필요성을 깨달아 일본어에 의한 의사 소통 능력과 정보 검색 능력 신장에 적극적이며, 일본의 언어와 문화에 대한 관심과 이해를 깊게 하여 국제 교류에 능동적으로 참여하는 태도를 가진다.

가. 일상의 의사 소통 기능 수행에 따른 일본어를 소음이 수반된 상태에서도 알아들을 수 있고, 일본어 듣기 능력의 중요성을 깨달아, 듣기 학습 활동에 능동적으로 참여하는 태도를 가진다.

나. 일상의 의사 소통 기능 수행에 따른 일본어를 원어민이 알아들을 수 있도록 자연스럽게 말할 수 있고, 일본어 말하기 학습의 필요성을 깨달아, 말하기 학습 활동에 적극적으로 참여하는 태도를 가진다.

다. 일상의 의사 소통 기능 수행시 흔히 접하게 되는 일본어를 읽어 알 수 있고, 일본어 읽기 학습의 중요성을 깨달아, 읽기 학습을 위해 스스로 노력하는 태도를 가진다.

라. 일상의 의사 소통 기능 수행시 흔히 사용되는 쉬운 일본어를 글로 쓸 수 있고, 일본어 쓰기 학습의 필요성을 깨달아, 쓰기 활동에 능동적으로 참여하는 태도를 가진다.
마. 인터넷을 통하여 일본어에 의한 정보 검색의 방법을 알고, 정보의 수집과 통신에 능동적인 태도를 가진다.
바. 일본 문화에 대하여 깊은 관심을 가지고, 일본인의 행동 양식을 이해하며, 일본과의 국제 교류에 능동적으로 참여하는 태도를 가진다.

3. 내용
가. 의사 소통 활동

  일본어에 의한 전반적인 의사 소통 기능을 함양하고, 대화에 참여하는 적극적인 태도와 일본 문화에 대한 관심을 높이기 위하여 다음과 같은 의사 소통 활동을 전개한다.

-듣 기-

(1) 긴 말과 글을 듣고 그 요점을 알아본다.
(2) 대화 장면을 시청하여 그 뜻을 알아본다.
(3) 의사 소통 기능에 관한 표현을 듣고 그 뜻을 알아본다.
(4) 의사 소통 기능에 관한 표현을 듣고 그대로 행동하여 본다.
(5) 보도를 듣고 중요한 내용을 알아본다.
(6) 상대편의 말을 듣고 그 의도를 알아본다.
(7) 현장의 소음이 섞인 말을 듣고, 그 뜻을 알아본다.

-말하기-

(1) 모범 대화 장면을 따라 함께 말하여 본다.
(2) 의사 소통 기능에 관한 표현을 말하여 본다.
(3) 자신의 생각을 논리적으로 말하여 본다.
(4) 여러 사람 앞에서 자신의 생각을 말하여 본다.
(5) 여러 사람과 하나의 주제에 대하여 토론하여 본다.
(6) 일본인의 언어 행동을 알고 말하여 본다.

-읽 기-

(1) 문자와 발음의 관계를 알고 말하듯이 낭독하여 본다.
(2) 긴 글을 읽고 그 요점을 알아본다.
(3) 의사 소통 기능에 관한 표현을 읽고 그 뜻을 알아본다.

(4) 문장체와 구어체의 글을 읽고 그 뜻을 알아본다.
(5) 인터넷을 통하여 일본어의 정보를 검색하고 그 뜻을 알아본다.
(6) 일본 문화에 관한 글을 읽고 그 뜻을 알아본다.

-쓰 기-

(1) 의사 소통 기능에 관한 표현을 짧은 글로 적어 본다.
(2) 실용문을 양식에 맞게 작성하여 본다.
(3) 자신의 생각을 영상 문자로 전달하여 본다.
(4) 일상 생활과 자신의 생각을 일본어로 적어 본다.
(5) 문장체와 구어체의 특징을 알고 적어 본다.

나. 언어 재료

(1) 의사 소통 기능
㉮ '일본어 I ' 과목에 제시되어 있는 기능 중에서 '일본어 I ' 과목에서 다루지 않은 의사 소통 기능(불필요, 자청, 의무와 금지, 보류 및 회피, 유감 등)을 추가하여 다루되, '일본어 I ' 과목에서 사용한 기능과 예시문을 다시 사용할 수 있다.
㉯ [별표 1]의 예시문에 제시되지 않은 것도 추가하여 사용할 수 있다.

(2) 발음
'일본어 I ' 과목과 같다.

(3) 문자
'일본어 I ' 과목과 같다.

(4) 어휘
[별표 2]에 제시된 기본 어휘를 중심으로, '일본어 I '에서 이수한 어휘를 포함하여 900 낱 말 내외를 사용한다.

(5) 문법
'일본어 I ' 과목과 같다.

(6) 문체
문장체와 구어체, 남성어와 여성어, 공손한 표현과 축약식 표현

(7) 문화

㈎ 일상 생활과 대표적인 문화 소재를 위주로 선택하되, 의사 소통 능력 습득에 도움이 되는 것으로 한다.

　　① 의사 표현에 관한 것
　　② 인간 관계와 학교 생활에 관한 것
　　③ 사회 생활과 국가에 관한 것
　　④ 취미, 오락, 관광 등 여가 선용에 관한 것
　　⑤ 일본인의 생활 문화를 이해하는 데 도움이 되는 것
　　⑥ 일본의 문화와 환경을 이해하는 데 도움이 되는 것
　　⑦ 우리 문화에 관한 것

㈏ 내용 구성에 있어서는 다음 사항에 유의한다.

　　① 학생의 흥미, 필요, 지적 수준 등을 고려하여 의사 소통 의욕을 유발할 수 있는 것으로 한다.
　　② 내용은 실제 생활에서 사용될 수 있는 것으로 한다.
　　③ 듣기, 말하기, 읽기, 쓰기는 연계성을 가지도록 구성한다.

4. 교수·학습 방법

가. 수업의 전과정을 의사 소통 기능의 습득을 중심으로 구성한다.

나. 의사 소통 기능 중심으로 듣기, 말하기, 읽기, 쓰기의 네 기능이 상호 연계성을 가지도록 수업을 구성한다.

다. 듣기와 말하기 활동은 따로 분리하지 않고 통합 기능으로 진행될 수 있도록 수업을 계획한다.

라. 수업의 전 과정을 통해 청각인지에 의한 일본어 습득에 역점을 두어, 구두 언어 습득의 효율성을 높이는 수업이 되도록 구성한다.

마. 창의력 신장을 위하여 학생의 자율성을 최대로 반영할 수 있는 수업을 계획한다.

바. 학생의 흥미와 욕구를 최대로 반영하여 학습 의욕을 높이는 수업이 되도록 구성한다.

사. 일본어의 표현 형식과 사용상의 특징을 학습자 스스로가 발견하고 습득 계획을 세워 가는 학생 중심의 수업을 계획한다.

아. 학생의 동작과 체험을 통하여 습득 효과를 높일 수 있도록 수업을 계획한다.

자. 학생 개개인이 습득 수준에 맞는 학습을 전개하도록 한다.

차. 집단 구성원끼리의 협력 학습이 가능한 수업이 되도록 구성한다.

카. 각종 시청각 자료와 멀티미디어 교수·학습 자료를 활용하여 학습 효과를 높일 수 있는 수업을 구성한다.

타. 실제 장면의 체험을 통하여 의사 소통 기능의 현장 적응력을 키운다.

파. 긴 말의 듣기 지도는 반복 청취를 통하여 많은 학생이 의미를 이해할 수 있도록 한다.

하. 부분적인 발음 사항보다 문장 전체의 음조를 중시하도록 한다.

갸. 말하기 지도는 학생 상호간의 대화를 활성화하여 학생 개인의 대화량을 늘리도록 한다.

냐. 읽기 지도는 문장 전체의 의미를 요약하는 능력을 키우도록 지도한다.

댜. 쓰기 지도는 통제 작문과 자유 작문을 병행하여 지도한다.

랴. 학생의 학습 의욕을 높이기 위하여 즉각적인 오류의 수정은 피하도록 한다.

먀. 수업의 전과정을 가급적 일본어로 진행하도록 한다.

뱌. 개별 학습과 자율 학습이 가능하도록 개별화된 학습 자료를 활용한다.

샤. 교과용 도서의 내용은 학생의 능력과 지역 환경 및 상황에 따라 재구성하여 지도할 수 있다.

야. 일본인의 행동 양식에 대한 이해를 깊게 할 수 있는 장면을 활용할 수 있도록 수업을 구성한다.

쟈. 습득한 일본어의 능력을 활용하여 정보 검색과 PC통신 등 직접적인 체험을 통한 문제 해결의 성취감을 맛볼 수 있도록 한다.

5. 평가

가. 평가 지침

일상 생활에서 사용되는 의사 소통 기능을 중심으로 수업의 전과정을 평가의 대상으로 한다. 언어의 네 기능을 모두 평가하되, 말하기와 듣기에 중점을 두고 유창성을 중심으로 일본어 구사 능력을 평가한다.

나. 평가내용

-듣 기-

(1) 긴 말과 글을 듣고 그 요점을 파악하는 능력

(2) 대화 장면을 시청하여 그 뜻을 파악하는 능력

(3) 의사 소통 기능에 관한 표현을 듣고 그 뜻을 파악하는 능력

(4) 의사 소통 기능에 관한 표현을 듣고 그대로 행하는 능력

(5) 보도를 듣고 중요한 내용을 파악하는 능력

(6) 상대편의 말을 듣고 그 의도를 파악하는 능력

-말하기-

(1) 축하, 칭찬, 격려, 위로 등의 인사 표현을 말하는 능력

(2) 의사 소통 기능에 관한 표현을 말하는 능력

(3) 자신의 생각을 논리적으로 말하는 능력

(4) 여러 사람 앞에서 자신의 생각을 말하는 능력

(5) 여러 사람과 하나의 주제에 대하여 토론하는 능력

(6) 일본인의 언어 행동상의 특징을 알고 말하는 능력

-읽 기-

(1) 글을 보며 말하듯이 낭독하는 능력

(2) 긴 글을 읽고 그 요점을 파악하는 능력

(3) 의사 소통 기능에 관한 표현을 읽고 그 뜻을 파악하는 능력

(4) 문장체와 대화체의 글을 읽고 그 뜻을 파악하는 능력

(5) 인터넷을 통하여 일본어의 정보를 검색하고 그 뜻을 파악하는 능력

(6) 일본 문화에 관한 글을 읽고 그 뜻을 파악하는 능력

-쓰 기-

(1) 의사 소통 기능에 관한 표현을 짧은 글로 적는 능력

(2) 간단한 실용문을 양식에 맞게 작성하는 능력

(3) 자신의 생각을 영상 문자로 전달하는 능력(정보 통신 능력)

(4) 일상 생활과 자신의 생각을 일본어로 적는 능력

(5) 문장체와 구어체의 특징을 구별하는 능력

다. 평가방법

(1) 학생을 서열화하기 위한 평가보다 학습 진단을 위한 평가가 되도록 한다.

(2) 객관성, 타당성, 신뢰성을 갖춘 평가가 되도록 한다.

(3) 평가 목표와 내용에 따라 분리 평가와 통합 평가를 실시하되, 특히 말하기, 듣기를 중심으로 한 통합 평가에 비중을 두도록 한다.

(4) 말하기 평가에 있어서는 필답식 평가를 지양하고, 면접법에 비중을 두어 실제의 의사 소통 활동을 효과적으로 평가하도록 한다.

(5) 의사 소통 활동과 문화 이해에 대한 적극적인 참여도를 평가하도록 한다.

(6) 일본어에 의한 정보 검색 및 통신과 같은 언어 능력의 응용력을 평가에 반영하도록 한다.

(7) 모든 평가의 결과는 질적 결과와 양적 결과를 분석하여, 다음 단계의 학습 및 개별 학습 지도에 반영하도록 한다.

【별표 I】

의사 소통 기능 예시문

> ○ 다음은 고등학교 일본어 교육 과정에서 우선적으로 이수하기를 권장하는 의사 소통 기능 항목과 예시문이다. 기능 항목은 크게 나누어, 인사 기능, 정보 전달의 기능, 의사·태도 전달의 기능, 요구 기능, 담화 전개 기능으로 나누고, 각각의 항목에 하위 항목을 설정하였다. 여기에 명기되지 않은 기능도 필요에 따라 첨가하여 사용할 수 있다.
> ○ 다음 예시문은 고등학교 일본어 교육 과정에 필요한 문장의 구조, 문장의 종류, 기타 어법에 관한 사항을 참고할 수 있도록 의사 소통 기능별로 제시한 것이다. 예시문에 제시되지 않은 문장도 필요에 따라 포함시킬 수 있다.

1. 인사 기능
가. 일상의 인사

(1) 만남 　おはようございます。
こんにちは。
こんばんは。
おひさしぶりですね。

(2) 헤어짐 　さようなら。
おやすみなさい。
おきをつけて。
失礼します。
じゃ、また。

(3) 자기 소개 　南山高校のキムです。
私、韓国のイと申します。

(4) 타인 소개 　田中さん、ともだちのパクさんです。
こちらは、東京高校の田中さんです。

(5) 초면 인사 　はじめまして。キムです。どうぞよろしく。

나. 안부

お元気ですか。

다. 칭찬 　キムさんは歌がお上手ですね。
よくできました。

라. 격려

がんばってください。

마. 축하

たんじょうび、おめでとうございます。

바. 감사

　　　　　ありがとうございます。
　　　　　おかげさまで。
　　　　　先日はどうもありがとうございました。
　　　　　いろいろお世話になりました。

사. 사과

　　　　　おそくなってすみません。
　　　　　おそれいりますが、……

아. 위로

　　　　　お気の毒に。
　　　　　おだいじに。

2. 정보 전달의 기능

가. 설명
　(1) 안내　　　　　ここは図書館です。
　(2) 보고　　　　　きのうは学校で野球をしました。
　(3) 사정·형편　　水曜日は都合が悪いです。
　(4) 행동　　　　　日曜日には映画を見たりテニスをしたりしています。
　　　　　　　　　　テープを聞きながら会話を練習しています。
　(5) 상태　　　　　少しむずかしいですが、たのしいです。
　(6) 증상　　　　　おなかが痛いんです。
　(7) 예정　　　　　大学で日本語を専攻する予定です。
　(8) 시간　　　　　バスで30分ぐらいかかります。
　(9) 행위의 완료　会議は今始まったところです。
　(10) 위치　　　　　学校のとなりに郵便局があります。
　　　　　　　　　　電話は階段の近くにあります。
　(11) 대비　　　　　見ることはすきですが、やることはあまりすきではありません。
　(12) 사정　　　　　急に体の具合が悪くなってしまいまして。
　(13) 이유　　　　　かぜをひいたので病院へ行きます。
나. 정보 전달
　(1) 전갈　　　　　田中さんも来るんだそうです。
　　　　　　　　　　今日はおそくなると言っていました。
　(2) 희망·의향　　ワープロを習おうと思っています。
　　　　　　　　　　できるだけ行ってみるつもりです。
　　　　　　　　　　田中に会いたいですね。
다. 제안　　　　　先生に相談してみるのはどうですか。

라. 조언		はやく帰ったほうがいいですよ。
		日光にしたらどうですか。
		電車のほうがバスより速いと思います。
마. 안심		だいじょうぶだから、心配する必要はありませんよ。
바. 불필요		そんなに考えることはありませんよ。
사. 자청		先生、それお持ちしましょうか。
아. 대답		
	(1) 승낙	はい、わかりました。
	(2) 거절	いいです。
		もうけっこうです。
		あいにく5時に約束があるんです。
자. 추측		田中さんは来ないかもしれません。
		雨が降りそうもないですね。
차. 의사표시		その問題はむずかしいんじゃないでしょうか。
		その問題はむずかしすぎると思います。

3. 의사·태도 전달의 기능

가. 반론, 의문 제기	広いことは広いですが、すこしきたないですね。
	こちらのほうがいいと思いますけどね。
나. 부정, 비난	そんなことはないですよ。
다. 태도 보류, 판정 회피	来るとは思うんですが。
라. 놀람, 의외의 기분	8月なのに、わりにすずしいですね。
	1つしかないんですか。
마. 희로애락	おあいできてうれしいです。
	きのうの映画は、とてもおもしろかったです。
바. 반문	大阪へですか。
사. 유감	せっかく作ったのにもったいないですね。

4. 요구 기능

가. 질문	ゆうびんきょくは、どこですか。
나. 허가	えんぴつで書いてもいいですか。
다. 확인	いいお天気ですね。
	田中さんの帰国は来週でしたね。
	日本は物価が高いと聞きましたが。
	電話しなくてもいいんですね。
라. 선택	コーヒーとジュースがありますが、どちらがいいですか。

마. 설명   お読みになりましたか。
どこか近くに安い店はありませんか。
郵便局へ行くにはどう行ったらいいでしょう。
ワープロってなんですか。
この漢字、何て読むんですか。

바. 의뢰   もうすこし大きいのはありませんか。
日本の新聞をお願いできますか。
教えていただきたいんですが。
明日来るように言ってください。
少し手伝ってくれませんか。

사. 지시   本は明るいところで読んでください。
ちょっと待ってください。

아. 의무   約束は守らなければなりません。

자. 금지   夜はおふろに入らないでください。
ここでたばこを吸ってはいけません。

5. 담화 전개 기능

가. 담화의 시작
　(1) 서두(주의 환기)　　あの、ちょっとよろしいですか。
　　　　　　　　　　　　ちょっとお伺いしたいことがあるんですが。

　(2) 화제 제시　実は、　かんげいかいをしたいと思いましてね。
勉強のことで相談があるんですが。
試験のことなんですが。

나. 담화의 전개
　(1) 구어체　ところで、
　(2) 문장체　さて、

다. 화제의 전환　話しはかわりますが、

라. 담화의 종결　それじゃ失礼します。
どうも失礼しました。

【별표Ⅱ】

기본 어휘표

○ 이 표에 제시된 기본 어휘는 사용을 권장한다.
○ 활용하는 낱말은 기본형을 제시하였다. 낱말은 가나로 표기하되, 외래어의 경우에는 가타카나로 표기하였다.
○ 의미의 구별이 필요한 경우에는 괄호 속에 한자를 적되, 표기용 한자【별표Ⅲ】안에서 사용하였다.
○ 조사, 조동사, 접사류도 교육상의 편의를 도모하기 위하여 기본 어휘 항목에 포함시켰다. 조사, 조동사, 조수사에는 '~'표시를, 접사에는 '·'표시를 하였다.
○ 같은 낱말이 품사 또는 발음상 다른 형태를 취하더라도 같은 항목으로 취급하였다.
○ 형태는 같으나 의미가 다른 낱말은 독립된 항목으로 취급하였다.
○ 두 가지 이상의 품사로 사용되는 항목에는 '【   】'표시를 붙였다.
○ < >( )속의 한자는 표기용이 아니고 의미 변별을 위하여 표기한 것이다.
○ < >속의 한자는 【별표Ⅲ】의 표기용 한자에 없는 한자를 가리킨다.
○ 인명, 지명, 시설명 등의 고유명사는 제시하지 않았다.
○ 수사와 때를 나타내는 명사는 'いち', 'ひとつ', 'ついたち' '日曜日' 등과 같이 첫 번째에 오는 명칭만을 제시하였다.

<あ>	あし(足)	あまい
	あじ(味)	[あまり]
ああ	あした	あめ(雨)
あいさつ	あそこ	あらう
あいだ(間)	あそぶ	ありがとう(ございます)
あう(合)	あたたかい	ある(有)
あう(会)	あたま	ある<或>
あおい(青)	あたらしい	あるく
あかい(赤)	あちら/あっち	[あれ]
あがる(上)	あつい(暑)	あんな
あかるい(明)	あつい(厚)	あんない
あき(秋)	あつい(熱)	
あく(開)	あつまる	<い>
アクセス	あと	
あける(開)	あなた	いい/よい
あける(明)	あに	いいえ/いえ
あげる(上)	あね	E・メール
あさ(朝)	[あの]	いう/ゆう
あさって	あぶない	いえ

いきる
いく/ゆく
いくつ
いくら
いけない
いしゃ
いす
いそがしい
いそぐ
いた(板)
いたい
いたす
いただく
いち(一)
いつ
いっしょ
いっしょうけんめい
いっぱい
いつも
いと(糸)
いぬ
[いま]
いみ(意味)
いもうと
いや<嫌>
いや<否>
いらっしゃる
いる(居)
いれる
いろ
いろいろ
インターネット

<う>

～う/よう
うえ(上)
うかがう
うける
うごく
うしろ
うすい
うそ
うた
うたう

うち
うつ
うつくしい
うつす(写)
うつる(移)
うで
うまい
うまれる
うみ
うら
うる
うるさい
うれしい
うんてん
うんどう

<え>

え(絵)
えいが
えいせいほうそう
ええ
えき(駅)
えらぶ
えん(円)
えんぴつ

<お>

お/おん-
おいしい
おおい
おおきい
あかあさん/さま
おかしい
おきる
おく(置)
おくさま
おくる(送)
おくる<贈>
おくれる
おこる(起)
おじいさん/じいさん
おしえる
おす<押>

おそい
おたく(宅)
おちゃ
おちる
おっしゃる
おと
おとうさん/さま
おとうと
おとこ
おとす
おととい
おとな
おなか
おなじ
おばあさん/ばあさん
おはよう(ございます)
おぼえる
おめでとう(ございます)
おもい(重)
おもう
おもしろい
おやすみ(なさい)
およぐ
おりる
おる
おわる
おんがく
おんな

<か>

～か
～が
がいこく
がいこくご
かいしゃ
かいもの
かいわ
かう(買)
かえる
かお
かかる
かく(書)
がくせい
かける<掛>

<table>
<tr><td>

こたえる
こちら/こっち
コップ
こと
ことし
ことば
こども
この
ごはん
コピー
こまかい
こまる
コミュニケーション
こむ
ごめん
これ
これから
～ころ/ごろ
こわい
こんげつ
こんしゅう
こんど
こんな
こんにちは
こんばんは
コンピューター

<さ>

-さい<歳>
さがす
さかな
さがる
さき
さく<咲>
～させる/せる
～さつ(冊)
サッカー
ざっし
さとう
さびしい
-さま/さん
さむい
さようなら/*さよなら
さら

</td><td>

ざんねん
さんぽ

<し>

～し
～じ(時)
じ(字)
しお(塩)
～しか
しかし
しかる<叱>
じかん
しけん
しごと
じしょ
じしん<地震>
しずか
しぜん
した(下)
したく
しっかり
しっぱい
しつもん
しつれい
じてんしゃ
じどうしゃ
じどうはんばい
しぬ
しばらく
じぶん
しま
しまう
しまる
しめる(閉)
しめる<締>
しゃしん
シャシ
ジャズ
じゃま
じゆう
-しゅうかん(週間)
じゅうしょ
じゅぎょう
しゅっぱつ

</td><td>

しょうかい
しょうがつ
じょうず
しょくじ
しょくどう
しらべる
しる
しろい
-じん(人)
しんせつ
しんぱい
しんぶん

<す>

すう(吸)
スーパー
スカート
すき(好)
すぎる
すく(空)
すぐ(に)
すくない
すこし
すずしい
すすむ
すっかり
ずっと
すっぱい
すてる
すばらしい
スポーツ
すみません
すむ(住)
すもう
する
すわる
ズボン

<せ>

せい/せ(背)
せいかつ
せいと
せかい

</td></tr>
</table>

<table>
<tr><td>

せき(席)
せつめい
せなか
ぜひ
せまい
せわ
せんせい
ぜんぜん

<そ>

そう
そうじ
そうして/そして
～そうだ
そうだん
そこ
そこ(底)
そつぎょう
そちら/そっち
そと
その
そば(側)
そら
それ
それから
それでは
そんな

<た>

～た
～だ/です/でしょう
～たい
だいがく
だいじょうぶ
たいせつ
だいたい
たいてい
だいぶ
たいへん
たかい
～たがる
たくさん
タクシー

</td><td>

～だけ
たす
だす
たすける
たずねる
ただしい
－たち
たつ
たてもの
たてる
たとえば
たね
たのしい
たのむ
タバコ
たぶん
たべもの
たべる
たまご
ため
だめ
～たら
～たり/だり
だれ
たんじょうび
だんだん

<ち>

ち(血)
ちいさい
ちかい
ちがう
ちかてつ
ちから
ちず
ちち(父)
ちょうど
[ちょっと]

<つ>

ついたち
つうしん
つかう

</td><td>

つかれる
つき
[つぎ]
つく(付)
つく(着)
つく(点)
つく(就)
つくえ
つくる
つける
つごう
つたえる
つづく
つとめる
つまらない
つめ<爪>
つめたい
つもり
つよい
つれる

<て>

て(手)
～て/で
～で
データー
テーブル
でかける
てがみ
できる
てつだう
デパート
～ても/でも
～でも
でる
テレビ
てん(点)
てんき
でんき
でんしゃ
でんわ

</td></tr>
</table>

<と>

と(戸)
～と
-ど(度)
ドア
どう
とうがらし
どうぞ
どうも
とおい
とおる
とき
とけい
どこ
ところ
とし
としょかん
どちら/どっち
とても
どなた
となり
どの
とぶ
とまる(泊)
ともだち
とり(鳥)
とる(取)
どれ
どんな

<な>

ない(無)
～ない
なおす
なおる
なか
ながい
なかなか
～ながら
ながれる
なく(泣, 鳴)
なげる
なさる

なぜ
なつ
なつやすみ
～など
なに/なん
なまえ
ならう
ならぶ(並)
ならべる
なる(成)

<に>

～に
にいさん/おにいさん
におい
にぎやか
にく
にし
-にち
にちようび
にっき
にもつ
ニュース
にわ
にんぎょう

<ぬ>

ぬう
ぬぐ
ぬる

<ね>

～ね
ねえさん/おねえさん
ねがう
ネクタイ
ねこ
ねだん
ねつ
ねる(寝)
ねん(年)

<の>

～の
ノート
のこる
～ので
のど
～のに
のぼる
のむ
のる

<は>

～は
は(葉)
は(歯)
～ば
はい
はいる
はかる
はく<掃>
はく<履>
はこ
はこぶ
はさみ
はし(橋)
はし<箸>
はし<端>
はじまる
はじめて
はじめる
はしる
バス
パソコン
はたけ
はたらく
はっきり
はな(花)
はな(鼻)
はなし
はなす(話)
はなび
はは(母)
はやい(早)

はやい(速)
はらう
はる(春)
はれる(晴)
ばん(晩)
パン
ハンカチ
[はんたい]

<ひ>

ひ(日)
ひ(火)
ひ(灯)
ひがし
ひく(引)
ひく<弾>
ひくい
ひこうき
ひざ
ひだり
ひつよう
ひと
ひとつ
ひま
びょういん
びょうき
ひらがな
ひらく
ひる(昼)
ひろい
ひろう

<ふ>

ファン
ふえる
ふかい
ふく<吹>
ふく<拭>
ふつう
ふとい
ふね
ふべん
ふむ

ふゆ
ふる(降)
ふるい
ふろ
ふん/ぷん(分)
ぶんか

<へ>

～へ
へた
へや
へる(減)
べんきょう
へんじ
べんとう
べんり

<ほ>

ほう
ぼうし
ホーム・ページ
ほか
ぼく
ポケベル
ほし
ほしい
ほそい
～ほど
ほとんど
ほめる
ほん(本)
-ほん/ぼん/ぽん
ほんとう

<ま>

まいる
まがる
まえ
まじめ
～ます
まず
まずい

[また]
まだ
まち
まつ(待)
まっすぐ
まつり
～まで
まど
まにあう
まもる
まるい
まわり

<み>

みえる
みがく
みぎ
みじかい
みず
みせ
みせる
～みたいだ
みち
みどり
[みな/みんな]
みなみ
みみ
みやげ
みる

<む>

むかし
むずかしい
むすこ
むすぶ
むすめ
むね
むら

<め>

め(目)
め(芽)

めがね
めずらしい

＜も＞

～も
もう
もうす
もし
もつ
もっと
もどる
もの(物)
もらう
もんだい

＜や＞

-や(屋)
～や
やく(焼)
やくそく
やさい
やさしい(優)
やさしい＜易＞
やすい(安)
やすむ
やはり/やっぱり
やま
やめる
やる
やわらかな

＜ゆ＞

ゆうびんきょく
ゆうべ
ゆうめい
ゆき(雪)
ゆしゅつ
ゆっくり
ゆにゅう
ゆび
ゆるす

＜よ＞

～よ
ようじ(用事)
ようす
～ようだ
ようふく
よく
よこ
よぶ
よむ
より
よる(夜)
よろこぶ
よろしい/よろしく

＜ら＞

らいねん
ラジオ
ラップ
～られる/れる

＜り＞

りっぱ
りょうしん
りょうり
りょこう

＜る＞

るす(留守)

＜れ＞

れきし
れんしゅう

＜ろ＞

ろうか
ロック

＜わ＞

ワープロ
わかい
わかる
わすれる
わたし/わたくし
わたる
わらう
わる＜割＞
わるい

＜を＞

～を

【별표Ⅲ】

표기용 한자

○ '일본어Ⅰ, Ⅱ'과목의 교재의 표기에 사용할 수 있는 한자를 다음과 같이 733자 이내로 제한한다. 표기용 한자는 모두 사용하여야 하는 것은 아니며, 표기상의 필요에 따라 학습 단계와 학습 분량을 고려하여 사용 글자 수를 조정하되, 학습량이 과다하지 않도록 유의한다. 표기상의 이유로 이 표에 제시되지 않은 한자를 부득이 사용하지 않으면 안 될 경우에는 일본어의 상용 한자 범위 내에서 사용할 수 있다. 단, 고유 명사에 사용되는 한자는 예외로 하며, 고유 명사의 표기는 '국어의 가나 문자 표기법'(편수 자료 Ⅱ-3)에 따른다.

<あ>	<う>	横	画	完	帰	挙
愛	右	屋	芽	官	喜	許
惡	翼	億	介	寒	期	魚
安	雨	音	回	間	旗	御
案	運	恩	会	感	器	漁
暗	雲	温	改	漢	機	共
			海	管	技	京
<い>	<え>	<か>	界	関	議	供
以	永	下	械	館	客	協
衣	泳	化	絵	観	九	強
位	英	火	開	丸	弓	教
囲	栄	加	階	岸	旧	橋
医	営	仮	貝	岩	休	鏡
委	衛	何	外	眼	求	競
胃	駅	花	害	顔	究	業
移	円	価	街	願	泣	曲
意	園	果	各		急	局
育	遠	科	角	<き>	級	極
一	塩	夏	覚	気	宮	玉
引		家	学	希	救	均
印	<お>	荷	楽	汽	球	近
員	王	貨	活	季	給	金
院	央	過	株	紀	牛	銀
飲	応	歌	刊	記	去	
	桜	課	甘	起	居	

食
植
心
申
臣
信
神
眞
深
進
森
新
親
人

<す>
図
水
数

<せ>
世
正
生
成
西
声
制
性
青
政
星
省
清
晴
静

週
集
十
住
重
祝
宿
出
春
順
初
所
書
暑
女
助
小
少
招
松
消
笑
唱
商
章
紹
勝
燒
象
照
賞
上
乗
城
場
色

児
事
治
持
時
辞
式
七
失
室
質
実
写
社
車
者
借
若
弱
手
主
守
取
首
酒
種
受
授
收
州
周
宗
拾
秋
終
習

参
産
散
算

<し>
士
子
支
止
氏
仕
史
司
四
市
矢
死
糸
私
使
始
姉
思
指
師
紙
歯
試
詩
資
字
寺
次
耳
自

号
合
告
谷
国
黒
今
根
婚

<さ>
左
差
座
才
再
祭
細
菜
最
際
在
材
財
罪
作
昨
冊
札
刷
殺
察
雑
皿
三
山

玄
言
原
現

<こ>
戸
古
固
個
庫
湖
五
午
後
語
口
工
公
功
広
交
光
向
好
考
行
孝
厚
候
校
航
高
康
黄
港

<く>
区
句
苦
具
空
君
訓
軍
郡

<け>
兄
形
怪
係
型
計
経
景
軽
芸
欠
血
決
結
月
犬
件
見
建
研
県
健
験
元

整 税 夕 赤 昔 席 積 切 折 雪 節 説 舌 千 川 先 浅 船 戦 線 選 全 前 然

<そ> 祖 組 早 争 走 相 草 送 倉 巣

窓 想 増 束 足 息 速 側 測 族 属 卒 存 村 孫

<た> 他 多 打 太 対 体 待 帯 貸 隊 大 代 台 第 題 宅 達 単 炭

短 団 男 段 談

<ち> 地 池 知 置 竹 茶 着 中 仲 虫 注 昼 柱 貯 丁 庁 兆 町 長 帳 鳥 朝 腸 調 直 賃

<つ> 追

通

<て> 低 弟 定 底 庭 停 的 笛 鉄 天 典 店 点 転 田 伝 電

<と> 徒 都 土 努 度 刀 冬 灯 当 投 豆 東 島 湯

登 答 等 統 頭 同 洞 動 堂 童 道 働 特 得 毒 読 届

<な> 内 南

<に> 二 肉 日 入

<ね> 熱 年 念

<の> 納

農

<は> 波 馬 配 敗 売 倍 梅 買 白 泊 博 薄 麦 箱 畑 八 発 反 半 犯 判 坂 板 班 飯 番

<ひ> 比 皮 彼 非 飛

悲 費 美 鼻 必 筆 百 氷 表 票 評 標 秒 病 猫 品 貧

<ふ> 不 夫 父 付 府 負 富 部 風 服 副 仏 物 粉 分 文 聞

<へ>
平 兵 米 別 辺 返 変 便 勉

<ほ>
步 保 母 方 包 奉 宝 放 法 訪 望 貿 北 木 牧 本

<ま>
毎 妹 枚 末 万

<み>
味 脈 民

<む>
務 無

<め>
名 命 明 鳴 面

<も>
毛 目 門 問

<や>
夜 野 役 約 訳 薬

<ゆ>
由 油 輪 友 有

<よ>
予 幼 用 羊 洋 要 容 薬 陽 様 養 曜 浴

<ら>
来 落

<り>
利 里 理 陸 立 律 流 留 旅 両 料

勇 郵 遊

量 領 力 緑 林 輪

<る>
類

<れ>
令 礼 冷 例 歴 列 連 練

<ろ>
路 老 労 郎 六 録 論

<わ>
和 話

4-8. 제7차 교육과정(생활 외국어)
(교육부 고시 제 1997-15호 [별책 16], 1997. 12. 30)

-독일어, 프랑스어, 스페인어, 중국어, 일본어, 러시아어, 아랍어-

1. 성격

중학교 '생활 외국어'과목에는 독일어, 프랑스어, 스페인어, 중국어, 일본어, 러시아어, 아랍어의 7 과목이 있다. 7개 외국어는 전세계 수십억의 인구가 모국어 또는 제 2 언어로 사용하고 있는 외국어로 그 실용적, 교양적인 가치가 매우 높다.

21세기에는 국제화, 정보화 사회로 세계가 한 울타리 안에서 공존하는 삶을 영위하여야 한다. 이와 같은 삶을 위하여 외국어의사 소통 능력을 기르는 일은 무엇보다도 선행되어야 한다. 이런 의미에서 중학교부터 생활 외국어를 교육하는 것은 매우 바람직한 일이라 할 수 있다.

학습자들은 초급 수준의 생활 외국어를 익혀 해당 외국어 사용자와 기초적인 의사 소통을 하며, 아울러 상급 학교에 진학하여 해당 외국어를 계속 학습할 수 있는 바탕을 마련한다.

학습자들은 '생활 외국어' 과목을 통하여 외국어에 대한 흥미를 느끼며, 외국인의 일상 생활과 그들의 생활 양식에 대한 이해의 폭을 넓혀 보다 긍정적이고 적극적인 생활 태도를 기를 수 있도록 한다.

2. 목표

일상 생활에 관한 간단한 말고 글을 사용하여 의사 소통할 수 있는 기초적인 능력을 기르고, 외국인들의 생활양식과 사고 방식을 이해할 수 있는 태도를 기른다.

가. 일상 생활에 관한 간단한 말을 듣고 이해한다.

나. 간단한 화제에 대해 구두로 의사 소통한다.

다. 일상 생활에 관련된 간단한 어휘 또는 문장을 읽고 이해한다.

라. 쉬운 어휘 및 간단한 문장을 쓸 수 있다.

마. 해당 외국어 사용 국민의 일상 생활 문화에 대한 이해의 폭을 넓혀 우리의 문화를 새롭게 인식하고 올바른 가치관을 가진다.

바. 해당 외국어로 의사 소통하려는 적극적인 태도를 가진다.

3. 내용
가. 내용체계

영역	내용	
의사 소통 활동	· 의사 소통을 위한 활동을 듣기, 말하기, 읽기, 쓰기 영역으로 나누어 체계적인 활동 중심의 학습 내용을 과목별로 제시 · 균형있게 전개할 수 있는 각 영역별 수준을 고르게 제시	
	독일어과, 스페인어과, 중국어과, 러시아어과, 아랍어과	프랑스어 과, 일본어과
언어 재료	· 발음: 자연스러운 발화를 할 수 있도록 발음에 관한 내용을 과목별로 제시 · 문자: 문자 학습에 관한 사항을 제시(독일어과) · 어휘: 고등학교 교육 과정의 기본어휘 중 200 낱말 내외를 이수 · 문법: 의사 소통 기능 예시문의 참고 및 다루어야 할 문법 사항을 과목별로 제시 · 의사 소통 기능 예시문: 중학교 과정에서 이수하기를 권장하는 의사 소통 기능 예시문 제시 · 문화: 해당 외국어를 사용하는 국민의 일상 생활에서 소재를 선택	· 의사 소통기능: 중학교 과정에서 이수하기를 권장하는 의사 소통 기능 예시문 제시 · 발음: 자연스러운 발화를 할 수 있도록 발음에 관한 내용을 과목별로 제시 · 문자: 문자 학습에 관한 사항의 제시(일본어과) · 문법: 의사 소통 기능 예시문의 참고 및 다루어야 할 문법 사항을 과목별로 제시 · 문화: 해당 외국어를 사용하는 국민의 일상 생활에서 소재를 선택

나. 영역별 내용

<일본어>
가. 의사 소통 활동

 일상 생활에서 주고 받는 기본적인 인사와 자기 의사 및 태도를 표현할 수 있고, 대화에 능동적으로 참여하는 태도를 기르기 위하여 다음과 같은 학습 활동을 전개한다.

(1) 듣기
(가) 짧은 낱말을 들어 구분한다.
(나) 간단한 어구나 문을 들어 그 뜻을 알아본다.
(다) 인사, 의사 표현, 태도 표현과 관련된 말을 듣고 그 뜻을 알아본다.
(라) 상대편의 말을 바른 자세로 듣는다.

(2) 말하기

(가) 실물이나 그림을 보고 간단하게 말한다.
(나) 짧은 모범 대화를 따라서 말해 본다.
(다) 인사, 의사 표현, 태도 표현에 관한 대화를 한다.
(라) 자연스러운 자세로 말한다.

(3) 읽기

(가) 가나 문자를 알아들을 수 있도록 낭독한다.
(나) 가나로 된 간단한 어구나 문장을 자연스럽게 낭독한다.
(다) 인쇄 문자와 영상 문자를 말하듯이 낭독한다.
(라) 그림이 곁들어진 글을 읽고 그 뜻을 알아본다.
(마) 짧은 글을 읽고 그 뜻을 알아본다.

(4) 쓰기

(가) 가나 문자를 바르게 적어 본다.
(나) 가나로 된 단어를 듣고 적어 본다.
(다) 간단한 어구나 문장을 듣고 그대로 적어 본다.
(라) 의사, 의사 표현, 태도 표현과 관련된 말을 글로 적어 본다.

나. 언어 재료
(1) 의사 소통 기능

 다음과 같은 의사 소통 기능 중에서 생활 일본어의 수준에 맞는 언어 능력을 효율적으로 기른다. 보다 자세한 내용은 아래에 제시된 의사 소통 기능 예시문을 참조한다.
(가) 인사 기능: 인사, 소개, 안부, 칭찬, 축하, 사과, 감사 등을 위한 표현
(나) 정보 전달의 기능: 설명, 정보 전달, 제안, 조언, 대답, 추측 등의 표현
(다) 의사·태도의 전달: 반대, 부정, 놀람, 희로애락, 반문 등의 표현
(라) 요구의 기능: 질문, 허가, 확인, 선택, 설명, 의뢰, 지시 등의 표현

[의사 소통 기능 예시문]

ㅇ 다음은 중학교 일본어 교육 과정에서 우선적으로 이수하기를 권장하는 의사 소통 기능 항목과 예시문이다. 기능 항목은 크게 나누어 인사 행동, 담화의 전개, 자기의 의사 표현, 상대의 행동 요구, 감정과 태도 표현으로 나누고, 각각의 항목에 하위 항목을 설정하였다. 여기에 명기되지 않은 기능도 필요에 따라 첨가하여 사용할 수 있다.
ㅇ 예시문은 중학교 일본어 교육 과정에 필요한 문장의 구조, 문장의 종류, 기타 어법에 과한 사항을 참고할 수 있도록 의사 소통 기능별로 제시한 것이다. 예시문에 제시되지 않은 문장도 필요에 따라 포함시킬 수 있다.

1. 인사 기능
   가. 인 사
   ・일상의 인사
   ・만 남
     おはようございます。
     こんにちは。
     こんばんは。
   ・헤어짐
     さようなら。
     おやすみなさい。
   ・처면 인사
     はじめまして　キムてす　どうぞ　よろしく。
   나. 축 하
   たんじょうび　おめでとうこざいます。
   다. 감 사
   ありがとうございます。
   라. 사 과
   おそくなって　すみません。

2. 정보 전달의 기능
   가. 성 명
   ・안 내
     ここは　としょかんです。
   ・보 고
     きのうは　がっこうで　やきゅうを　しました。
   ・시 간
     バスで 30ぷんぐらい　かかります。
   ・위 치
     その みちを　まっすぐに　いくと　ひだりがわに　ゆうびんきょくが　あります。
     でんわは　あそこに　あります。
   ・이 유
     かぜを ひいたので　びょういんへ　いきます。
   나. 정보 전달
   ・전 갈
     たなかさんも　くるんだそうです。
   ・희망・의향

　　　　ワープロを　ならおうと　おもっています。
　　다. 대 답
　　　・승 낙
　　　はい、　わかりました。
　　　・거 절
　　　いいです。

3. 의사·태도 전달의 기능
　　가. 부정·비난
　　　そんな　ことは　ないですよ。
　　나. 회로애락
　　　この　ほんは　とても　おもしろいです。
　　다. 반 문
　　　おおさかへ　ですか。

4. 요구의 기능
　　가. 질 문
　　　ゆうびんきょくは、　どこですか。
　　나. 허 가
　　　えんぴつで　かいても　いいですか。
　　다. 선 택
　　　コーヒーと　ジュースと　ありますが　どちらが　いいですか。
　　라. 설 명
　　　どこか　ちかくに　やすい　みせは　ありませんか。
　　　ゆうびんきょくへ　いくには　どう　いったら　いいでしょう。
　　　ワープロって　なんですか。
　　마. 의 뢰
　　　もうすこし　おおきいのは　ありませんか。
　　바. 지 시
　　　ちょっと　まって　ください。

(2) 발 음
현대 일본어의 공통어 발음으로 한다.

(3) 문 자
문자는 히라가나, 가타카나를 사용하고, 한자는 사용하지 않는 것을 원칙으로 하되, 숫자와 같은 기초 학습에 필요하다고 생각되는 문자에 한하여 적절히 사용할 수 있다.

(4) 어 휘

일반계 고등 학교 교육 과정의 기본 어휘 중 200 낱말 내외를 사용한다.

(5) 문 법

문법에 관한 사항은 고등 학교 일본어과 교육 과정 [별표 I]에 제시된 예시문의 해당 사항을 참고한다. 다만, 다음 문법 사항은 다루지 않기로 한다.

(가) 고어적인 표현(예: べし, まい)

(나) 사역+수동형 표현 (예: ～せられる, ～させていただく)

(다) 복 문

(6) 문 화

(가) 생활 일본어는 기초적인 언어 능력의 신장뿐만 아니라 일본인의 생활을 이해하는 데에도 역점을 두어 내용을 일본인의 일상 생활에 관한 소재를 위주로 선택하되, 일본에 대한 관심을 높이고, 의사 소통 습득에 도움이 되는 것으로 한다. 단, 일상 생활과 관련된 문화의 설명은 우리말로 표현하여도 된다.

① 개인 생활과 일상적인 인간 관계에 관한 것

② 교우 관계와 학교 생활에 관한 것

③ 기본적인 사회 생활에 관한 것

(나) 내용 구상에 있어서는 다음 사항을 유의한다.

① 학생의 흥미, 필요, 지적 수준 등을 고려하여 의사 소통 의욕을 유발할 수 있는 것으로 한다.

② 내용은 실제 생활에서 사용될 수 있는 것으로 하되, 일본의 일상 생활을 이해할 수 있는 것으로 한다.

③ 듣기, 말하기, 읽기, 쓰기는 연계성을 가지도록 구성한다.

4-9. 2007년 개정 교육과정
(교육인적자원부 고시 제2007-79호 [별책 14], 2007. 2. 28)

9. 일본어 Ⅰ

1. 성격

국제 사회는 세계화의 진전에 따라 인접 국가 간의 지역 협력 체제 구축이 빠르게 확산되고 있다. 이러한 움직임은 지역 내 국가 간의 공생 공영을 위한 정치 경제적 협력뿐만 아니라 민간 차원의 다양한 협력과 교류로 이어지게 된다. 이러한 시대의 흐름에 따라 한국과 일본 간의 협력과 교류는 더욱 확대 심화될 것이다. 그러나 한·일 양국은 정치, 경제, 사회, 문화 등 여러 영역에 걸쳐 상호 이해 부족으로 인하여 해결해야 할 과제가 적지 않다. 이와 같은 여러 문제를 원만하게 해결하고 문화의 이질성에서 오는 제반 오해를 해소하여 동아시아 지역의 평화와 번영에 기여하기 위해서는 문화 간 상호 이해와 원활한 의사소통 능력이 요구된다.

'일본어 Ⅰ'은 이러한 시대적 요구에 따라 한·일 교류에 능동적으로 대처할 수 있는 인재를 양성하기 위해 개설된 기초 과목으로서 다음과 같은 성격을 갖는다.

첫째, 일상생활에서 사용되는 의사소통 기능의 기초적인 능력을 습득하는 데 중점을 둔다.

둘째, 의사소통 기능과 장면에 따른 언어 행동 문화를 이해하고 상호 행위를 중시하는 일본어 학습과 문화 간 상호 이해력을 기르는 데 중점을 둔다.

셋째, 정보 활용의 중요성을 인식하고 필요한 정보를 일본어로 검색할 수 있는 능력을 길러 지식 기반 사회에 적응해 갈 수 있도록 한다.

넷째, 일본어 학습을 통해 일본 문화를 이해함과 동시에 우리 문화를 일본에 소개하는 역할도 수행할 수 있는 기초적인 능력을 기른다.

다섯째, 주변에 있는 일본어 관련 학습 자원을 스스로 활용하여 학습할 수 있는 습관을 기르는 수업이 되도록 하여 학습자의 자율성과 문제 해결 능력을 신장시키는 데에 기여한다.

'일본어 Ⅰ'은 '일본어 Ⅱ'와의 수준과 내용의 연계성을 고려하여 연속적이고 상호 보완적으로 구성한다.

2. 목표

일상생활과 관련된 쉬운 일본어를 이해하고 표현할 수 있는 기초적인 의사소통 능력을 기르며, 문화의 상호 이해와 국제 교류에 적극적으로 참가하는 태도를 기른다.

가. 언어 기능

언어 4기능을 유기적으로 연계하여 장면과 상황에 따라 상호 행위가 가능하도록 한다.

(1) 듣 기
㈎ 일본어의 발음을 듣고 정확하게 구별할 수 있다.
㈏ 일상생활에 관한 짧고 쉬운 말을 듣고 이해한다.
㈐ 일상생활에 관한 짧고 쉬운 말을 듣고 상황에 맞게 행동할 수 있다.

(2) 말하기
㈎ 일본어의 발음을 정확하게 구별하여 말할 수 있다.
㈏ 의사소통 기본 표현을 중심으로 짧고 쉬운 말을 할 수 있다.
㈐ 사용 빈도가 높은 의사소통 기본 표현을 상황에 따라 언어 행동 문화에 맞추어 적절하게
말할 수 있다.

(3) 읽 기
㈎ 히라가나와 가타카나를 바르게 읽을 수 있다
㈏ 기본 어휘에 사용된 학습용 한자를 문장 속에서 읽을 수 있다.
㈐ 일상생활과 관련된 짧고 쉬운 글을 읽고 이해한다.
㈑ 일본 문화와 관련된 짧고 쉬운 문장을 읽고 이해한다.

(4) 쓰 기
㈎ 히라가나와 가타카나를 필순에 맞게 쓸 수 있다.
㈏ 기본 어휘에 사용된 학습용 한자를 쓸 수 있다.
㈐ 일상생활과 관련된 짧고 쉬운 문장을 쓸 수 있다.
㈑ 가나와 한자를 섞어 쓴 짧고 쉬운 문장을 컴퓨터에 입력할 수 있다.

나. 문 화
(1) 일본인의 기본적인 언어 행동 문화를 이해한다.
(2) 일본인의 기본적인 일상생활 문화를 이해한다.
(3) 일본의 중요한 전통문화와 대중문화를 이해한다.
(4) 한·일 양국 문화의 공통점과 차이점을 이해하여 문화의 다양성을 인식한다.

다. 태 도
(1) 의사소통 기능에 대한 학습의 중요성을 알고 체험을 통해 스스로 학습하는 태도를 갖는다.
(2) 의사소통 기능을 성공적으로 수행하기 위해서 상호 이해의 중요성을 알고 스스로 학습하는
태도를 갖는다.
(3) 일본 문화에 대한 이해의 필요성을 알고 문화 관련 학습 자료에 관심을 갖고 스스로 학습하
는 태도를 갖는다.
(4) 한·일 문화 교류의 필요성을 알고 적극적으로 교류하고자 하는 태도를 갖는다.

⑸ 정보 검색의 필요성을 알고 다양한 매체를 활용하는 태도를 갖는다.

⑹ 일본어 관련 학습 자원 활용의 필요성을 알고 스스로 활용하는 태도를 갖는다.

3. 내용

가. 언어적 내용

⑴ 언어 기능

【별표 I】'의사소통 기본 표현'을 전반적으로 다루되, 언어 4기능을 유기적으로 연계하여 장면과 상황에 따라 상호 행위가 가능하도록 적절하게 사용한다.

⑺ 듣 기

① 짧고 쉬운 일본어를 듣는다.

② 간단한 교수용 일본어를 듣고 행동한다.

③ 인사와 소개 기능과 관련된 짧고 쉬운 대화를 듣는다.

④ 감사, 사과 등 배려 및 태도 전달 기능과 관련된 짧고 쉬운 대화를 듣는다.

⑤ 정보 요구와 제공 등 정보 교환 기능과 관련된 짧고 쉬운 대화를 듣는다.

⑥ 의뢰, 권유·제안 등 행위 요구 기능과 관련된 짧고 쉬운 대화를 듣는다.

⑦ 맞장구, 되묻기 등 대화 진행 기능과 관련된 짧고 쉬운 대화를 듣는다.

⑷ 말하기

① 짧고 쉬운 대화를 한다.

② 인사와 소개 기능과 관련된 짧고 쉬운 대화를 한다.

③ 감사, 사과 등 배려 및 태도 전달 기능과 관련된 짧고 쉬운 대화를 한다.

④ 정보 요구와 제공 등 정보 교환 기능과 관련된 짧고 쉬운 대화를 한다.

⑤ 의뢰, 권유·제안 등 행위 요구 기능과 관련된 짧고 쉬운 대화를 한다.

⑥ 맞장구, 되묻기 등 대화 진행 기능과 관련된 짧고 쉬운 대화를 한다.

⑦ 비언어 행동을 대화 장면에 맞게 사용한다.

⑷ 읽 기

① 의사소통 기능과 관련된 짧고 쉬운 문장을 읽는다.

② 의사소통 기능과 관련된 짧고 쉬운 글의 의미를 파악하며 읽는다.

③ 초대장, 메모, 엽서, 표지판, 메뉴, 안내문, 전자 우편 등 일상생활에서 접할 수 있는 다양한 학습 자원을 활용하여 짧고 쉬운 글을 찾아 읽는다.

④ 인터넷의 짧고 쉬운 글을 찾아 읽는다.

⑤ 일본 문화와 관련된 짧고 쉬운 글을 읽는다.

⑷ 쓰 기

① 히라가나와 가타카나, 학습용 한자를 바르게 쓴다.

② 의사소통 기능과 관련된 짧고 쉬운 문장을 쓴다.

③ 메모, 엽서, 편지, 안내문, 일기 등 일상생활에서 사용되는 쉬운 글을 쓴다.

④ 가나와 한자를 섞어 쓴 짧고 쉬운 일본어를 컴퓨터에 입력한다.

⑤ 짧고 쉬운 전자 우편을 작성한다.

⑥ 의사소통 기능과 관련된 짧고 쉬운 일본어를 우리말로, 우리말을 일본어로 바르게 옮긴다.

(2) 언어 재료

㈎ 발음 및 문자

① 발음은 현대 일본어의 표준어(공통어) 발음을 기본으로 한다.

② 사용 문자는 히라가나와 가타카나, 한자를 기본으로 한다.

③ 가나의 표기는 '현대 가나 표기법'에 따른다.

④ 표기용 한자는 일본의 상용한자 내에서 사용하고, 학습용 한자는 기본 어휘표에 제시한 한자로 한다. 단, 인명이나 지명 등의 고유 명사에 사용하는 한자는 예외로 취급한다.

⑤ 우리말이 가나 표기는 '국어의 가나 문자 표기법'에 따른다. 단, 관용적으로 사용하는 것은 허용할 수 있다.

㈏ 어 휘

【별표 Ⅱ】에 제시된 기본 어휘를 중심으로 500 낱말 내외를 사용한다.

㈐ 문 법

【별표 Ⅰ】에 제시된 '의사소통 기본 표현'에 사용된 문법 사항을 참고한다.

㈑ 의사소통 기본 표현

의사소통 기본 표현은 의사소통 능력을 효율적으로 기를 수 있도록 하되, 【별표 Ⅰ】에 제시된 '의사소통 기본 표현'을 적극 활용한다.

① 인사: 만남, 헤어짐, 안부, 외출, 귀가, 방문, 식사, 연말, 신년, 축하

② 소개: 자기소개, 가족 소개, 타인 소개

③ 배려 및 태도 전달: 감사, 사과, 칭찬, 격려·위로, 승낙·동의, 거절, 사양, 겸손·양보, 의지, 희망, 유감, 정정

④ 정보 교환: 정보 요구, 정보 제공, 판단·추측, 상황 설명, 이유 설명, 의견 제시, 비교·대비, 선택, 확인

⑤ 행위 요구: 의뢰, 권유·제안, 조언, 허가 요구, 의무, 금지, 경고

⑥ 대화 진행: 말 걸기, 화제 전환, 맞장구, 되묻기

나. 문화적 내용

(1) 의사소통 기능과 관련된 일본인의 언어 행동 문화 이해에 도움을 줄 수 있는 것으로 한다. 아래에 제시한 내용은 선택적으로 다룰 수 있다.

㈎ 언어 행동에 관한 내용: 표현적 특성, 맞장구 등

㈏ 비언어 행동에 관한 내용: 손짓, 몸짓 등

(2) 일본인의 일상생활 문화 이해에 도움이 되는 것으로 한다. 아래에 제시한 내용은 선택적으로 다룰 수 있다.

㉮ 가정생활에 관한 내용: 인사, 방문 예절, 가정 내 생활 문화 등

㉯ 학교생활에 관한 내용: 동아리 활동 등

㉰ 사회생활에 관한 내용: 화폐, 선물, 연호 등

㉱ 교통 및 통신 매체에 관한 내용: 교통 사정, 통신 사정 등

㉲ 의복 문화에 관한 내용: 의복의 종류 등

㉳ 음식 문화에 관한 내용: 음식의 종류, 식사 예절 등

㉴ 주거 문화에 관한 내용: 주택 사정 등

(3) 전통문화와 대중문화 중에서 일본인과 일본 사회를 이해하는 데 도움이 되는 것으로 한다. 아래에 제시한 내용은 선택적으로 다룰 수 있다.

㉮ 지역 문화에 관한 내용: 주요 지명, 관광 명소, 정원 등

㉯ 연중행사에 관한 내용: 마쓰리, 설, 히나마쓰리, 고이노보리, 오본, 시치고산 등

㉰ 전통 예능에 관한 내용: 다도, 꽃꽂이 등

㉱ 놀이 문화에 관한 내용: 하나미, 하나비 등

㉲ 대중문화에 관한 내용: 만화, 애니메이션 등

(4) 다음 사항에 유의하여 문화적 내용을 구성한다.

㉮ 내용은 실용적인 것으로 하되, 최근의 자료를 기준으로 구성한다.

㉯ 학습자의 흥미, 필요, 지적 수준 등을 고려하여 학습 의욕을 고취할 수 있는 내용으로 한다.

㉰ 언어 표현과 관련된 소재 영역은 【별표 I】 '의사소통 기본 표현' 속의 항목들을 참고하여, 이 표현들이 적절한 맥락 속에서 활용되도록 구성한다. 이렇게 해서 특정한 소재 영역과 관련된 적합한 표현 방식이 자연스럽게 습득되도록 한다.

㉱ 문화 내용 설명 시 필요한 경우에는 우리말을 사용할 수 있다.

㉲ 일본의 일상생활 및 사회 문화를 올바로 이해하고 이를 우리 문화와 비교하여 공통점 및 차이점을 인식하도록 내용을 구성한다.

4. 교수 · 학습 방법

가. 일반 지침

(1) 정확성보다는 유창성을 기르는 데 중점을 둔 학습이 되도록 한다.

(2) 교수 · 학습 계획은 언어의 구조를 중심으로 한 학습보다는 의사소통 기능을 습득할 수 있도록 수립한다.

(3) 학습 내용의 이해와 적용이 용이하도록 수업을 단계별로 구성한다.

(4) 학습자의 지적 발달을 고려하여 나선형으로 학습 내용을 구성한다.

(5) 학습자가 학습 활동에 적극적으로 참여할 수 있는 협동 학습과 체험 학습이 이루어지도록 구성한다.

(6) 학습자 주도형 자율 학습을 활성화할 수 있도록 구성한다.

⑺ 학습 동기를 유발할 수 있도록 학습자의 관심과 요구를 반영한 발견 학습을 활용한다.
⑻ 교수·학습에 도움이 되는 다양한 정보 통신 기술(ICT) 관련 매체를 활용한다.
⑼ 학습자의 수준에 맞도록 교과서 내용을 재구성하여 사용한다.
⑽ 학습자의 수준과 개성을 고려한 개별 학습을 활용하도록 한다.
⑾ 학습자의 흥미를 높이기 위해 퀴즈, 게임, 노래 등 다양한 학습 자원을 활용한다.
⑿ 학습 의욕을 저해할 수 있는 오류의 즉각적인 수정은 피하도록 한다.

나. 언어 기능
언어 4기능을 유기적으로 연계하여 장면과 상황에 따라 상호 행위가 가능하도록 교수·학습
한다.

⑴ 듣 기
㈎ 단음이나 낱말보다는 문장 중심의 자연스러운 일본어를 듣도록 한다.
㈏ 듣기 학습에 도움을 주는 사진이나 영상 자료 등을 효과적으로 활용한다.
㈐ 짧고 쉬운 문장을 듣고 그것을 행동으로 옮겨보게 한다.
㈑ 자연스러운 일본어를 익힐 수 있도록 원어민의 발음을 듣게 한다.

⑵ 말하기
㈎ 언어 행동 문화에 맞는 역할놀이, 장면 연습, 게임 등을 활용한다.
㈏ 학습자의 학습 참여 기회를 늘릴 수 있도록 구성한다.
㈐ 모둠 활동을 중심으로 학습자의 대화량을 늘리도록 한다.
㈑ 상대편과의 관계, 대화 내용, 대화 전개, 언어 행동 문화에 맞추어 표현할 수 있도록 단계적
  으로 학습하게 한다.
㈒ 자연스러운 일본어를 익힐 수 있도록 원어민의 발음을 따라 말하게 한다.

⑶ 읽 기
㈎ 짧고 쉬운 일본어를 소리 내어 읽을 수 있도록 한다.
㈏ 일상생활에서 자주 접할 수 있는 표지판, 짧고 쉬운 전자 우편, 카드 등 다양한 학습 자원을
  활용하도록 한다.
㈐ 가나와 한자가 섞인 짧고 쉬운 문장을 읽고 그 중심 내용을 요약하여 발표해 보도록 한다.
㈑ 자연스러운 일본어를 익힐 수 있도록 원어민의 발음을 따라 읽게 한다.

⑷ 쓰 기
㈎ 문자 학습은 글자 중심보다는 낱말 중심의 학습이 되도록 한다.
㈏ 짧고 쉬운 일본어를 통제 작문 중심으로 지도한다.
㈐ 가나와 한자가 섞인 짧고 쉬운 문장을 컴퓨터에 입력해 보도록 한다.

㈔ 짧고 쉬운 전자 우편이나 카드 등을 직접 써 보도록 한다.
㈕ 짧고 쉬운 일본어를 듣고 그 중심 내용을 요약하여 글로 표현해 보도록 한다.

다. 언어 재료
(1) 발음 및 문자
㈎ 발음은 현대 일본어의 표준어(공통어) 발음을 할 수 있도록 한다.
㈏ 가나 표기는 '현대 가나 표기법'에 따라 표기할 수 있도록 한다.
㈐ 학습용 한자는 기본 어휘표에 제시된 것을 읽고 쓸 수 있도록 한다.
㈑ 우리말의 가나 표기는 '국어의 가나 문자 표기법'에 따라 표기할 수 있도록 한다.

(2) 어 휘
㈎ 어휘 교육은 낱말을 단순 암기하는데 그치지 않고 문장 속에서 쓰임을 통해 그 의미를 파악
   할 수 있게 한다.
㈏ 실물이나 그림, 사진 등의 자료를 통해 낱말의 의미를 이해하게 한다.

(3) 문 법
   【별표 I】에 제시된 '의사소통 기본 표현'에 사용된 문법 사항을 참고하여 자연스럽게 익힐
수 있도록 한다.

(4) 의사소통 기본 표현
㈎ 다양한 학습 자원을 이용하여 상황을 설정함으로써 학습자가 의사소통 기본 표현을 적절하
   게 사용할 수 있도록 한다.
㈏ 학습자가 의사소통 기본 표현을 활용하여 창의적으로 표현할 수 있도록 한다.

라. 문 화
(1) 우리 문화와 일본 문화의 공통점과 차이점을 학습자 스스로 발견할 수 있도록 한다.
(2) 고정관념이나 지식 중심의 학습보다는 문화의 다양성을 발견할 수 있도록 한다.
(3) 학습자의 능동적인 참여를 위해 수업에서 다루어질 문화와 관련된 내용을 개인별 또는 모
   둠별로 조사하여 발표하도록 한다.
(4) 문화 학습은 이해도를 높이기 위하여 그림, 사진, 동영상 등 시청각 자료를 적극적으로 활용
   한다.
(5) 문화 내용을 설명할 때 필요한 경우에는 우리말을 사용하되 문화 내용의 핵심어는 가급적
   일본어로 인지하게 한다.

5. 평가
가. 평가 지침

⑴ 지엽적인 사항보다는 기본적이고 핵심적인 사항을 중심으로 평가한다.

⑵ 평가 목표에 따라 분리 평가와 통합 평가를 실시하되 가급적 통합 평가의 비중을 높여 간다.

⑶ 학습한 내용을 중심으로 듣기, 말하기, 읽기, 쓰기, 상호 행위 능력을 고르게 평가한다.

⑷ 단편적인 지식보다는 원활한 의사소통을 하는 데 도움을 줄 수 있는 언어 행동 문화와 일상 생활 문화를 중심으로 평가한다.

⑸ 학습자의 의사소통 활동의 참여도와 태도 등을 평가한다.

⑹ 평가의 객관성을 유지하기 위하여 평가 기준을 사전에 제시하고, 그 기준에 따라 평가를 한다.

⑺ 평가 결과는 학습자의 개별 지도에 활용하며, 다음 단계의 교수·학습 계획에 반영한다.

나. 평가 방법

다음에 제시된 방법 이외에도 교사가 자율적으로 평가 방법을 고안하여 적용할 수 있다.

⑴ 듣 기

㈎ 짧고 쉬운 일본어를 듣고 그 진위를 판단하는 능력을 평가한다.

㈏ 짧고 쉬운 일본어를 듣고 글의 상황과 화제를 이해하는 능력을 평가한다.

㈐ 짧고 쉬운 일본어를 듣고 그 내용에 따라 행동으로 옮길 수 있는지를 평가한다.

㈑ 짧고 쉬운 일본어를 듣고 핵심어에 대한 이해 능력을 평가한다.

⑵ 말하기

㈎ 학습한 내용을 중심으로 질문이나 대답하는 능력을 평가한다.

㈏ 그림이나 사진을 보고 간단하게 설명·묘사하는 능력을 평가한다.

㈐ 인터뷰법을 적극적으로 도입하여 평가한다.

㈑ 학습한 내용을 역할놀이와 장면 연습 등을 통해 표현하는 능력을 평가한다.

⑶ 읽 기

㈎ 가나와 학습용 한자가 포함된 짧고 쉬운 글을 읽게 하여 그 능력을 평가한다.

㈏ 짧고 쉬운 대화문이나 글을 읽고 대의를 파악하는 능력을 평가한다.

㈐ 짧고 쉬운 글을 읽고 핵심어와 주제어를 찾는 능력을 평가한다.

⑷ 쓰 기

㈎ 받아쓰기, 통제 작문을 중심으로 평가한다.

㈏ 학습자의 경험을 중심으로 한 간단한 글쓰기 능력을 평가한다.

㈐ 컴퓨터를 이용한 일본어 입력 능력을 평가한다.

㈑ 다양한 매체를 활용한 정보 검색 활동 결과를 평가한다.

⑸ 문 화

㈎ 자연스러운 언어 행동의 수행 능력을 중심으로 평가한다.

㈏ 일상생활 문화는 개인이나 모둠별로 조사한 자료나 발표한 내용 등을 중심으로 평가한다.
㈐ 전통문화와 대중문화는 개인이나 모둠별로 조사한 자료나 발표한 내용 등을 중심으로 평가한다.

10. 일본어 Ⅱ

1. 성격

국제 사회는 세계화의 진전에 따라 인접 국가 간의 지역 협력 체제 구축이 빠르게 확산되고 있다. 이러한 움직임은 지역 내 국가 간의 공생 공영을 위한 정치 경제적 협력뿐만 아니라 민간 차원의 다양한 협력과 교류로 이어지게 된다. 이러한 시대의 흐름에 따라 한국과 일본 간의 협력과 교류는 더욱 확대 심화될 것이다. 그러나 한·일 양국은 정치, 경제, 사회, 문화 등 여러 영역에 걸쳐 상호 이해 부족으로 인하여 해결해야 할 과제가 적지 않다. 이와 같은 여러 문제를 원만하게 해결하고 문화의 이질성에서 오는 제반 오해를 해소하여 동아시아 지역의 평화와 번영에 기여하기 위해서는 문화 간 상호 이해와 원활한 의사소통 능력이 요구된다.

'일본어 Ⅱ'는 이러한 시대적 요구에 따라 한·일 교류에 능동적으로 대처할 수 있는 인재를 양성하기 위해 개설된 기초 과목으로서 다음과 같은 성격을 갖는다.

첫째, 일상생활에서 사용되는 의사소통 기능을 습득하는 데 중점을 둔다.

둘째, 의사소통 기능과 장면에 따른 언어 행동 문화를 이해하고 상호 행위를 중시하는 일본어 학습과 문화 간 상호 이해력을 기르는 데 중점을 둔다.

셋째, 정보 활용의 중요성을 인식하고 필요한 정보를 일본어로 검색할 수 있는 능력을 길러 지식 기반 사회에 적응해 갈 수 있도록 한다.

넷째, 일본어 학습을 통해 일본 문화를 이해함과 동시에 우리 문화를 일본에 소개하는 역할도 수행할 수 있는 능력을 기른다.

다섯째, 주변에 있는 일본어 관련 학습 자원을 스스로 활용하여 학습할 수 있는 습관을 기르는 수업이 되도록 하여 학습자의 자율성과 문제 해결 능력을 신장시키는 데에 기여한다.

'일본어 Ⅱ'는 '일본어 Ⅰ'에서 학습한 의사소통 기능과 문화 이해를 심화 배양하는 과목으로서 '일본어 Ⅰ'과의 수준과 내용의 연계성을 고려하여 연속적이고 상호 보완적으로 구성한다.

2. 목표

일상생활과 관련된 일본어를 이해하고 표현할 수 있는 의사소통 능력을 기르며, 문화의 상호 이해와 국제 교류에 적극적으로 참가하는 태도를 기른다.

가. 언어 기능

언어 4기능을 유기적으로 연계하여 장면과 상황에 따라 상호 행위가 가능하도록 한다.

(1) 듣 기

㈎ 일상생활에서 사용되는 의사소통 기능과 관련된 말을 듣고 이해한다.

㈏ 다소 긴 대화를 실제 장면과 유사한 환경에서 듣고 이해한다.

㈐ 다소 긴 일상생활과 관련된 말을 듣고 상황에 맞게 행동할 수 있다.

(2) 말하기

㈎ 일본어의 음조를 상황에 따라 적절하게 표현할 수 있다.

㈏ 의사소통 기본 표현을 활용하여 다소 긴 말을 할 수 있다.

㈐ 의사소통 기본 표현을 언어 행동 문화에 맞추어 적절하게 말할 수 있다.

(3) 읽 기

㈎ 기본 어휘에 사용된 한자를 문장 속에서 일본어로 읽을 수 있다.

㈏ 일상생활과 관련된 다소 긴 글을 읽고 이해한다.

㈐ 일본 문화와 관련된 다소 긴 문장을 읽고 이해한다.

(4) 쓰 기

㈎ 기본 어휘에 사용된 한자를 필순에 맞게 쓸 수 있다.

㈏ 가나와 한자를 섞어 쓴 다소 긴 문장을 컴퓨터에 입력할 수 있다.

㈐ 일상생활과 관련된 다소 긴 문장을 쓸 수 있다.

나. 문 화

(1) 일본인의 언어 행동 문화를 이해한다.

(2) 일본인의 일상생활 문화를 이해한다.

(3) 일본의 중요한 전통문화 및 대중문화를 이해한다.

(4) 한·일 양국 문화의 공통점과 차이점을 이해하여 문화의 다양성을 인식한다.

다. 태 도

(1) 의사소통 기능에 대한 학습의 중요성을 알고 체험을 통해 스스로 학습하는 태도를 갖는다.

(2) 의사소통 기능을 성공적으로 수행하기 위해서 상호 이해의 중요성을 알고 스스로 학습하는 태도를 갖는다.

(3) 일본 문화에 대한 이해의 필요성을 알고 문화 관련 학습 자료에 관심을 갖고 스스로 학습하는 태도를 갖는다.

(4) 한·일 문화 교류의 필요성을 알고 적극적으로 교류하고자 하는 태도를 갖는다.

(5) 정보 검색의 필요성을 알고 다양한 매체를 활용하는 태도를 갖는다.

(6) 일본어 관련 학습 자원 활용의 필요성을 알고 스스로 활용하는 태도를 갖는다.

3. 내 용

가. 언어적 내용

(1) 언어 기능

【별표 I】 '의사소통 기본 표현'을 전반적으로 다루되, 언어 4기능을 유기적으로 연계하여 장면과 상황에 따라 상호 행위가 가능하도록 적절하게 사용한다.

(개) 듣 기

① 다소 긴 일본어를 듣는다.

② 교수용 일본어를 듣고 행동한다.

③ 인사와 소개 기능과 관련된 다소 긴 대화를 듣는다.

④ 감사, 사과 등 배려 및 태도 전달 기능과 관련된 다소 긴 대화를 듣는다.

⑤ 정보 요구와 제공 등 정보 교환 기능과 관련된 다소 긴 대화를 듣는다.

⑥ 제안, 권유, 의뢰 등 행위 요구 기능과 관련된 다소 긴 대화를 듣는다.

⑦ 맞장구, 되묻기 등 대화 진행 기능과 관련된 다소 긴 대화를 듣는다.

(내) 말하기

① 다소 긴 대화를 한다.

② 인사와 소개 기능과 관련된 다소 긴 대화를 한다.

③ 감사, 사과 등 배려 및 태도 전달 기능과 관련된 다소 긴 대화를 한다.

④ 정보 요구와 제공 등 정보 교환 기능과 관련된 다소 긴 대화를 한다.

⑤ 제안, 권유, 의뢰 등 행위 요구 기능과 관련된 다소 긴 대화를 한다.

⑥ 맞장구, 되묻기 등 대화 진행 기능과 관련된 다소 긴 대화를 한다.

⑦ 비언어 행동을 대화 장면에 맞게 사용한다.

(대) 읽 기

① 의사소통 기능과 관련된 다소 긴 문장을 읽는다.

② 의사소통 기능과 관련된 다소 긴 글의 의미를 파악하며 읽는다.

③ 초대장, 메모, 엽서, 표지판, 메뉴, 안내문, 전자 우편 등 일상생활에서 접할 수 있는 다양한 학습 자원을 활용하여 다양한 글을 찾아 읽는다.

④ 인터넷 등 다양한 매체를 활용하여 다소 긴 글을 찾아 읽는다.

⑤ 일본 문화와 관련된 다소 긴 글을 읽는다.

(래) 쓰 기

① 학습용 한자를 바르게 쓴다.

② 의사소통 기능과 관련된 다소 긴 문장을 쓴다.

③ 메모, 엽서, 편지, 안내문, 일기 등 일상생활에서 사용되는 다양한 글을 작성한다.

④ 가나와 한자를 섞어 쓴 다소 긴 일본어를 컴퓨터에 입력한다.

⑤ 일본어로 전자 우편을 작성한다.

⑥ 의사소통 기능과 관련된 다소 긴 일본어를 우리말로, 우리말을 일본어로 바르게 옮긴다.

(2) 언어 재료

㈎ 발 음

현대 일본어의 표준어(공통어) 발음을 기본으로 한다.

㈏ 문 자

① 사용 문자는 히라가나와 가타카나, 한자를 기본으로 한다.

② 가나의 표기는 '현대 가나 표기법'에 따른다.

③ 표기용 한자는 일본의 상용한자 내에서 사용하고, 학습용 한자는 기본 어휘표에 제시된 한자로 한다. 단, 인명이나 지명 등의 고유 명사에 사용하는 한자는 예외로 취급한다.

④ 우리말의 가나 표기는 '국어의 가나 문자 표기법'에 따른다. 단, 관용적으로 사용하는 것은 허용할 수 있다.

㈐ 어 휘

【별표 Ⅱ】에 제시된 기본 어휘를 중심으로 900 낱말 내외를 사용한다.

㈑ 문 법

【별표 Ⅰ】에 제시된 '의사소통 기본 표현'에 사용된 문법 사항을 참고한다.

㈒ 의사소통 기능 기본 표현

의사소통 기능 기본 표현은 의사소통 능력을 효율적으로 기를 수 있도록 하되, 【별표 Ⅰ】에 제시된 '의사소통 기본 표현'을 적극 활용한다.

① 인사: 만남, 헤어짐, 안부, 외출, 귀가, 방문, 식사, 연말, 신년, 축하

② 소개: 자기소개, 가족 소개, 타인 소개

③ 배려 및 태도 전달: 감사, 사과, 칭찬, 격려·위로, 승낙·동의, 거절, 사양, 겸손·양보, 의지, 희망, 유감, 정정

④ 정보 교환: 정보 요구, 정보 제공, 판단·추측, 상황 설명, 이유 설명, 의견 제시, 비교·대비, 선택, 확인

⑤ 행위 요구: 의뢰, 권유·제안, 조언, 허가 요구, 의무, 금지, 경고

⑥ 대화 진행: 말걸기, 화제 전환, 맞장구, 되묻기

나. 문화적 내용

(1) 의사소통 기능과 관련된 일본인의 언어 행동 문화 이해에 도움을 줄 수 있는 것으로 한다.

㈎ 언어 행동에 관한 내용: 표현적 특성, 맞장구 등

㈏ 비언어 행동에 관한 내용: 손짓, 몸짓 등

(2) 일본인의 일상생활 문화 이해에 도움이 되는 것으로 한다.

㈎ 사회생활에 관한 내용: 교우 관계, 계절 인사 등

㈏ 대중 매체에 관한 내용: 신문, 방송 등

㈐ 환경에 관한 내용: 쓰레기 분리수거, 자연보호, 공해 등

㈑ 여가 선용에 관한 내용: 여행, 스포츠, 봉사 활동 등

㈃ 위기관리에 관한 내용: 지진 등 자연재해, 위급 시의 전화번호 등

(3) 전통문화와 대중문화 중에서 일본인과 일본 사회를 이해하는 데 도움이 되는 것으로 한다.
㈎ 통과 의례에 관한 내용: 입학, 결혼 등
㈏ 전통 예능에 관한 내용: 가부키, 노 등
㈐ 대중문화에 관한 내용: 영화, 드라마, 게임, 음악 등

(4) 다음 사항에 유의하여 문화적 내용을 구성한다.
㈎ 내용은 실용적인 것으로 하되, 최근의 자료를 기준으로 구성한다.
㈏ 학습자의 흥미, 필요, 지적 수준 등을 고려하여 학습 의욕을 고취할 수 있는 내용으로 한다.
㈐ 언어 표현과 관련된 소재 영역은 【별표 I】 '의사소통 기본 표현' 속의 항목들을 참고하여, 이 표현들이 적절한 맥락 속에서 활용되도록 구성한다. 이렇게 해서 특정한 소재 영역과 관련된 적합한 표현 방식이 자연스럽게 습득되도록 한다.
㈑ 문화 내용 설명 시 필요한 경우에는 우리말을 사용할 수 있다.
㈒ 일본의 일상생활 및 사회 문화를 올바로 이해하고 이를 우리 문화와 비교하여 공통점 및 차이점을 인식하도록 내용을 구성한다.

4. 교수·학습 방법

가. 일반 지침

(1) 정확성보다는 유창성을 기르는 데 중점을 둔 학습이 되도록 한다.
(2) 교수·학습 계획은 언어의 구조를 중심으로 한 학습보다는 의사소통 기능을 습득할 수 있도록 수립한다.
(3) 학습 내용의 이해와 적용이 용이하도록 수업을 단계별로 구성한다.
(4) 학습자의 지적 발달을 고려하여 나선형으로 학습 내용을 구성한다.
(5) 학습자가 학습 활동에 적극적으로 참여할 수 있는 협동 학습과 체험 학습이 이루어지도록 구성한다.
(6) 학습자 주도형 자율 학습을 활성화할 수 있도록 구성한다.
(7) 학습 동기를 유발할 수 있도록 학습자의 관심과 요구를 반영한 발견 학습을 활용한다.
(8) 교수·학습에 도움이 되는 다양한 정보 통신 기술(ICT) 관련 매체를 활용한다.
(9) 학습자의 수준에 맞도록 교과서 내용을 재구성하여 사용한다.
(10) 학습자의 수준과 개성을 고려한 개별 학습을 활용하도록 한다.
(11) 학습자의 흥미를 높이기 위해 퀴즈, 게임, 노래 등 다양한 학습 자원을 활용한다.
(12) 학습 의욕을 저해할 수 있는 오류의 즉각적인 수정은 피하도록 한다.

나. 언어 기능

언어 4기능을 유기적으로 연계하여 장면과 상황에 따라 상호 행위가 가능하도록 교수·학습한다.

(1) 듣 기

㈎ 현장의 잡음이 포함된 자연스러운 일본어를 듣도록 한다.

㈏ 듣기 학습에 도움을 주는 사진이나 영상 자료 등을 효과적으로 활용한다.

㈐ 다소 긴 문장을 듣고 그것을 행동으로 옮겨보게 한다.

㈑ 자연스러운 일본어를 익힐 수 있도록 원어민의 발음을 듣게 한다.

(2) 말하기

㈎ 언어 행동 문화에 맞는 역할놀이, 장면 연습, 게임 등을 활용한다.

㈏ 학습자의 학습 참여 기회를 늘릴 수 있도록 계획한다.

㈐ 모둠 활동을 중심으로 학습자의 대화량을 늘리도록 한다.

㈑ 상대편과의 관계, 대화 내용, 대화 전개, 언어 행동 문화에 맞추어 표현할 수 있도록 단계적
으로 학습하게 한다.

㈒ 자연스러운 일본어를 익힐 수 있도록 원어민의 발음을 따라 말하게 한다.

(3) 읽 기

㈎ 일본어를 가급적 빠른 속도로 읽을 수 있도록 한다.

㈏ 일상생활에서 자주 접할 수 있는 표지판, 짧고 쉬운 전자 우편, 카드 등 다양한 학습 자원을
활용하도록 한다.

㈐ 가나와 한자가 섞인 다소 긴 글을 읽고 그 중심 내용을 요약하여 발표해 보도록 한다.

㈑ 자연스러운 일본어를 익힐 수 있도록 원어민의 발음을 따라 읽게 한다.

(4) 쓰 기

㈎ 문자 학습은 문장 중심의 학습이 되도록 한다.

㈏ 짧고 쉬운 일본어를 자율 작문 중심으로 지도한다.

㈐ 가나와 한자가 섞인 다소 긴 문장을 컴퓨터에 입력해 보도록 한다.

㈑ 다소 긴 전자 우편이나 카드 등을 직접 써 보도록 한다.

㈒ 다소 긴 일본어를 듣고 그 중심 내용을 요약하여 글로 표현해 보도록 한다.

다. 언어 재료

(1) 발음 및 문자

㈎ 발음은 현대 일본어의 표준어(공통어) 발음을 할 수 있도록 한다.

㈏ 가나 표기는 '현대 가나 표기법'에 따라 표기할 수 있도록 한다.

㈐ 학습용 한자는 기본 어휘표에 제시된 것을 읽고 쓸 수 있도록 한다.

㈑ 우리말의 가나 표기는 '국어의 가나 문자 표기법'에 따라 표기할 수 있도록 한다.

⑵ 어　휘

㈎ 어휘는 낱말을 단순 암기하는데 그치지 않고 문장 속에서 쓰임을 통해 그 의미를 파악할 수 있게 한다.

㈏ 실물이나 그림, 사진 등의 자료를 통해 낱말의 의미를 이해하게 한다.

⑶ 문　법

【별표 I】에 제시된 '의사소통 기본 표현'에 사용된 문법 사항을 참고하여 자연스럽게 익힐 수 있도록 한다.

⑷ 의사소통 기본 표현

㈎ 다양한 학습 자원을 이용하여 상황을 설정함으로써 학습자가 의사소통 기본 표현을 적절하게 사용할 수 있도록 한다.

㈏ 학습자가 의사소통 기본 표현을 활용하여 창의적으로 표현할 수 있도록 한다.

라. 문　화

⑴ 우리 문화와 일본 문화의 공통점과 차이점을 학습자 스스로 발견할 수 있도록 한다.

⑵ 고정관념이나 지식 중심의 학습보다는 문화의 다양성과 개별성을 발견할 수 있도록 한다.

⑶ 학습자의 능동적인 참여를 위해 수업에서 다루어질 문화와 관련된 내용을 개인별 또는 모둠별로 조사하여 발표하도록 한다.

⑷ 문화 학습은 이해도를 높이기 위하여 그림, 사진, 동영상 등 시청각 자료를 적극적으로 활용한다.

5. 평가

가. 평가 지침

⑴ 지엽적인 사항보다는 기본적이고 핵심적인 사항을 중심으로 평가한다.

⑵ 평가 목표에 따라 분리 평가와 통합 평가를 실시하되 가급적 통합 평가의 비중을 높여 간다.

⑶ 학습한 내용을 중심으로 듣기, 말하기, 읽기, 쓰기, 상호 행위 능력을 고르게 평가한다.

⑷ 단편적인 지식보다는 원활한 의사소통을 하는 데 도움을 줄 수 있는 언어 행동 문화와 일상 생활 문화를 중심으로 평가한다.

⑸ 학습자의 의사소통 활동의 참여도와 태도 등을 평가한다.

⑹ 평가의 객관성을 유지하기 위하여 평가 기준을 사전에 제시하고, 그 기준에 따라 평가를 한다.

⑺ 평가 결과는 학습자의 개별 지도에 활용하며, 다음 단계의 교수·학습 계획에 반영한다.

나. 평가 방법

다음에 제시된 방법 이외에도 교사가 자율적으로 평가 방법을 고안하여 적용할 수 있다.

(1) 듣 기

㈎ 다소 긴 일본어를 듣고 그 진위를 판단하는 능력을 평가한다.

㈏ 다소 긴 일본어를 듣고 글의 상황과 화제를 이해하는 능력을 평가한다.

㈐ 다소 긴 일본어를 듣고 그 내용에 따라 행동으로 옮길 수 있는지를 평가한다.

㈑ 다소 긴 일본어를 듣고 핵심어에 대한 이해 능력을 평가한다.

(2) 말하기

㈎ 학습한 내용을 중심으로 질문이나 대답하는 능력을 평가한다.

㈏ 그림이나 사진을 보고 간단하게 설명·묘사하는 능력을 평가한다.

㈐ 인터뷰법을 적극적으로 도입하여 평가한다.

㈑ 학습한 내용을 역할놀이와 장면 연습 등을 통해 표현하는 능력을 평가한다.

(3) 읽 기

㈎ 가나와 한자가 포함된 다소 긴 글을 읽게 하고 그 능력을 평가한다.

㈏ 다소 긴 대화문이나 글의 대의를 파악하는 능력을 평가한다.

㈐ 다소 긴 글을 읽고 핵심어와 주제어 찾는 능력을 평가한다.

(4) 쓰 기

㈎ 자율 작문을 중심으로 평가한다.

㈏ 학습자의 경험을 중심으로 한 글쓰기 능력을 평가한다.

㈐ 컴퓨터를 이용한 일본어 입력 능력을 평가한다.

㈑ 다양한 매체를 활용한 정보 검색 활동 결과를 평가한다.

(5) 문 화

㈎ 자연스러운 언어 행동의 수행 능력을 중심으로 평가한다.

㈏ 일상생활 문화는 개인이나 모둠별로 조사한 자료나 발표한 내용 등을 중심으로 평가한다.

㈐ 전통문화와 대중문화는 개인이나 모둠별로 조사한 자료나 발표한 내용 등을 중심으로 평가한다.

【별표 I】

의사소통 기본 표현

> ◦ 다음은 고등학교 일본어 학습 과정에서 우선적으로 다루기를 권장하는 의사소통 기본 표현이다. 여기에 제시되지 않은 의사소통 기능 항목이나 표현도 필요에 따라 학습할 수 있다.
>
> ◦ 여기에 제시된 의사소통 기본 표현은 대화의 전개 과정에서 필요한 의사소통 기능별 표현으로서 상황과 수준에 따라 활용할 수 있으며, 문법 사항도 참고할 수 있도록 제시한 것이다.

1. 인　사

가. 만남

おはよう。 / おはようございます。
こんにちは。
こんばんは。
ひさしぶり。 / おひさしぶりです。

나. 헤어짐

じゃあね。
バイバイ。
またあした。
では、また。
さよ(う)なら。
元気でね。 / お元気で。
気をつけてね。 / お気をつけて。
では、失礼します。
お先に。 / お先に失礼します。
おやすみ。 / おやすみなさい。
高橋さんによろしくお伝えください。

다. 안부

元気？ / お元気ですか。
おかわりありませんか。

라. 외출

いってきます。 / いってまいります。
いって(い)らっしゃい。

마. 귀가

ただいま。
おかえり。 / おかえりなさい。

바. 방문	すみません。
	ごめんください。
	いらっしゃい。 / いらっしゃいませ。
	どうぞお入りください。
	失礼します。
	おじゃまします。
	ようこそ。
사. 식사	いただきます。
	ごちそうさま。 / ごちそうさまでした。
아. 연말	よいお年を。/よいお年をお迎えください。
자. 신년	あけましておめでとうございます。
	今年もよろしくおねがいします。
차. 축하	おめでとう。 / おめでとうございます。

2. 소 개

가. 자기소개	こんにちは。
	はじめまして。
	キム・ヒョジンです。 / キム・ヒョジンともうします。
	韓国から来ました。 / 韓国からまいりました。
	よろしく。 / よろしくおねがいします。
	こちらこそよろしく。 / こちらこそよろしくおねがいします。
나. 가족 소개	母です。
	父は会社員です。
	妹は中学2年生です。
다. 타인 소개	こちらは佐藤さんです。
	友だちの鈴木(さん)です。

3. 배려 및 태도 전달

가. 감사	どうも。
	ありがとう。 / ありがとうございます。
	先日はどうもありがとうございました。
	おかげさまで。
	いろいろお世話になりました。
나. 사과	(どうも)すみません。

	すみませんでした。
	ごめん。 / ごめんなさい。
	もうしわけありません。
다. 칭찬	日本語がお上手ですね。
	すごいですね。
	よくできました。
라. 격려·위로	ごくろうさま。 / ごくろうさまでした。
	おつかれさま。 / おつかれさまでした。
	がんばれ。 / がんばってね。 / がんばってください。
	だいじょうぶですか。
	それはたいへんですね。
	きっとうまくいきますよ。
	中村さんならできますよ。
	はやく元気になってくださいね。
	おだいじに。
마. 승낙·동의	ええ、いいですよ。
	はい、どうぞ。
	はい、わかりました。
	それはいいですね。
	そうしましょう。
	来週ならだいじょうぶです。
	ええ、もちろんです。
바. 거절	すみませんが、明日はちょっと……。
	土曜日はちょっと用事があって……。
사. 사양	いえ、けっこうです。
	もういいです。
	ありがとうございます。でも……。
아. 겸손·양보	いえいえ。
	いいえ、まだまだです。
	とんでもないです。
	そんなことありませんよ。
	お先にどうぞ。
자. 의지	またお電話します。
	図書館に行こうと思っています。

9時までには帰るつもりです。

来週日本へ行く予定です。

차. 희망　　　　　　　すしが食べたいですね。

新しいけいたい電話がほしいです。

카. 유감　　　　　　　それはざんねんですね。

それはざんねんでしたね。

타. 정정　　　　　　　いいえ、ちがいます。

そこじゃなくて、ここです。

4. 정보 교환

가. 정보 요구　　　　和室って何ですか。

どうしたんですか。

どうしましたか。

文化祭はいつからですか。

もしもし、山田と申しますが、安部さんのお宅ですか。

このへんに銀行はどこにありますか。

トイレはどこですか。

東京駅に行きたいんですが、どう行ったらいいですか。

ご都合はいかがですか。

何時ごろがよろしいですか。

今度の日曜日はどうですか。

うちへ帰ってから何をしますか。

どんなスポーツが好きですか。

日本の新聞を読むことができますか。

나. 정보 제공　　　　出発は4時です。

天気よほうによると、明日は寒くなるそうです。

そこの角を右へ曲がると、コンビニがあります。

電車がまいります。

300円のお返しです。

다. 판단・추측　　　　雪が降りそうです。

すみません、10分ほどおくれそうなんですが。

明日はたぶん晴れるでしょう。

しゅうがく旅行で日本へ行くかもしれません。

どうも風邪をひいたようです。

라. 상황 설명
頭もいたいし、ねつもあるんです。

今帰ったところです。

道がこんでいます。

試験が終わったばかりです。

音楽を聞きながらチャットをしています。

雨が降ったり、やんだりしています。

富士山に登ったことがあります。

電車の中にかばんを忘れちゃったんですが。

마. 이유 설명
おなかが痛いので、病院へ行きます。

ちょっと体の具合が悪くて……。

きのうは風邪で休みました。

바. 의견 제시
今日はとても楽しかったです。

楽しみにしています。

家族が一番大切だと思います。

사. 보고
木村さんから電話がありました。

これからコンサートへ出かけるところです。

아. 비교・대비
コーヒーとお茶とどちらがいいですか。

バスより電車のほうがはやいです。

ソウルは京都ほどあつくありません。

サッカーはできますが、スキーはできません。

日本語は話せますが、中国語は話せません。

ラーメンは食べられますが、納豆は食べられません。

자. 선택
ぼくはぎゅうにゅうにします。

スポーツの中で何が一番好きですか。

차. 확인
これでいいですか。

明日の練習は5時からでしたよね。

だいぶ寒くなりましたね。

明日パーティーに行くでしょう？

5. 행위 요구

가. 의뢰
少々お待ちください。

その本、貸してくれない？

	電子辞書の使い方を教えてくださいませんか。
	すみませんが、窓を開けてもらえませんか。
	写真、おねがいできますか。／写真をとっていただけませんか。
나. 권유・제안	明日映画を見に行きませんか。
	よかったら、いっしょに行かない？
	渡辺さんもいっしょにどうですか。
	このシャツはいかがですか。
	図書館で勉強しよう。
	お茶をどうぞ。
	ご自由におとりください。
	先生に聞いてみるのはどうですか。
	インターネットで調べてみたらどうですか。
	山下さんもさそってみましょうか。
	それ、お持ちしましょうか。
	おかわりはいかがですか。
다. 조언	早く帰ったほうがいいですよ。
	今日はお風呂に入らないほうがいいですよ。
라. 허가 요구	ハングルで書いてもいいですか。
	窓を閉めてもかまいませんか。
	月曜日は来なくてもいいですか。
마. 의무	環境は守らなければなりません。
바. 금지	あぶないですから、さわらないでください。
	人に迷惑をかけてはいけません。
	車はご遠慮ください。
사. 경고	あぶない！
	気をつけて！
	閉まるドアにご注意ください。

6. 대화 진행

가. 말걸기	あのう。
	すみません。
	しつれいですが。

	ちょっといいですか。／ ちょっとよろしいですか。
나. 화제 전환	ところで、昨日はどうだった？
	さっきの話ですけど。
	話はかわりますが、……。
다. 맞장구	あ、そうですか。
	はい、はい。
	なるほど。
	ええ、そうですね。
	そうそう。
	ほんとう？
라. 되묻기	何？
	えっ？

【별표 Ⅱ】

기본 어휘표

- 이 표에 제시된 기본 어휘의 사용을 권장한다.
- 동사에서 파생하는 명사형은 제시하지 않았으나 기본 어휘로 간주한다(예 : くもり、 はれ、……).
- 인명, 지명, 국가명 등의 고유 명사와 수사, 요일, 날짜 등은 제시하지 않았으나 기본 어휘로 간주한다.
- 조사와 조동사에는 '～'로, 조어 성분(접두어, 접미어, 조수사 등)에는 '-'으로 표시하였다.
- 형태는 같으나 의미가 다른 낱말은 독립된 항목으로 취급한다.
- 두 가지 이상의 품사로 사용되는 낱말에는 '＊'로 표시하였다.
- 학습용 한자는 (　)로, 의미 구별을 위한 한자는 [　]로, 일본의 상용한자 중 표기를 권장하는 한자는 ＜　＞로 표시하였다.
- 인사말과 축약 표현은 의사소통 기본 표현에 제시하였다.

あ/ああ/あっ	あした/あす(明日)	あぶない＜危ない＞
あいさつ	あそこ	あまい
アイスクリーム	あそぶ(遊ぶ)	あまり
あいだ(間)	あたたかい	あめ(雨)
あう(会う)	あたま(頭)	あら
あう(合う)	あたらしい(新しい)	あらう(洗う)
あおい(青い)	あちら/あっち	ある[有る]
あかい(赤い)	あつい(暑い)	ある[或る]
あがる(上がる)	あつい[熱い]	あるく(歩く)
あかるい(明るい)	あつまる(集まる)	アルバイト/バイト
あき(秋)	あつめる(集める)	あれ＊
あく(開く)	あと(後)	あんな
あける(開ける)	アドレス	あんない(案内)
あげる(上げる)	あなた	いい/よい
あさ(朝)	あに(兄)	いいえ/いえ
あさごはん＜朝ご飯＞	アニメ	いう/ゆう(言う)
あさって	あね(姉)	いえ(家)
あし(足)	あの	いかが
あじ(味)	あの/あのう	いく/ゆく(行く)

いくつ	うける<受ける>	おおきい(大きい)
いくら	うごく(動く)	おおぜい
いけない	うしろ(後ろ)	おかあさん(お母さん)
いけばな<生け花>	うすい	おかし<お菓子>
いしゃ(医者)	うた(歌)	おかしい
いす	うたう(歌う)	おかわり
いそがしい	うち(内)	おきる(起きる)
いそぐ(急ぐ)	うつ[打つ]	おく[置く]
いたい(痛い)	うつくしい(美しい)	おくさん/さま
いたす	うで	おくりもの<贈り物>
いただく	うどん	おくる(送る)
いちばん(一番)	うまい	おくれる[遅れる]
いつ	うまれる(生まれる)	おこす(起こす)
いっしょ	うみ(海)	おこる(起こる)
いっしょうけんめい	うら	おじ/おじさん
いっぱい	うる(売る)	おじいさん
いつも	うるさい	おしえる(教える)
いぬ(犬)	うれしい	おす<押す>
いま(今)	うん	おそい
いみ(意味)	うんてん(運転)	おたく(お宅)
いもうと(妹)	うんどう(運動)	おちゃ(お茶)
いや＊	え<絵>	おちる
いらっしゃる	え/ええ/えっ	おっしゃる
いりぐち(入口)	えいが(映画)	おつり
いる[居る]	えいご(英語)	おてあらい(お手洗い)
いる<要る>	ええと	おと(音)
いれる(入れる)	えき(駅)	おとうさん(お父さん)
いろ(色)	えらぶ<選ぶ>	おとうと(弟)
いろいろ	LDK	おとこ(男)
いわう(祝う)	-えん(円)	おとす
インターネット	えんぴつ	おととい
～う/よう	えんりょ<遠慮>	おとな(大人)
ううん	お-	おどる[踊る]
うえ(上)	おいしい	おなか
-ウォン	おおい(多い)	おなじ(同じ)
うかがう[伺う]	おおく(多く)	おにいさん(お兄さん)

おねえさん(お姉さん)
おば/おばさん
おばあさん
おぼえる(覚える)
おぼん＜お盆＞
おみやげ(お土産)
おもい(重い)
おもう(思う)
おもしろい
およぐ(泳ぐ)
おりる(降りる)
おる[居る]
おわる(終わる)
おんがく(音楽)
おんせん＜温泉＞
おんな(女)
〜か
〜が
カード
-かい＜階＞
-かい(回)
がいこく(外国)
かいしゃ(会社)
かいしゃいん(会社員)
かいもの(買い物)
かいわ(会話)
かう(買う)
かえす(返す)
かえる(帰る)
かえる＜変える＞
かお(顔)
かかる
かく(書く)
がくせい(学生)
-かげつ(ヶ月)
かける

かさ
かじ(火事)
かしゅ(歌手)
かす(貸す)
かぜ(風)
かぜ＜風邪＞
かぞえる＜数える＞
かぞく(家族)
かた(方)
-かた(方)
かたい＜硬い＞
カタカナ
かたち(形)
かつ＜勝つ＞
-がつ(月)
がっこう(学校)
かど(角)
かならず
かね(金)
かのじょ＜彼女＞
かばん
かぶき＜歌舞伎＞
かぶる
かべ
かまう
かみ(紙)
かみ[髪]
かみ＜神＞
カメラ
〜かも
かよう(通う)
〜から
からい＜辛い＞
からだ(体)
かりる(借りる)
かるい

かれ＜彼＞
カレー
かわ(川)
-がわ＜側＞
かわいい
かわる＜変わる＞
かわる＜代わる＞
-かん(間)
かんがえる(考える)
かんきょう＜環境＞
かんじ(漢字)
かんたん
がんばる
き(木)
き(気)
きいろい
きえる
きく(聞く)
きこえる(聞こえる)
きせつ＜季節＞
きた(北)
きたない
きって(切手)
きっと
きっぷ＜切符＞
きのう(昨日)
きまる(決まる)
きみ(君)
きめる(決める)
きもち(気持ち)
きもの(着物)
きゃく(客)
きゅう(急)
ぎゅうどん＜牛丼＞
ぎゅうにく(牛肉)
ぎゅうにゅう

きょう(今日)	けしき(景色)	コピー
きょうしつ(教室)	けす	こまかい
きょうだい(兄弟)	けっこう[結構]	こまる<困る>
きょうみ	けっこん<結婚>	ごみ
きょねん(去年)	けっして	こむ
きらい	~けど/けれど	これ *
きる(切る)	げんかん(玄関)	これから
きる(着る)	げんき(元気)	ころ[頃]
きれい	こ(子)	-ごろ
ぎんこう(銀行)	-こ<個>	こわい[怖い]
ぐあい(具合)	ご-	こんげつ(今月)
くうこう<空港>	-ご(語)	コンサート
くすり(薬)	-ご(後)	こんしゅう(今週)
くださる	こい[濃い]	こんど(今度)
くだもの(果物)	こいのぼり	こんな
くち(口)	こうえん(公園)	コンビニ
くつ	こうこう(高校)	コンピューター/コン
くに(国)	こうこうせい(高校生)	ピュータ
くもる	こえ(声)	-さ
くらい<暗い>	コーヒー	さあ
~くらい/ぐらい	コーラ	-さい<歳>
クラス	ここ	さいきん<最近>
クリスマス	ごご(午後)	さいご<最後>
くらべる<比べる>	こころ(心)	さがす
くる(来る)	ごぜん(午前)	さかな(魚)
くるま(車)	~こそ	さがる<下がる>
くれる	こたえる(答える)	さき/さっき(先)
くろい(黒い)	こたつ	さく<咲く>
くわしい	こちら/こっち	さくら
-くん(君)	コップ	さしみ
けいかく<計画>	こと(事)	さそう
けいたい[携帯]/ケータイ	ことし(今年)	-さつ<冊>
ケーキ	ことば	サッカー
ゲーム	こども(子ども)	ざっし
けが	この	-さま/さん
けさ(今朝)	ごはん<ご飯>	さむい(寒い)

さら	しめる(閉める)	しんぱい(心配)
さわる[触る]	しめる[締める]	しんぶん(新聞)
ざんねん	しゃしん(写真)	すいえい(水泳)
さんぽ(散歩)	シャツ	すいか
～し	じゃま	すうがく(数学)
じ(字)	じゆう(自由)	スーパー
-じ(時)	しゅうがく＜修学＞	スカート
しあい(試合)	しゅうかん＜習慣＞	すき(好き)
しお[塩]	-しゅうかん(週間)	スキー
～しか	じゅうしょ(住所)	-すぎ
しかし	ジュース	すぎる
しかる	じゅうぶん(十分)	すく[空く]
じかん(時間)	じゅぎょう(授業)	すぐ
しけん(試験)	じゅく[塾]	すくない(少ない)
しごと(仕事)	しゅくだい(宿題)	すごい
じしょ(辞書)	しゅっぱつ(出発)	すこし(少し)
じしん＜地震＞	しゅみ	すし
しずか(静か)	しょうかい＜紹介＞	すずしい
しぜん(自然)	しょうがくせい(小学生)	すすむ＜進む＞
した(下)	しょうがつ(正月)	～ずつ
したく＜支度＞	しょうがっこう(小学校)	すっかり
したしい(親しい)	しょうしょう(少々)	ずっと
しちごさん(七五三)	じょうず(上手)	すっぱい
しっかり	じょうぶ[丈夫]	すてき
しっけ	しょうゆ	すてる
しっぱい	しょうらい＜将来＞	すばらしい
しつもん	しょくじ(食事)	スプーン
しつれい(失礼)	しょくどう(食堂)	スポーツ
じてんしゃ(自転車)	しらべる＜調べる＞	すむ(住む)
じどうしゃ(自動車)	しる(知る)	すもう＜相撲＞
しぬ＜死ぬ＞	しろい(白い)	する
しばらく	-じん/にん/り(人)	すわる(座る)
じぶん(自分)	しんかんせん＜新幹線＞	せ/せい＜背＞
しま(島)	しんごう(信号)	せいかつ(生活)
しまう	じんじゃ＜神社＞	せいと＜生徒＞
しまる(閉まる)	しんせつ(親切)	せかい(世界)

せき[席]
せつめい(説明)
せなか
ぜひ
せまい
～せる(させる)
せわ(世話)
せんげつ(先月)
せんじつ(先日)
せんしゅう(先週)
せんせい(先生)
ぜんぜん[全然]
せんたく<洗濯>
ぜんぶ（全部）
そう
そうじ
～そうだ
そうだん<相談>
そこ
そして/そうして
そちら/そっち
そつぎょう(卒業)
そと(外)
その
そば[蕎麦]
そば[側]
そふ(祖父)
そぼ(祖母)
そら(空)
それ＊
それから
それで
それでは/それじゃ
それとも
それに
そろそろ

そんな
～た
～だ
～たい
－だい(台)
だいがく(大学)
だいがくせい(大学生)
だいじ(大事)
だいじょうぶ
だいすき(大好き)
たいせつ(大切)
だいたい[大体]
たいてい[大抵]
だいぶ
たいふう(台風)
たいへん<大変>
たかい(高い)
だから
～たがる
たくさん
タクシー
～だけ
だす(出す)
たすける<助ける>
たずねる[訪ねる]
ただしい(正しい)
たたみ
－たち
たつ(立つ)
たてもの(建物)
たてる(立てる)
たとえば
たなばた(七夕)
たのしい(楽しい)
たのしむ(楽しむ)
たのむ<頼む>

たぶん
たべもの(食べ物)
たべる(食べる)
たまご
ため
だめ
～たら
～たり
だれ
たんじょうび
だんだん
ちいさい(小さい)
ちかい(近い)
ちがう<違う>
ちかく(近く)
ちかてつ(地下鉄)
ちから(力)
ちち(父)
チャット
ちゃどう(茶道)
－ちゃん
－ちゅう/じゅう
ちゅうい<注意>
ちゅうがくせい(中学生)
ちゅうがく/ちゅうがっこう(中学/中学校)
ちょうど
ちょっと
つかう(使う)
つかれる<疲れる>
つき(月)
つぎ(次)
つく[付く]
つく(着く)
つくえ
つくる(作る)

つける[付ける]
つごう(都合)
つたえる(伝える)
つづく
つづける
つとめる[勤める]
つまらない
つめたい(冷たい)
つもり
つゆ＜梅雨＞
つよい(強い)
つれる[連れる]
て(手)
～て
～で
テーブル
でかける(出かける)
てがみ(手紙)
できる[出来る]
でぐち(出口)
テスト
てつだう(手伝う)
では/じゃ
デパート
～ても/でも
でも
てら＜寺＞
でる(出る)
テレビ
てん＜点＞
てんいん(店員)
てんき(天気)
でんき(電気)
でんしじしょ(電子辞書)
でんしゃ(電車)
でんわ(電話)

～と
－ど(度)
ドア
トイレ
どう
どうして
どうぞ
どうぶつ(動物)
どうも
とおい(遠い)
とおく(遠く)
－どおり
とおる(通る)
～とか
とき(時)
ときどき(時々)
とくい[得意]
とけい(時計)
どこ
ところ(所)
ところで
とし(年)
としょかん(図書館)
どちら/どっち
とても
どなた
となり
どの
とぶ[飛ぶ]
トマト
とまる＜泊まる＞
とまる(止まる)
とめる(止める)
ともだち(友だち)
とり(鳥)
とる[撮る]

とる[取る]
どれ＊
とんでもない
どんな
ない
～ない
なおす[直す]
なおる[治る]
なか(中)
ながい(長い)
なかなか
～ながら
なく(泣く)
なげる
なさる
なし[梨]
なぜ
なつ(夏)
なつやすみ(夏休み)
なっとう＜納豆＞
～など
なに/なん(何)
なまえ(名前)
～なら
ならう(習う)
ならぶ＜並ぶ＞
ならべる＜並べる＞
なる
なるほど
なれる[慣れる]
～なんて
～に
にあう
におい
にがて
にぎやか

にく(肉)
-にくい
にし(西)
-にち(日)
にっき(日記)
にもつ
にゅうがく(入学)
ニュース
にる[似る]
にわ
にんぎょう(人形)
ぬぐ
～ね
ねがう
ネクタイ
ねこ
ねだん
ねつ
ねる(寝る)
-ねん(年)
ねんがじょう＜年賀状＞
-ねんせい(年生)
～の
ノート
のこる
～ので
のど
～のに
のぼる(登る)
のみもの(飲み物)
のむ(飲む)
のり[海苔]
のりかえる＜乗り換える＞
のりもの(乗り物)
のる(乗る)
は[歯]

～は
～ば
パーティー
はい
はいる(入る)
はがき＜葉書＞
～ばかり
はかる[計る]
はく[履く]
はこ
はこぶ(運ぶ)
はさみ
はし[橋]
はし[箸]
はじまる(始まる)
はじめて[初めて]
はじめる(始める)
はしる(走る)
バス
バスてい＜亭＞
はず
パソコン
はたらく＜働く＞
はっきり
はな(花)
はな[鼻]
はなす(話す)
バナナ
はなび(花火)
はなみ(花見)
はは(母)
はやい[速い]
はやい(早い)
バラ
はらう[払う]
はる(春)

はるやすみ(春休み)
はれる(晴れる)
はん(半)
ばん[晩]
-ばん(番)
パン
ハンカチ
ばんごう(番号)
はんたい＜反対＞
ハンバーガー
はんぶん(半分)
ひ(日)
ひ(火)
ピアノ
ひがし(東)
-ひき＜匹＞
ひく(引く)
ひく[弾く]
ひくい
ひこうき＜飛行機＞
ひだり(左)
びっくり
ひっこす
ひと(人)
ひなまつり
ひま
びょういん(病院)
びょうき(病気)
ひらがな
ひらく(開く)
ひる＜昼＞
ひるごはん＜昼ご飯＞
ひろい(広い)
ひろう[拾う]
プール
ふえる

ふかい	ほうそう<放送>	まど(窓)
ぶかつ/ぶかつどう(部活/	ホームステイ	まにあう(間に合う)
部活動)	ホームページ	まま
ふく<服>	ボールペン	まもる(守る)
ふく[吹く]	ほか(外)	まるい
ぶた	ぼく	まわり[周り]
ふつう	ほし(星)	まわる(回る)
ふとい(太い)	ほしい	まんが<漫画>
ぶどう	ほそい	まんなか
ふね	ホテル	みえる(見える)
ふべん(不便)	～ほど	みがく
ふむ[踏む]	ほとんど	みかん
ふゆ(冬)	ほめる	みぎ(右)
ふゆやす(冬休み)	ボランティア	みじかい(短い)
ふる(降る)	ほん(本)	みず(水)
ふるい(古い)	-ほん(本)	みせ(店)
プレゼント	ほんとう<本当>	みせる(見せる)
ふろ<風呂>	まあ	みそ
-ふん(分)	まあまあ	みそしる
ぶんか(文化)	まい(毎)-	～みたいだ
ぶんかさい(文化祭)	-まい(枚)	みち(道)
～へ	まいる	みどり[緑]
へいき[平気]	まえ(前)	みな/みんな
へいせい(平成)	まがる(曲がる)	みなみ(南)
へた(下手)	まじめ	みみ(耳)
ベッド	～ます	みる(見る)
ペット	まず	むかえる<迎える>
へや(部屋)	まずい	むかし(昔)
へる[減る]	また	むこう(向こう)
へん[辺]	まだ	むずかしい<難しい>
べんきょう(勉強)	まだまだ	むすこ
へんじ<返事>	まち(町)	むすぶ
べんとう<弁当>	まつ(待つ)	むすめ
べんり(便利)	まっすぐ	むら(村)
ほう(方)	まつり(祭り)	め(目)
ぼうし[帽子]	～まで	-め(目)

-めい(名)
めいわく＜迷惑＞
メートル
メール
めがね
めしあがる
めずらしい
メニュー
〜も
もう
もうす＜申す＞
もえる
もし
もしもし
もちろん
もつ(持つ)
もっと
もどる＜戻る＞
もの(物)
もらう
もんだい(問題)
〜や
-や(屋)
やおや＜八百屋＞
やきゅう(野球)
やく[焼く]
やくそく(約束)
やさい
やさしい[易しい]
やさしい[優しい]
やすい(安い)
-やすい
やすむ(休む)
やはり/やっぱり
やぶれる[敗れる]
やま(山)

やまのぼり(山登り)
やむ(止む)
やめる
やる
やわらかい
ゆ＜湯＞
ゆうがた(夕方)
ゆうびんきょく＜郵便局＞
ゆうべ
ゆうめい(有名)
ゆかた＜浴衣＞
ゆき(雪)
-ゆき(行き)
ゆっくり
ゆび(指)
ゆめ＜夢＞
ゆるす
〜よ
ようじ(用事)
ようす
〜ようだ
ようふく＜洋服＞
よく
よこ
よてい(予定)
よぶ(呼ぶ)
よほう
よむ(読む)
〜より
よる[寄る]
よる[由る]
よる(夜)
よろこぶ
よろしい/よろしく
よわい＜弱い＞
ラーメン

らいげつ(来月)
らいしゅう(来週)
ライス
らいねん(来年)
〜らしい
ラジオ
リサイクル
りっぱ
りょう[寮]
りょうしん(両親)
りょうり(料理)
りょこう(旅行)
りんご
るす＜留守＞
れいぞうこ
れきし＜歴史＞
〜れる(られる)
れんしゅう(練習)
れんらく
ろうか[廊下]
〜わ
わあ
わかい(若い)
わかる(分かる)
わしつ(和室)
わすれもの(忘れ物)
わすれる(忘れる)
わたし/わたくし(私)
わたす
わたる
わらう＜笑う＞
わるい(悪い)
〜を

4-10. 2007년 개정 교육과정(생활 일본어)
(교육인적자원부 고시 제2007-79호 [별책 16], 2007. 2. 28)

〈일본어〉

(1) 언어적 내용

㈎ 언어 기능

－듣 기－

① 청탁음, 장단음, 촉음, 발음, 요음에 유의하여 낱말이나 간단한 문장을 듣는다.

② 간단한 교수용 일본어를 듣고 행동한다.

③ 인사, 소개 등과 관련된 간단한 대화를 듣는다.

④ 감사, 사과, 칭찬, 승낙 등과 관련된 간단한 대화를 듣는다.

⑤ 정보 요구, 비교, 선택, 경험 등과 관련된 간단한 대화를 듣는다.

⑥ 의뢰, 권유 등과 관련된 쉽고 간단한 대화를 듣는다.

－말하기－

① 청탁음, 장단음, 촉음, 발음, 요음에 유의하여 들은 문장을 따라 한다.

② 인사, 소개 등과 관련된 간단한 대화를 한다.

③ 감사, 사과, 칭찬, 승낙 등과 관련된 간단한 대화를 한다.

④ 의사소통 기본 표현을 상황에 따라 적절하게 말한다.

⑤ 정보 요구, 비교, 선택, 경험 등과 관련된 간단한 대화를 한다.

⑥ 의뢰, 권유 등과 관련된 간단한 대화를 한다.

⑦ 간단한 맞장구 등을 넣어 대화를 한다.

－읽 기－

① 히라가나와 가타카나를 바르게 읽는다.

② 청탁음, 장단음, 촉음, 발음, 요음에 유의하여 문장을 읽는다.

③ 메모, 엽서, 카드 등의 간단한 글을 읽는다.

④ 인터넷에서 쉽고 간단한 글을 찾아 읽는다.

⑤ 일본 문화와 관련된 쉽고 간단한 글을 읽는다.

－쓰 기－

① 히라가나와 가타카나를 올바르게 쓴다.

② 학습용 한자를 올바르게 쓴다.

③ 학습한 낱말이나 간단한 문장을 듣고 쓴다.

④ 간단한 메모, 엽서, 전자 우편 등을 작성한다.

⑤ 일상생활과 관련된 쉽고 간단한 글을 쓴다.

㈏ 언어 재료

─발음 및 문자─

① 발음은 현대 일본어의 표준 발음을 기본으로 한다.

② 가나의 표기는 '현대 가나 표기법'에 따른다.

③ 한자 표기는 고등학교 보통 교과 일본어 교육과정 [별표 Ⅱ]에 제시된 학습용 한자를 사용하되 가능한 한 가나로 표기한다.

─어 휘─

고등학교 보통 교과 일본어 교육과정 [별표 Ⅱ]에 제시된 기본 어휘 중 300 낱말 내외를 사용한다.

─문 법─

문법은 '의사소통 기본 표현'에 사용된 문법 사항을 다루되, 고등학교 보통 교과 일본어 교육과정에 제시된 '의사소통 기본 표현'에 벗어난 문법 사항은 다루지 않는다.

─의사소통 기본 표현─

의사소통 기본 표현은 의사소통 능력을 효율적으로 기를 수 있도록 하며, 다음에 제시된 기본 표현을 적극 활용한다.

【의사소통 기본 표현】

◦ 다음은 생활 일본어 교육과정에서 우선적으로 다루기를 권장하는 의사소통 기본 표현이다. 여기에 제시되지 않은 항목이나 표현도 필요에 따라 사용할 수 있다.
◦ 여기에 제시된 의사소통 기본 표현은 대화의 전개 과정에서 필요한 의사소통 기능별 표현으로서, 상황과 수준에 따라 활용할 수 있으며, 문법 사항도 참고할 수 있도록 제시한 것이다.

1. 인 사

가. 만남	おはよう。 / おはようございます。
	こんにちは。
	こんばんは。
	ひさしぶり。 / おひさしぶりです。
나. 헤어짐	じゃあね。
	また あした。
	では、また。
	バイバイ。
	さよ(う)なら。
	げんきでね。 / おげんきで。
	きを つけてね。 / おきを つけて。
	では、しつれいします。
	おやすみ。 / おやすみなさい。
다. 외출	いって きます。
	いって(い)らっしゃい。
	ただいま。
	おかえり。 / おかえりなさい。
라. 식사	いただきます。
	ごちそうさまでした。
마. 방문	ごめんください。
	おじゃまします。
	しつれいします。
바. 축하	たんじょうび、おめでとう。
사. 안부	げんき? / おげんきですか。

2. 소 개

가. 자기소개	はじめまして。
	キム ボラです(と もうします)。
	かんこくから きました。
	こちらこそ どうぞ よろしくおねがいします。
	わたしの でんわばんごうは 317-9238です。
나. 가족 소개	ははです。
	おとうとは ちゅうがくせいです。
다. 타인 소개	こちらは たなかさんです。
	ともだちの キムです。

3. 배려 및 태도 전달

가. 감사	どうも。 / ありがとう。 / ありがとうございます。
	おかげさまで。
나. 사과	すみません。
	ごめん。 / ごめんなさい。
다. 칭찬	にほんごが おじょうずですね。
	すごいですね。
	よく できました。
라. 승낙·동의	ええ、いいですね。
	ええ、もちろんです。
	はい、どうぞ。
	はい、わかりました。
	そうしましょう。
마. 사양	いえ、けっこうです。
	もう いいです。
바. 유감	ざんねんですね。
사. 격려·위로	がんばれ。 / がんばってね。 / がんばって ください。
	なかむらさんなら できますよ。
	たいへんですね。
	だいじょうぶですか。

4. 정보 교환

| 가. 정보 요구 | なにに しますか。 |

なんにん かぞくですか。

しゅみは なんですか。

にほんの しんぶんを よむ ことが できますか。

たんじょうびは いつですか。

トイレは どこですか。

どんな スポーツが すきですか。

いま、なんじですか。

テストは なんじから なんじまでですか。

나. 비교 スポーツの なかで なにが いちばん すきですか。

ジュースと おちゃと どちらが いいですか。

バスより でんしゃの ほうが はやいです。

サッカーは できますが、スキーは できません。

にほんごは はなせますが、えいごは はなせません。

다. 선택 ぼくは おちゃに します。

라. 경험 にほんへ いった ことが あります。

にほんの アニメを みた ことが ありますか。

마. 확인 だいぶ さむく なりましたね。

5. 행위 요구

가. 의뢰 ちょっと まって ください。

その ほん、かして くれる。

나. 권유 アイスクリームは どうですか。

あした えいがを みに いきませんか。

きょうは おうちで たべましょう。

よかったら いっしょに いかない。

おちゃ、どうぞ。

다. 허가 요구 ハングルで かいても いいですか。

라. 금지 あそんでは だめです。

あそんでは いけません。

6. 대화 진행

가. 말걸기 あのう。

すみません。

しつれいですが。

나. 머뭇거림	ええと。
	ああ、どうしよう。
다. 맞장구	あ、そうですか。
	やっぱり。
	そうですね。
	ほんとう？
라. 되묻기	なに？

(2) 문화적 내용

㈎ 의사소통 기본 표현과 관련된 일본인의 언어 행동 문화 이해에 도움을 줄 수 있는 것으로 한다. 아래에 제시한 내용은 선택적으로 다룰 수 있다.

  ① 언어 행동에 관한 내용(표현적 특성, 맞장구 등)

  ② 비언어 행동에 관한 내용(몸짓, 손짓 등)

㈏ 일본인의 일상생활 문화 이해에 도움이 되는 것으로 한다. 아래에 제시한 내용은 선택적으로 다룰 수 있다.

  ① 가정생활에 관한 내용(인사, 방문 예절, 가정 내 생활문화 등)

  ② 학교생활에 관한 내용(동아리 활동 등)

  ③ 의복 문화에 관한 내용(의복의 종류 등)

  ④ 음식 문화에 관한 내용(음식의 종류, 식사 예절 등)

  ⑤ 주거 문화에 관한 내용(주택 사정 등)

㈐ 전통문화와 대중문화 중에서 일본인과 일본 사회를 이해하는 데 도움이 되는 것으로 한다. 아래에 제시한 내용은 선택적으로 다룰 수 있다.

  ① 연중행사에 관한 내용(마쓰리, 설, 히나마쓰리, 고이노보리, 오본, 시치고산 등)

  ② 전통 예능에 관한 내용(다도, 꽃꽂이 등)

  ③ 놀이 문화에 관한 내용(하나미, 하나비 등)

  ④ 대중문화에 관한 내용(만화, 애니메이션 등)

㈑ 다음 사항에 유의하여 문화적 내용을 구성한다.

  ① 내용은 실용적인 것으로 하되, 최근의 자료를 기준으로 구성한다.

② 학습자의 흥미, 필요, 지적 수준 등을 고려하여 학습 의욕을 고취할 수 있는 내용으로 한다.

③ 언어 표현과 관련된 소재 영역은 위에 제시된 '의사소통 기본 표현' 속의 항목들을 참고하여 이 표현들이 적절한 맥락 속에서 활용되도록 구성한다. 이렇게 해서 특정한 소재 영역과 관련된 적합한 표현 방식이 자연스럽게 습득되도록 한다.

④ 문화 내용을 설명할 때 필요한 경우에는 우리말을 사용할 수 있다.

⑤ 일본의 일상생활 빛 사회 문화를 올바로 이해하고, 이를 우리 문화와 비교하여 차이점 및 공통점을 인식하도록 내용을 구성한다.

(ㄱ)

저자소개

조 문 희

동덕여자대학교 대학원 문학박사
서강대학교 외국어교육원 일본어 코디네이터
ACTFL 공인 OPI 시험관(일본어, 한국어)
저서 현대 일본어 교육의 이해(공저), 2008, 제이앤씨
　　 초스피드 일본어1,2(공저), 2008, YBM일본어
　　 인트로 일본어1,2(공저), 2008, 사람in
　　 고능학교 일본어(공저), 2005, 진명출판시

일본어 교육사(하)

초판인쇄　2011년　1월　12일
초판발행　2011년　1월　26일

저　　자　조문희
발 행 인　윤석현
발 행 처　제이앤씨
책임편집　김진화
등록번호　제7-220호

우편주소　서울시 도봉구 창동 624-1 현대홈시티 102-1206
대표전화　(02) 992 / 3253
전　　송　(02) 991 / 1285
홈페이지　http://www.jncbms.co.kr
전자우편　jncbook@hanmail.net

ⓒ 조문희 2011 All rights reserved. Printed in KOREA

ISBN 978-89-5668-824-4　93730　　**정가** 33,000원